贵阳高新技术产业发展研究

贵阳市高新技术产业促进中心 编著
(贵阳国际大数据产业博览会秘书处)

中国社会科学出版社

图书在版编目(CIP)数据

贵阳高新技术产业发展研究/贵阳市高新技术产业促进中心（贵阳国际大数据产业博览会秘书处）编著.—北京：中国社会科学出版社，2019.4
ISBN 978-7-5203-4237-7

Ⅰ.①贵… Ⅱ.①贵… Ⅲ.①高技术产业—产业发展—研究报告—贵阳 Ⅳ.①F127.731

中国版本图书馆 CIP 数据核字（2019）第 058661 号

出 版 人	赵剑英
责任编辑	周晓慧
责任校对	无 介
责任印制	戴 宽

出　　版	中国社会科学出版社
社　　址	北京鼓楼西大街甲 158 号
邮　　编	100720
网　　址	http://www.csspw.cn
发 行 部	010-84083685
门 市 部	010-84029450
经　　销	新华书店及其他书店

印　　刷	北京明恒达印务有限公司
装　　订	廊坊市广阳区广增装订厂
版　　次	2019 年 4 月第 1 版
印　　次	2019 年 4 月第 1 次印刷

开　　本	710×1000　1/16
印　　张	23.75
插　　页	2
字　　数	343 千字
定　　价	99.00 元

凡购买中国社会科学出版社图书，如有质量问题请与本社营销中心联系调换
电话：010-84083683
版权所有　侵权必究

编委会

主　　任：陈桂明
副 主 任：李国东　赵刚　梁大彰
委　　员：石庆波　卢杏　李超　张露璎　张幸

编辑人员

主　　编：石庆波
主要撰稿人：赵　刚　李国东　周　明　王　文　刘丽娟
　　　　　　魏　贝
参与研究人员：李　洁　李　哲　杨　洁　陈　蓉　范邦玮
　　　　　　邱　艳　郑双旭　潘琼刚　戚芸榛　罗　爽
　　　　　　付家欣　漆欣筑　唐德霖　谢双扬
学 术 秘 书：罗　爽　付家欣

组织编写：贵阳市高新技术产业促进中心（贵阳国际大数据产业博览会秘书处）
执行编写：北京赛智时代信息技术咨询有限公司
　　　　　北京四海大成管理咨询有限公司
支持单位：贵州产业技术发展研究院
　　　　　贵阳市大数据发展管理委员会产业处
　　　　　贵阳市工业和信息化委员会园区处
　　　　　贵阳市各区市县大数据主管部门
　　　　　各产业园区管委会

序　言

2013年，中共贵阳市委、贵阳市人民政府出台的《关于加快发展高新技术产业和现代制造业的意见》等6大主体文件提出，要坚持科技引领、创新驱动，把发展高新技术产业和现代制造业作为实现实体经济突破的重要支撑。2015年首届数博会举办后，贵阳市立足政策、产业、生态、能源、区位等优势，审时度势、当机立断，坚定不移地推进大数据战略行动，厚植"智慧树"深挖"钻石矿"，加快建设"中国数谷"。

贵阳市高新技术产业促进中心（贵阳国际大数据产业博览会秘书处）始终紧紧围绕贵阳市中心工作，以数博会为平台，积极促进以大数据为引领的高新技术产业加快发展。2016—2018年，我们先后组织了省级、市级高新技术产业方面的多个课题研究。为坚持理论与实践相结合，加快成果转化应用，我们特将这些研究成果整理汇编成《贵阳高新技术产业发展研究》，在2019年数博会上出版，为理论工作和实际工作的同志提供学习交流平台和经验借鉴。

限于篇幅，本书对原课题研究成果进行了删节，集中体现课题的主要观点、基本内容和实际价值。在此，我们向为课题研究付出辛勤劳动的研究人员表示衷心感谢，向关心支持本书编辑的领导、专家和单位表示诚挚谢意。

由于我们编写水平有限，书中难免有疏漏和不足之处，恳请读者批评指正。

编　者
2019年5月于贵阳

目 录

第一章 贵阳高新技术产业发展情况报告（2017年） ………… (1)
  一 贵阳高新技术产业总体发展情况 ………………………… (1)
    （一）发展成绩 ……………………………………………… (1)
    （二）存在问题 ……………………………………………… (5)
  二 贵阳高新技术主要产业发展情况 ………………………… (7)
    （一）新一代信息技术产业 ………………………………… (7)
    （二）生物医药产业 ………………………………………… (8)
    （三）高端装备产业 ………………………………………… (9)
    （四）新材料产业 …………………………………………… (9)
    （五）新能源与节能环保产业 ……………………………… (10)
    （六）航空航天产业 ………………………………………… (11)
  三 贵阳高新技术产业园区发展情况 ………………………… (12)
    （一）国家大数据综合试验区 ……………………………… (12)
    （二）国家级开发区 ………………………………………… (13)
    （三）国家级产业化基地 …………………………………… (15)
    （四）省级高新技术产业化基地 …………………………… (22)
    （五）众创空间 ……………………………………………… (25)
  四 贵阳高新技术产业产融学研用协同发展情况 …………… (27)
    （一）贵阳高新技术产业产融研政协同发展情况 ………… (27)
    （二）高新技术产业创新体系建设情况 …………………… (28)
    （三）高新技术产业人才发展情况 ………………………… (28)
    （四）高新技术产业应用发展情况 ………………………… (29)

第二章 贵阳高新技术产业发展研究分析报告 (32)

一 国内外高新技术产业发展现状与趋势 (32)
（一）全球高新技术产业发展态势 (32)
（二）我国高新技术产业发展现状 (32)
（三）国内重点城市高新技术产业发展情况 (34)

二 贵阳高新技术产业发展SWOT分析 (37)
（一）发展优势 (37)
（二）发展劣势 (37)
（三）发展机遇 (37)
（四）发展挑战 (38)

三 贵阳高新技术产业发展战略研究 (38)
（一）指导思想 (38)
（二）基本原则 (39)
（三）战略目标 (39)

四 贵阳高新技术产业发展对策与建议 (41)
（一）聚焦六大核心产业，推进全产业链发展 (41)
（二）优化产业布局，推进区域协调发展 (51)
（三）加强自主创新，提升高科技创新能力 (57)
（四）推进创业孵化，营造高科技创业投资氛围 (58)
（五）强化开放合作，提升高新技术产业招商引智水平 (59)
（六）推动园区建设，优化产业承载能力 (60)

五 高新技术产业发展保障措施 (61)
（一）完善高新技术产业政策支撑 (61)
（二）优化创业创新的财税激励政策和措施 (62)
（三）加强技术标准和知识产权建设 (63)

第三章 贵阳高新技术产业创新能力研究 (65)

一 高新技术产业特征与发展路径 (66)
（一）高新技术产业特点、趋势 (66)
（二）高新技术产业发展路径 (69)

二 贵阳高新技术产业发展概况 …………………………………（72）
　（一）成果基础 ………………………………………………（72）
　（二）现实问题 ………………………………………………（73）
三 贵阳高新技术产业创新能力分析 …………………………（73）
　（一）创新能力评价指标与评价模型 ………………………（73）
　（二）贵阳市高新技术产业创新能力分析 …………………（75）
　（三）贵阳市高新技术产业创新能力综合评价 ……………（107）
四 贵阳高新技术产业创新能力提升建议 ……………………（110）
　（一）借力大数据，以大数据驱动高新技术产业成长 ……（110）
　（二）产业政策的延续和创新 ………………………………（111）
　（三）强化龙头企业、示范企业引导效应 …………………（111）
　（四）深化创新创业平台建设 ………………………………（112）
　（五）强化对高端产业人才的培养与吸引 …………………（112）
　（六）强化产业金融环境建设，完善资本市场环境 ………（112）
　（七）进一步扩大开放，强化国内外产业交流与合作 ……（113）

第四章 贵阳高新技术产业（大数据类）应用案例研究 ………（114）
一 高新技术产业大数据应用研究的必要性和目标 …………（114）
　（一）研究背景 ………………………………………………（114）
　（二）研究目标 ………………………………………………（115）
二 贵阳高新技术产业大数据应用现状 ………………………（115）
　（一）应用成果 ………………………………………………（116）
　（二）存在不足 ………………………………………………（119）
三 贵阳高新技术产业大数据应用案例 ………………………（121）
　案例一 贵阳货车帮——货车帮公路货运互联网平台 ……（121）
　案例二 贵州航天云网——基于工业互联网INDICS
　　　　　平台的工业大数据分析应用 ……………………（128）
　案例三 贵州多彩宝——"云上贵州多彩宝"政务民生
　　　　　服务平台 ……………………………………………（142）
　案例四 里定医疗——新生儿疾病筛查智能工作平台 ……（152）

案例五　人和数据——数字化工地 …………………………………（164）
案例六　云途智旅——"贵途花溪"全域智慧旅游DT云平台 ………………………………………………………（175）
案例七　梯联网科技——电梯安全公共服务平台 …………（185）
案例八　爱立示——基于区块链的大数据版权登记应用 ………………………………………………………（200）
案例九　威众佳和——智慧用电安全隐患监管服务系统 ………………………………………………………（212）
案例十　智源创泰——好停车APP ……………………………（222）
案例十一　黔安智能——老司机掌上车管家云平台 ………（233）
案例十二　宏杰科技——宏杰矩阵智能工厂系统 …………（243）
案例十三　供销马车队——互联网+农业供应链 …………（259）
案例十四　贵阳传化公路港——大数据信息中心项目 ……（268）
案例十五　贵途旅游——贵途旅游资源交易平台 …………（278）
案例十六　普洛斯际——城市物流云平台（监控中心）……（287）
案例十七　智驿信息——智能广告推送系统 ………………（293）
案例十八　鹤庭沃德——物联网智能净水终端及大数据云服务系统开发应用 ……………………………（300）

第五章　中关村贵阳科技园产业发展对策研究 ……………（314）
一　中关村贵阳科技园产业总体发展情况 …………………（314）
（一）园区产业规模高速增长 …………………………………（315）
（二）园区产业结构持续完善 …………………………………（315）
（三）园区产业布局逐步优化 …………………………………（316）
（四）园区创新能力与科技产出显著提升 ……………………（317）
（五）园区企业与人才明显增多 ………………………………（317）
（六）园区投资明显增加 ………………………………………（318）
（七）园区开放合作逐步推进 …………………………………（319）
（八）园区大数据引领的创新应用加快推广 …………………（319）
（九）园区承载能力明显增强 …………………………………（320）

（十）园区政策体系逐步完善 ……………………………… (320)
（十一）园区大数据管理模式逐步形成 …………………… (320)
二 中关村贵阳科技园问题与分析 ………………………………… (321)
（一）存在的问题 …………………………………………… (321)
（二）相关问题归因分析 …………………………………… (329)
三 中关村贵阳科技园发展原则建议 ……………………………… (336)
（一）大数据引领原则 ……………………………………… (337)
（二）创新驱动原则 ………………………………………… (337)
（三）绿色生态原则 ………………………………………… (337)
（四）产业集群、产业链构建原则 ………………………… (338)
（五）产业配套、内外结合原则 …………………………… (338)
（六）一、二、三产业衔接原则 …………………………… (338)
（七）做大做强原则 ………………………………………… (339)
（八）客观务实、因地制宜原则 …………………………… (339)
（九）实体经济和共享原则 ………………………………… (339)
四 中关村贵阳科技园发展对策建议 ……………………………… (339)
（一）坚持规划引领，优化园区产业布局 ………………… (339)
（二）聚焦六大核心产业，推进全产业链发展 …………… (341)
（三）紧扣重点发展方向，加快培育园区主导产业 ……… (350)
（四）坚持规模化差异化发展，促进园区扩容提质 ……… (355)
（五）强化统筹调度和大数据监测 ………………………… (356)
（六）提高园区建设服务水平 ……………………………… (357)
（七）提升基础设施建设，优化产业承载能力 …………… (359)
（八）围绕产业链招商，推动引资入园 …………………… (359)
（九）狠抓工业项目落地建设，增强产业发展后劲 ……… (360)
（十）创新融资手段，助推园区建设 ……………………… (361)
（十一）强化开放合作，提升产业招商引智水平 ………… (363)
（十二）关于地方债务防范及化解 ………………………… (364)
（十三）加强自主创新，提升高科技创新能力 …………… (364)
（十四）推进创业孵化，营造高科技创业投资氛围 ……… (365)

第一章 贵阳高新技术产业发展情况报告(2017年)

一 贵阳高新技术产业总体发展情况

(一)发展成绩

2017年以来,贵阳高新技术产业发展深入贯彻落实党的十九大、贵州省第十二次党代会和市委系列全会精神,紧紧围绕建设公平共享创新型中心城市的总体目标,以高一格、快一步、深一层实施大数据战略行动为载体,各项工作深入推进,贵阳高新技术产业呈现出加快聚集、区域创新体系进一步完善、科技创新能力进一步提升的良好态势。同时,改革创新有新突破,转型升级有新成效,全面完成了全年各项目标任务。

1. 高新技术产业规模高速增长

2017年,贵阳高新技术工业总产值为1295.39亿元,增速达11.6%。其中装备制造业总产值为575.39亿元,化工产业总产值为299.93亿元,民族制药和特色食品产业总产值为284.30亿元。大数据企业主营业务收入为800亿元,增长21%,软件和信息技术服务业业务收入为145亿元,增长20%(见图1-1)。

2. 高新技术产业结构持续完善

2017年是贵阳大数据产业落地生根,全力推进数字经济加速发展的一年。通过以"大数据"为引领,贵阳高新技术产业结构呈现出以新一代电子信息产业为重点方向的新结构,围绕生物医药、高端装备制造、新材料、新能源与节能环保以及航空航天等战略性新兴产

2　贵阳高新技术产业发展研究

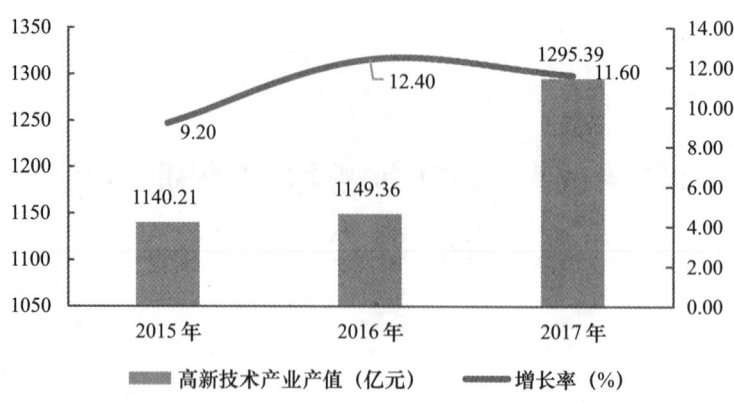

图 1-1　2015—2017 年贵阳高新技术产业产值

业领域开展了前所未有的大力度产业科技创新投入,大力推进移动互联网、新兴应用电子、电子元器件及信息材料、软件及信息服务、智能家居和智能装备等关联产业的协同发展,确立了贵阳高新技术产业的发展重点和方向。

3. 高新技术产业布局逐步优化

基本形成主导产业明晰,引领项目突出,产业链不断完善的格局。高新区以大数据为引领的新兴产业项目集聚效应明显,聚集企业3687家,已形成独具优势的大数据及高新技术产业聚集区。经开区成为现代制造业集聚区、大数据安全产业基地和现代物流基地。航空港经济区形成以航空物流、航空器及运行保障为指向的航空港区块链综合试验区。云岩区、南明区作为贵阳老城区,结合区域内人口资源丰富、服务业态发达、块数据聚集程度较高等优势,在生物医药等领域加快突破。观山湖区以发展新能源汽车产业和以汽车为核心的装备制造业为主导产业。互联网+中医药、大健康产业成为乌当区的鲜明特色。其他区(市、县)根据自身优势,寻求错位发展。

4. 高新技术产业创新能力与科技产出显著提升

截至2017年,贵阳共有国家级重点实验室5家,在贵州省占比为62.5%,省级重点实验室47家(2017年新增2家),在贵州省占比为91%;国家级工程技术研究中心5家,在贵州省占比为100%,

省级工程技术研究中心91家（2017年新增6家），在贵州省占比为78%；国家级大学科技园2家，在贵州省占比为100%，省级大学科技园3家，在贵州省占比为42.8%；国家级科技企业孵化器3家，在贵州省占比为75%，省级科技企业孵化器7家（2017年新增1家），在贵州省占比为24%；国家级众创空间16家（2017年新增4家），在贵州省占比为64%，省级众创空间14家（2017年新增3家），在贵州省占比为47%；国家地方联合工程研究中心（工程实验室）17个，在贵州省占比为70.8%，省级工程研究中心（工程实验室）64个，在贵州省占比为84.2%；国家级企业技术中心9个，在贵州省占比为52.9%，省级企业技术中心105个，在贵州省占比为56.7%；2017年新建人工智能开放创新平台、华为软件开发创新中心等8个创新平台。成交技术合同2947项，增长136%，对外输出技术合同金额43.98亿元，增长279%；万人发明专利拥有量11.19件，在西部省会城市中名列前茅，科技进步对经济增长的贡献率达到60%；全社会研发投入预计50亿元，占地区生产总值的1.42%。

2017年，贵阳专利申请量14118件（其中发明专利4747件，实用新型专利8086件，外观设计专利1285件），占贵州省专利申请量的40.8%；专利授权量5641件（其中发明专利1072件，实用新型专利3776件，外观设计专利793件），占贵州省专利授权量的44.9%。每万人发明专利拥有量达11.19件，为贵州省万人发明专利拥有量2.37件的4.72倍。2017年，贵阳获中国专利优秀奖4个。

5. 高新技术产业企业与人才队伍建设

科技企业培育情况。2017年新增通过备案的科技型企业446家，总数达1686家，增长36%（其中科技型成长企业32家，总数达482家，增长7.1%）；新增市级创新型企业12家，总数达130家，增长10%；新获批国家高新技术企业215家（其中首次认定企业165家，到期重新认定企业50家），总数达到416家，增长43%。

科技人才培育情况。2017年，以大数据为引领抓好科技人才队伍建设，组织开展贵阳市第二批大数据"百人计划"培养对象遴选工作，确定63人为培养对象建议人选；在厦门大学组织举办贵阳市赴厦门大学"大众创业、万众创新"专题培训班，贵阳首批大数据"百人计划"培养对象，科技孵化器、众创空间中科技型企业主要负责人或团队核心成员共计60人参加培训；分"科普服务""大数据""智能制造"3个专题组织实施"创新型科技人才兴筑工程"，全年组织举办10期"科技大讲堂"系列活动，累计培训科技人才1440人次。

6. 高新技术产业投资明显加强

截至2017年底，对规模以上工业企业研究与试验发展（R&D）经费投入按比例给予后补助，带动有研发费用投入的规模以上企业从87家增加到126家，规模以上企业研发费用投入从19.67亿元增加到22.98亿元。2017年1—10月，贵阳共引进到位资金1513.35亿元；新引进投资额3000万元以上项目956个，当年投产项目761个；新引进500强企业6家；新增签约投资总额2213.93亿元，同比增长22.36%。其中大数据项目114个。引进吉利整车和发动机、中铝"退城进园"（华仁新材料电解铝及铝加工）、智慧云锦大健康医药产业园区等11个贵州省重大项目落地开工建设，其中吉利整车项目填补了贵州省乘用车生产制造空白。2017年安排高技术产业发展专项资金1317万元，用于支持25个大数据及高新技术产业发展项目。

7. 高新技术产业开放合作成效明显

以大数据为引领深入推进区域创新合作。一是深化京筑创新合作，引领两地全方位合作。连续5年成功举办京筑创新驱动区域合作年会，"一站一台""一部一院"等合作载体不断发展壮大，已经成为京筑技术交流、人才引进、招商引资的综合平台。截至目前，北京市科技型企业落户贵阳总数达274家，贵阳吸纳北京科技1187项，成交额达181.2亿元。二是构建中意创新合作桥梁，打造创新合作2.0版。成功举办第八届中意创新合作周（贵阳会场）系列活动。本次活动出席嘉宾200余人，企业70余家，科技企业及机构代表700余人，对接中意创新项目80余项，达成意向合作20项。中意创新合作周为贵阳树立了一个科技国际化的全新形象，是贵阳进一步开展国际化科技合作交流的开端，标志着贵阳创新驱动区域合作进入2.0阶段。

8. 大数据引领的创新应用深入推进

开展"千企改造·大数据助力企业转型升级专项行动",推动工业向智能化生产、网络化协同、个性化定制、服务化延伸融合升级,获批了贵阳海信、航天电器等 5 家国家级智能制造试点企业,时代沃顿、林泉电机等 3 家国家级技术创新示范企业,黎阳航空、雅光电子等 27 家国家级两化融合贯标企业。老干妈公司作为家族式、作坊式生产的传统企业,积极运用大数据进行转型升级,通过建立大数据运营中心,对原材料和产品进行精准采购和营销,有效拓展了市场,扩大了销量,顺利进入了"一带一路"沿线国家,目前有 20 个品种的产品销售到 72 个国家和地区,年产值达 45.6 亿元,贡献税收 7.56 亿元。货车帮是贵州唯一的独角兽企业,中国最大的公路物流信息化平台,平台汇聚诚信认证车辆会员超 450 万家,货主会员超 88 万家,2016 年通过减少空驶为社会节省燃油 615 亿元,减少碳排放约 3300 万吨。2016 年 12 月 21 日,货车帮与运满满合并组建了新的数字物流企业——满帮集团,为货车帮的大发展搭建了更加完善的平台。贵阳朗玛旗下的"39 健康网"拥有全国规模最大的医院、医生、药品及个人医疗资料数据库,日访问量超过 1800 万人次,月活跃用户超过 1.6 亿个。贵阳互联网医院(六医)网上视频问诊日流量用户达到了 5000 名。

(二)存在问题

2017 年,贵阳高新技术产业取得了积极进展,但产业发展过程中所存在的问题依然突出。

1. 科技创新支撑能力不足

贵阳科技创新能力在贵州省居于领先水平,但与武汉、成都、西安等中西部先进城市相比仍有一定差距。2017 年贵阳规模以上工业企业有效发明专利数增长率为 25.2%,低于全国平均水平;贵阳规模以上工业企业 R&D 支出占主营业务收入的比例呈逐年下降趋势。基础研究和创新能力薄弱,关键核心技术及零部件对外依赖性较大;企业技术创新主体的作用尚未得到充分发挥,创新意识不强,研发投入不足；科技、人才、金融等创新创业的支撑能力还较薄弱，创新型人才、高技能人才不足，创新机制尚待形成。

2. 产业链环节处于较低水平

贵阳高新技术产业动力转换步伐不断加快，但过度依赖资源型产业，传统支柱产业结构层次低，高附加值产业少，存在能源消耗大，资源利用效率低，产业效益提升乏力等问题。汽车、航空航天、高端装备等装备制造产业链短、幅窄，缺乏整机拉动型龙头企业。电子信息制造业产品众多但关联度低，制造工艺水平不高，专业化协作配套能力不足。小型数控机床、基础制造装备及加工制造机械装备技术陈旧，产业基础薄弱，与发展智能制造的目标要求差距较大。磷煤化工、铝加工等产业精深加工程度低，高附加值产品较少，新增产能趋同化和过剩倾向严重。

3. 产业载体建设尚需完善

一是基础设施相对薄弱，供电、供水、交通、物流、环保、网络建设等难以满足高新技术企业的要求，造成基础设施建设与招商进程匹配度低。二是园区整体规划和布局缺乏科学性，园区产业同构现象较明显，重点产业不突出，主导产业特色不明显，园区同类产业竞争和重复建设现象仍然存在，不利于产业规模化、集约化集聚发展。三是园区招商进展缓慢，周边区域同质化竞争激烈，在差异化招商、垂直产业招商、特殊功能区招商、新创意招商环节开发力度不足，缺乏有吸引力的招商模式。四是园区建设投融资渠道单一，园区建设资金主要依靠政府投入、抵押贷款和土地出让，融资困难较大。

4. 产业成果转化能力较弱

产学研用链条有待进一步完善，重大科技成果转化不足，有重大影响力、较强经济带动作用的科技成果落地较少，科技成果转化应用的市场化水平不高。

5. 产业核心人才紧缺

大数据等产业发展及其他产业的持续发展支撑人才不足，高端创新型人才匮乏，特别是高水平创新团队和高技能技术人才紧缺，仍是制约贵阳高新技术产业发展的突出问题。

二 贵阳高新技术主要产业发展情况

（一）新一代信息技术产业

1. 产业规模迅速增长

2017年，贵阳大数据企业主营业务收入达到817亿元，大数据规模以上企业已有172家。以大数据产业集聚区建设为抓手，大数据核心业态、关联业态、衍生业态得到迅速发展，获批建设健康医疗大数据中心国家试点城市，大数据产业生态示范基地、大数据安全产业示范基地等16个集聚区建成投用，数据中心服务器投运3.5万台。41个市属部门实施"数据铁笼"工程，筑民生、社会和云等社会管理服务APP上线运行。

2. 重点企业不断壮大

聚集了英特尔、戴尔、思爱普、富士康等一批世界500强企业，落地了中电科、阿里巴巴、华为、京东、奇虎360、科大讯飞等一批国内大数据领军企业，涌现了货车帮、朗玛信息、东方世纪、易鲸捷等一大批本地优强企业，还引进了SAS、数景未来、华为、TCL等龙头型和有影响力的大数据企业57家。新增规模以上大数据企业51家，累计达到172家，大数据企业纳税额110亿元，增长20%。

3. 创新能力明显提升

一是积极打造高端大数据研究平台。成为首个国家大数据及网络安全示范试点城市、健康医疗大数据中心国家试点城市、国家中小企业知识产权战略推进工程试点城市。连续三年支持大数据战略重点实验室发展，2017年形成《块数据3.0：秩序互联网与主权区块链》等贵阳发展大数据系列理论创新研究成果。实验室已经发展成为中国大数据发展新型高端智库。二是积极搭建技术创新平台。支持贵州翼云大数据服务有限公司建设贵阳市大数据创新产业（技术）发展中心孵化基地，该孵化基地已成为贵阳市大数据招商引智的重要窗口，引进优秀企业52家，基地企业入驻率已达90%以上，直接实现就业500余人。支持以中电科大数据研究院有限公司为主体的"提升政府治理能力大数据应用技术国家工程实验室"构建大数据领域创新网络,该实验室被国家发改委批准为全国首个大数据国家工程实验室。建成华为软件开发云创新中心、贵州伯克利大数据创新研究中心等 8 个创新平台,启动建设全国首个人工智能开放创新平台,新增省级以上科技企业孵化器 8 个,建成省级以上工程实验室、重点实验室、工程技术(研究)中心 8 个,引进高层次和紧缺大数据人才 834 人。鼓励创新、宽容失败的社会氛围日益浓厚,形成全国瞩目的"贵漂"现象。

(二) 生物医药产业

1. 产业规模稳步增长

2017 年,贵阳市围绕"医、养、健、管、游、食"产业链,大力推进 139 个大健康产业项目建设,总投资 650.06 亿元。出台《贵阳市促进大健康医药产业加快发展的实施方案 (2017—2020 年)》,实施大健康产业项目 144 个,年度完成投资 120 亿元,开工项目 135 个,完工项目 33 个。

2. 重点企业不断壮大

2017 年,贵阳已拥有规模以上医药制造企业 56 家,列入贵州省大健康医药产业重大工程和重点项目数共计 37 个,大力实施"巨人计划",培育扶持了 28 个巨人品种。引导益佰、同济堂、景峰医药、汉方制药等大型企业展开兼并重组,整合行业资源,提升企业核心竞争力,完成省内外兼并 18 起。乌当区、修文县获批省级大健康产业发展示范区(县);乌当区经济开发区获批"贵州省大健康医药产业集聚发展示范区";威门药业、宏宇药业两家企业获批"贵州省以苗医药为主的民族医药发展示范企业";乌当区泉韵健康养生产业园获批"贵州省健康养生产业示范基地(园区、企业)"。

3. 创新能力明显提升

2017 年,贵阳已建成 1 个国家重点实验室、6 个国家地方联合工程研究中心、9 个省级重点实验室、13 个省级工程研究中心、12 个省级工程技术研究中心、2 个国家认定企业技术中心、16 个省级企业技术中心。

（三）高端装备产业

1. 产业规模迅速增长

2017年，高端装备制造业工业总产值完成318亿元，以数字化改造为突破口，以智能制造和"两化"融合为重要抓手，加快推进工业企业信息化、绿色化、服务化改造。

2. 重点企业不断壮大

贵阳吉利整车产业化项目有序推进，总投资50亿元的贵阳吉利发动机项目成功落户；航天电器、贵阳海信等3家企业被列入工信部智能制造试点企业；航天风华、航天控制等7家企业被列入工信部"两化"融合贯标企业；同济堂、詹阳重工等10家企业入选贵州省第一批"大数据+工业"深度融合试点示范企业，占贵州省、贵阳市的比重分别为27%和27.8%。中铝贵州分公司"退城进园"项目顺利实施，益佰制药肿瘤大数据信息云平台项目一期建成；力源液压、贵阳海信、贵州航天电器等企业智能制造项目获批国家级试点项目；贵阳海信通过使用智能机器人对11条生产线进行升级改造，节省人工成本近5000万元；航天电器以高精机加设备为试点，完成42台设备的智能化改造，产能提高了100%。

3. 创新能力明显提升

组织开展企业先进质量管理技术和方法推广活动，支持力源液压、贵航汽零、雅光电子等企业向"专特优精"发展，积极申报国家级、省级质量标杆、工业品牌培育等试点示范；鼓励企业技术创新，支持时代沃顿、黎阳发动机等企业创新平台突破一批关键共性技术，支持贵州航宇科技、中铝铝业等企业申报国家级、省级企业技术中心、技术创新示范企业、知识产权运用标杆企业，积极推动贵州首钢工业设计中心、詹阳重工工程机械工业设计中心的加速发展。

（四）新材料产业

1. 产业规模迅速增长

2017年，贵阳新材料产业快速发展并呈特色化发展，产业规模不断扩大，自主研发的湿法净化磷酸、高强韧铝合金、锂离子电池阳极材料等技术处于国内先进水平。

2. 重点企业不断壮大

振华新材料、航宇科技成为贵州省第一批创新型领军企业。安达新能源、精一化工、威顿晶磷、贵州源翼、开磷、开阳磷都新型材料等企业迅速发展。清镇华仁新材料电解铝及铝加工项目，汇聚20余个铝工业项目，均已开工建设。

3. 创新能力明显提升

重大项目持续投产，煜兴车轮、融鹰塑业、中铝铝板带、今飞轮毂等新材料重大项目投产达产；清镇煤电铝、息烽煤电磷等项目有序推进，贵钢新特材料短流程、黔轮胎异地技改项目顺利投产。

（五）新能源与节能环保产业

1. 产业规模迅速增长

在贵阳市新能源产业中，分散式接入风电、地面光伏电站、城市生活垃圾焚烧发电、农林生物质发电厂、大型地源热泵等项目建成投产。锂离子电池产业占据显著地位，2017年，锂离子电池产业集群年产值达到300亿元以上。其中，在锂离子电池正极材料方面，贵州中电振华信息产业有限公司已形成5000—10000吨产能。除了振华新材料公司外，新天园区内的航天电源公司已实现产值1.3亿元。此外，在贵阳国家高新区的强力推介下，锂离子电池的上下游产品及配套产品生产企业也陆续进驻。新能源汽车产业在贵阳市蓬勃发展，市政府大力出台新能源汽车补贴政策，以加速新能源汽车市场的形成，奇瑞、福田、吉利因新能源汽车已与贵阳"牵手"并且投资建厂。

2. 重点企业不断壮大

吉利M100甲醇汽车新能源汽车产业化项目落地观山湖高端制造产业园，奇瑞万达等整车制造企业和零部件供应商形成了贵阳新能源汽车的产业支撑。

3. 创新能力明显提升

推进吉利新能源汽车项目建设，围绕其产业链推进汽车零部件产业的招商工作，强力推进航天凯峰科技的安全气囊生产扩能及 AMT 自动变速箱生产项目，开工华旭汽车电子产品生产线、贵州雅光汽车电子元器件生产线等项目；积极推进新能源汽车的推广应用及充电基础设施建设，支持振华新材料、安达科技做大动力电池规模，支持航天电机、永安电机发展新能源汽车用电机。

（六）航空航天产业

1. 产业规模迅速增长

推动出台贵阳"十三五"军民融合产业发展规划，围绕"贵遵安"军民融合产业示范带布局，打造经开区、高新区、乌当区、白云区四大区域产业集群区，推动航天、航空、航发等八大产业园区建设，积极构建军民融合"4+8"产业发展格局。

2. 重点企业不断壮大

航天十院成为国内助力型外骨骼机器人领域的领头羊，为十院抢占机器人前沿技术制高点，开辟机器人领域新市场，助推经济新增长点奠定坚实基础。国家级创新平台建设再上新台阶，省级平台建设又有新突破，2017年获批政府科技创新项目69项，项目拨款8013万元；获批集团公司自主创新项目两项，项目拨款650万元；合计获批科技创新项目71项，项目拨款8663万元。

3. 创新能力明显提升

以航天十院、贵航集团、航发集团为主体，围绕"载人航天工程""探月工程"、民用卫星、运载火箭等零部件的科技需求，重点发展电动舵机、陀螺仪、微特电机、航空锻铸、航空零部件、标准件、机载电子设备等产品，加快推动航天十院军民融合关键基础件产业化基地建设，研发以高端电子元器件为代表的航天产品。加快发展以高性能涡扇涡喷发动机研发生产为代表的航空发动机和燃气轮机重要零部件、燃油控制系统、军民两用电磁阀、军民两用大容量混合动力发动机等航发产品。加速推进自主卫星的通信、导航和遥感等技术的应用推广，加快发展通用飞机和航空配套装备及零部件研发和生产，建成具备航空航天研发生产、航空培训、航空维修和保障服务功能齐全的产业体系。

三 贵阳高新技术产业园区发展情况

(一) 国家大数据综合试验区

2017年，贵阳全力实施国家大数据战略，奋力创建国家大数据综合试验区核心区、国家大数据产业发展集聚区、大数据产业技术创新试验区，大数据发展顶层设计不断优化，产业规模逐步扩大，应用领域加速拓展，创新能力持续增强，保障措施更加完善，以大数据为基础和支撑的数字经济业态逐步形成，大数据清洗加工、数据中心、呼叫及服务外包、大数据安全及产业、区块链发展应用、人工智能产业、大数据金融等产业集聚和产业链逐步成形。贵阳大数据发展正从"风生水起"转入"落地生根"，大数据产业集聚区进入全面建设的新阶段。

按照国家大数据综合试验区核心区、国家大数据产业发展集聚区、大数据产业技术创新试验区的战略布局，既体现各区（市、县）、高新区、经开区、综保区和双龙区的自然资源和经济资源分布特征，又兼顾数据资源的共享和流动特征，高效发挥区域产业优势，以中关村贵阳科技园空间布局为基础，规划建立"1+2+n"的大数据产业空间布局。

"1"是指"1城"，即建设政用、商用、民用集聚的块数据城市。

"2"是指"2带"，即指北部大数据产业创新带和南部数字经济转型升级带。北部以高新区大数据清洗加工集聚区、数据中心集聚区、观山湖区大数据金融集聚区、综合保税区"一带一路"大数据服务基地等为关键节点构建大数据产业创新带，南部以经开区大数据安全产业集聚区、数字物流产业集聚区、双龙航空港区数字经济产业基地等为关键节点构建数字经济转型升级带。

"n"是指"n基地"，即指围绕"1城"和"2带"所形成的大数据特色产业园群，建设电子商务、智慧旅游、数字文化、智慧农业等特色化明显、创新能力强的大数据特色基地，多基地之间呈差异发展，形成各具特色、功能互补、竞争合作、资源共享、协同发展的格局。

（二）国家级开发区

1. 贵阳国家高新技术产业开发区

2017年，贵阳国家高新技术产业开发区（以下简称"贵阳高新区"）已成为贵州省大数据发展的核心区、展示区、试验区、引领区。贵阳高新区在获批建设"国家级大数据产业技术创新试验区"后，又新增获批"国家高新区大数据引领产业集群创新发展示范工程""国家科技服务体系建设试点""国家科技服务业区域试点""长江经济带国家级转型升级示范开发区"等，大力建设"大数据应用国家工程实验室""国家级大数据产业孵化器""国家大数据产业生态示范基地"，贵阳高新区经济发展驶入了转型升级、提质跨越的快车道。目前贵阳高新区累计新增专利申请5616件。其中发明专利申请2331件，获得专利授权2108件，其中发明专利授权453件；培育高新技术企业131家、创新型企业79家、CMNI评估认证企业36家、国家知识产权优势企业11家，占贵州省总数的40.7%；省级知识产权优势企业22家，占贵州省总数的27.2%；国家知识产权示范企业1家，实现贵阳高新区"零"突破。专利申请量累计达10772件，专利授权量累计达4267件，PCT国际专利申请取得新进展，园区共有23件PCT国际专利申请。贵阳高新区西部众创园、留学人员创业园、大学生创业园共计20家企业，获得2017年国家高新技术企业认定。高新区高度重视高新技术企业培育工作，作为孵化高新技术企业"温床"的中国西部众创园，打造了"种子（播种社区）—苗圃（哺育社区）—孵化器（孵化社区）—加速器（加速社区）—产业园（产业化社区）"的孵化及产业培育链条，目前已建成启林创客小镇、联合智造、SNSOS梦空间、播种吧、新三线咖啡、火炬青年创业互助社区等21个众创空间；中国贵阳留学人员创业园已累计吸引留学人员创办企业近110家，领域涵盖高端制造业、电子信息、生物医药等高新技术产业，截至2017年12月，高新区已安排留学生创办企业创业扶持资金 6000 余万元，帮助企业获得国家、省、市创新基金及各类科技计划支持 8000 余万元；大学生创业园已累计吸纳 500 多家大学生创业企业，累计带动就业 8000 余人，提供办公场地补助资金近 400 万元，获得国家、省、市、区创业扶持资金近 1000 万元。截至 2017 年 12 月，贵阳高新区共有国家高新技术企业 128 家。

2. 贵阳国家经济技术开发区

贵阳国家经济技术开发区（以下简称"贵阳经开区"）已形成了以装备制造产业、工程机械、汽车零部件、电子信息产业为主导，以新材料、生物工程、食品生产等其他高新技术产业为补充，以现代物流为配套的"多元推进、成龙配套"的多元产业发展新格局，并初步形成了横向成群、纵向成链的产业集群。是贵州军工技术产业、装备制造产业的集聚和繁荣之地，是以装备制造业以及相关的生产服务性企业为主的"现代化工业强区、现代化都市新区、现代化生态示范区"。

2017 年，贵阳经开区获批贵阳首个国家级知名品牌示范区和"长江经济带国家级转型升级示范开发区"。2017 年，贵阳经开区规模以上高端装备制造业企业实现工业总产值 318 亿元；新增创新创业企业 56 家；3 个智能制造项目入选国家级试点，4 个项目入选省级试点，成为贵阳乃至贵州省智能制造试点集聚度最高的区域；规模以上军民融合企业达到 26 户，实现产值 145 亿元，同比增长 11.9%。

2017 年，经开区以大数据为引领，产业支撑取得新进展。一是大数据产业快速发展。按照贵阳市委"1+1+3+N"的工作思路，全力建设大数据安全产业示范区和国家级大数据安全靶场，成功搭建国内首个专用于真实网络目标攻防检测的实战演练平台，成功举办 2017 年贵阳大数据及网络安全攻防演练活动。发起并设立贵阳大数据安全产业创业投资基金，资金规模为 1.01 亿元。经开区电子信息产业规模总量完成 351 亿元，完成目标任务的 110%。二是高端装备制造业不断壮大。以数字化改造为突破口，以智能制造和"两化"融合为重要抓手，加快推进工业企业信息化、绿色化、服务化改造。航天电器、贵阳海信等 3 家企业被列入工信部智能制造试点；航天风华、航天控制等7家企业被列入工信部"两化"融合贯标企业；同济堂、詹阳重工等10家企业入选贵州省第一批"大数据+工业"深度融合试点示范企业，占贵州省、贵阳市的比重分别为27%和27.8%，成为贵阳市乃至贵州省智能制造的"排头兵"。2017年，高端装备制造业工业总产值完成318亿元。三是新医药大健康及现代服务产业深度发展。全力推动国药同济堂、宝芝林、勤邦生物产业园、颐生大健康管理云等12家新医药大健康重点企业及上下游企业发展，深入贯彻落实再勇书记在调研经开区时所做出的积极探索"大数据+中药""大健康+医药"模式有关指示精神，在贵阳市卫计委的大力支持下，成立国药贵州同科数中药煎制中心，先行推动在市一医、市妇幼保健院开展中药代煎配送试点。重点推进以货车帮、传化智能公路港等龙头企业为代表的现代物流呼叫中心集群、货运物流信息服务平台建设，全力打造"互联网+物流"千亿级产业集群。2017年，新医药大健康产业实现工业总产值54亿元，服务业主营业务收入335亿元。

科技创新实力不断增强。新增高新技术企业22家，新增知识产权优势企业5家。国家级企业技术中心、研发中心累计达4家；2017年全年技术交易成交额达1.97亿元，技术合作项目达143个。一年来，签约及落地项目共75个；贵州一品药业连锁有限公司、广州汽车集团零部件有限公司等30家企业入驻经开区，招商引资签约资金为207.53亿元。2017年，经开区以奇瑞万达、贵航股份有限公司为主导的新能源汽车及零部件产业，以航天科工、中航工业、中国航发三大军工基地所属企业为主导的航空航天产业，以詹阳重工为引领的应急救援装备产业等三大高端装备制造业加快突破，规模以上高端装备制造业企业实现工业总产值318亿元。

（三）国家级产业化基地

贵阳市现有7个国家级产业化基地：小河—孟关装备制造高新技术产业化基地、国家级贵州开阳新型工业化产业示范基地、贵阳国家电子元器件高新技术产业化基地、贵阳国家新材料产业化基地、贵阳国家现代服务业数字内容产业化基地、国家级文化和科技融合示范基地、国家火炬计划软件产业基地。

1. 小河—孟关装备制造高新技术产业化基地（以下简称"小—孟工业园"）

小—孟工业园是贵阳市重点规划建设的一类工业园区和贵州省"5个100"工程重点打造的千亿级培育园区，是"中关村贵阳科技园"南部现代制造业实体经济带极重要的产业园区。主要发展装备制造、电子信息、烟草医药及绿色食品三条产业链；重点布局工程机械、特种车辆、矿用机械、汽车及汽车零部件、航空航天、电子信息、电子设备制造和新能源汽车等高端制造产业。促进并加快贵阳经济技术开发区的产业结构调整，将园区产业优化为工程机械、特种车辆及矿用机械产业等五大产业集聚区。

"十二五"期间，园区规模总量不断壮大，工业总产值由121亿元增加至561亿元（500万元口径）；累计完成园区投资529亿元（50万元口径），其中产业投资287亿元，基础设施投资242亿元。2016年，完成规模以上工业总产值625.05亿元（2000万元口径）；累计完成工业投资（含园区基础设施）70.18亿元，其中产业项目投资46.67亿元，基础设施项目投资23.51亿元。园区现有工业企业600余家，其中，规模以上工业企业（2000万元口径）75家，年产值上亿元企业46家，10亿元以上企业12家。园区产业集聚、企业集群效应凸显，装备制造业总量占贵州省的1/4，占贵阳市的1/3，成为贵阳市最具发展潜力的工业经济区域之一和贵州省最重要的装备制造业基地。

2013—2016年，园区连续4年在贵州省"100个产业园区成长工程"增比进位考评中名列第一。先后获得"国家军民结合（装备制造）高新技术产业化基地""国家新型工业化产业示范基地""全国电子商务示范基地""国家循环化改造示范试点园区""全国工程特种车辆及零配件产业知名品牌示范区""国家应急产业示范基地""全国低碳工业园区"和"国家知名品牌示范区"等国家级荣誉称号，获批成为"长江经济带国家级转型升级示范开发区"，被纳入全国老工业基地调整改造规划范围，并成为全国城区老工业区搬迁改造试点区域。

"十三五"时期，小孟工业园努力抢抓贵州省"大扶贫、大数据、大生态"三大战略行动和贵阳市建设创新型中心城市建设的战略机遇，以开展"大数据安全攻坚行动"和"打造千亿级开放创新平台攻坚行动"为抓手，加快构建新型产业体系，着力打造创新引领、产业高端、绿色生态、功能完善、服务优良的千亿量级园区，建成以大数据骨干企业为导向的经济转型发展先行区，争做贵州省实体经济升级版主引擎、智能制造领军者和西部装备制造业重要基地。

2. 贵州开阳新型工业化产业示范基地

开阳磷煤化工生态工业示范基地按照促进绿色发展，促进产业融合，促进品牌化发展，提高"两化"融合发展水平的思路，使基地成为带动工业转型升级的重要载体，推动县域经济发展的重要引擎，参与国际竞争的重要力量。基地已成为"中关村贵阳科技园"北部实体产业经济带绿色、循环经济的重要产业园区。

基地有规模以上工业企业64家，其中高新技术企业11家，实现工业产值309.6亿元，高新技术产值占工业总产值的31%，达到95.8亿元。完成投资64.96亿元，新开工项目12个。开阳化工公司50万吨合成氨、磷化工公司甲酸钾等项目达产增效；安达公司5000吨新能源材料、开磷集团50吨碘回收、中凯鑫1000吨草酸酯、万红公司10万吨高档磨料、青利联盟公司12万吨三聚磷酸钠等项目相继建成投产。鑫天合碳一化工公司3万吨乙二醇、开磷集团60万吨多功能复合肥、双赢集团50万吨生态肥等项目已开工建设。专利申请25件，授理9件，在贵州省100个产业园区综合排名第四。

力争2020年左右，实现产品种类增加到60种，总产量达到800万吨，工业总产值实现600亿元，年平均增长率达20%，产业从业人数再增加2.5万人。万元产值固废量降低到0.5吨以下，万元产值能耗降低到1吨标煤，万元产值水耗比目前全国平均水平降低40%，废水循环利用率达到100%，磷渣综合利用率达到100%，单位磷矿资源产值（万元/吨磷矿）由近期的0.2增加到0.4。以磷、煤、氯碱化工为主的生态工业基地基本建成，成为我国重化工业可持续发展的典型，在国内外树立良好的生态工业基地形象。

3. 贵阳国家电子元器件高新技术产业化基地

该基地通过了科技部的复核，为B类（合格）国家级高新技术产业化基地，已经形成以总部为中心的产、学、研基地，以北京、上海、深圳等大城市为研发平台的战略布局；重点发展贵阳新天高新技术产业园新型电子元器件产业，贵阳沙文振华高新技术产业园新能源、新材料、高端装备制造产业化基地；实现以电子元器件及新材料为核心产业的发展战略，成为中国电子信息产业在关键电子元器件和材料领域技术领先、国内一流，具有国际竞争力的高新技术产业化基地。

基地拥有高新技术企业18家，拥有一个国家"863"成果产业化基地，一个博士后工作站，一个国家级企业技术中心，12个省级企业技术中心，一个省级工程技术研究中心，15个市级工程技术研究中心，申请专利126件，授权53件。新云电子元器件有限公司底面电极片固定电解质钽电容器、云科公司静电放电抑制器生产线等高新技术项目投产增效。

依托国家片式元件产业园、中国振华电子集团下属20家骨干企业以及国家级技术中心、"863"成果产业化基地、振华博士后科研工作站等技术研发优势，重点以电子元器件发展为突破口发展电子信息产业，通过加快技术创新和产业升级，建设国家电子元器件高新技术产业化基地。中国启动载人航天工程20年来，振华集团共提供1000多万只电子元器件配套，成功上天的"神舟九号"约几十万只电子元器件由振华集团制造，占所用电子元器件配套的一半以上。

贵阳国家高新区2013年启动了全国电子基础元器件产业知名品牌创建示范区申报工作，通过材料初审、文审论证和专家审核，成为2014年贵州省唯一获批筹建的国家级知名品牌创建示范区，同时也是国内电子基础元器件产业首个获批创建知名品牌示范区的区域。下一步，高新区质监分局将按照创建标准，积极发挥领导小组办公室的职责作用，引导和扶持一批电子基础元器件企业开展品牌建设工作，同时，进一步发挥贵阳国家高新区在政策、人才、技术、创新等方面的优势，制定区域品牌建设规划，促进有利于自主创新的激励政策和建立激励机制，加强区域品牌文化建设，夯实品牌建设质量基础，努力实现贵州省首家高新技术产业区域品牌建设的历史性突破。

4. 贵阳国家新材料高新技术产业化基地

基地通过了国家科技部的复核，为 B 类（合格）国家级高新技术产业化基地。以专业化、生态化、国际化建设与发展为指导方针，以培育龙头高新技术企业和孵化高科技中小企业为发展方向，以集成创新为突破口，着力打造新材料产业。重点发展先进电池材料、电子信息功能材料、高性能合金材料、高性能膜材料、前沿新材料和稀有金属功能材料。贵州振华新材料有限公司锂电池正极材料等 6 个项目已建成投产。基地加紧建设贵州科学院新材料产业基地、贵州伊思特新技术发展有限公司发热电缆、南方汇通公司反渗透膜材料等 10 余个重点项目，总投资超过 50 亿元。具有国际先进水平的振华新材料公司锂离子电池钴镍锰三元正极材料产业化项目启动实施。贵阳化工专业市场 2014 年入驻新材料基地。

5. 贵阳国家现代服务业（数字内容）产业化基地

贵阳国家高新区数字内容产业园是贵阳市打造的以数字内容、软件与信息服务业为主导的高技术产业园区和文化与科技融合的示范基地。数字内容产业园以重大项目、骨干企业为抓手，以专业园区、产业基地为载体，重点围绕文化软件业、动漫游戏业、新媒体与信息服务业、数字出版业、高端印刷业、创意设计业六大产业发展，大力实施高端要素驱动、重大项目带动、龙头企业培育、特色品牌提升、专业园区支撑"五大行动计划"。贵阳数字内容产业园集物业管理、商务、技术服务于一体，具备孵化、研发、培训、服务、产业化基地等功能，是培育和扶持数字内容产业的服务机构和载体，占地 42 亩，建筑面积 2.7 万平方米。目前，在产业园内的 27 家企业中，有动漫企业 13 家，网络游戏企业 4 家，数字集成与软件开发企业 8 家，衍生产品开发企业 1 家，动漫及软件培训机构 1 家，产值从起初的 6400 万元增至 2.4 亿元。

6. 贵阳国家级文化和科技融合示范基地

贵阳国家级文化和科技融合示范基地 2013 年获批，至今已入驻文化科技、文化大数据等类型企业 735 家。为进一步引导和推动文化和科技融合，增强文化产业领域科技实力和自主创新能力，示范基地将与贵阳市委宣传部、市科技局进一步完善发展规划，抓好具体实施方案的制定和实施，培育一批带动性强的文化科技创新型领军企业，营造文化科技产业发展的良好环境。贵州省、贵阳市还将加强对示范基地发展的指导和支持，建立健全文化科技创新工程工作机制，形成推动文化科技创新合力，保障示范基地健康快速发展，加速技术、人才、资金、政策等要素聚集，促进文化科技成果产业化，切实发挥示范基地的示范、辐射、带动作用。

以贵阳国家级文化和科技融合示范基地获批为契机，以国家数字内容产业园为平台，以重大项目、骨干企业为抓手，以专业园区、产业基地为载体，重点围绕创业设计业、文化软件业、动漫游戏业、新媒体与信息服务业、数字出版业等产业发展方向，力争 3 年内实现总收入 300 亿元。

7. 国家火炬计划软件产业基地

贵阳火炬软件园是贵阳建设"软件之都"的核心园区，先后被授予"省级服务外包示范区""国家级火炬计划软件特色产业基地"。园区位于贵阳国家高新区核心区，距离贵阳市中心 10 千米，近规划中的轻轨 1 号线阳关站点，距兰海高速 1.5 千米，距贵阳龙洞堡国际机场 25 千米，距贵广高速铁路贵阳新客站（2015 年建成）1 千米。周边拥有世纪金源大饭店、扎佐高尔夫球场、白鹭湖休闲餐厅等成熟商务配套及贵州大学、贵州师范大学、财经大学、民族大学、贵阳医学院、贵阳学院等 10 余所高等院校。

贵阳火炬软件园打造了一批低成本、便利化、全要素、开放式的众创空间。通过实施"天下创客"计划，搭建"天下创客"平台，构筑"苗圃—孵化器—加速器—产业园"完整孵化链，全力打造大数据"双创"引领区。建成 12.5 万平方米的中国西部众创园。目前各类孵化器、加速器、众创空间共计 40 个，孵化场地 170 余万平方米，吸引全国500余个创客团队、5000多名创客入驻。累计孵化企业1500余家,成功孵化了朗玛信息、东方世纪、汇通华城等上市企业。同时,通过大力开展"双创"活动,创新性地实施"痛客计划",打造"痛点"云平台,聚集1000余名"痛客"、收集900余个"痛点",多方位激发创新创业活力。

大数据技术创新成效显著。政府治理大数据应用技术国家工程实验室、国家城市道路交通装备智能化工程技术研究中心贵州分中心、贵州省网络数据保密工程技术研究中心等大数据研究机构相继落户贵阳火炬软件园,进一步提升了软件园技术创新能力;高新网用公司自主研发的SNSOS操作系统被认定为自主原创、可管可控、安全可靠的国产操作系统,基于SNSOS操作系统衍生出了"中华文化机"、视频固话机等多款终端智能产品;雅光电子研发的MEMS磁敏传感器,通过了工业和信息化部组织的专家组科技成果鉴定,有望打破德国博世集团在磁敏传感器最大使用领域的垄断格局。绿能量子研发的量子电能变换技术(QPS)有望替代变压器,把风能、太阳能以及传统电能变换为"清洁能源"。

贵阳火炬软件园建成了43万平方米的大数据国际软件产业园,聚集航天云网、筑民生、东方世纪等大数据核心企业30余家;建成中电高新、高新翼云、翔明科技、力创科技4家国家绿色数据中心;建成贵阳云计算中心,聚集食品安全云、水利云、工业云、中华文化云、电子商务云等30余个行业应用云平台;建成贵阳国际电子商务产业园,聚集"贵·电商"、贵龙网、贵州电子商务云、家有购物、茅台云商等100余家贵州内电商龙头和知名企业;家有购物、翔明科技、黄果树国家公园电子商务、广电网络等企业呼叫中心业务均保持良好的发展态势;广电网络、道坦坦科技分别在主板和"新三板"挂牌上市,发展迅猛;朗玛信息在大健康领域取得新的突破,建成实体与互联网相结合的互联网医院生态体系;食品安全云初步形成了涵盖监管、舆情、检验检测、知识普及等领域的"食华"生态体系。

(四) 省级高新技术产业化基地

1. 麦架—沙文高新技术产业园

麦架—沙文高新技术产业园是麦架—沙文—扎佐高新技术生态产业经济带的核心区域。以发展高新技术产业为主导，重点布局新材料新能源、高端制造和生物医药、电子信息、光电产业和大数据产业，是一个集管理、研发、商务、仓储、信息交流及科技服务于一体的综合生态产业园区，是"中关村贵阳科技园"北部高新技术产业实体经济带的重要产业园区。

按照"沙文生态科技产业园产业发展规划"（2013—2015年），产业发展总体布局调整为"一园三区六基地"。"一园"即沙文生态科技产业园；"三区"即苏庄产业聚集区、王家院产业集聚区、金甲产业集聚区；"六基地"即新材料产业基地、高端装备制造基地、生物医药产业基地、电子信息制造产业基地、光电产业基地和大数据产业终端制造基地。园区立足现有产业基础，依托重点龙头企业，着力推进新材料、高端装备制造、生物医药、电子信息和光电产业五大特色产业发展，努力把沙文生态科技产业园建设成为全国科学发展与后发赶超的创新型特色产业聚集区、贵州加速发展与加快转型的产业引领区、黔中经济区域承接产业转移的示范区、贵州创新创业资源和高端人才的聚合区以及大数据产业终端及应用服务基地。

园区已完成"九通一平"基础设施建设。中科院创新园、世纪恒通、达沃斯光电、顺络电子等项目主体工程已完工，四个国家检测中心即将完工，富士康现代制造产业园、顶新国际、中小企业孵化园等项目正在抓紧实施，云计算中心已投入使用。

在现有贵阳国家高新开发区"一区两园"的基础上，选择麦架、沙文、扎佐一带作为贵阳高新技术产业规模化发展基地，建设发展麦架—沙文—扎佐高新技术产业经济带，规划总用地规模为92平方千米，建设用地规模为67平方千米。其中，沙文—麦架产业区规划总用地65.06平方千米，建设用地50.52平方千米，划定约10平方千米产业区范围作为沙文高新技术产业生态工业园起步区，以适应贵阳高新产业近期拓展的要求。

2. 白云铝工业基地

白云铝工业基地是以中国铝业贵州省分公司为龙头企业的铝材料及铝板、带材加工的传统产业加工基地，也是贵州省乃至全国最大的电解铝及氧化铝生产基地之一，是"中关村贵阳科技园"北部高新技术产业实体经济带的精深加工重要产业园区。基地重点发展铝及铝精深加工产业，着力发展其他高新技术产业；依托中铝贵州省分公司、省铝合金材料工程中心、中航贵州工业标准件制造公司等大型企业，自主开发出一批高端铝、高纯铝及铝合金钲锭、新型高强度铸造铝合金材料、铝板带材箔、汽车用铝合金材料铸件、锻件、交通用铝板材和航空用轻金属合金材料等新产品。

贵阳市白云铝及铝加工基地是贵阳市人民政府明确提出设立的二类特色工业园区，由白云区政府负责开发建设。基地将依托中国铝业贵州分公司、贵州铝厂等龙头企业的优势，延伸铝加工产业链条，吸纳铝加工上、下游企业入驻基地，形成产业集群，打造中国西部铝加工之都。

贵阳市白云铝及铝加工基地地处贵阳市白云片区东北部，规划面积为282.8公顷，在贵阳市"三环十六放射"骨架路网中占有十分优越的交通区位：以基地主干道云环路为主轴，北邻环城高速公路，与沙文生态科技基地相连；东邻210国道、贵遵高速公路，与新天片区、龙洞堡片区、二戈寨片区相连；向南可通过金苏大道、210国道与白云片区、金阳新区、小河片区、花溪片区以及孟关装备制造基地相连；西接白云片区东部居住组团。

基地规划由贵阳市城市规划设计研究院精心制作，以中铝贵州企业为依托，以高新技术产业为核心，以铝及铝加工产业为重点，就地直接利用中铝贵州分公司生产的符合标准的合金铝水（液）进行铸造生产，规模发展高端铝及铝合金锭坯、新型高强度铸造铝合金材料、汽车轮毂等产业，逐步形成低成本、高效化、短流程、绿色环保的循环产业链。

基地投资主要突出铝业特色，重点吸纳铝业深精度加工、铝业研发、工业物流、机械制造加工企业入驻基地，形成产业集群，培育完善商贸流通业、房地产业及社会性服务业。

3. 息烽磷煤化工生态工业园基地

息烽磷煤化工生态工业基地有五个园区，即贵阳市循环经济磷煤精细化工工业园、息烽食品医药工业园、息烽安磷化工工业园、息烽金星生态工业园和息烽养龙生态工业园。基地建设以贵阳市息烽循环经济磷煤化工工业园和食品医药工业园为核心，重点发展煤化工以及食品级化工和生物制药、新型建材等产业，是"中关村贵阳科技园"北部实体经济带的循环经济重点产业园区。

4. 修文扎佐工业园

修文扎佐工业园是省级重点产业园区。现规划为"一区三园"，是"中关村贵阳科技产业园"北部高新技术产业实体经济带的重要园区，重点发展生物医药、新材料、特殊钢、汽车零部件（特种轮胎、气囊）等高新技术产业。

5. 清镇煤化工、铝工业循环经济生态工业基地

基地由"两区四园"组成，东区位于站街以东，是老煤化工工业区，主要布局煤化工及资源综合利用、现代制药；西区位于站街以西，是清镇基地的新规划循环经济生态工业园。重点推进西区三个园区发展，即西部工业园、绿谷产业园、新医药产业园。基地是"中关村贵阳科技园"的绿色产业重点园区，主要发展煤精细化工特色产业、生物医药和铝精深加工产业及大数据产业应用服务。

6. 贵州（修文）新材料科技产业示范基地

贵州（修文）经济开发区在此基础上，集聚人财物要素，形成了以"绿色特钢""新型轮胎""精密铸件"等现代制造业和"特色苗药""生态食品"为主导，配套现代商贸物流的综合性产业园区。近年来，先后获得贵阳市国家现代化服务业务数字内容产业化基地、贵州（修文）新材料科技产业示范基地等称号。

贵州（修文）经济开发区位于贵阳市北郊修文县，地处扎佐、久长、龙场三个镇的三角地带，距贵阳市区35千米，210国道、贵遵高速公路、贵毕高等级公路、川黔铁路、渝黔快速铁路等穿境而过，

区位优越、交通便利。毗邻10万亩扎佐林场,生态良好,气候宜人。

(五) 众创空间

省级以上科技企业孵化器(众创空间)自动纳入市级管理体系进行统一管理,不再进行认定。

表1-1　　　　2017年贵阳市级科技企业孵化器名单

序号	所在区县	孵化器名称	申报单位
1	高新区	悟创街孵化器	贵阳鸿德科技有限公司
2	高新区	翔明在线产业科技孵化器	贵州翔明科技责任有限公司
3	高新区	国家大数据(贵州)综合试验区产业生态示范基地	贵州优易合创大数据资产运营有限公司
4	云岩区	贵阳云岩区科技企业孵化器	贵州众智慧嘉德科技有限公司 贵州富汇中天投资管理有限公司
5	南明区	航创龙翔科技孵化器	贵州航创龙翔科技孵化器有限公司
6	乌当区	贵州智源信息产业孵化器	贵州智源信息产业孵化器基地有限公司
7	清镇市	贵州大数据产业孵化器	贵州众地铁空间科技有限公司

表1-2　　　　2017年贵阳市级众创空间名单

序号	所在区县	众创空间名称	申报单位
1	云岩区	优米谷众创空间	贵州优米谷企业管理有限公司
2	南明区	蓝明众创空间	贵州蓝明大数据科技孵化服务有限公司
3	南明区	青创汇众创空间	贵州青创汇企业管理有限公司
4	白云区	多彩电商创业大本营	贵州多彩贵商联合发展有限公司
5	经开区	贵州大学"仰贤居"InOne创客空间	贵州兴我电子商务有限公司
6	经开区	贵州勤邦云栈众创空间	贵州勤邦食品安全科学技术有限公司
7	经开区	黔货出山众创空间	贵州省黔货出山电子商务有限公司
8	双龙区	中国联通贵阳大数据创新创业中心	联通创新创业投资(贵州)有限公司

● 2017年,贵阳市共有国家级技术创新示范企业4家,省级技

术创新示范企业 15 家；共有创新型领军企业两家，创新型中小企业 10 家。

表 1-3　　2017 年贵阳市国家级、省级技术创新示范企业名单

序号	企业名称	级别	认定年份
1	贵州航天电器股份有限公司	国家级	2014 年
2	贵阳时代沃顿科技有限公司	国家级	2015 年
3	贵州航天林泉电机有限公司	国家级	2016 年
4	贵州航天控制技术有限公司	国家级	2017 年
5	贵州雅光电子科技股份有限公司	省　级	2015 年
6	贵州振华群英电器有限公司	省　级	2015 年
7	中航力源液压股份有限公司	省　级	2015 年
8	贵州威门药业股份有限公司	省　级	2015 年
9	贵州振华集团永光电子科技有限公司	省　级	2015 年
10	国药集团同济堂（贵州）制药有限公司	省　级	2015 年
11	贵阳朗玛信息技术股份有限公司	省　级	2015 年
12	贵州景峰注射剂有限公司	省　级	2015 年
13	中国振华（集团）新云电子元器件有限责任公司	省　级	2016 年
14	中国航空工业标准件制造有限责任公司	省　级	2016 年
15	际华三五三七制鞋有限责任公司	省　级	2016 年
16	贵州航宇科技发展股份有限公司	省　级	2016 年
17	中国振华集团云科电子有限公司	省　级	2016 年
18	贵州詹阳动力重工有限公司	省　级	2017 年
19	中国电建集团贵阳勘测设计研究院有限公司	省　级	2017 年

表 1-4　　　　　2017 年贵阳市创新型企业名单

序号	企业名称
创新型领军企业	
1	贵州振华风光半导体有限公司
2	贵州信通达智能工程股份有限公司

续表

序号	企业名称
创新型中小企业	
1	贵州勤邦食品安全科学技术有限公司
2	贵州华云汽车饰件制造有限公司
3	贵阳语玩科技有限公司
4	贵州人和致远数据服务有限责任公司
5	贵州中航交通科技有限公司
6	贵州轩通大数据科技有限责任公司
7	贵州盛昌药业有限公司
8	贵州天保生态股份有限公司
9	贵州电子商务云运营有限责任公司
10	贵州云达科技有限公司

四 贵阳高新技术产业产融学研用协同发展情况

（一）贵阳高新技术产业产融研政协同发展情况

一是打造科技创新高端平台。以大数据为引领打造科技创新高端平台，支持大数据战略重点实验室发展，形成大数据发展新型高端智库。支持以中电科大数据研究院有限公司为主体的"提升政府治理能力大数据应用技术国家工程实验室"构建大数据领域创新网络，该实验室被国家发改委批准为全国首个大数据国家工程实验室。二是加大重大科技项目攻关力度。科技研发资金倾斜支持大数据技术创新应用研发，重点支持贵州易鲸捷信息技术有限公司开展"大数据联机事务处理及商业智能分析系统"项目。支持贵阳市生态委、贵阳市农商银行等8家单位和企业开展国产数据库研发及应用试点工作，并对试点单位给予专项补助。三是完善融资支持。推动科技资金支持方式由"拨款"向"补助"转变，对规模以上工业企业研究与试验发展（R&D）经费投入按比例给予后补助，带动有研发费用投入的规模以上企业从87家增到126家，规模以上企业研发费用投入从19.67亿元增加到22.98亿元。对新认定的高新技术企业给予一次性直接补助。对国家级、省级众创空间分别给予一次性资金补助；对市级科技企业孵化器、众创空间，基于年度创新创业服务工作开展情况，按评分等次给予不同额度的资金补助。

（二）高新技术产业创新体系建设情况

贵阳市综合科技进步指数继续保持贵州省第一。贵阳顺利通过国家科技部对创新型试点城市的评估。成为获国家知识产权局与工业和信息化部批准建设中小企业知识产权战略推进工程试点城市，贵阳国家高新区成为国家知识产权示范园区，经开区成为国家知识产权试点园区。贵阳高新技术创业服务中心和贵阳火炬软件园管理有限公司被科技部评定为 A 类"国家级科技企业孵化器"。

科技企业培育情况。2017 年新增通过备案的科技型企业 446 家，总数达 1686 家，增长 36%（其中科技型成长企业 32 家，总数达 482 家，增长 7.1%）；新增市级创新型企业 12 家，总数达 130 家，增长 10%；新获批国家高新技术企业 215 家（其中首次认定企业 165 家，到期重新认定企业 50 家），总数达到 416 家，增长 43%。

知识产权创造情况。2017 年专利申请量 14118 件（其中发明专利 4747 件，实用新型专利 8086 件，外观设计专利 1285 件），占贵州省专利申请量的 40.8%；专利授权量 5641 件（其中发明专利 1072 件，实用新型专利 3776 件，外观设计专利 793 件），占贵州省专利授权量的 44.9%。每万人发明专利拥有量达 11.19 件，为贵州省万人发明专利拥有量 2.37 件的 4.72 倍。2017 年，贵阳市获中国专利优秀奖 4 个。

（三）高新技术产业人才发展情况

一是依托重点活动引才。依托数博会、生态文明会等活动平台引才聚才，在数博会期间举办了第二届大数据人才招聘季系列活动，共引进国家级专家 1 名，大数据核心业态领军人才 10 名，急需紧缺人才和高层次创新创业人才 60 名，其中博士 15 名，硕士 35 名，副高及以上职称人才 5 名。二是承办人才博览会。承办第五届中国贵州人才博览会，围绕大生态、大数据、大健康、互联网金融等重点产业的人才需求，现场签约和评审引聘人才8319人，其中，博士及副高职称以上815人，硕士6834人。以"人才+项目"的方式引进项目11个，引才成果在贵州省九个市（州）中名列第一。分三组到南开大学、吉林大学、山东大学、武汉大学、西南大学等国内17家知名高校开展引才活动，现场发放需求白皮书及人才政策选编2000本，初步达成意向2000余人，广发英雄帖邀请他们参加2018年第六届中国贵州人才博览会。三是推进招商引才融合发展。不断完善招商引资与招才引智融合互动机制，整合资源，推动单纯招商、引才向"人才+技术+项目"和"团队+项目+资本"新模式转变，形成引进一个项目，带来一批人才，集聚一个团队，带动一个产业的发展新模式。在数博会期间，组织高新区成立4支招商小分队，在数博会场内外共与98名参会嘉宾（含7名博士）、47家省外参展企业、8家省内外知名人力资源服务机构积极对接洽谈，主动出击，推进人才及项目合作。2017年9月，在高新区组织开展了"一带一路"沿线专家技术项目对接活动，邀请了来自俄罗斯、白俄罗斯、乌克兰、格鲁吉亚等国家的23名外籍专家参加，联名签署了《共建共享贵阳创新中心合作备忘录》，60家企业、机构与专家进行项目对接与交流，现场达成深度合作意向22个。全年共直接引进各类高层次人才834人，其中博士117人，硕士620人，高级职称97人。

（四）高新技术产业应用发展情况

2017年贵阳高新技术工业总产值达1295.39亿元，增速为11.6%。其中装备制造业总产值为575.39亿元，化工产业总产值为299.93亿元，民族制药和特色食品产业总产值为284.30亿元。大数据企业主营业务收入为800亿元，增长21%，软件和信息技术服务业务收入为145亿元，增长20%，网络零售交易额为78.44亿元，增长45%，占贵州省比重分别超过50%、70%、59%；成交技术合同2947项，增长136%，对外输出技术合同金额43.98亿元，增长279%；万人发明专利拥有量为11.19件，在西部省会城市中名列前茅，科技进步对经济增长的贡献率达到60%；全社会研发投入预计50亿元，占地区生产总值的1.42%。建成国家级互联网骨干直联点城市，互联网出省带宽达到6730Gbps，电信、移动、联通和多彩贵州广电云实现行政村光纤全覆盖。建成16个大数据产业聚集基地，数据中心服务器投运3.5万台。41个市属部门实施"数据铁笼"工程，筑民生、社会和云等社会管理服务APP上线运行。新增规模以上大数据企业51个，大数据企业纳税额为110亿元，增长20%。大数据与实体经济融合，贵阳市成为国家产融合作试点城市，新云电子、同济堂成为国家智能制造综合标准化与新模式应用示范企业，贵州轮胎、詹阳动力等10个企业成为国家信息化和工业化融合管理体系贯标试点企业，航天电器、雅光电子等37个企业入选贵州省"大数据工业"深度融合试点示范企业，大数据与实体经济深度融合指数达到42.5，比贵州省平均水平高8.7。贵阳国家高新区企业贵州航天云网依托"云上贵州"大数据平台构建的"贵州工业云"，从2016年7月上线至2018年1月以来，成交金额已达近20亿元。成立全国首个大数据国家工程实验室，成为首个国家大数据及网络安全示范试点城市、健康医疗大数据中心国家试点城市、国家中小企业知识产权战略推进工程试点城市。政府数据共享开放总体解决方案成为国家推荐方案，《贵阳市政府数据共享开放条例》颁布施行，主导编制的贵州大数据地方标准发布实施。建成华为软件开发云创新中心、贵州伯克利大数据创新研究中心等8个创新平台，启动建设全国首个人工智能开放创新平台，新增省级以上科技企业孵化器8个，建成省级以上工程实验室、重点实验室、工程技术（研究）中心8个，引进高层次和紧缺大数据人才834人。

参考资料：

《2017年贵州省高新技术产业统计信息》。

贵阳市科技局（市知识产权局）《2017年工作总结暨2018年主要工作安排》。

贵阳市大数据委《2017年工作总结及2018年工作打算》。

贵阳市发展和改革委员会《2017年工作总结及2018年工作打算》。

贵阳市发展和改革委员会《贵阳市2017年国民经济和社会发展计划执行情况与2018年国民经济和社会发展计划（草案）》。

贵阳市统计局《2017年贵阳市国民经济和社会发展统计公报》。

贵阳市统计局《贵阳市2017年1—11月经济运行情况分析》。

贵阳市工业和信息化委员会《2017年工作总结》。

贵阳市投资促进局《贵阳市2017年招商引资工作总结及2018年工作计划》。

贵阳市投资促进局《贵阳市2017年人才优势》。

《2017年"贵阳市级科技企业孵化器（众创空间）"名单公示》。

《贵阳市科技局（市知识产权局）关于认定2017年贵阳市创新型企业的通知》。

贵阳市商务局《2017年工作总结及2018工作计划》。

《开阳磷煤化工（国家）生态工业示范基地控制性详细规划》。

贵阳经济技术开发区《2017年工作总结》。

贵阳国家高新技术产业开发区门户网站。

贵阳国家经济技术开发区门户网站。

贵阳综合保税区《2017年工作总结》。

《贵州日报》。

《贵阳日报》。

中国航天科工集团第十研究院网站。

（主要作者：赵刚、魏贝、卢杏、石庆波、戚芸榛）

第二章　贵阳高新技术产业发展研究分析报告

一　国内外高新技术产业发展现状与趋势

（一）全球高新技术产业发展态势

1. 全球产业格局正在重塑

全球范围内科技创新及应用规模不断提高，信息技术、生物技术、新能源技术、新材料技术等交叉融合正在引发新一轮科技革命和产业变革，移动互联网、大数据、可穿戴设备、基因测序、人工智能等一批具有行业颠覆性的新技术、新材料、新产品、新模式、新业态不断涌现，全球竞争版图将被重塑。全球各地都在积极培育高新技术产业，以保持在国际竞争市场上的领先地位。

2. 科技创新孕育重大突破

工业4.0推进新一代信息技术与制造业深度融合，推动3D打印、物联网、云计算、大数据、移动互联网、空间地理信息集成等应用领域取得新突破。网络众包、协同设计、大规模个性化定制、精准供应链管理、全生命周期管理、电子商务等正在重塑产业价值链体系。智能终端产品不断拓展制造业新领域，推动智能汽车、智能机器人、人工智能服务等加速发展。创新驱动的高新技术产业逐渐成为推动全球经济复苏和增长的主要动力，全球创新经济发展进入新时代。

（二）我国高新技术产业发展现状

1. 高新技术产业发展初具规模

在一系列鼓励和促进新兴产业发展的政策措施作用下，我国新兴产业发展势头良好，规模不断壮大。2016年，我国战略性新兴产业增加值同比增长10.5%，快于规模以上工业增加值增速4.5个百分点。信息产业快速崛起。2016年，互联网宽带接入端口数量达到6.9亿个，比2012年增长1.1倍；移动通信基站总数达559万个，增长1.7倍；固定互联网宽带接入用户为29721万户，比2012年增加12203万户，年均增长14.1%。移动网络覆盖范围和服务能力继续提升。2016年，移动宽带用户94075万，比2012年增加70795万户，年均增长41.8%；移动互联网接入流量93.6亿G，比2012年增加84.8亿G，年均增长80.6%；互联网普及率达到53.2%，比2012年提高11.1个百分点。智能手机、新能源汽车、工业机器人等市场规模位居世界前列。据统计，2016年我国智能手机销量在世界市场上的总占有率超过20%；新能源汽车销售51万辆，位居世界第一；工业机器人销量比上年增长31%，占全球的比重超过30%。

2. 高新技术产品层出不穷

市场主体开发新产品热情高涨，供给创新不断加大。高附加值、高技术含量的新产品快速增长。2016年，运动型多用途乘用车产量为914万辆，比2012年增长3.6倍，年均增长46.2%；集成电路1318亿块，比2012年增长69.1%，年均增长14.0%。2016年，工业机器人产量7.2万台，比上年增长30.4%；智能电视9310万台，增长11.1%；智能手机15.4亿台，增长9.9%。在航空航天、轨道交通装备、高档数控机床、船舶和海洋工程装备等领域涌现出一大批战略性新产品。C919大型客机首飞成功，"长征五号"大推力运载火箭、载人航天、全球首颗量子卫星发射成功，高精度数控齿轮磨床等产品跻身世界先进行列，中国标准动车组成功完成420km/h交汇试验。

3. 科技创新投入逐渐增加

政府对科技创新的支持力度持续加大，市场主体创新发展自觉性明显提高，我国研发投入快速增长，总规模已位居世界前列。2016年，我国研究与试验发展（R&D）经费支出达到15500亿元，比2012年增长50.5%，年均增长10.8%。财政科技投入不断加大。

2016年，国家一般公共预算中科学技术支出为6568亿元，比2012年增长47.5%，年均增长10.2%。企业研发投入资金占比大幅提高。2015年，我国企业研发资金10589亿元，比2012年增长38.9%，年均增长11.6%；占全社会研发经费支出的比重达到74.7%，比2012年提高0.7个百分点。2015年，规模以上工业企业研发经费支出为10014亿元，与主营业务收入之比为0.90%，比2012年提高0.13个百分点。2016年，国家重点研发计划共安排42个重点专项1163个科技项目，国家科技重大专项共安排224个课题，国家自然科学基金共资助41184个项目。截至2016年底，累计建设国家重点实验室488个，国家工程研究中心131个，国家工程实验室194个，国家企业技术中心1276家。

4. 科技创新成果不断涌现

在增加科技投入的同时，高端人才引进和培养力度持续加大，高科技领军人才、优秀科技创新团队脱颖而出，形成了一大批标志性科技成果。在基础研究方面，量子反常霍尔效应、铁基高温超导、外尔费米子、暗物质粒子探测卫星、热休克蛋白90α、CIPS干细胞等研究领域取得重大突破。在战略高技术方面，"神舟十一号"载人飞船与"天宫二号"空间实验室实现自动交会对接，航天员遨游太空30天；大推力新一代运载火箭"长征五号"发射升空，首颗量子科学实验卫星"墨子号"、首颗全球二氧化碳监测科学实验卫星成功发射；采用自主研发芯片的世界首台10亿亿次/秒超算系统"神威·太湖之光"居世界之冠；"海斗号"无人潜水器最大潜深达10767米，我国成为第三个研制出万米级无人潜水器的国家。重大装备和战略产品方面，高速铁路、水电装备、特高压输变电、杂交水稻、对地观测卫星、北斗导航、电动汽车等快速发展，部分产品和技术开始走向世界。

（三）国内重点城市高新技术产业发展情况

1. 武汉市

高新技术产业产值。2017年，武汉"四上"单位高新技术产业总产值为9479.64亿元，比上年增长15.0%，同比加快2.4个百分点。三大战略性新兴产业中智能制造工业总产值比上年增长22.0%，生命健康、信息技术营业收入分别增长18.7%和18.0%。

高新技术创新主体。新认定高新技术企业1268家，总数达2839家，比前一年净增662家，总数与增量均创历史新高。创新企业快速发展，小米科技、科大讯飞等25家知名企业扎堆武汉。海外科创人才来武汉发展空前活跃，引进诺贝尔奖科学家4人、国家"千人计划"专家68人、海外高层次人才392人。

高新技术产业成果。发明专利申请量20603件、授权量7444件，分别增长13%、15%。全社会研发经费（R&D）投入强度稳步提升，达到3.2%。2017年，武汉在全国率先组建武汉市科技成果转化局，成立市高校院所科技成果转化工作领导小组和院士专家顾问团，统筹推进武汉市科技成果转移转化工作。5场科技成果转化签约大会举办，共实现206个项目签约，交易金额244亿元。大学生留武汉人数达30.1万人。

高新技术产业载体。2017年，武汉科技企业孵化器数量230家，其中国家级孵化器31家；建有众创空间158家，其中国家级众创空间45家，国家级专业众创空间5家；建成6个国家级创新平台和双创基地，新建企业和高校研发平台411个，武汉开发区"南太子湖创新谷"等5家"创谷"基本建成，江夏区"阳光创谷"等6家"创谷"建设正全面展开。

2. 福州市

高新技术产业产值。2017年，福州市规模以上战略性新兴产业实现增加值482.52亿元，比上年增长7.2%，占规模以上工业增加值21.9%。规模以上高技术制造业实现增加值277.25亿元，增长9.4%，占规模以上工业增加值的比重为12.6%。

高新技术创新主体。2017年新认定158家高新技术企业，达到744家，其中243家高新技术企业申报享受减免企业所得税5.27亿元；新增106家企业进入省科技小巨人领军企业培育发展库，总数达231家；认定省级科技型企业168家，总数达799家。

高新技术产业成果。2017年福州市专利申请量25580件，专利授权量11266件，共资助发明专利2085件、奖励1925件，总金额为1717.25万元；福州市有效发明专利拥有量10773件，居福建省首位，每万人有效发明量达15.1件。新增市知识产权示范企业25家，省级优势企业13家。在2017年全国知识产权示范城市考核中，成绩位列全国41个地级城市中第10名，被授予"国家知识产权示范城市工作先进单位"。

高新技术产业载体。2017年，新认定省级新型研发机构6家，省企业工程技术研究中心9家，省级重点实验室4家，截至目前，福州市共有3家国家级重点实验室、93家省级（企业）重点实验室、152家省级（企业）工程技术研究中心。福州市新认定市级双创示范中心2家，建成数达7家。推进众创空间建设，新认定45家市级众创空间，总数达到90家，同比数量翻一倍；新认定省级众创空间16家，总数达38家；新认定国家级专业化众创空间1家、国家级众创空间3家，总数达7家；在孵企业和团队总数超过3400多个，增加近3倍，众创空间内累计有300多家企业获得6.6亿投融资。

3. 长沙市

高新技术产业产值。2017年长沙市累计实现高新技术产业总产值11440亿元，同比增长15.7%，实现增加值3510亿元，同比增长14.5%。认定登记技术合同3496份，合同成交额首次突破100亿元。

高新技术创新主体。2017年，长沙市共有861家企业申报高新技术企业，同比增长69.2%，789家企业通过高新技术企业认定，增幅达70%，单年度净增高新技术企业483家，创历年最高，长沙市有效高新技术企业总数达到1594家，占湖南省高新技术企业总数的51%。

高新技术产业成果。2017年，长沙市专利授权量17170件，其中发明专利4873件。

高新技术产业载体。截至2017年底，长沙市已有长沙新技术创业服务中心、中电软件园等国家级科技企业孵化器13家，大学科技园两家，省级以上科技企业孵化器27家，市级以上科技企业孵化器36家；同时，在长沙市备案的众创空间已达105家。

二 贵阳高新技术产业发展SWOT分析

（一）发展优势

一是自然资源优势。贵阳冬无严寒、夏无酷暑的气候条件和良好的生态环境，远离地震带的地质条件，水火互济的能源优势，具备吸引新一代信息技术企业和人才集聚的优势。二是大数据领先发展的优势。率先建设国家大数据综合试验区，大数据发展的政策红利逐步释放，大数据政用、民用和商用逐步深化，为推进以大数据为带动高新技术产业发展奠定了基础，形成了相对其他市的比较优势。三是政策环境优势。贵阳市出台了一系列扶持性政策文件，并且建成"国家火炬计划软件产业基地""国家现代服务业产业化基地""国家新型工业化产业示范基地"等一大批国家级平台，同时积极进行招商引智计划，为高新技术企业营造了良好的发展环境。

（二）发展劣势

一是高新技术产业成长的产业环境不健全。战略定位不清晰，产业发展失衡，R&D经费投入不足，融资受阻，城乡发展仍不平衡。二是经济发展滞后。产业基础薄弱，两化融合的深度不够。三是技术创新能力不足。高等院校科研机构少，新兴技术学科建设缺乏支撑，复合型中高端信息技术人才紧缺。四是核心竞争力不足。经济发达地区均积极谋篇布局，意图抢占发展制高点，与发达地区相比，贵阳市竞争力偏弱。

（三）发展机遇

一是战略性新兴产业快速发展。全球新兴产业发展进入了一个新的周期，国家产业战略布局和中关村贵阳科技园的建立为贵阳市发展高新技术产业提供了有力抓手，贵阳市面临着找准技术与创新突破口来改变自身地位的关键机遇。二是经济转型升级发展带来了新机遇。互联网+、智能制造给产业发展注入了更多活力，带来更大空间，为高新技术产业在优化配置资源、增强辐射带动能力，加快构建"高精尖"经济结构注入了全新活力。三是新一代信息技术发展带来了新机遇。新一代信息技术与传统产业加速融合，推动产业变革，衍生了工业互联网、电子商务、互联网金融、大数据交易等新业态、新模式，为高新技术产业转型升级提供了新动力。

（四）发展挑战

一是产业链的各个环节都处于成长和逐步完善阶段，市场培育需要较长的周期，短时间内带来的经济效益不会非常明显，贵阳市高新技术产业发展面临着较大压力。二是以大数据为代表的新一代信息技术产业是未来经济社会发展的新的制高点，广州、深圳、北京、重庆等地积极谋划，提前布局，竞相发展，给贵阳市新一代信息技术产业发展带来了巨大的竞争压力。三是国内外实体经济下行风险使得贵阳产业承接产业转移与招商引资困难加大，贵阳资源型产业结构面临转型挑战。

三　贵阳高新技术产业发展战略研究

（一）指导思想

贯彻创新、协调、绿色、开放、共享五大发展理念，守住发展和生态两条底线，坚持加速发展、加快转型、推动跨越主基调，围绕打造公平共享创新型中心城市的总目标，以提高自主创新能力为核心，以城乡"三变"改革为动力，以技术推广和科技成果转化，促进传统产业升级和区域经济社会可持续发展为重点，促进新一代信息技术、生物医药、高端装备、新材料、新能源与节能环保等高新技术产业的发展壮大，加快实施一批重大产业示范项目，着力培育一批高成长科技型企业，突破一批产业共性与关键技术，形成一批核心专利，开发一批重点产品，打造形成高新技术产业集群，提升高新技术产业规模、质量和效益，使高新技术产业成为引领贵阳市可持续发展的核心动力和重要引擎。

（二）基本原则

——创新引领，共享发展。紧抓高新技术产业新一轮内容更换的发展阶段特征，集聚、整合、利用各种创新要素与资源，构建完善的创新生态体系，营造创业氛围，支持企业加大创新投入，积极推动理念创新、管理创新、技术创新、模式创新、业态创新，将创新元素贯穿于企业发展各方面，全面提升产业综合竞争力。坚持改革推动，深入推进供给侧结构性改革，探索推进城乡"三变"改革，促进资源要素优化重组、高效配置，推进制造资源共享，助力实体经济发展，促进发展成果与全体企业和全民共享。

——项目支撑，绿色集约。坚持项目引进和培育并举，着力引进体量大、质态优、效益好、节能环保的项目，大力培育产业链长的大项目，不断形成新的增长点和增长极。坚守发展和生态两条底线，大力推进绿色、生态型新兴产业园区建设，着力发展绿色制造、绿色产品，促进优质生产要素向产业园区集聚，加快建设资源集约型、环境友好型的生态产业。

——有的放矢，提质增效。坚持有所为、有所不为，突出高技术助推转型升级的带动作用，以供给创新释放产业活力，培育一批代表贵阳经济特征的新兴业态，打造"产业结构优化的升级版"。推动产业链向技术、价值链高端发展，着力提高资源、能源、土地利用效率和劳动生产率，努力提高经济增长质量和效益。

——辐射带动，开放合作。推进众创空间、基础研发平台、技术交易中心等创新平台建设，带动黔中地区协同创新发展，以开放倒逼改革、促进发展，通过扩大对内对外开放，拓宽发展视野，寻求发展新机遇。

（三）战略目标

到 2020 年，加快集聚产业要素与创新资源，全力提升产业层次和优化产业结构，将高新技术产业发展成为贵阳市产业结构调整的主导力量和区域经济发展的支撑力量，将贵阳打造成西部地区高新技术

——产业规模质量进一步提升。产业规模稳步扩大,力争产业总产值达到 2300 亿元,产业结构持续优化,发展效益持续提升,形成一批具有影响力的高端、高效、高辐射产业集群。

——创新活力和影响力不断增强。贵阳市高新技术创新机构和平台建设跨上新台阶,新增国家级工程(技术)研究中心、重点(工程)实验室、技术创新示范企业、企业技术中心、制造业创新中心 5 家,新增省级工程技术(研究)中心、重点(工程)实验室、技术创新示范企业、企业技术中心、制造业创新中心 60 家。新培育省级以上孵化器、众创空间 12 家。新培育市级孵化器、众创空间 30 家。

表 2-1　　贵阳高新技术产业发展战略目标

类别	指标	2018 年	2019 年	2020 年
产业规模	产业总产值(亿元)	1400	1845	2300
	以大数据为引领的电子信息制造业(亿元)	500	650	800
	大健康医药(亿元)	400	500	600
	高端装备制造(亿元)	300	380	450
	新材料(亿元)	100	150	200
	新能源汽车(亿元)	30	60	100
	节能环保(亿元)	50	70	100
	新能源(亿元)	20	35	50
科技创新	新增国家级工程(技术)研究中心、重点(工程)实验室、技术创新示范企业、企业技术中心、制造业创新中心(个)	2	3	5
	新增省级工程技术(研究)中心、重点(工程)实验室、技术创新示范企业、企业技术中心、制造业创新中心(个)	40	50	60
	新增高新技术企业(家)	150	200	250
	新培育省级以上孵化器、众创空间(家)	5	8	12
	新培育市级孵化器、众创空间(家)	10	20	30

四 贵阳高新技术产业发展对策与建议

（一）聚焦六大核心产业，推进全产业链发展

1. 加快发展新一代信息技术产业

（1）加快发展电子元器件与集成电路

发展液晶面板、新型电子元器件、新型电子材料、光电显示器件以及集成电路芯片。

发展液晶面板及模组。加强与富士康合作，在贵阳市建设液晶面板及模组生产线，引进 TFT-LCD 产业上下游配套企业，打造相对完整的 TFT-LCD 产业链。

发展新型电子元器件。支持雅光电子、振华新材料、贵州航天电子科技、贵州航天电器等企业，发展微小型表面贴装元器件、高端印制电路板及覆铜板、触控模组、新型绿色电池电芯以及模组、新型半导体分立器件、新型电力电子器件、高亮度发光二极管、高性能传感器与敏感元件、新型机电组件、光通信器件，形成新兴智能终端的本地配套能力。

发展新型电子材料。发展新型半导体材料、有机发光材料、高性能磁性材料、电子功能陶瓷材料、宽带隙半导体材料、光电子材料、纳米材料、绿色电池材料、电子封装材料、硅材料等新一代电子材料。

发展光电显示器件。以 LED 照明为核心，发展封装、外延芯片，发展高亮度 LED 及相关半导体器件、LED 关键芯片、LED 亮度节能灯。

发展集成电路。培育发展集成电路设计和封装测试产业，建设计算机存储芯片、Wi-Fi 通信芯片、物联网核心器件芯片、各类 IC 卡及电子标签等产品生产线，打造一批拥有核心技术的企业和具有自主知识产权的产品。

（2）加快发展智能端产品制造

发展服务器、智能手机、平板电脑、互联网电视、北斗终端设备、可穿戴设备和智能家居等智能终端产品。

发展服务器与存储。支持惠普、黔龙泰达等企业，发展面向大数据处理的 PC 服务器、大数据一体机、数据压缩设备等产品。

发展互联网电视、智能手机与平板电脑。支持海信等企业研发和生产新一代互联网电视，积极引进智能手机与平板电脑品牌商，鼓励富华达等企业生产新型智能手机和平板电脑。

发展智能楼宇与智能家居产品。面向智能楼宇建设的需求，支持汇通华城等企业，发展安防控制、空调控制、灯光控制、远程抄表等智能楼宇产品。加快生产面向家庭日常生活需求的智能冰箱、智能洗衣机、智能空调、智能插座、智能灯泡、智能路由器、智能音响、智能温控设备、智能窗帘等产品。

发展智能可穿戴设备。面向健康医疗、娱乐、安全等个人应用，发展健康可穿戴产品、智能手环、智能眼镜、智能手表等产品。

发展行业智能终端。支持奇瑞汽车、博大智能等企业，提升车载移动终端本地化生产能力，生产行车记录仪、GPS 定位、北斗导航以及交通信息采集终端。发展具有智能健康管理和监测功能的智能医疗电子设备。

2. 加快发展生物医药产业

大力实施"巨人计划"，扶持壮大益佰、同济堂、景峰、健兴、威门、新天、汉方、神奇、修正（贵州）、联科中贝等一批重点企业。积极引进战略投资者，以新技术研发、新业态培育、新模式创造为方向，促进医药制造企业延长产业链。发展新型疫苗、抗体、蛋白、基因等产业，适应基因工程、工程检测、智能诊疗等技术融合发展趋势，发展生命支持、数字化手术、植入电子治疗等治疗设备。加强中药制剂和中药新药技术孵化平台的建设，加速现代技术在传统中药中的融合应用。支持血管支架、人工关节、人工神经修复材料等高端介入植入类产品的产业化。加强先导化合物合成和筛选、药物临床研究、安全性评价等生物研发外包服务。加快建设国家级大健康数据库和大健康数据管理呼叫中心，加强医疗服务、健康养老、健康运动、健康管理等大数据的广泛应用，促进"大数据+健康服务""大数据+健康管理"新业态的发展。加强健康大数据收储能力，汇集贵阳市健康信息云、贵州医疗健康云和颐生云等平台数据库。依托贵阳市大数据创新产业（技术）发展中心，培育或引进研发主体，推动基础性大健康数据研究。推进益佰"大数据+肿瘤诊疗服务平台"、朗玛信息"医疗健康云"、康络维医疗"心电云"、勤邦生物"检测云"等大健康云平台项目建设。

3. 加快发展高端装备产业

（1）加快发展航空航天装备

加快发展航空产业。加快发展航空发动机产业，依托贵州黎阳航空动力、贵阳中航动力精密锻造、贵州红林机械等企业，以"两机"重大专项实施为契机，重点支持中小推力航空发动机的研制，加快发展以高性能涡扇涡喷发动机研发生产为代表的航空发动机和燃气轮机重要零部件、燃油控制系统、军民两用电磁阀、军民两用大容量混合动力发动机等航发产品，将贵阳打造成世界一流的航空发动机设计、制造、试验、修理和服务基地。加快发展航空装备配套产业，依托贵阳航空电机、中航力源液压、万江航空机电等企业，积极参与国家及省重点军用飞机的研究与生产任务，大力发展航空煅铸、航空零部件、标准件、机载设备及附件专业化产业，重点开展航空电机、二次电源、地面机电设备、航空控制系统、航空标准件、紧固件、液压系统等产品的研发与制造企业招商，大力培育贵州金江、高新泰丰、贵阳泰润、蓝德机电、贵阳瑞安文等本地企业，提升对各型军用飞机的机械、机电系统及通信导航和飞机控制系统的配套能力。加快发展航空装备维修产业，结合航空港经济区建设这一契机，以贵州凯阳发动机为依托，借力国内外龙头维修企业，将航空维修作为增量着力点。

加快发展航天产业。加快发展航天器制造及零部件产业，依托贵州航天控制技术、贵州航天电器等企业，充分发挥贵阳市在地空导弹武器系统总体、指挥控制、导弹总体、制导控制、发射控制等领域的核心专业优势，提高高新武器装备配套的电动舵机、自动陀螺仪、微特电机等产品的研发生产能力；扩大卫星应用系统芯片产品、天线产品的开发应用；推动电源、电连接器、伺服机构、精密齿轮及传动机构等航天产品的快速发展，提升装备出口及技术转让能力；积极参与"载人航天工程""月球探测工程"等国家重点工程，研制配套产品。加快发展卫星导航及应用服务产业，以林泉科技为依托，积极推进卫星通信系统、导航系统、定位系统等民用空间基础设施建设；支持领军企业做大"北斗"导航相关产业，围绕"北斗"卫星导航应用，重点引进导航与位置服务应用企业。

加快发展通航产业。依托贵州双龙临空经济区和经开区，打造集通用飞机制造、维修、服务、运营于一体的通用航空产业链。重点支持无人机、高端公务机整机的研发与制造，力争进入国产大飞机、航空发动机重大专项，扩大为国产大飞机配套的规模。支持高集成度通用航空通信导航监视系统、飞行控制系统等航空电子设备与系统的研发及产业化。大力发展通航运营、维修服务产业。

（2）加快发展智能制造装备

发展零部件产业。依托中航力源、枫阳液压等液气密原件等领军企业，重点打造和引进液气密原件、伺服部件及系统、紧密传动装置等产业链环节重点企业，实现智能制造关键零部件产业的补链；以新天光电、贵阳永青仪电科技、贵阳学通仪器仪表等本地企业为依托，重点发展精密仪器、新型传感器及系统等智能测控装置领域，实现上游产业的补链和延链；依托贵阳大数据产业基础，适时引入 ERP-SCM、PLM、MES 及工控系统等软件企业，延伸智能制造上游软件应用产业环节。

发展重大集成智能装备产业。依托贵阳中小型机床与基础制造装备、工程机械装备、加工制造机械装备等已有资源优势，以中航高科等本地龙头企业为依托，重点引进高端数控机床龙头企业，进一步强化数控机床产业链优势；加快推进贵州 3D 打印技术创新中心建设，打造高端装备制造业技术支撑平台，推动新技术的研发和产业化，通过引培结合，实现产业链延伸。

发展智能制造运营服务产业。依托贵州航天云网等工业大数据支撑服务企业，以工业互联网 INDICS 平台为核心，推动工业设计模型、数字化模具、产品和装备维护知识库等制造资源聚集、开放和共享，更加灵活、更有效率地为贵阳市工业企业提供云制造服务，实现企业内部及企业间设计研发、生产制造的协同共享，促进新资源、生产能力、市场需求的集聚与对接；以贵州机电、詹阳动力等贵阳本地企业建设智能工厂为契机，以应用为牵引，积极发展重大集成智能装备产业。

发展机器人整机制造产业。鼓励贵阳电子信息制造、汽车制造、航空航天、磷煤化工、铝加工、医药等优势行业企业实施以工业机器人、高档数控机床等智能化装备应用为主的自动化、智能化改造，建设一批柔性化生产线。结合贵阳产业特色及现有装备制造业基础，研究装备制造设备故障诊断、特色食品在线检测、灌装加工、中药生产胶囊剔废、镁铝自动化生产等智能制造机器人，以贵阳本地企业智能化改造和安川机电、新松、哈工大机器人等行业领军企业引入相结合的方式，实现机器人整机制造产业的补链和延链，打造形成智能制造系统、智能识别感知和智能机器人等以智能制造产业集聚为主的示范基地。

（3）加快发展轨道交通装备

发展轨道交通施工装备。依托相关骨干企业，重点发展城市轨道B型车辆、轨道交通控制系统、自动售检票系统、中央空调系统节能成套技术与装备。

发展整车修造及零配件。围绕轨道交通产业发展需求加快转型升级，依托相关骨干企业，在贵阳市建设整车生产和维修基地。发展交通装备配套用转向架、齿轮箱、轻量化车体内装饰与制动系统等关键零部件及高速重载铁路专用轴承钢、铸钢轮对、高速重载火车闸瓦、铁路专用雷达测速仪及磁电传感器部件等轨道交通装备零配件，提升零部件本地配套率。

发展轨道交通电力电子装备。引入成熟的海外第三代半导体电力电子芯片技术团队在贵阳市建设生产基地，生产碳化硅基大功率IG-BT、高压大电流模块等产品，开发生产交流牵引变流器、大功率辅助电源等产品，打造轨道交通核心装备竞争新优势。

发展轨道交通机电系统。围绕发展轨道交通综合管理配套系统，加快定向招商，重点发展牵引供电系统、信号系统、通信系统、信息化系统和综合监控系统等机电系统，延伸轨道交通装备产业链。

发展轨道交通高端服务业。积极发展规划设计、勘察测绘、监测监理、认证评估等直接需求型服务业，培育广告传媒、商贸商务等资源开发型服务业，不断丰富服务业态，打造轨道交通生产、制造、配套及服务产业链。

（4）加快发展新能源装备

加快风电整机成套装备产业基地建设，扩大现有大中型风电锻件、风电叶片等优势产品生产规模。做大单晶硅、多晶硅光伏发电设备制造产业，推进薄膜太阳能电池产业，积极开展太阳能并网工程。加强核电技术攻关，提高核电站设备关键零部件配套能力，以第三代主蒸汽安全阀和稳压器安全阀为切入点，重点发展核岛和常规岛各系统、各种类型安全阀和为核电配套的高附加值特种阀门。

4. 加快发展新材料产业

（1）稳步发展先进金属材料

主要发展重大装备关键配套金属结构材料，铝、钛、锰、镁、锌等金属及其高性能合金材料，加快高强度铝合金材料的产业化，加快开展锰、钒等特色优势金属新材料及其衍生材料重大关键技术、共性技术攻关和新产品开发。加快发展轨道交通用大型铝合金型材、汽车车身用铝合金材料、高纯高压电子铝箔等高端材料。加快陶瓷钢制备技术产业化应用，加快拓展新型金属材料在航空航天、国防军工和社会生活等各领域的应用，形成高性能合金材料产业链。

（2）加快发展新型无机非金属材料

大力发展超微细功能粉体材料、功能陶瓷材料、高性能非金属矿物材料、防辐射材料、耐火材料、隔热保温材料、高纯非金属材料等，重点推进纳米材料在塑料、橡胶、涂料、合成纤维、合成树脂、陶瓷、日化、电子等产业中的应用，积极开展特色非金属矿物材料高性能化重大关键技术攻关和新产品研发及产业化，发展太阳能光伏电池原辅料等制备技术。

（3）加快发展新型化工材料

主要发展磷化工、煤化工和植物化工的新材料，重点发展精细磷化工系列产品和精细化学品，高性能纤维、纳米化工材料，以及氟、碘、硅、钙、稀土、钡等精细化工系列产品，大力发展碳氢化合物、聚乙烯醇、高性能氟化物及其改性材料，二氧化碳、工业含硫废气、汽车尾气催化转化用催化新材料及改性材料。聚合物改性功能助剂及功能母粒，积极发展五倍子、石蒜、废弃烟叶、芭蕉芋等植物化工原料及其深加工材料，积极培育纤维素基可降解材料、生物质复合高分子乳液、生物质基载药纳米微粒等新型生物基功能材料，着力开展稀土永磁、催化、抛光等高性能稀土功能材料和稀土资源高效综合利用，以及高性能膜材料用关键材料的制备及应用等关键共性技术研发和产业化。

聚合物材料领域。主要发展高性能聚合物复合改性材料，开展工程塑料改性及加工应用技术、聚合物无卤阻燃技术、微孔发泡技术、共混改性技术、共聚改性技术等关键共性技术的研发和产业化。

（4）突破发展前沿新材料

推进新型电子材料的研发和产业化，加快高性能电子级晶硅材料产业化进程。加强纳米材料技术研发，重点突破纳米碳材料及制品的制备与应用关键技术，积极开发纳米粉体、纳米碳管、富勒烯、石墨烯等材料，推进纳米碳材料在新能源、节能减排、环境治理、绿色印刷、功能涂层、电子信息和生物医用等领域的应用。加快石墨烯低成本批量制备及纯化技术和透明电极手机触摸屏研发产业化，推动石墨烯在航空航天、集成电路、平板显示、复合材料、新型电池等高端领域的应用。积极推进基于电磁波操控技术的超材料制备关键技术的突破，大力推进在航空航天、电子信息、国家安全等领域的应用。加快研发智能材料、仿生材料、超材料、低成本3D打印材料，加快研发新型低温超导和低成本高温超导材料，加大空天、深海、深地等极端环境所需材料的研发力度。

5. 加快发展新能源与节能环保产业

（1）推动新能源产业发展

发展新能源发电。扩大资源富集地区的风力发电、太阳能光伏发电、煤层气发电规模；大力发展工业园区和边远地区分布式光伏发电；推进实施秸秆等生物质发电和垃圾发电；按照国家产业政策发展核能发电；努力降低化石能源占一次能源消费的比重。

开展能源综合利用。重点推进以小油桐、芭蕉芋等生物能源制备生物柴油、燃料乙醇，进一步推动秸秆汽化的焦油处理和燃气净化。大力开展页岩气开采和煤层气综合利用，利用提纯、液化、压缩等技术，生产 LNG（液化天然气）和 CNG（压缩天然气）；持续推进太阳能热水器等太阳能综合利用技术和产品。

发展"互联网+"智慧能源。突破分布式、储能、智能微网、主动配电网等关键技术，积极发展智能电网管理系统及技术，构建智能化电力运行监测、管理技术平台。推动建设智能化能源生产消费基础设施，加强多能协同综合能源网络建设，促进能源产业链上下游信息对接和生产消费智能化。推动融合储能设施、物联网、智能用电设施等硬件以及碳交易、互联网金融等衍生服务于一体的绿色能源网络发展，培育和发展分布式能源、储能和电动汽车应用、智慧用能和增值服务、绿色能源灵活交易、能源大数据服务应用等新模式和新业态。

（2）加快发展新能源汽车

发展新能源汽车核心零部件。重点推进锂离子、铝电池材料及动力电池的产业化开发，积极开展动力型磷酸铁锂离子电池产业化开发；大力推进永磁电机及其控制器、机电耦合装置、减速器、电驱动桥的产业化开发，加快开发能有效提升电机及传动系统效率的动力合成装置及控制系统；着力推进电动助力转向系统、电动空调和可用于能量回馈的电动助力制动系统的开发及产业化，加快发展新型车用电子仪表、车用传感器等关键产品及其基础元器件。

发展新能源和清洁能源汽车。推进纯电动、混合动力、氢燃料电池、天然气大中型客车、甲醇燃料汽车的研发及产业化。

发展新能源工程车。重点推进二甲醚—天然气混燃重型卡车等新能源汽车的研发及生产。

发展新能源专用车。围绕大旅游、大扶贫、大健康，大力发展特种专用车。以各类园区用车为重点，发展观光客车和区内短途交通客车；以市政、警务、卫生防疫、环卫、邮政、电力等特种公用行业为重点，发展纯电动、混合动力轻型特种车和商务专用车。以市县、乡镇物流应用为重点，发展纯电动、混合动力厢式货车和物流车。

积极发展新能源汽车服务业。抓住国家加快新能源汽车推广应用的机遇，积极发展适应新能源汽车市场需求的服务模式，培育和拓展新能源汽车展示、租赁、维修、零售和售后、装潢和改装、二手车交易等新型服务业，大力发展零部件连锁贸易和售后汽配连锁市场，促进新能源汽车产业与科技、信息、金融等融合发展，逐步健全新能源汽车产业发展和推广应用的服务体系。

（3）加快发展节能环保制造产业

发展高效节能产业。依托贵阳大中型工业企业，重点支持余热余压余能回收和水回收利用技术的应用、燃煤工业锅炉燃料替代改造、电解铝高效节能技术和高压变频调速、永磁涡流柔性传动技术、稀土永磁电机等节能技术的应用和产业化发展，持续增强大存量的高效节能技术和装备产业规模，引进具有大市场容量的余热余压余气利用和高效节能锅炉窑炉企业作为增量着力环节。

发展先进环保产业。围绕环保设备制造、环境检测仪器和环境污染处理三个重要环节，依托开磷集团、林泉机电等大型环保企业，推动水、大气、土壤、重金属等污染防治、有毒有害污染物防控、垃圾和危险废物处理处置、减震降噪设备、环境监测仪器设备的开发和产业化；推进高效膜材料及组件、生物环保控制温室气体排放等技术，提高环保产业整体技术装备水平和成套能力，提升污染防治水平；大力推进环保服务业的发展，促进环境保护设施建设运营的专业化、市场化、社会化，探索新型环保服务模式。

发展资源循环利用产业。以国家循环经济试点城市为依托，重点发展资源回收利用、废弃物资源化、再制造技术，发展生活垃圾无害化处理装备、危险废物和医疗废物无害化利用处置装备等，加快发展土壤及污泥污染修复技术装备，强化资源循环利用产业。

6. 加快推进传统资源产业的转型升级

（1）推进磷煤化工产业的转型升级

依托开磷集团等龙头企业，以息烽县、开阳县为重点，以提高资源产出效益为中心，有序开发利用磷矿资源，着力提升采选矿技术水平和现有矿山装备能力，全力构建磷煤化工循环经济产业链条，打造形成全国最大的磷化工市场。增加基础磷化工品种，适度控制磷酸、黄磷及磷肥等基础磷化工产品的生产规模，重点推进以节能降耗、清洁生产为重点的技术改造，加快开发专用型、缓释型、水溶型、功能型等磷复肥产品；大力发展磷精细化工，加快电子级三氯氧磷、高纯磷酸、六氟磷酸锂等磷系电子产品和磷系食品（饲料）添加剂、阻燃剂、抗氧化剂等磷系助剂的开发和应用；提升资源利用效率，加快推进磷矿伴生资源的开发利用和磷化工废弃物的综合利用，创新突破氟、硅、碘等磷伴生资源下游延伸产品的规模化生产技术，配套发展以磷渣、粉煤灰、尾矿、磷石膏为重点的新型建材产业；积极发展新能源动力材料，重点发展车用锂离子动力电池、风光电储能用锂离子电池、锂离子电池正极材料、锂离子电池膜材料和其他高分子聚合物材料等。

（2）推进铝及铝加工产业的转型升级

依托中铝贵州分公司等龙头企业，以清镇市、白云区为重点，加快引进铝产业链配套企业，着力延伸产业链，拓宽产业幅，快速做大做强铝及铝加工产业规模。大力发展铝精深加工，以中铝退城进园项目为基础及资源支撑，通过强化产品研发与装备升级，积极发展科技含量高、市场紧缺、高附加值的铝精深加工建设项目，重点发展汽车用铝材、建筑施工模板铝材、电子用铝材和包装用铝材等铝精深加工产品；支持企业加大技术改造，通过运用新技术、新工艺，进一步提高铝箔、板带、电线电缆和轮毂等产品的附加值；大力发展非金属制品，利用铝土矿、氧化铝资源，引进发展新型磨料磨具、高级耐火材料、高纯氧化铝等高附加值产品，促进非金属制品产业向高端化方向发展；积极培育高端合金产品，围绕航空航天、新能源汽车、电子信息等战略性新兴产业，积极引进一批铝铜合金、铝镁合金、铝锌镁等合金系列产品领军企业，丰富高端合金产品系列。

（二）优化产业布局，推进区域协调发展

1. 加快园区统筹布局

紧扣中关村贵阳科技园"核心＋联动＋辐射圈层"的布局模式，坚持产城互动、城乡一体化发展，督促指导各园区科学编制、严格执行园区产业发展规划，形成优势互补、高效协同、特色明确的产业格局。一是"北拓"，以高新、综保、白云、观山湖、修文、息烽、开阳等区县为重点，围绕电子信息、装备制造、新材料、磷精细化工等领域，积极引进一批芯片、半导体、集成电路、智能终端等电子信息项目落地，大力培育一批特种轮胎、工程机械、节能环保装备、高端装备组配件等装备制造企业，突破创新一批复合耐磨材料、特殊建筑材料、含磷电子级材料等新材料产品，形成以贵遵高速、同城大道为中轴线，向北拓展贵阳市工业发展空间，加速打造北部高新技术产业带。二是"南联"，以经开、航空港、云岩、南明、花溪、乌当、白云、观山湖、清镇等区县为重点，围绕装备制造、新能源汽车、铝深加工、医药制造等领域，加快推进吉利整车制造、发动机配套、中铝"退城入园"等重大项目建设，积极引进一批汽车电子、散热器、密封件、装饰件、检测维修等汽车制造配套项目落地，加快发展以中成药（民族药）为重点的医药制造产业，大力培育一批航天航空特种铝合金型材、工程家装铝合金建材、电子级特种铝箔、铝基医疗器械等铝深加工及铝基新材料企业，做大做强南部高端制造业产业带。

2. 推进重点园区发展

进一步推进对外开放平台和载体建设，加快高新区、经开区、贵阳综保区、航空港经济区建设，完善"四轮驱动"开放新格局。

（1）高新开发区

高新开发区（包含金阳园、沙文园）是高新技术产业聚集地和创新示范区，以高端信息产业和产业链高端环节作为突破口。重点推进终端产品制造、芯片与集成电路等高新技术产业集聚，配套发展科技服务等生产性服务业。作为贵阳市创新发展的核心引擎，着力打造集高科技产业、战略性新兴产业、现代服务业于一体的现代综合功能

区、贵阳市高端人才集聚区、创新政策实验区和产业发展引领区。

重点业态：

- 电子信息制造：电子元器件、智能端产品、智能制造等。
- 生物医药：医药制造、健康医疗（互联网医疗、大数据医疗）、健康医疗器械等。

（2）经济技术开发区

经济技术开发区是贵阳市工业创新发展的核心载体，需发挥现有产业基础优势，依靠科技创新，注重产业配套，推进现代制造业集群发展，形成装备制造研发创新基地。重点发展航空航天、汽车整车及零部件、轨道交通、智能制造、新能源汽车、工业机器人、电子制造及生产性服务业等产业。打造贵阳市工业互联网、智能制造创新突破的引擎，构建集装备制造、战略性新兴产业、现代服务业于一体的现代功能区，形成高端装备制造人才集聚地、传统产业创新转型升级示范区。

重点业态：

- 高端装备：汽车整车及零部件、电动；航空航天、轨道交通、智能装备制造、工业机器人等。
- 电子信息制造：电子元器件、智能制造、智能终端。

新能源汽车：新能源汽车整车、动力电池、电控、电机等。

- 生物医药：医药制造、健康医疗（大数据医疗）、健康医疗设备等。

（3）航空港经济区

航空港经济区是贵州省、贵阳市临空产业发展的核心平台、国内国际交流互动的窗口。依托龙洞堡国际机场，全面发挥空港的集聚功能、辐射功能和流通功能，重点发展高端装备、生物医药等高新技术产业，推进具有临空特点的高新技术产业集群发展，着力打造多元商业、文化元素聚集地，形成跨区融合发展模式示范区和创新区，努力构建贵州省对外开放典范区、经济转型引领地、连通世界桥头堡和绿色智慧空港城。

重点业态：

- 高端装备：航空航天装备、航空维修、新能源汽车。

- 生物医药：医药制造、健康医疗（大数据医疗）、健康医疗设备等。

（4）贵阳综保区

贵阳综保区是对外开放的平台，是拉动发展外向型经济的重要引擎。依托生态资源、区位等优势，充分发挥对外开放平台的作用，重点发展以电子信息制造等为主的高附加值研发加工制造，打造贵州省重要的物流中心，成为联系西南、辐射东盟自贸区的交通枢纽与货物集散中心。

重点业态：

- 电子信息制造：芯片、半导体制造、智能终端、可穿戴设备、端产品制造、服务器、存储设备、传感器、仪器仪表、软件外包等。

3. 推进区域特色发展

按照"一区一主业"的原则，确定贵阳市各区（市、县）未来发展的主导产业，优化现有产业空间布局，避免区县间的无序竞争。

云岩区是贵阳中心城区之一，依托益佰医药产业园和普天通信信息产业园等产业基础和城市配套环境优势，选择发展以健康医药、电子信息制造、软件与信息服务为代表的高新技术产业，打造集约化开发模式探索区，构建新兴产业发展增长极、技术创新和商业模式创新示范区。

重点业态：

- 电子信息制造：大数据软件与服务、研发设计、可穿戴设备、大数据端产品等。
- 生物医药：中成药、中药材、中药制剂、民族药、生物制剂、医疗器械等。

南明区是贵阳中心城区之一，火车站和龙洞堡国际机场均属于南明辖区范围，区位优越，交通便捷。选择发展以大数据软件与信息服务业及生物医药产业，构建协同发展模式探索区。

重点业态：

- 电子信息制造：大数据软件与信息服务业等。
- 生物医药：健康医药、健康医疗、健康管理等。

观山湖区是贵阳市重点发展的城市新区，环境优越，基础设施配套成熟。以发展新能源汽车产业和以汽车为核心的装备制造业为主导产业。打造贵阳市汽车产业创新发展的核心载体，形成城市新兴产业发展的引擎、汽车产业技术创新、管理创新和服务创新的示范区、新能源汽车全产业链基地。

重点业态：

• 电子信息制造：大数据软件与服务、研发设计、可穿戴设备、大数据端产品等。

• 装备制造：汽车整车、汽车零部件、汽车工程技术服务（含汽车设计）等。

• 新能源汽车：新能源整车、智能网联汽车等。

乌当区的新天园区是贵阳国家高新技术产业开发区的重要组成部分。以电子信息、高端装备等产业作为主导产业。大力提升智能制造水平，加快提升传统优势产业智能制造技术水平，全面推进电子信息、航空航天、装备制造等传统优势产业的转型升级；强化军民融合创新，积极推动以中国振华、中航力源为代表的先进制造实施"军转民"计划，鼓励"民参军"。以东风医药工业园、高新路医药工业走廊等产业园为依托形成现代医药制造产业圈，大力发展化学药、中药深加工、医药同源食品加工、生物制药、医学工程等，形成以医药研发、制造、包装、物流、养老健康等为一体的新医药和健康养生产业链。

重点业态：

• 生物医药业：医药、医疗、保健品、健康服务、医药物流、休闲康体养生、滋补健康养生、温泉理疗养生等。

白云区毗邻省市级行政中心，交通便捷，资源丰富，具有较好的工业基础。依托铝及铝加工产业基础，选择电子信息制造、铝及衍生的新材料产业等作为主导产业，特别是培育航空发动机、汽车发动机、合金新材料和电子信息材料等新兴产业，促进产品向高附加值、高端化方向发展，打造贵阳市电子信息产品制造、大数据服务产业战略增长极。

重点业态：

● 电子信息制造：芯片、半导体、传感器、智能终端、可穿戴设备等。

● 铝及衍生的新材料产业：重点布局发展以铝精深加工、铝土矿资源延伸发展的高端新材料产品主导的产业集群。

花溪区是全国知名的国家级生态示范区，生态环境优美，产业基础扎实，科研实力雄厚。依托贵州大学城智力优势和花溪区生态环境优势，协同贵安新区，选择健康医药等作为主导产业，打造贵阳市生态化工业发展引领区、产业转移承接创新和军民融合示范区、技术和服务创新发展实验区。

重点业态：

● 生物医药：健康医药、健康医疗、健康养老、健康休闲旅游等。

清镇市具有丰富的铝土资源。依托铝资源优势和产业基础，一是打造铝及新材料产业集群，重点布局发展以铝精深加工高端新材料产业链为主导的产业集群，着力打造铝谷。二是打造装备制造产业集群。三是积极发展新材料等高新技术产业，利用高新技术改造来提升传统产业。构建贵阳市煤电铝材产业一体化示范区、多种新兴材料集聚区和绿色生态示范区。

重点业态：

● 铝及衍生的新材料产业：重点布局发展以铝精深加工、铝土矿资源延伸发展的高端新材料产品主导的产业集群。

● 装备制造产业：发展以铝合金为主的机械加工装备制造及零部件加工等。

● 节能环保产业：重点培育高效节能产业、资源循环利用产业和先进环保建材产业。

修文县是"三区两县"同城化发展的主战场，是贵阳遵义间节点城市，有贵阳市最大的工业发展空间，工业总量位居贵阳市第三，物流条件优越。依托区位、空间、资源和物流优势，重点发展以高端装备制造为代表的现代制造业，力争发展新能源汽车配套产业，构建北部高新技术产业拓展区、现代装备制造基地，打造产城景融合型生态工业城。

重点业态：

- 磷煤化工：精细磷煤化工、废弃物综合利用、磷矿伴生资源利用等。
- 新材料：磷系信息材料、磷系医药材料、锂电池相关材料、功能性膜材料、磷系功能材料和助剂材料、高性能氟材料、电子信息材料、复合耐磨材料、环保建材等含磷新材料等。

开阳县依托矿产资源优势，重点发展精细磷煤化工及伴生资源开发利用，大力开发资源综合利用技术，促进磷煤化工耦合、循环利用和协调发展；配套发展节能环保、新材料等产业。打造新型工业化示范基地、循环经济示范区。依托磷资源，发展锂离子电池，打造动力之都。依托本地农业资源，重点发展特色食品加工业。

重点业态：

- 磷煤化工：精细磷煤化工、废弃物综合利用、磷矿伴生资源利用等。
- 新材料：磷系信息材料、磷系医药材料、锂电池相关材料、功能性膜材料、磷系功能材料和助剂材料、高性能氟材料、电子信息材料、复合耐磨材料、环保建材等含磷新材料等。

息烽县地处贵阳北郊，有较好的工业基础，息烽磷煤化工生态工业基地是贵阳十大重点建设园区之一。依托产业基础和周边资源优势，重点发展精细磷煤化工产业及伴生资源的开发利用，加快促进煤磷化工耦合发展，针对磷煤化工废弃物进行资源化利用，拉长产业链，配套发展节能环保、新材料等产业。依托本地农业资源，重点发展肉制品、调味品、茶酒饮品特色食品加工业。

重点业态：

- 磷煤化工：磷煤精细化工、氟氯硅精细化工、节能环保与资源综合利用、磷矿伴生资源利用、"三废"综合利用等。
- 新材料：电子信息材料、复合耐磨材料、环保建材等含磷新材料。

（三）加强自主创新，提升高科技创新能力

1. 提升企业自主创新能力

一是建立完善以企业为主体、产学研结合、军民融合的产业技术创新体系和产业联盟；二是支持企业参与智能制造、生物医药、新能源等细分领域的标准化工作；三是强化企业在研发投入、创新活动、成果转化中的主导作用，大力支持创建和做强以企业为平台的创新中心，打造国家级制造业创新中心和面向市场的新型研发机构；四是加大对科技企业特别是中小企业的政策扶持，出台鼓励企业增强自主创新能力的系列配套政策措施。

2. 建设科技创新服务平台

与国内外高校、科研机构建立协作共建机制，加快建立开放、流动、协作的科技研发体系。全力支持以中科院贵州科技创新园、国家大数据战略重点实验室、块数据技术国家工程实验室为核心的科技研发平台建设；加强与中科院软件研究所、贵州大学贵阳创新驱动发展战略研究院等科研机构的合作；扶持建设一批院士工作站、重点实验室、工程技术研究中心等科研平台；充分发挥"一站一台""一部一院"、中国海外高端人才创新创业（贵阳）基地等平台作用，引导建设一批产业核心技术和共性技术研发服务平台、工业设计中心，建立全方位科技成果推广应用服务体系；发挥在筑高校、科研机构的创新资源优势，围绕贵阳市特色优势产业共同开展前沿技术、关键技术、共性技术的研究及应用基础研究。

3. 提高科技成果转化能力

围绕产业链部署项目链，围绕项目链开展创新链，围绕创新链配置资金链。在重点产业集聚区建设一批具有较强技术推广能力、项目孵化能力的成果孵化平台和产业创新战略联盟。建立完善科技成果信息发布和共享平台，健全以技术交易市场为核心的技术转移和产业化服务体系，健全科技成果科学评估和市场定价机制；完善科技成果转化协同推进机制，引导政、产、学、研、用加强合作，鼓励企业和社会资本建立一批从事技术集成、熟化和工程化的中试基地或工程技术

研究院；推进军民技术双向转移转化、军民协同创新、军民科技基础要素融合；加快创新成果转化，鼓励和支持企业技术中心、工程实验室等创新载体的改造提升，支持企业与相关研究开发机构、高等院校通过成果转让、许可或作价投资等方式，实现科技成果转化。

（四）推进创业孵化，营造高科技创业投资氛围

1. 大力发展众创空间

完善"痛客梦工厂"网上平台，探索"痛客+创客+投资者+孵化器"的双创新模式，建设一批孵化器、众创空间和创客产业园，建设一批异地孵化器和研究院。构建高新技术产业创业创新投融资体系，引进一批天使投资和风险投资机构，设立政府引导、社会参与的高新技术产业天使投资基金、创业投资引导基金，出台有针对性的支持和引导扶持政策，鼓励和激发各类天使投资和创业投资主体对处于种子期和初创期高新技术企业的投入。加大对高新技术企业的信贷支持，扩大对政策性融资担保机构的担保风险补偿金规模，提高信贷和担保风险损失补偿比例。引导和支持社会机构提供创新创业服务，开展创业教育培训，通过举办创新创业大赛、创客产品大赛等各类活动，引进和培养一批创业创新团队，推动以大数据引领的大众创业、万众创新，打造全国大数据创业创新首选地和实验田。

2. 加快集聚创新型人才

一是引进领军人才。依托中国贵州人才博览会、海外专家贵阳行、赴外引才的活动平台，大力引进"贵州籍人才、行业领军人才"。二是加强优秀企业家人才储备。建立大数据企业经营管理人才库，重点引进战略规划、资本运作、经营管理等方面的高级人才，充实到大数据重点企业中。依托大型跨国公司、国内外高水平大学和其他培训机构，采取多层次、多渠道的专题培训、以研代训、挂职锻炼等方式，加强企业经营管理人才的学习进修和交流，提升战略管理能力、经营管理能力和企业治理水平。三是加强大数据人才培训。推行学历教育与企业实训并举，鼓励校企合作共建教育培训基地，以贵阳花溪大学城、清镇职教城等为试点，引进东软、印度国家信息学院

(NIIT)等大数据企业与高等院校、科研机构、职业培训机构合作建立教育实践、实训基地,对大数据技术研发、市场推广、服务咨询等方面的人才进行岗位培训和职业教育,建立多层面人才支撑和培训教育体系。四是加快培养核心技术人才。充分发挥大数据"产业基地""集聚区""指挥部"等的载体作用,建立一批人才实践基地,切实提高大数据相关人才的实践技能。依托国家、省、市重大科研项目、产业项目和工程项目,在实践中培养聚集高新技术产业骨干人才。实施定向委托批次培养计划,根据企业需求,实行定向人才培养,鼓励企业自办大学,实行具有行业特点的基础人才培养办法。加快推进贵阳人才与全国的人才互通共享,推动人才引进和培养实现滚雪球式发展。

(五)强化开放合作,提升高新技术产业招商引智水平

1. 推动优势产业的国际合作

加快国际化步伐,支持在筑科研机构参与全球重大科学计划,与国际领先机构共同开展基础性、战略性、前瞻性的科技合作研究。积极引进全球高端科技资源,加强与国外高等学校、国际知名研究机构、跨国公司研发中心和产业组织合作。支持企业参与国际技术创新合作,鼓励企业在海外布局研发中心,通过海外并购、资本入股等多种方式整合利用国外人才、技术、品牌等国际高端创新资源开展研发活动。鼓励企业通过对外直接投资、技术转让与许可等方式实施外向型、反向技术转移,完善企业技术转移的政策体系。加强与"一带一路"沿线国家国际产能和装备制造等领域的合作,带动技术、标准、品牌和服务的输出。

2. 加强重点经济区域合作

依托贵阳位于西南,连接华南、华中的区位优势,以建设长江经济带、珠江—西江经济带为契机,加强与长三角、珠三角、京津冀等重点经济区域高新技术产业的合作,在电子元器件与集成电路、智能终端、生物医药、高端装备、新材料、新能源、航空航天等领域扩大合作发展空间,推动区域产业优势互补、分工协作,促进产业转型升级。

（六）推动园区建设，优化产业承载能力

1. 强化顶层规划的引领作用

在土地利用总体规划调整完善和城市总体规划修改中，进一步优化园区空间布局和用地结构，实现多规合一。在对高新技术产业各重点园区发展现状进行梳理、评估的基础上，紧扣中关村贵阳科技园"一城两带六核"13园28子园的规划布局，以四轮驱动为龙头，围绕贵阳吉利整车产业化等引领性项目的配套，指导各园区充分发挥自身政策、区位等方面的比较优势，做好招商选资工作。

2. 加快产业园区转型建设

积极盘活园区土地存量资源，有序引导"僵尸企业"退出和处置、加快淘汰落后产能，实现"腾笼换鸟"，建立"僵尸企业"数据库。逐步构建"僵尸企业"处置机制，推动国有关停企业全部出清，通过兼并重组、资本运营、创新发展等模式支持引导特困企业尽快脱贫，鼓励通过市场化运作推动非国有"僵尸企业"出清。按照市场化的思路，把建设园区变为经营园区，充分运用市场的力量，调动金融机构和各类投资者参与产业园区开发建设的积极性。鼓励园区积极探索"政府+开发公司"的建设模式，以开发公司为平台，通过合作经营、合资经营、资产证券化等模式，形成"建设—开发—经营—收益"良性循环的园区经营体系。

3. 推动园区互补协调发展

加强对产业园区的政策分类指导，对高新园、经开园等综合型园区加强统一管理，鼓励优胜劣汰；对乌当产业园、白云产业园等专业化特色化园区，紧扣定位发展产业，明确细分产业领域，量化入园指标，严格筛选企业。探索市场化的园区产业选择机制，在招商引资过程中，鼓励产业链配套招商、以商招商等方式，促进园区产业向专业、特色领域集聚。鼓励园区开展多层次全方位合作，大力推进"园区共建""飞地经济"等合作建设模式，鼓励各产业园区在"园中园"、特殊功能区、特殊产业开发、管理模式输出等环节进行合作，实现土地、技术、产业资源、管理模式的共享，在责权利对等的基础上探索多种合作模式。积极推动"三区两市"同城化发展，支持白云区、修文县"共管区"建设，充分发挥高新开发区发展理念、资金、管理、人才等方面的优势，修文区、白云区土地、自然资源等优势，以产业链、价值链、资金链为纽带，共建新兴产业园区。

五　高新技术产业发展保障措施

（一）完善高新技术产业政策支撑

1. 制定产业创新政策

加快高新技术的核心技术突破，培育若干引领全国高新技术发展的骨干企业和创新团队，形成创新活跃、开放合作、协同发展的产业生态。鼓励高新技术企业参与国际、国家和行业标准的制定，在电子信息、智能制造、航空航天等领域提供相关应用服务，公开择优评定一批应用示范试点项目。鼓励有条件的区（市、县）、开发区建设运营高新技术领域的工程实验室、学院、展示培训中心等，为高新技术产业发展、企业智能化升级改造提供研发、设计、生产、技术交流等服务。鼓励高新技术领域的龙头企业发挥自身技术和资源优势，设立众创空间。组织专业机构或企业开展高新技术领域的学术研究、专题培训，承办国家、省、市高新技术领域的会展、论坛等活动。鼓励高新技术企业通过兼并重组等方式做优做强。引导和鼓励企业建立海内外研发实体，利用海内外人才开发技术。鼓励本地高新技术企业导入专利，开展服务。鼓励企业参与央企的重大项目，成为央企的主要技术供应商。鼓励企业积极参与军民融合项目，加快形成全要素、多领域、高效益的高新技术领域深度发展格局。

2. 制定产业发展政策

充分利用国家、省、市的相关优惠政策，按照国家规定对经过认定的高新技术企业进行重点扶持。认真落实国家、省、市已经出台的关于高新技术企业、软件企业、中小企业等各项产业扶持、人才、税收、金融等优惠政策，确保经过认定的高新技术企业对各项优惠政策应享尽享。鼓励各区（市、县）制定加快高新技术产业发展的特殊政策措施。

（二）优化创业创新的财税激励政策和措施

1. 积极争取资金政策扶持

积极争取省级发改委、经济和信息化、大数据、科技等部门的专项资金，支持贵阳市高新技术产业发展。市级各部门及各区（市、县）、开发区要优化高新技术产业相关资金支出方式，充分发挥财政资金的引导和放大作用，各专项组牵头部门有专项资金的要重点向高新技术产业发展倾斜。

积极争取省级相关部门对贵阳市获得国家级高新技术产业创新平台、公共服务平台和资源开发类平台以资本金、贷款贴息、投资补助的方式予以支持；积极争取省应用技术研究与开发专项资金、省工业和信息化发展专项资金对贵阳市服务类平台、高新技术企业研发投入，给予相应补助和奖励。

积极争取省创业投资引导基金支持贵阳市以社会资本为主、财政资金参股方式设立贵阳市高新技术产业投资基金、股权投资基金、创业投资引导基金；积极争取国家及省级产业投资引导基金投向贵阳市高新技术产业，联合设立高新技术产业专项基金。整合市级财政性各类引导资金，重点支持高新技术产业园区以及企业基础设施、重大项目建设和产品开发。对贵阳市高新技术企业按规定落实国家相关税收优惠政策。

落实国家和省对高新技术企业享有的相关税收优惠政策和价格政策，清理和取消对健康服务机构不合理的行政事业性收费项目。

2. 引进各类社会资本投资

完善创投体系建设，充分发挥政府创投引导基金的带动作用，引导社会资本通过设立天使投资基金、风险投资基金、创业投资基金、产业投资基金等股权投资基金，为高新技术企业提供股权投资服务，构建多层次投资体系。鼓励、支持符合条件的高新技术企业依法进入多层次资本市场进行融资。对高新技术企业在企业债券发行、引导基金扶持、政府项目对接、市场化退出等方面给予必要的政策支持。做好高新技术企业的项目推介，鼓励金融机构根据贵阳市高新技术企业融资需求，创新金融产品和服务，积极开展知识产权质押、股权质押、订单质押等贷款业务。加强财政资金对高新技术企业融资的扶持，在贷款贴息等方面给予倾斜。鼓励开展农村承包土地经营权抵押融资业务。积极探索推行PPP模式，与社会资本建立利益共享、风险分担及长期合作关系，缓解短期现金流压力，并充分利用合作对象的专业化能力，提升项目建设和营运效率。

3. 推进投融资机制创新

支持符合条件的高新技术企业上市融资、发行债券、并购、重组。支持非高新技术企业通过换股、定向增发等方式吸收并购高新技术企业，推动贵阳市优质高新技术企业重组上市。推动贵阳市规模以上高新技术企业规范化公司制改制，积极对接并充分利用多层次资本市场。建立"资源变资产、资金变股金、市（农）民变股东"的制度体系，构建多层次的改革风险防控机制，构建全域公平、全域发展、全域共享的大格局。严格依法落实国家关于企业创新发展、转型升级有关税收优惠政策，包含高新技术企业所得税减免、企业研发费用加计扣除、固定资产加速折旧、重大技术装备进口关键原材料和零部件免征进口关税和进口环节增值税、部分劳动密集型和高技术含量高附加值产品出口退税、小微企业税收优惠等政策。

（三）加强技术标准和知识产权建设

1. 全面推进产业标准化建设

引导企业参与标准的制定和修订，推动企业主导或参与国际、国家、行业和地方标准的制定和修订工作，增强企业标准化能力；对主导制定和修订国际标准、国家强制性标准、国家推荐性标准、行业标准的单位给予奖励。推进块状产业标准的提升，推动技术创新成果的标准化，加强标准化合作交流，提升企业和产业竞争力。

2. 推进知识产权创造与保护工作

鼓励企业积极参与新兴产业领域的专利、软件著作权、集成电路布图设计权、商标权等知识产权的创造与运用工作，在大数据等重点突破的新兴产业形成重大关键技术专利群，培育形成一批全国驰名商标，加大专利保护力度，营造良好的知识产权法制环境，支持和引导重点产业构建专利保护网，完善知识产权纠纷解决机制，探索以公证方式保管知识产权证据及相关证明材料，加强对证明知识产权在先使用、侵权等行为的保全证据公证工作，充分发挥行业协会、中介服务机构的作用，为当事人解决知识产权纠纷提供更多途径。

参考资料：

国家统计局网站。

《中国高技术产业统计年鉴2017》。

武汉市统计局、国家统计局武汉调查队：《2017年武汉市经济运行情况》。

福州市统计局《2017年福州统计公报》。

长沙市统计局《2017年长沙市国民经济和社会发展统计公报》。

《2017年贵州省高新技术产业统计信息》。

贵阳市科技局（市知识产权局）《2017年工作总结暨2018年主要工作安排》。

贵阳市大数据委《2017年工作总结及2018年工作打算》。

贵阳市发展和改革委员会《2017年工作总结及2018年工作打算》。

贵阳市工业和信息化委员会《2017年工作总结》。

贵阳市投资促进局《2017年招商引资工作总结及2018年工作计划》。

贵阳市投资促进局《贵阳市2017年人才优势》。

《2017年"贵阳市级科技企业孵化器（众创空间）"名单公示》。

《贵阳市科技局（市知识产权局）关于认定2017年贵阳市创新型企业的通知》。

贵阳市统计局《2017年贵阳市国民经济和社会发展统计公报》。

贵阳市统计局《贵阳市2017年1—11月经济运行情况分析》。

（主要作者：赵刚、魏贝、卢杏、石庆波、罗爽）

第三章 贵阳高新技术产业创新能力研究

工业化时代以来,技术创新和产业化应用便成为推动全球经济向前发展的核心力量。今天,在互联网、大数据、云计算、物联网、人工智能、区块链、3D打印、虚拟现实等技术的驱动下,积极推动高新技术产业发展已经成为大部分区域经济体的选择。尤其是在国家自主创新战略、"中国制造2025"时代背景下,各级政府都将发展技术经济、创新经济放在重要位置。一个区域经济体能否在新时代技术创新浪潮中把握住机会,实现优势领域的高新技术产业发展,发挥连带效应和辐射效应,将直接决定该区域经济体的发展潜力和市场竞争力。

作为西部后发赶超经济区域,2014年贵阳市先后制定了《关于加快发展高新技术产业和现代制造业的意见》《贵阳市高新技术产业与现代制造业发展规划(2014—2020)》,就贵阳市高新技术产业和现代制造业发展提出了全局性、系统性规划。借助大数据产业发展基础和机遇,贵阳市力争在战略新兴产业培植和传统产业创新升级环节实现双向突破,在健康医药、装备制造、电子信息、航空航天、新能源汽车领域实现重点突破,切实实现弯道取直,后发赶超。

一个城市的产业发展战略一方面要制定正确,另一方面要实施正确,并在实施过程中进行有效评估和监测。因此,贵阳市在加大高新技术产业发展的同时,也需要对高新技术产业发展状况进行动态评估,了解贵阳市高新技术产业创新环境状况,创新能力水平,明确政府企业资源投入和产业发展状况,了解相关产业在国内外市场中的领先水平、竞争地位。只有这样，城市高新技术产业规划才具备实际意义，战略的落地实施才能真的帮助整个城市实现突破和发展。本章内容属于战略实施评估监测环节，通过高新技术产业创新环境、创新能力等指标的评估分析、比较分析，了解贵阳市高新技术产业发展的真实状况，发现产业发展过程中可能存在的这样或那样的问题，就贵阳市改善产业创新环境，提升产业创新能力提出意见或建议。

在高新技术产业概念出现以来，虽然国内外对高新技术产业类别划分出台了相关标准，但在现代科技高速变化的科技浪潮中，高新技术产业很难有稳定的边界，高新技术产业所覆盖的领域范围也是不断变化的，例如，在互联网、大数据、人工智能、3D打印、AR/VR等新技术时代背景下，传统的对高新技术产业的类别划分、边界界定又有了新的完善空间。

贵阳市作为西部省会城市，虽然在高新技术产业领域具备了一定的产业基础，但相比东部发达地区，在产业规模、产业要素齐备性、产业技术创新水平、产业链和产业集群效应等层面差距还较大，单纯就高新技术产业所圈定的范围进行研究并不适合贵阳。因此，本着客观性和前瞻性原则，本书研究在产业面上进行了扩展，将研究标的范围扩大到贵阳市高技术产业，即考察贵阳市更大范围企业的创新能力，只有这样，本书研究成果对贵阳市产业创新和发展才有更大的普惠性意义。通过对创新能力、创新环境等要素的评价，展示成果，发现问题，提出创新能力培植发展建议，这样才真正有利于贵阳市的产业创新和发展。

一 高新技术产业特征与发展路径

（一）高新技术产业特点、趋势

1. 知识密集、技术密集

知识密集、技术密集是高新技术产业最基本的特征，小到企业，大到区域经济体甚至整个国家，离开了领先性、创新性知识体系、技术体系的支撑，很难实现在高新技术产业领域的发展。因此，从全球范围来看，高新技术产业通常优先从教育基础好、知识理论丰富、高知群体和技术人才密集的区域发展起来，美国、日本、德国、印度等国家都提供了鲜明的例子。中国高新技术产业以北上广深为先导，优先从东部地区发展起来也是很好的例证。具体到全球领先的国内外企业，如苹果、谷歌、3M、华为、腾讯，在其组织成员结构中，研发人员占比一向较高，与传统销售主导、生产操作主导的企业组织大相径庭。

2. 创新主导，变化迅速

知识密集、技术密集只是高新技术产业发展的基本条件，要实现高新技术产业的持续发展，最重要的环节是创新。一个城市、一个国家即使一段时间内在高新技术产业领域获得了成功，如果不能在优势领域、新兴高科技领域具备创新能力，产业领先优势往往很难持续保持，"二战"后，日本与美国在电子信息、互联网领域的此消彼长，中国台湾在PC时代的辉煌及目前的稍显没落，国内以华为、中兴、BAT为代表的创新型企业发展，充分证明了创新对于高新技术产业的价值，是创新给高新技术产业带来了破坏效应、颠覆效应、鳗鱼效应。高新技术产业的另一个特征是产业变化速度快，产业格局和产业结构变化快。柯达、诺基亚、摩托罗拉等产业巨头的没落，韩国三星、日本索尼、国内联想等知名企业在科技环境高速变化中所呈现出的力不从心、增长乏力也深刻地证明了这一点。

3. 资本依赖度高

知识密集、技术密集如果没有强大的资本保障是不可能维持的。任何一项创新技术、创新成果的产生，除了技术精英、大量辅助性技术人才的投入外，没有充沛资金在开发环境、技术设备、人员薪酬等方面的保障是不可能做到的。因此，高新技术产业的一个核心特征是资本依赖度高，越是科技金融环境、产业金融环境发达的地区，越有机会率先在高科技领域获得突破。虽然在资本全球化、全流通时代，资本受地域限制相对减弱，但美国硅谷、以色列、印度班加罗尔，以及北京、上海、深圳等地区高新技术产业的领先，产业金融环境的发达是不可或缺的条件。离开了天使投资、风险投资、PE股权投资及科技金融体系的支撑，一个区域的高新技术产业很难有更大、更持久的作为。

4. 政策引导驱动效应明显

很多国家、地区高新技术产业的发展都曾经历了政府集中资源、强力扶植的阶段。日本在电子、汽车、医疗等高科技领域的发展，离不开其通产省围绕人才、技术、资本等领域持续而长久的支持，韩国三星、现代汽车、LG等企业的成长，都不同程度地得到了政府的强力推进和支持。即使在市场经济高度发达的美国，其高新技术产业也离不开政府在资金、教育、军民融合等领域的推动作用。"创新国度"以色列高新技术产业的发展，同样离不开政府的教育政策、人才政策，特别是在军民融合领域的一贯政策引导与扶植。参考国内外高新技术产业、高技术产业的发展经验，国内围绕高新技术产业的发展一直进行着不断的政策丰富和创新，从国家到省市，形成了多层级、差异化的政策组合，对国内高新技术产业的发展形成了强大的助推作用。

5. 产业辐射带动能力强

高新技术产业发展之所以受到很多国家的重视，除了产业本身所蕴藏的巨大利益之外，就是因为其产业辐射带动能力强。通过扶植和发展高新技术产业，一方面有机会形成产业集群和产业链效应，另一方面有机会实现跨界突破和发展，高新技术产业有机会同其他产业相互融合，进而推动传统产业的创新、转型和升级。第一次、第二次工业革命，PC时代、互联网时代，以及已经开启的大数据、物联网、人工智能时代，都深刻验证了高新技术产业的辐射带动作用。很多政府高度重视产业园区、示范区的打造，核心目的就是利用产业辐射效应，通过打造高精尖区域，逐步实现以点带面，全面产业振兴的目标。

6. 产业资源争夺激烈

高新技术产业发展所带来的高回报效应，自然会带来产业资源竞争加剧现象。自从技术创新价值被确认以来，国家、企业、教育机构等对于高新技术资源的争夺日益激烈。技术、人才、产业资本争夺的白热化状态在高新技术产业领域早已不是新鲜的事情。尤其是在当下互联网时代、全球化时代、科技资本全流通时代,高新技术产业资源的竞争越发激烈。当然,没有竞争就没有发展,竞争一方面给企业和政府带来机会,另一方面也带来更大、更严峻的挑战。

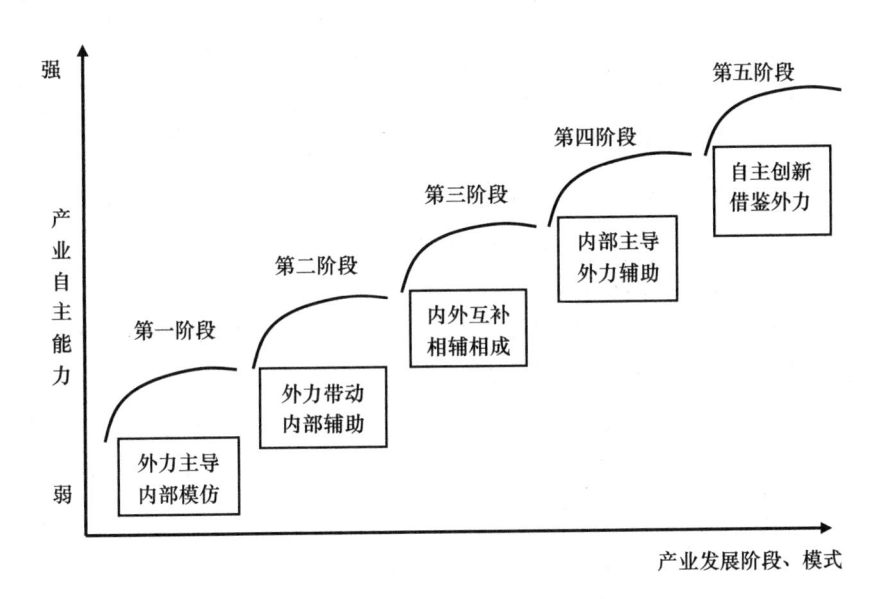

图 3-1 区域产业发展常规路径(四海咨询)

(二)高新技术产业发展路径

1. 常规产业路径

从技术创新理论来说,创新理论大师熊彼特[①]提出了渐进式创新和颠覆性创新理论。颠覆性创新虽然会对产业发展带来颠覆性影响,但相比渐进式创新其发生的概率还是比较小的。因此,就技术创新、产业创新发展来说,在渐进式创新模式下,产业经历了从模仿到创

---

① 约瑟夫·熊彼特,奥地利经济学派代表人物,《经济发展理论》《经济分析史》《资本主义、社会主义与民主》的作者,率先提出技术创新对经济发展的推动作用,提出颠覆性创新、渐进式创新等理论,对经济周期理论有突出贡献。

新，技术经过长时间量变积累，最终实现质的突破仍然是产业创新和发展的主流。因此，对于一个区域经济体，一个国家而言，对传统的渐进式产业发展路径仍然需要重视。

当然，即使依照传统产业创新路径，如图3-1所示，一个区域经济体内不同基础和资源禀赋的产业具体的发展路径、阶段也是有差别的，有的产业要完全依赖外力带动发展，有的产业则相对成熟，可以依照自身技术、人才等要素的积累，实现自主性创新和突破。另外，在上述路径依赖背景下，随着经济全球化、全球资本的深度融合，通过并购、强势政策吸引等方式，通过独角兽企业的争夺，直接进行产业移植的模式也不少见，但就区域经济总体产业体量来说，不同产业发展阶段的渐进式模式选择仍是主流。

2. 颠覆式、跨越式发展

自互联网、移动互联网技术发展普及以来，颠覆性创新、跨界创新等概念已屡见不鲜，通过颠覆性技术、产品或商业模式，彻底颠覆传统产业格局的例子比比皆是。如手机巨头诺基亚、摩托罗拉被智能手机品牌一举颠覆，手机短信被微信颠覆，共享经济、维基经济对传统商业模式的颠覆，3D打印在医疗器械、航空航天等领域对传统制造模式的颠覆，人工智能在制造业、现代服务业等领域所呈现的颠覆效应，让人深刻地感受到技术革命、颠覆效应的威力。

3. 新兴领域机会均等

在颠覆性创新和变革时代，新兴产业和市场对大家往往意味着机会，很多新机会的把握不再依赖传统资源，一个经济区域只要洞悉技术革命的变化趋势，在互联网、全球化背景下能够完成资源整合，便有机会脱颖而出。

4. 打破梯次成长惯例

产业梯次发展观点强调后发经济区域很难实现跨越式发展，必须依靠资源禀赋的逐步健全和丰富，实现产业的阶梯性成长和突破。在互联网时代，在产业结构、产业技术大变革时代，后发区域有可能实现产业资源的全球化、立体化整合，而不是以往单纯依赖线性积累。

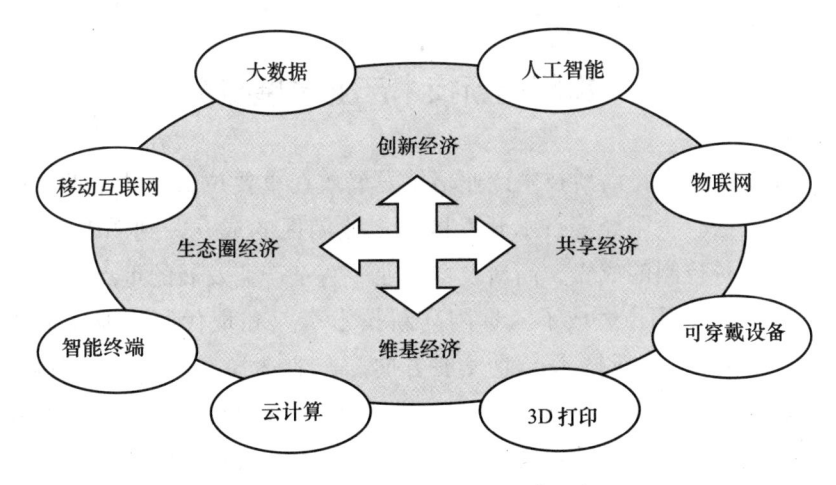

图 3-2 新时代特征及促成要素

5. 地域边界和空间边界模糊化

互联网技术、现代通信交通手段、现代金融体系的无限延伸等因素削弱了人才、技术、资本对地域边界和地理空间的依赖，后发经济区域有机会获得发达区域一样的产业发展资源，带来经济后发赶超动力。

就高新技术产业发展培植路径来说，除了传统的渐进模式外，颠覆性创新当然是企业、区域经济体梦寐以求的目标。尤其是进入 21 世纪以来，在互联网、大数据、人工智能等技术的推动下，颠覆性产业模式注定要经历一个集中爆炸的时代，也可以称作产业发展的新时代，或者第三次产业革命时代。在这个时代，不同于以往传统的路径依赖理论，面对技术创新、商业模式创新所带来的机会，即使资源禀赋相对薄弱的后发赶超区域也有机会实现产业的跨越式发展，互联网经济、共享经济已经打破了传统的空间依赖、时间依赖理论，任何有战略雄心，勇于开放学习的区域都可能在新兴产业领域获得先机。贵阳市在大数据产业领域的发展，中西部城市陆续出现了一批足以和东部发达地区，甚至同世界领先企业竞争的创新型企业已经说明了这一点。

二 贵阳高新技术产业发展概况

贵阳市一直将高新技术产业培植发展放在重要位置，从早期贵阳国家高新区、贵阳经济技术开发区等产业园区的成立，到2014年中关村贵阳科技园的成立，高新技术产业一直是产业发展的重点。

2014年贵阳市完成了《贵阳高新技术产业和现代制造业发展规划》，就贵阳市高新技术产业发展方向、产业选择、产业空间布局、发展路径做出了详尽规划，"十三五"时期一系列与产业相关的规划中，高新技术产业都是发展重点。针对党的十九大提出的"两个十五年"奋斗目标，贵阳市正在启动新一轮中长期产业规划，高新技术产业、战略新兴产业无疑将扮演重要角色。

（一）成果基础

1. 高新技术产业已经具备了一定规模和潜力

经过多年的发展，贵阳市高新技术产业已经形成了一定的规模，虽然与发达城市相比体量还不大，但已经形成了具备贵阳特色的产业体系和发展模式，为后续产业进一步创新发展奠定了基础。

2. 主导产业日渐清晰

高新技术主导产业日渐清晰，在健康医药、装备制造、航空航天、电子信息、节能环保、新材料、现代服务业等领域已经涌现出一批领先企业，健康医药、装备制造等产业初步形成产业集群形态，如高新区的电子信息和现代服务产业、经开区的装备制造产业、乌当产业园的健康医药产业。

另外值得一提的是，大数据产业作为战略新兴产业已经形成优势基础，在大数据与实体产业融合环节，贵阳市也日渐涌现出了一批优势企业，智能制造成功的案例不断增多。

3. 高新技术产业优势园区初步显现

以产业园区带动产业发展已经成为贵阳市产业发展特色，大部分产业园区都把高新技术产业培植，高新技术企业服务放在重要位置，高新区、经开区、双龙航空港、乌当园等园区已经形成高新技术产业优势，在产业集聚、产业链构建环节发挥着引领作用。

（二）现实问题

1. 高新技术产业整体规模还比较小

高新技术产业虽然具备一定规模，但整体体量还不够大，距离产业链效应、产业集群效应还较远，在接下来贵阳市产业战略实施、战略新兴产业发展过程中，尽快做大高新技术产业规模是战略重点。

2. 技术创新和领先水平还不够高

作为西部一线城市，虽然在高新技术产业领域涌现出了一批优势企业和人才，但与东部发达地区相比，在技术人才密集度、技术创新水平等环节还有较大距离。在捕捉战略新兴产业、推动传统产业转型升级过程中要补充的短板还比较多。

3. 高新技术产业支撑要素尚不健全

一个区域高新技术产业的发展离不开必要性、先进性产业要素的支持，教育环境、人才资源、政府政策、产业金融水平、国际化互动程度、市场经济完善程度等都是核心要素，围绕这些要素的健全化、先进化发展，贵阳市还需要做出很多努力。

三 贵阳高新技术产业创新能力分析

（一）创新能力评价指标与评价模型

从创新理论和产业创新实际经验出发，在产业创新能力评价指标上，创新环境、创新投入、创新产出、产业发展是影响、展现产业创新能力的核心指标。

1. 创新环境

创新环境重点关注对企业创新有直接或间接影响的公共性、社会性因素，相关因素虽然不能直观量化、展现对企业创新或产业创新的影响作用，但作为企业所依存的环境要素，又无时无刻地影响着企业的创新能力或创新产出。

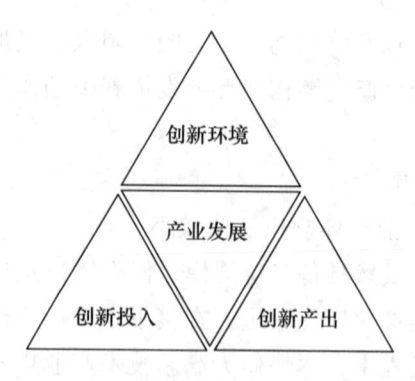

图3-3　创新能力评价模型

图3-4　创新能力评价指标

2. 创新投入

创新投入重点关注政府、企业在研发、研发基础设施建设、技术创新领域的资金投入力度。创新投入规模，创新投入方向，创新投入的持续性是影响创新能力的核心要素，对经济区域、重点产业的创新能力分析，需要持续关注这些指标。

3. 创新产出

创新产出是创新能力强弱的结果性指标，创新产出的多少，创新产出的持续性，创新成果所达到的高度，是对创新能力大小的直接展现。这里重点关注各类专利数量、专利技术高度和增长趋势，了解企业技术成果、技术交易和技术服务合同规模，从技术面和市场面双向考察创新产出水平。

4. 产业发展

创新投入、创新产出只有在实体产业发展方面展现出来，才实现了创新投入的真正意义，也是创新产出的直接价值体现。产业发展重点关注产业发展规模、产业高度、产业影响力等指标。

(二) 贵阳市高新技术产业创新能力分析

1. 创新环境分析

创新环境涵盖的范围很广，宽泛来说，生态环境、社会生活环境对一个区域的创新能力都有影响。这里重点关注影响更直接、更显性的因素，重点分析政策环境、人才环境、产业金融环境、产业孵化环境几大因素。

（1）政策环境

表3-1　国家、贵州省、贵阳市有利于企业创新发展相关政策示例

国家政策	
1	国务院办公厅关于推广支持创新相关改革举措的通知
2	科技部财政部国家税务总局关于印发《科技型中小企业评价办法》的通知
3	国家自主创新产品认定管理办法（试行）
4	国务院办公厅关于印发2015年全国打击侵犯知识产权和制售假冒伪劣商品工作要点的通知
5	全国人大常委会关于修改《中华人民共和国促进科技成果转化法》的决定
……	
贵州省政策	
1	省人民政府办公厅关于印发贵州省促进科技成果转移转化实施方案的通知
2	省经济和信息化委关于印发贵州省支持"千企改造"工程龙头企业和高成长性企业加快发展有关措施的通知
3	省人民政府关于支持工业企业加快发展若干政策措施的通知
4	贵州省科技支撑计划
5	贵州省科学技术奖励办法实施细则（试行）
……	
贵阳市政策	
1	市人民政府办公厅关于印发贵阳市工业和信息化产业发展引导基金管理办法（2017年修订）的通知

续表

	贵阳市政策
2	市人民政府关于印发贵阳市"十三五"工业发展倍增计划的通知
3	市人民政府办公厅关于印发贵阳市促进医药产业健康发展实施方案的通知
4	筑府办发〔2016〕46号市人民政府办公厅关于加大科技研发投入的实施意见（暂行）
5	市人民政府办公厅关于印发2016年贵阳市工业转型升级"一企一策"工作推进计划的通知
6	贵阳市知识产权资助管理办法（试行）
7	贵阳市知识产权专项资金使用管理办法（试行）
8	贵阳市科技计划与项目管理（暂行）办法
9	贵阳市科技计划项目经费预算评审暂行办法
10	市人民政府办公厅关于印发贵阳市小微企业创业创新基地城市示范专项资金管理办法的通知
……	

资料来源：贵阳市工信委、市科技局。

创新政策、高新技术产业扶植政策、与高新技术产业发展有关的人才、技术、创新平台、土地、税收、生态环保等政策都在无形中影响着一个区域的创新和高新技术产业的发展。贵阳作为后发赶超区域，政策环境对企业创新投入、人才培养和吸引、创新资本引进等行为的影响更大，在市场主导的前提下，持续推进政策创新是贵阳市政府、各区县政府长期投入的事情。

从"十二五"中后期到目前，贵阳市高新技术产业发展的主导产业发展政策环境不断改善，在国家自主创新战略、贵州省推动创新发展政策的指引下，贵阳市、"四轮驱动"园区、各区县都在积极进行产业政策创新与实践，在高新技术产业扶植、创新创业平台搭建、企业减负、人才吸引与支持、企业转型升级支持等领域出台了一系列政策，"一企一策""人才绿卡"、新三板公司奖励、创业板上市公司奖励、大数据产业发展支持、智能制造产业发展支持、类似政策举措在市级层面、区县层面不断出台，一方面让人感受到贵阳市积极推进政策环境建设，另一方面切实让企业感受到贵阳市的创新环境不断改善，有效推动了贵阳市高新技术产业的发展。

从产业园区来看，在中关村贵阳科技园的统筹引领下，面对大数据产业所带来的产业创新机会，"四轮驱动"园区，乌当、白云、修文、清镇等优势园区在政策创新环节走在贵阳市前列。高新区在高端企业引进、高端人才引进、科技资本引进环节实现了政策组合优势；经开区在产业转型升级、促进军民融合、推动智能制造创新环节方面的政策优势明显；综保区在跨境结算、外汇服务、外包服务等外向型经济中具备独特政策优势。此外，乌当园、白云园、清镇园、修文园等综合实力比较强的园区在大健康、大数据、现代服务业等领域也形成了一系列优势政策，有效支持了本园区高新技术产业的发展。

当然，在高新技术产业政策环境持续改善的背景下，围绕政策环境打造贵阳市高新技术产业还有很大的上升空间。首先，在政策制定层面，贵阳市、各区县、各产业园区的政策制定同质化效应明显，模仿照搬其他省市或地区的现象较多，很多政策由于不符合贵阳本地实际，实效性不强。如何在借鉴国内外先进理念和经验基础上，实现本地化、特色化政策创新是贵阳市要重视的问题。否则，在全国乃至全球异常激烈的产业资源竞争中，贵阳很难获得区位竞争优势。另外，在政策落地实施环节仍然存在问题，贵阳市、各区县形成了一系列政策，但在政策执行、落地环节做得还远远不够，很多政策理念和初衷很好，但由于资源到位程度、人员能力水平、时间精力、领导重视程度不足等原因，很多政策没有完全落实到位，一些政策甚至被束之高阁，没有跟产业创新发展紧密结合起来。

综上所述，贵阳市高新技术产业政策无疑在不断丰富和完善，有效助推了贵阳市高新技术产业发展，但与国内产业创新比较活跃的地区相比，贵阳在政策制定的差异化、特色化，在政策制定与落实等环节还有很大的提升空间，持续推动政策创新与执行是贵阳市上下要高度重视的事情。

（2）人才环境

在政策引导、经济发展、产业转移、扩大开放、自然气候、交通改善、安居置业等因素的影响下，尤其是在贵阳大数据产业发展，贵阳国内国际影响力不断提升的背景下，贵阳市人才规模、人才结构一直不断提升和优化，为高新技术、高技术产业发展提供了有力支撑。借鉴国内外发达地区的经验，贵阳市实施了一系列人才吸引和人才培养政策，本地化人才培养，国内外高端人才引进多头并进，几年下来已取得了显著的成果。贵阳市人才结构正在朝着创新驱动的方向发展，企业、政府、教育机构、科研院所的人才结构和质量不断改善。随着产业园区的建设和发展，尤其是随着贵阳对外开放合作的深化，产业园区创新人才群体不断扩大。

贵阳市统计数据显示，贵阳市人口总量呈现出稳步增长的态势，2015 年，年平均人口达到 458.89 万人，比 2014 年增长 1.1%；年末总人口数达到 462.18 万人，比 2014 年增长 1.4%。细分数据显示，贵阳市人口流动数量、流动速度明显加快，高铁、航空客运量不断提升，区域人才聚集度、活跃度不断增强。随着中关村贵阳科技园的成立，与北京、上海、深圳等地区的对外交流合作不断加深，带来了贵阳市人口结构和数量的整体提升。统计数据显示，2015 年，企业从业人员达到 83.32 万人，其中从事科学研究、技术服务业的人员达到 30703 人；在岗企业从业人员达到 74.1 万人，科研技术在岗人员达到 29630 人。

《贵阳市统计年鉴》2016 年数据显示，2015 年，贵阳工业企业 R&D 人员达到 9974 人，R&D 人员折合全时当量达到 5719 人。《贵州省科技统计年鉴 2016》数据显示，2015 年，贵阳市全市 R&D 人员达到 21947 人，其中研究人员 8218 人，全时人员 10187 人，非全时人员 11760 人，按学历划分，博士 2336 人，硕士 4789 人，本科 6920 人，其他学历 7902 人。R&D 人员折合全时当量达 5719 人。在高等教育方面，2015 年，贵阳市研究生及本科在校生数量达到 23.9 万人，研究生以上学历占比为 5.8%；2015 年，本科以上毕业生达到 50647 人，其中研究生以上学历占比达到 8%。从贵阳市人力资源和社会保障局数据和大学生就业指导中心数据来看，省外毕业生来贵阳就业人数呈现上升态势,显示出贵阳人才吸引力的增强。

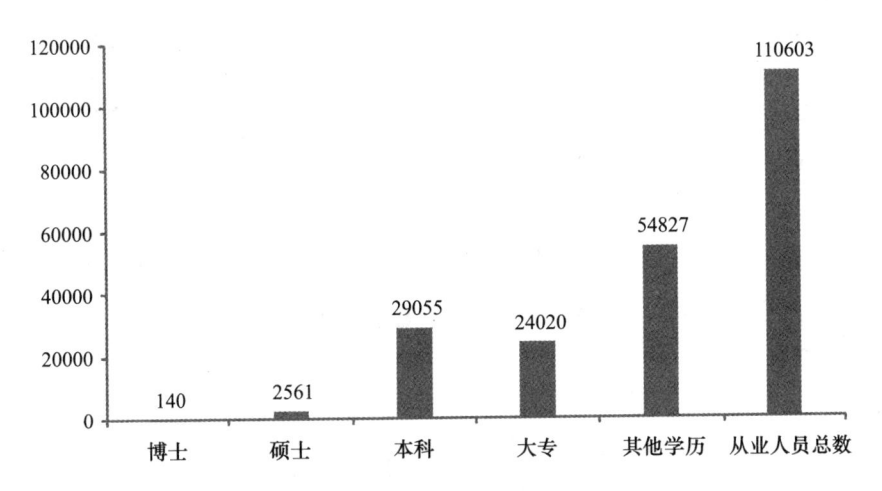

图 3-5　贵阳市高新技术企业从业人员和学历分布(人)

资料来源:《贵州省科技统计年鉴 2016》。

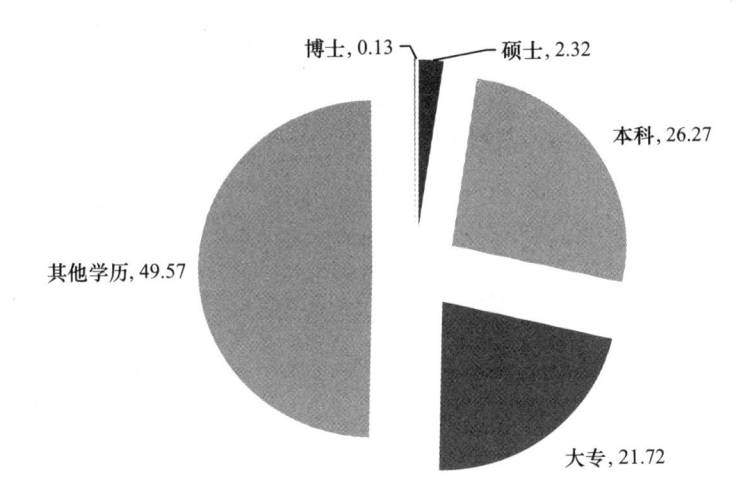

图 3-6　贵阳市高新技术企业从业人员学历分布(%)

资料来源:《贵州省科技统计年鉴 2016》。

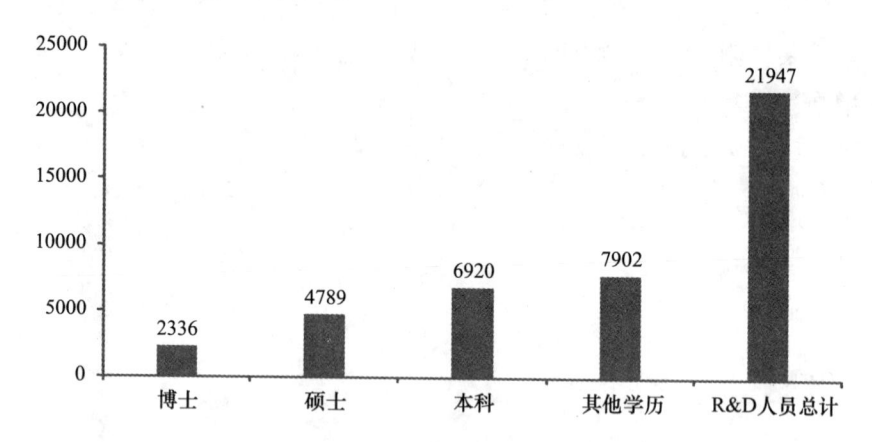

图 3-7　贵阳市 R&D 人员数量及学历分布（人）

资料来源:《贵州省科技统计年鉴 2016》。

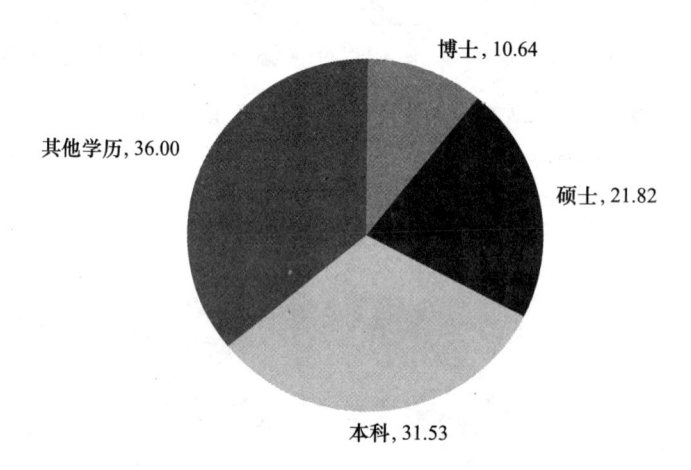

图 3-8　贵阳市 R&D 人员学历分布百分比（%）

资料来源:《贵州省科技统计年鉴 2016》。

从产业园区数据来看，截至 2016 年底，贵阳市产业园区期末从业人员达 46.99 万人，贵阳市工业园区（不含高新金阳园、综保区）期末从业人数达到 23.15 万人，各园区本科以上从业人员、理工科从业人员数量逐年上升。随着各园区招商进程的加快和相关人才吸引政策的出台，产业园区人才将进一步优化，对高新技术产业的支持能力将不断提升。

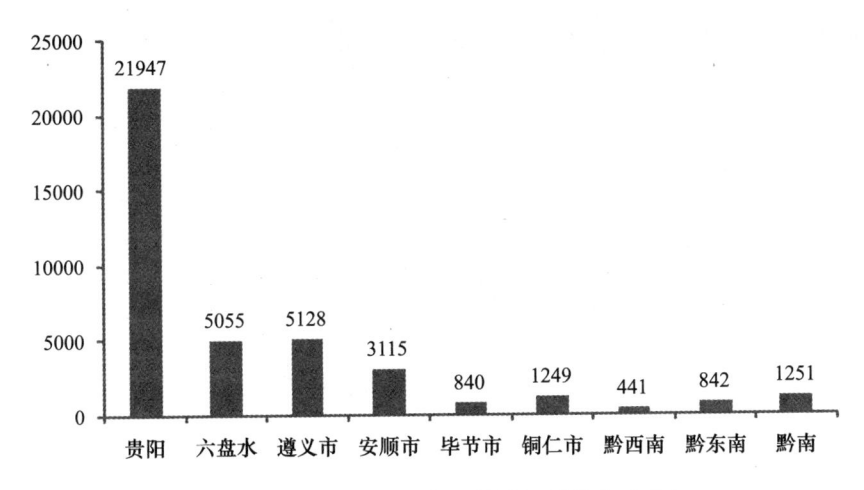

图 3-9 贵州省 R&D 人员数量区域分布（人）

资料来源：《贵州省科技统计年鉴2016》。

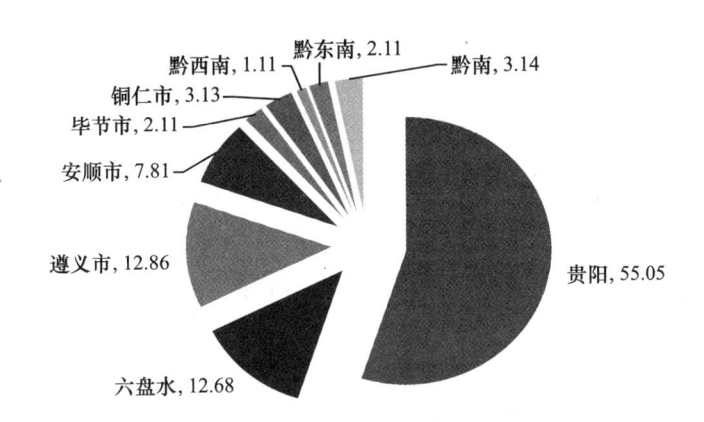

图 3-10 贵州省 R&D 人员地域占比（%）

资料来源：《贵州省科技统计年鉴2016》。

以上结合贵阳市统计数据就人才环境进行了概括性分析，但必须接受的现实是，在人才吸引、人才储备、人才培养环节，贵阳市高新技术产业人才，尤其是高端技术人才还相对匮乏，本科以上学历人才占比还有待提升，这成为高新技术、高端产业创新发展的瓶颈。本地化人才资源缺乏，成为国内外资本来贵阳、贵州投资发展的障碍。人才环境改善作为受政府性、社会性、市场性因素综合影响的环节，其改善是一个更加复杂的过程，需要政府、市场多方长期做出努力。

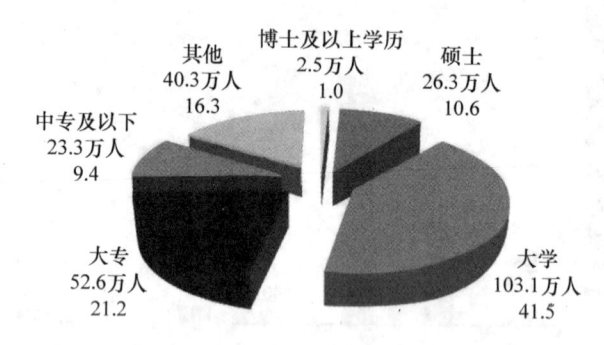

图3-11 北京国家自主创新示范区从业人员结构（%）

其他 40.3万人 16.3
博士及以上学历 2.5万人 1.0
硕士 26.3万人 10.6
中专及以下 23.3万人 9.4
大专 52.6万人 21.2
大学 103.1万人 41.5

资料来源：北京中关村管委会网站，2016年。

（3）产业孵化环境

在"大众创新、万众创业"时代背景下，在国家自主创新战略实施过程中，各个地方都把创新创业平台建设、产业孵化平台建设放在重要位置。从"十二五"中后期到现在，贵阳市借鉴北京、上海、深圳等发达地区的经验，创新创业平台建设、产业孵化平台建设、孵化器建设进步明显，有效支持了广大企业的发展，尤其对中小企业提供了有效的支持和帮助。具体来说，在省市政策、资金支持下，贵阳市从市级层面到各区县、各产业园区都积极推进创新创业服务平台建设，创客咖啡、创业苗圃、孵化器、加速器等平台的数量、质量水平获得大幅提升，软硬件环境不断改善，在创新辅导、创业辅导环节与发达地区交流合作不断加深，创新理念、创新思想输入性效应明显。政府、市场双向发力，确实改善了贵阳市创业生态，在扶植企业创新创业方面做出了贡献。在创新创业浪潮中，贵阳市高科技创新企业数量不断扩大，尤其在大数据产业创新领域，涌现出一批富有潜力的成长性企业。

在技术创新服务平台、科技服务平台方面，贵阳市也进步明显。贵阳市科技局统计数据显示，截至2016年，贵阳市拥有科技孵化器9家，其中国家级3家，省级6家；建成大学科技园5个，国家级2

个，省级 3 个；建成众创空间 23 个，国家级 12 个，省级 11 个；形成产业技术创新联盟 17 个，建成大数据产业基地、中心 16 个；拥有生产力促进中心 43 个，其中国家级 6 个，省级 23 个，区县级 16 个；建成国家高新技术产业基地 7 个。

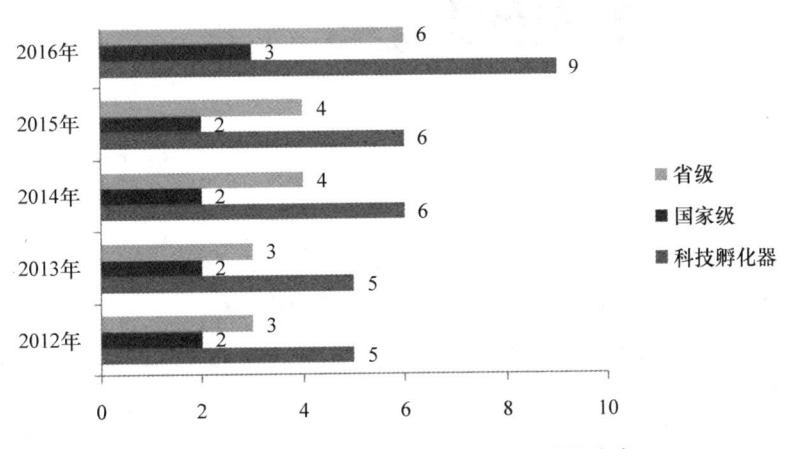

图 3-12　贵阳市科技孵化器数量及结构分布

资料来源：贵阳市科技局。

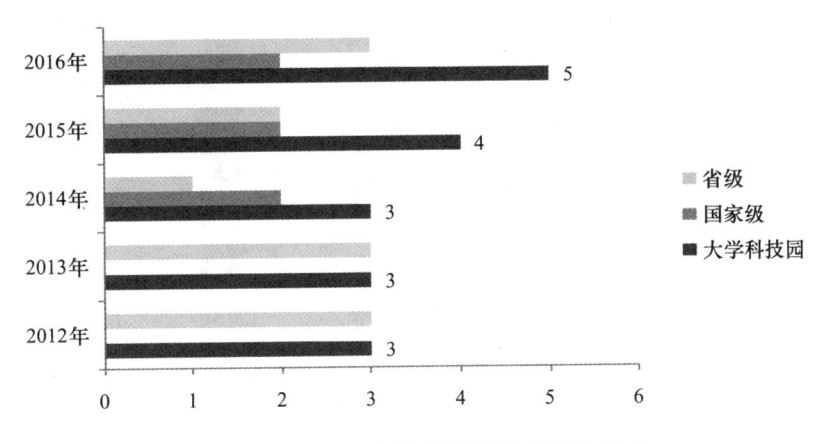

图 3-13　贵阳市大学科技园数量及结构分布

资料来源：贵阳市科技局。

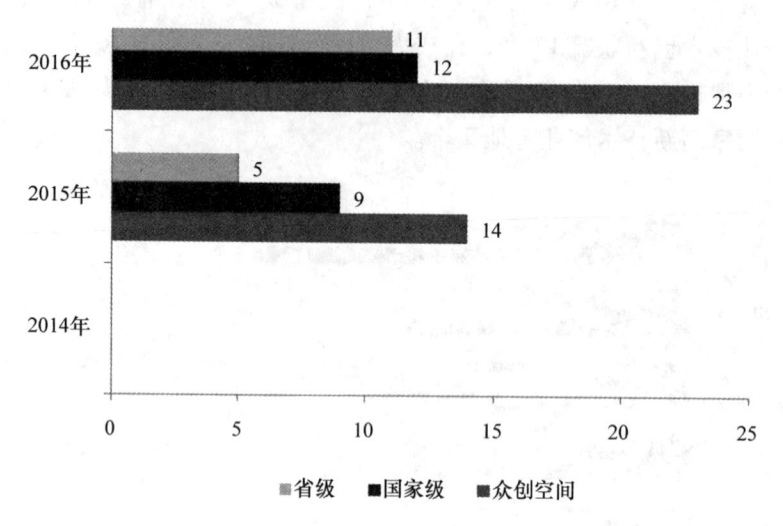

图 3-14　贵阳市众创空间数量及结构分布（个）

资料来源：贵阳市科技局。

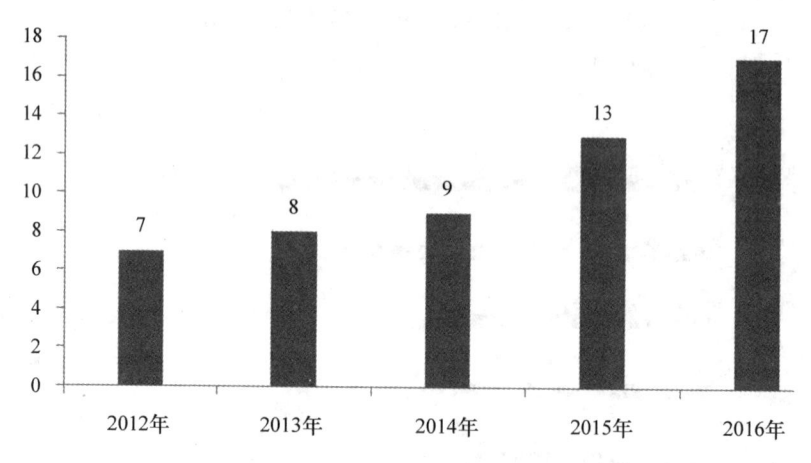

图 3-15　贵阳市产业技术创新联盟数量（个）

资料来源：贵阳市科技局。

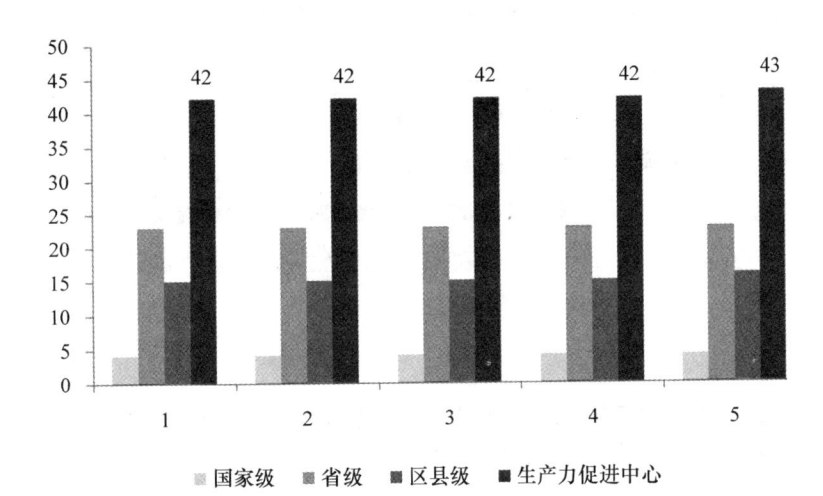

图 3-16 贵阳市生产力促进中心数量和分布（个）

资料来源：贵阳市科技局。

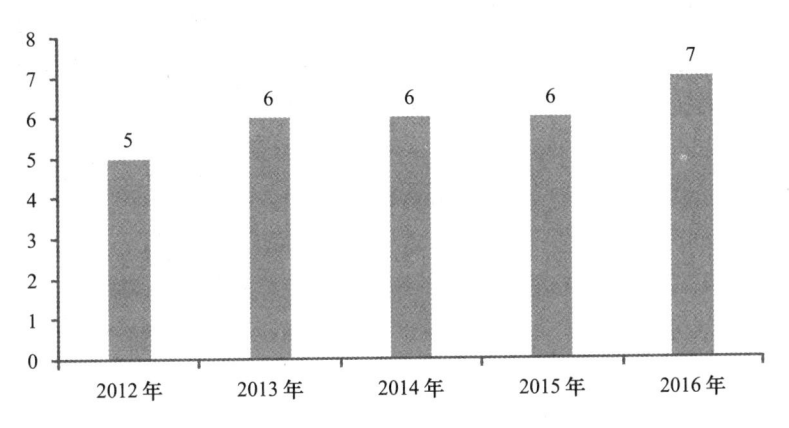

图 3-17 贵阳市国家高新技术产业基地数量（个）

资料来源：贵阳市科技局。

86 贵阳高新技术产业发展研究

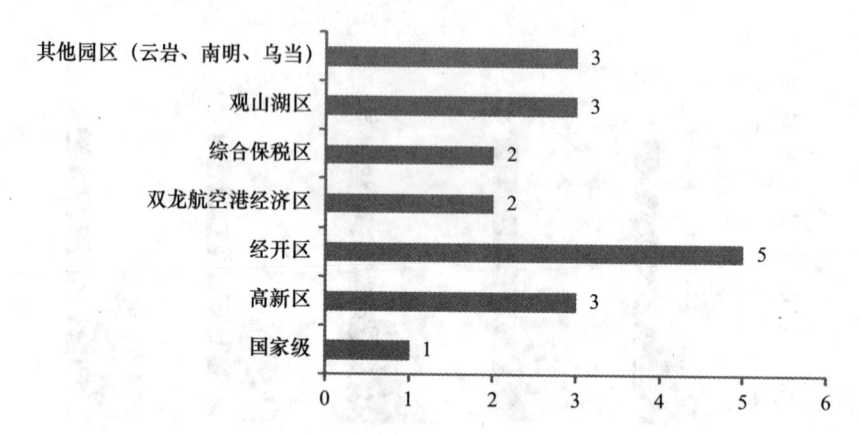

图 3-18 贵阳市大数据产业集聚区（基地、中心）数量分布（个）

其他园区（云岩、南明、乌当）	3
观山湖区	3
综合保税区	2
双龙航空港经济区	2
经开区	5
高新区	3
国家级	1

资料来源：贵阳市科技局，2017年。

从纵向数据对比来看，贵阳市产业孵化环境进步明显，但在国家产业创新大潮中，面对全国各地都在强化产业孵化环境建设的局面，贵阳市还需要做出更大努力。事实上，贵州省、贵阳市的很多产业创新、创新创业平台搭建都是在模仿发达地区的做法，在硬件环境构建不断进步的基础上，更重要的是软环境建设，人才、技术、资本投入

表 3-2　　　　　　　　贵阳市创业创新基地汇总

指标	众创空间	小企业创业创新基地	科技孵化器	商贸企业集聚区	合计
数量	26	25	22	45	118
其中：国家级	9	4	6	1	20
省级	2	/	5	/	7
入驻企业（户）	412	1495	1559	14551	18017
吸纳就业人数（万人）	0.36	1.89	1.58	22.51	26.34
总面积（万㎡）	12.45	148.52	136.44	160.11	457.52
空间使用费减免（万元）	318.69	2504	4176	8990	15988.69
财政投入情况（万元）	18690	51355	22896.8	46251	139192.8

资料来源：贵阳市科技局。

的不足或不均衡性，相关机制和配套建设不足等都限制了产业孵化体系作用的发挥。尤其针对贵阳市本地产业创新状况，如何在产业孵化环节走出适合贵阳的特色明显，切实推动本地高新技术产业发展的产业环境值得深入思考。

(4) 产业金融环境

产业金融环境对产业创新和发展的支撑作用不言而喻，围绕产业金融环境的完善，产业资本的丰富，产融合作模式的创新，政府基金引导等工作，从贵阳市政府、到各区县和各产业园区，一直在努力为创新创业、为高新技术产业发展创造条件。

在全球产业资本、技术资本、金融资本不断丰富和流通的背景下，贵阳市无论从外部金融机构进驻，资本流入，还是本地化金融资本聚集与丰富，自"十二五"以来进步明显，成绩显著。尤其在大数据、大健康等产业的带动下，贵阳市在国内外的影响力不断加强，对海内外资本吸引力不断增大。一个明显的趋势是，国内外优质投资机构、投资人对贵阳乃至贵州省的关注度不断提升，在传统产业金融体系下，贵阳市风险投资（VC）、PE股权投资、天使投资等资源不断丰富，产业资本与实体产业的对接融合模式不断丰富。以成功举办的三届数博会为例，在重要嘉宾和专业观众队伍中，金融资本领域从业人员不断增多，产业资本对贵阳的关注度持续提升。

贵阳市政府一贯重视本地化产业金融体系建设，在国家推进金融体制创新和金融产业结构调整进程中，政府性引导基金不断多样化，就两化融合、智能制造、大数据应用、大健康产业深化不断出台产业基金政策，在政府基金引导下，市场化资金对贵阳产业创新和升级投入的信心不断加大。从贵阳市新三板、上市公司融资结构和规模来看，产融合作深度和广度都在持续提升。

首先，从产业园区来看，贵阳综保区的获批和建设，有效改善并丰富了贵阳市的产业金融要素，金融政策先行先试、跨境金融（跨境结算、汇兑服务、融资租赁等）产业的发展，为贵阳市产业创新发展创造了有利条件，对现代服务业、电子信息、大数据等产业发展的推动作用明显。其次，作为国家级高新区，它们一直将产业金融环境建设,推动产城一体化工作放在重要位置,借鉴北京中关村、上海浦东等经验模式,在产业资本融合环节出台了一系列政策,高新技术产业基金来源不断丰富,有效促进了高新区企业,尤其中小型创新企业的成长。另外,经开区、双龙航空港、乌当园、白云园等园区对产业金融环境也普遍重视,在省级、市级层面的支持下,国内外产业资本整合力度不断加大。

表 3 - 3 　　　　　贵阳市金融服务平台列表

序号	平台名称	单位名称	类别
1	贵州省科技风险投资基金服务平台	贵州省科技风险投资有限公司	国家级
2	国家移动金融产品研发基地	贵州博大智能终端科技有限公司	国家级
3	贵阳市科技金融服务网	贵阳市科技金融服务中心	省级
4	贵阳互联网金融产业园	贵阳互联网金融协会、贵阳互联网金融产业投资发展有限公司、贵阳互联网金融研究中心、贵阳市科技金融创新培训中心	省级
5	金融超市综合服务平台	贵阳高新创业投资有限公司	省级
6	高新开发区科技金融综合信息服务平台	贵阳高新技术创业服务中心	省级

资料来源:贵阳金融办网站。

表 3 - 4 　　　贵阳市产业基金设立情况汇总(市金融办)

序号	基金名称	设立机构
1	贵阳创新天使投资基金	贵州省风险投资有限公司
2	贵阳市星火现代服务业创业投资基金	贵州省风险投资有限公司
3	贵阳甲秀创业投资基金	贵阳市创业投资有限公司
4	引凤高技术基金	贵阳市创业投资有限公司
5	绿色硅谷(贵阳)大数据大健康创业投资基金	贵阳市科技金融投资有限公司
6	贵阳新三板投资基金(拟成立)	贵阳市科技金融投资有限公司

资料来源:贵阳金融办网站。

截至 2017 年 7 月,贵阳市新三板挂牌企业数量累计达到 31 家,虽然在绝对数量上不能和发达地区相比，但在证明贵阳市企业创新实力的同时，也说明贵阳市科技金融环境、产业金融环境与发达地区接轨速度加快，产业资本聚集能力不断提升。

表3-5　　　　　　　　贵阳市新三板企业数量

（截至2017年7月，新三板在线）

序号	企业名称	挂牌日期
1	贵州铭诚生态监测股份有限公司	2016/3/17
2	贵州远方生态环保科技股份有限公司	2016/1/4
3	贵州大自然科技股份有限公司	2015/12/28
4	贵州勤邦生物科技股份有限公司	2015/12/17
5	贵州航宇科技发展股份有限公司	2015/12/15
6	贵阳市清镇黔中泉小额贷款股份有限公司	2015/11/25
7	贵州维康子帆药业股份有限公司	2015/11/10
8	贵阳兴塑科技股份有限公司	2015/11/9
9	贵州得轩堂护康药业股份有限公司	2015/9/29
10	贵州天保生态股份有限公司	2015/8/28
11	贵州三力制药股份有限公司	2015/8/17
12	贵州省交通科学研究院股份有限公司	2015/8/17
13	贵州精英天成科技股份有限公司	2015/7/27
14	贵州利美康外科医院股份有限公司	2015/6/4
15	贵州贵材创新科技股份有限公司	2015/3/17
16	亨达科技集团股份有限公司	2015/3/11
17	贵州黑碳节能减排股份有限公司	2015/2/16
18	贵州海誉科技股份有限公司	2015/1/29
19	贵州蓝图新材料股份有限公司	2015/1/20
20	贵州黔驰信息股份有限公司	2015/1/9
21	贵州威顿晶磷电子材料股份有限公司	2014/12/24
22	贵州汇通华城股份有限公司	2014/12/16
23	贵州森瑞新材料股份有限公司	2014/12/10

续表

序号	企业名称	挂牌日期
24	贵州省地质矿产资源开发股份有限公司	2014/12/1
25	贵阳新天药业股份有限公司	2014/10/23
26	贵州千叶药品包装股份有限公司	2014/9/2
27	贵州兴艺景生态景观工程股份有限公司	2014/8/21
28	贵州南源电力科技股份有限公司	2014/7/8
29	贵州安达科技能源股份有限公司	2014/6/18
30	贵州威门药业股份有限公司	2014/1/24
31	贵州东方世纪科技股份有限公司	2014/1/24

在客观评价贵阳市产业金融环境不断改进的同时，必须承认在产业发展环境各要素中，产业金融环境是相对薄弱的环节，无论是内部资源比较还是同发达地区比较，产业金融体系的不健全、不丰富，产融对接渠道、模式的不成熟，产融政策的接续性、长期性不足等，都造成了贵阳市产业金融体系发展的滞后，对贵阳市产业创新、转型升级，尤其对高新技术产业发展支撑力度还不足。在目前产业金融体系基础上，贵阳市需要高度重视，客观面对区位经济、产业、技术等的

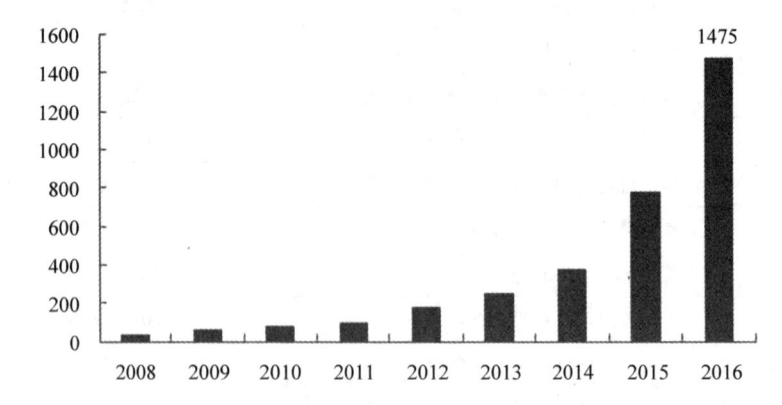

图 3-19 北京中关村国家自主创新示范区新三板挂牌企业数（家）
资料来源：中关村管委会网站。

传统劣势，利用大数据产业、大健康等产业优势，实现贵阳市产业金融体系的创新和升级。

2. 创新投入分析

创新投入重点考察政府、企业在研发设计领域人才、技术、资本等要素的投入程度，相关要素投入程度如何，持续性如何，与一个区域产业创新、技术创新呈现正向相关关系，高新技术产业作为对技术、人才、资本要素的要求都很高的产业，受创新投入水平的影响更大。

（1）科技人才投入

科技人才投入可以从两个维度来考量，即科技人才投入数量和规模，科技人员能力水平。

在企业、政府、园区普遍重视下，贵阳市科技人才吸引和投入力度不断加大，尤其随着贵阳大数据产业的发展，贵阳市创新创业环境不断改善，加之受产业转移、生态宜居、便捷交通等因素的影响，从宏观来看，贵阳市产业面上的科技人才队伍不断扩大，为区域持续性技术创新、产业创新提供了保障。具体来说，贵阳市大数据、电子信息、软件开发、现代服务业领域的创新人才不断成长，国内外知名高科技企业、互联网企业的进驻，带来了较大的科技人员增量；在大健康，尤其在中医药领域，实力企业在药品研发、生产工艺优化、两化融合等领域的人才投入力度不断加大。进入"十二五"中后期以来，贵阳市产业园区招商进程明显加快，综保区、双龙航空港、观山湖产业园、清镇产业园都带来了较大的科技人才增量。

从科技人员能力水平、综合素质来看，贵阳市技术人才综合能力也呈现上升态势。首先，企业对研发人才、技术人才的培养力度不断加大，在人员培训、交流学习环节的投入越来越多。其次，在战略新兴产业，如大数据、智能制造、电子信息等产业的带动下，贵阳市科技人才的视野、专业水平获得大幅提升。另外，从高校人才培养和毕业生水平来看，无论在学校专业培养的系统性方面，还是在政府政策的引导作用方面，贵阳市科技人员能力结构不断改善，硕士生、博士生科技人员数量、占比不断扩大。

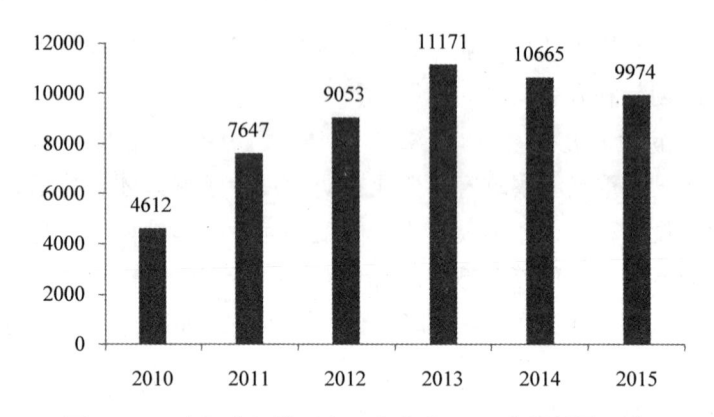

图 3-20　贵阳市规模以上工业企业 R&D 人员数量（人）

资料来源：《贵阳市统计年鉴》。

综合数量规模、人员结构、能力水平等因素，贵阳市在科技人才层面的投入力度和水平进步明显，在政府重视的同时，广大企业对研发体系的建立，对科技人才培养的意愿不断增强，带来了贵阳市技术人才水平的快速提升。

当然，与创新活跃度、产业人才集聚度比较高的地区相比，作为西部欠发达地区，贵阳在科技人才密度，科技人才综合水平上差距还是较大的，尤其在国际化技术人才吸引，高端专家型人才集聚方面还明显欠缺。面对贵阳市创新城市战略、产业创新战略对高科技人才的需求，贵阳市从政府到企业还需要进一步做出努力。

（2）研发费用或技术资本投入

在科研经费投入方面，贵阳市政府创新投入与企业创新投入的双重效应不断增强。相比科技人才的投入呈现出更多复杂性，研发费用投入、科技资本投入相对单纯，政府、企业更容易实现资金投入面的有的放矢。

贵阳市科技局统计数据显示，贵阳市企业 R&D 总体规模呈现持续上升态势，进入 2014 年以来，占贵阳市 GDP 的比重稳定在 1.13% 左右，虽然这一比例与东部发达地区还有差距，但随着贵阳 GDP 的增长，整体资金规模上升速度较快，2016 年达到 36.09 亿元。在政府层面，科技项目立项和资金投入力度稳定增长，虽然相比 2012 年的高峰投入有所回落，但从 2014 年以来项目数量、资金规模呈现稳定上升的态势，2016 年贵阳市科技计划项目数达到 116 项，对科技项目的选拔、审批管控力度加强，资金投入产出水平有所改善。2016 年地方财政拨款科技支出达到 17.26 亿元，市级地方财政科技拨款支出达到 5.24 亿元，贵阳市应用技术研究与开发资金达到 2.78 亿元。

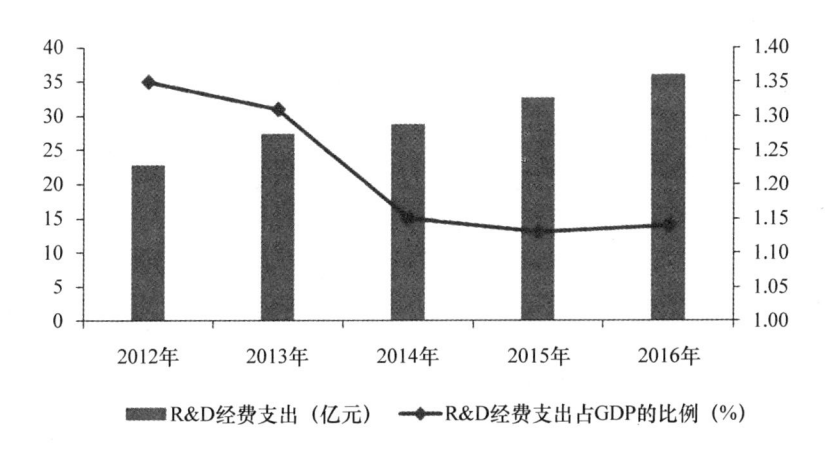

图 3-21 贵阳市企业 R&D 经费支出状况

资料来源：贵阳市科技局。

综合来看，贵阳市在科技费用、研发投入环节的持续投入状态相对健康，虽然还不能同发达地区相比，但在支持本地企业创新，支持高新技术产业发展方面已经做得十分不错了。

（3）技术研发平台投入

除了人才、科技项目资金、R&D 经费投入外，科学实验环境、研发中心、技术平台等软硬件环境建设也至关重要，企业研发环境、政府公共性技术平台建设状况直接影响着人才、资本投入的实施效果。

从各类研发与科技机构数量规模来看，贵阳市在技术平台建设层面进步较快，各项指标均呈现上升态势。截至 2016 年，工程技术研究中心总量达到 150 个，其中国家级 5 个，省级 85 个，市级 60 个；企业技术中心总量达到 111 个，其中国家级 8 个，省级 103 个；重点

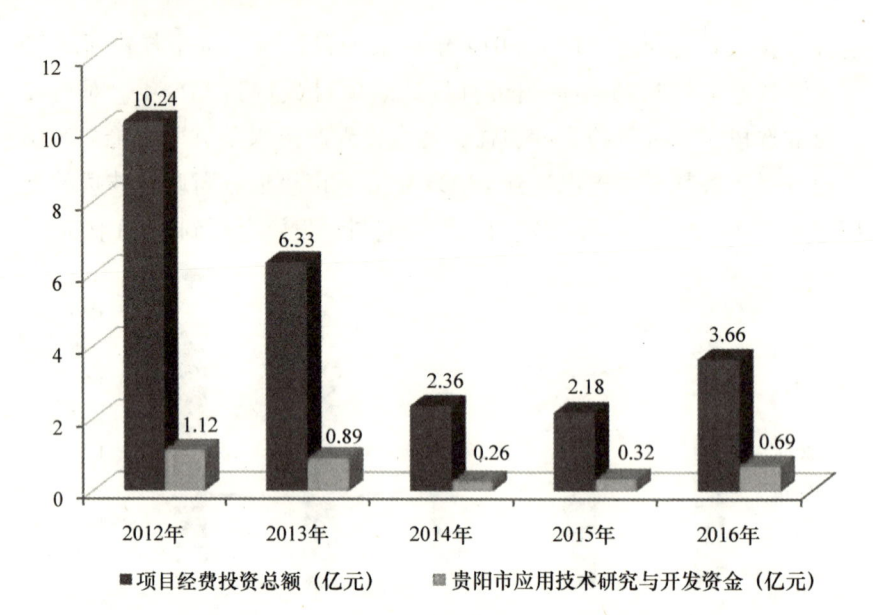

94 贵阳高新技术产业发展研究

图 3-22　贵阳市科技计划项目资金投入

资料来源：贵阳市科技局。

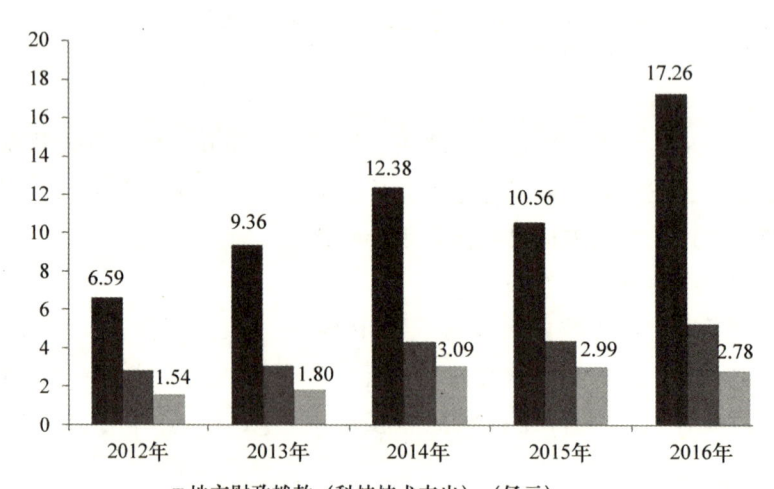

图 3-23　贵阳市财政资金科学技术支出分布

资料来源：贵阳市科技局。

实验室总量达到 50 个，其中国家级 5 个，省级 45 个；国家地方联合工程研究中心达到 17 个，院士工作站达到 22 个。综合来看，贵阳市企业、机构技术开发环境投入不断加大，功能性平台日渐健全，为整个城市的技术创新、科研人才培养创造了条件，对于贵阳市高新技术产业创新和发展将起到持续性的提升作用。

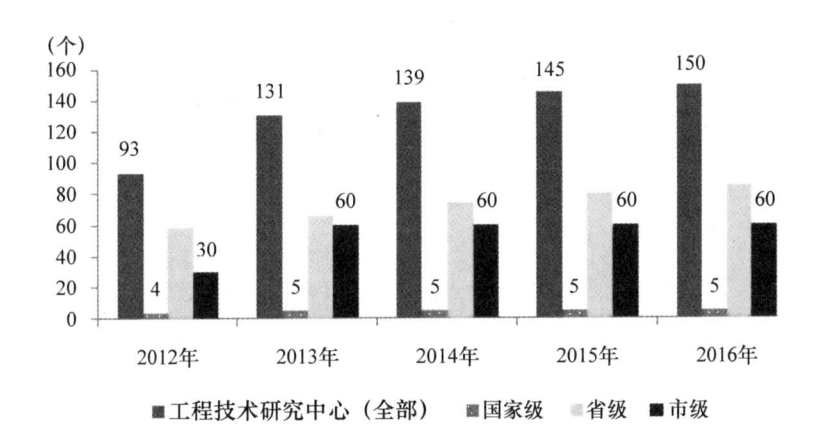

图 3-24 贵阳市工程技术中心数量和结构

资料来源：贵阳市科技局。

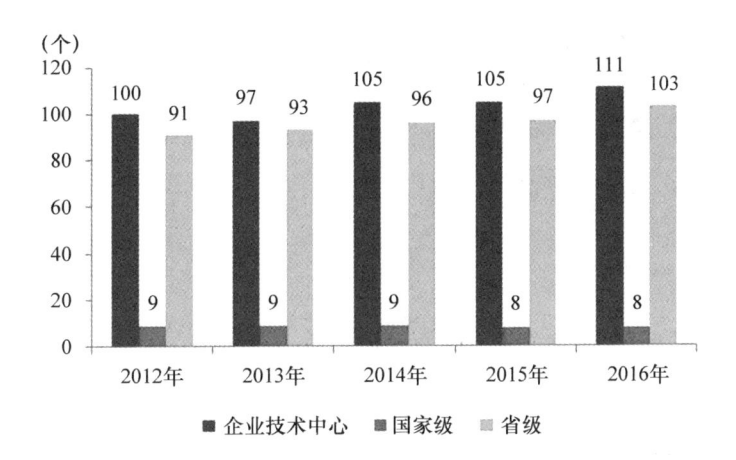

图 3-25 贵阳市企业技术中心数量和结构

资料来源：贵阳市科技局。

96 贵阳高新技术产业发展研究

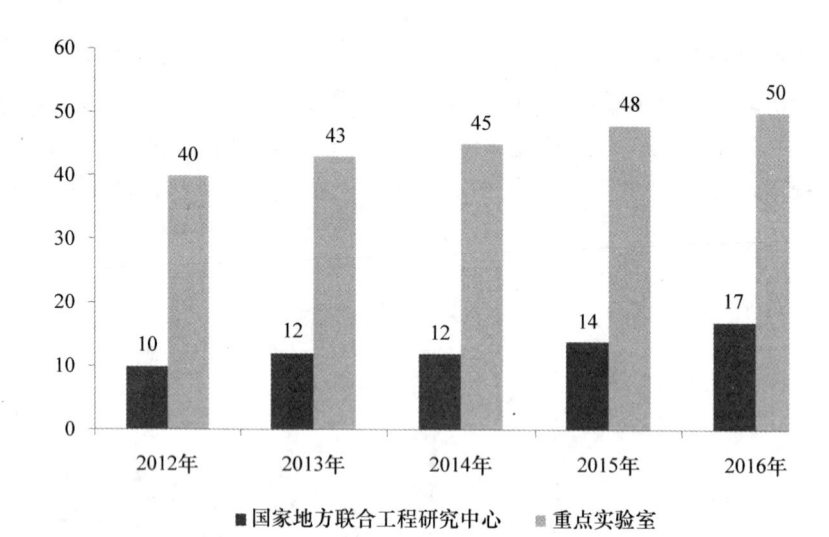

图3-26 贵阳市重点实验室和联合工程中心数量
资料来源：贵阳市科技局。

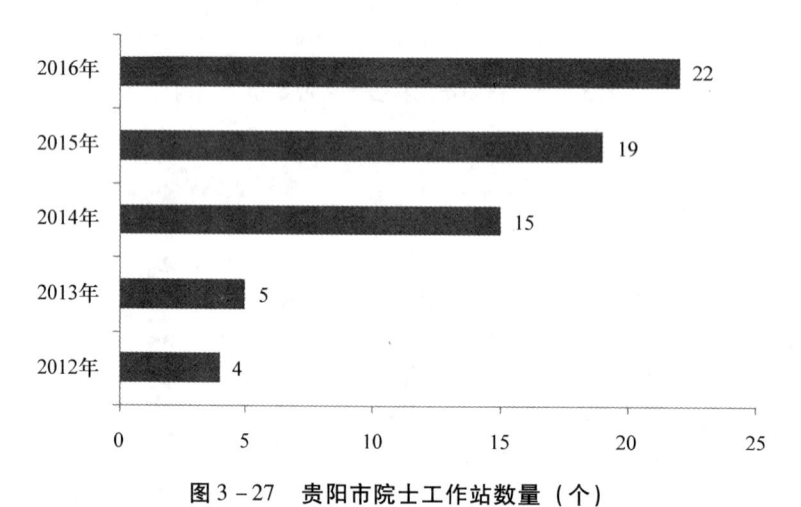

图3-27 贵阳市院士工作站数量（个）
资料来源：贵阳市科技局。

3. 创新产出分析

创新产出重点考察贵阳市专利、科研成果产出状况，以及科学技术获奖、技术服务合同规模及增长情况。

贵阳市科技局统计数据显示，在过去5年里，贵阳市创新产出水平呈现快速增长态势，城市技术创新、高新技术产业创新成果丰富。2016年，贵阳市实现专利申请量9956件，获得专利授权4754件；2016年发明专利申请量3952件，获得授权1236件，贵阳市每百万人发明专利授权量达到267.43万件，较2015年增长31.5%，自2013年以来，每年都有专利获得国家级和省级奖项。在科学技术获奖方面，2016年贵阳市获得贵州省科学技术奖86项，获得科学技术进步奖71项，获得科学成果转化奖15项。自2012年以来，贵阳市科技获奖状况整体处于平稳增长态势，表明贵阳市在技术创新领域已经进入了良性状态。企业、高校、研究机构形成了较强的创新基础和实力，政府在技术创新领域的政策、资金投入也取得了良好的回报。

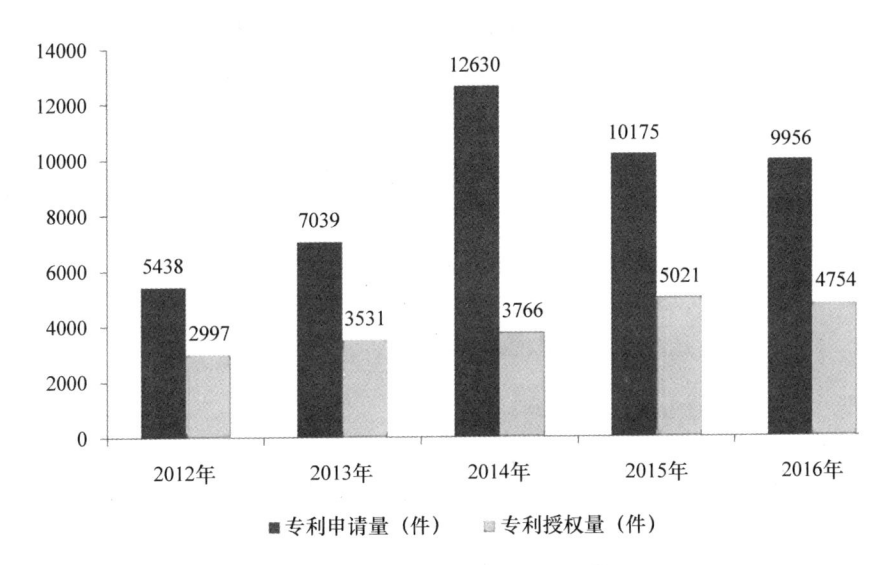

图3-28 贵阳市专利申请授权状况

资料来源：贵阳市科技局。

98　贵阳高新技术产业发展研究

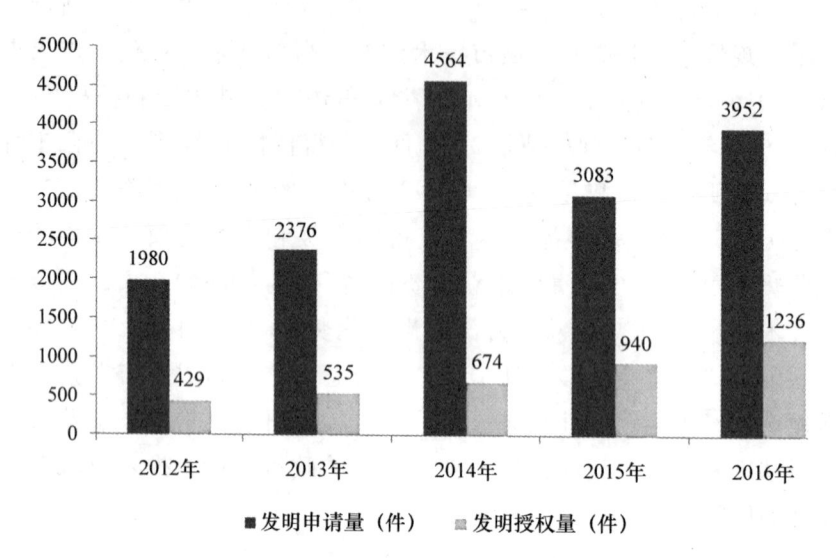

图 3-29　贵阳市发明专利申请授权状况

资料来源：贵阳市科技局。

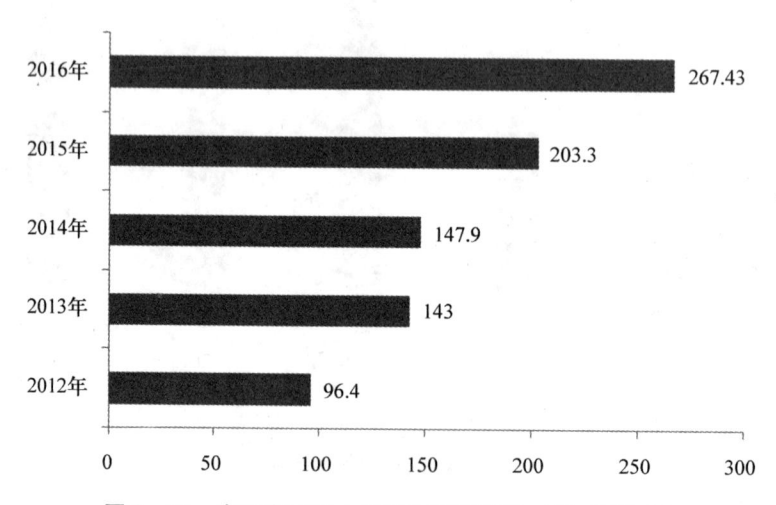

图 3-30　贵阳市百万人发明专利授权数（件/百万人）

资料来源：贵阳市科技局。

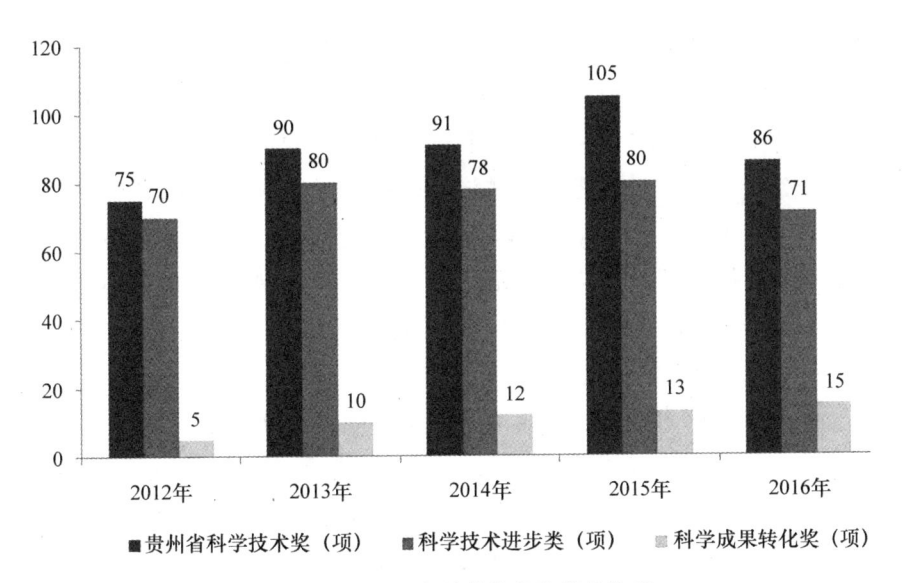

图 3-31 贵阳市科学技术奖获奖情况

资料来源：贵阳市科技局。

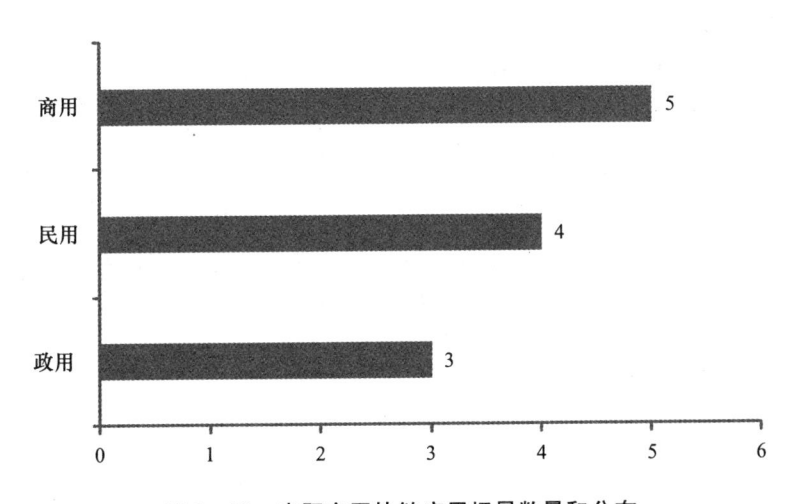

图 3-32 贵阳市区块链应用场景数量和分布

资料来源：贵阳市科技局。

除了专利和科技获奖层面的创新产出，自 2012 年以来，贵阳市技术服务市场规模不断扩大，技术服务市场展现出较强的增长潜力。贵阳市科技局统计数据显示，2016 年，纳入登记的技术服务合同达到 382

项，较2015年增长将近60%，；2015年纳入登记的技术服务合同达到243项，较2014年增长94%。2016年技术合同登记金额达到18.06亿元，较2015年增长14.84亿元。技术服务市场的增长，一方面得益于技术服务企业市场服务能力的增强，另一方面也展现出在科技成果转化、技术市场化层面，贵阳市取得了长足进步。另外，前沿科技领域，除了在大数据技术领域取得创新发展外，在人工智能、区块链领域贵阳市也展现出较强的活跃度，区块链技术应用已经产生诸多前景。

4. 产业发展状况分析

产业发展作为展现创新能力的结果性指标，可以考察的下游因素较多。首先，高新技术企业数量、产值、规模等是综合性指标；其次，主导产业、优势产业发展状况可以更直接地展示产业创新状况。另外，新兴高技术产业发展状况也是区域产业创新力，创新先进程度的核心指标，例如，贵阳市在大数据、工业大数据、智能制造等领域产业的创新状况，直接展示出贵阳市高新技术、高技术、现代制造等领域的创新实力。

截至2016年，贵阳市拥有国家认定的高新技术企业数290家，较2015年增加了72家，增速达到33%，相比2012年的133家，增加了一倍多，充分说明在过去5年中，贵阳市高新技术产业发展迅速，企业技术创新实力大幅增强，涌现出了一批在高科技领域竞争力较强的企业。在贵州省国家认定的高新技术企业总量中，贵阳市占比一直稳定在60%左右，说明贵阳市在贵州省高新技术产业领域的领先优势明显，具备龙头引领效应。

贵阳市科技局数据显示，在产值贡献层面，2016年贵阳市高新技术工业总产值达到1156亿元，占贵阳市规模以上工业总产值的40.8%，与2015年基本持平，但相较2014年以前增长迅速，说明从2015年开始，贵阳市高新技术产业成长确实较快，工业体系中高新技术占比明显过大，区域产业结构技术含量、创新能力明显提升。2016年，贵阳市高新技术工业增加值达到272.06亿元，连续4年稳定在250亿元左右的规模，在贵阳市规模以上工业增加值占比中，一直稳定在35%的水平，对贵阳市工业增量起着核心支撑作用。2016

年，贵阳市高新技术产值实现 1149.36 亿元，占全市 GDP 比重的 37.35%；创新型企业总量达到 206 家，其中国家级 5 家、省级 74 家、市级 127 家，对贵阳市产业经济创新的带动效应明显。

从产业园区建设开发来看，贵阳市园区都把高新技术产业发展放在重要位置，具体表现在园区实力企业优势进一步巩固，创新型小微企业、中小企业取得快速发展，大数据、云计算、电子商务等创新产业初步完成布局，产生了一批支撑贵阳战略新兴产业发展的先导型企业，高端装备制造、生物医药和大健康领域产业创新和产业转型亮点不断增多。高新区金阳园在大数据、电子信息、现代服务业等领域优势明显，麦架沙文园在智能制造、现代医药领域的创新意识较强。经开区利用传统装备制造、军工产业基地优势，重点在智能制造、工业大数据应用、军民融合领域取得突破；综合保税区在电子信息、外包服务、现代服务业等领域初步形成了高新技术产业布局。此外，乌当园、修文园、清镇园等核心园区也在各自的优势领域加大高新技术产业培植力度，很多园区完成了本园区的创新体系规划。在贵州省"5 个 100"工程，"一企一策""一园一策"等政策的带动下，以产业园区为重点，高新技术产业发展的辐射效应初步形成。

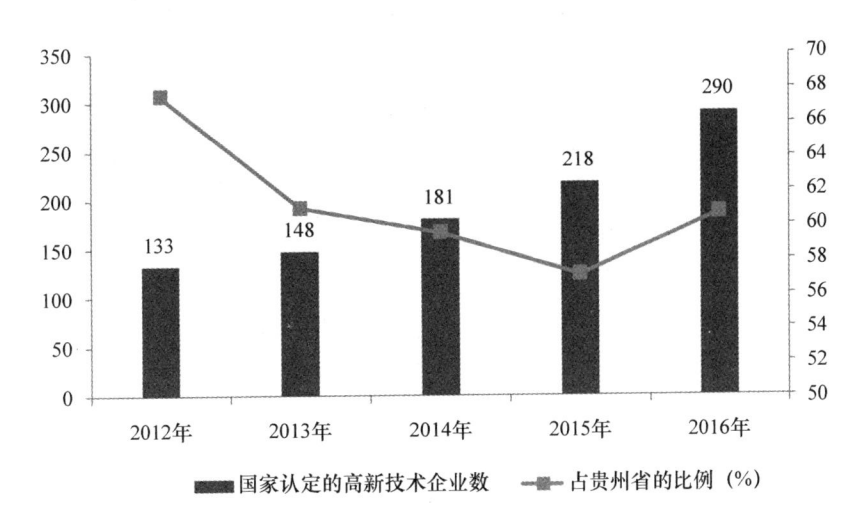

图 3-33　贵阳市国家认定高新技术企业数

资料来源：贵阳市科技局。

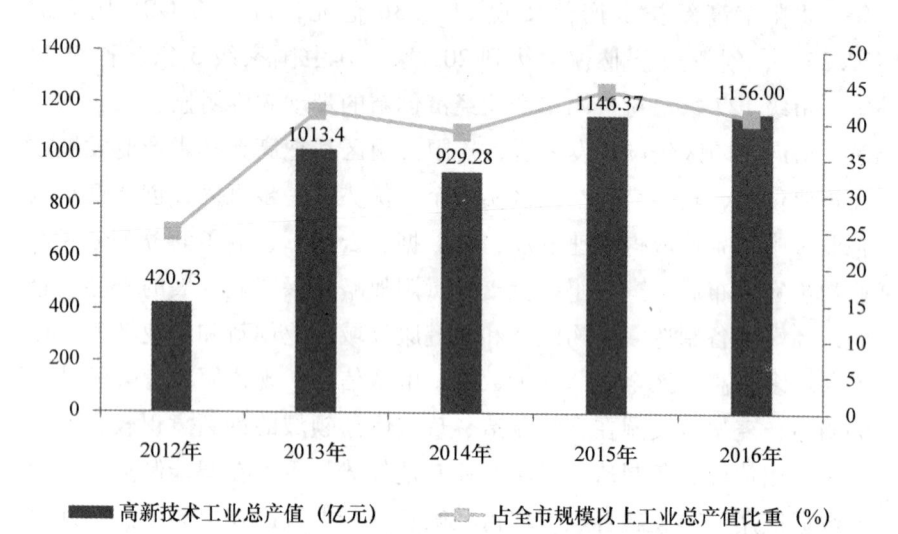

图 3-34　贵阳市高新技术工业总产值

资料来源：贵阳市科技局。

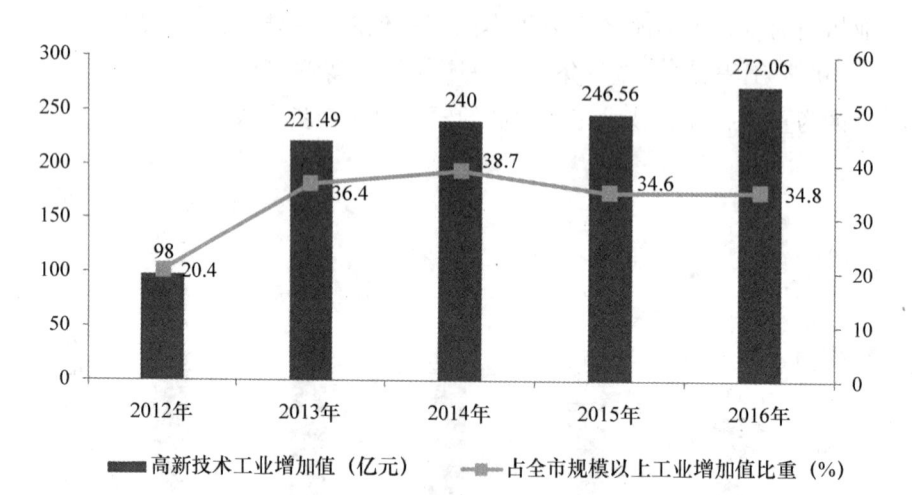

图 3-35　贵阳市高新技术工业增加值

资料来源：贵阳市科技局。

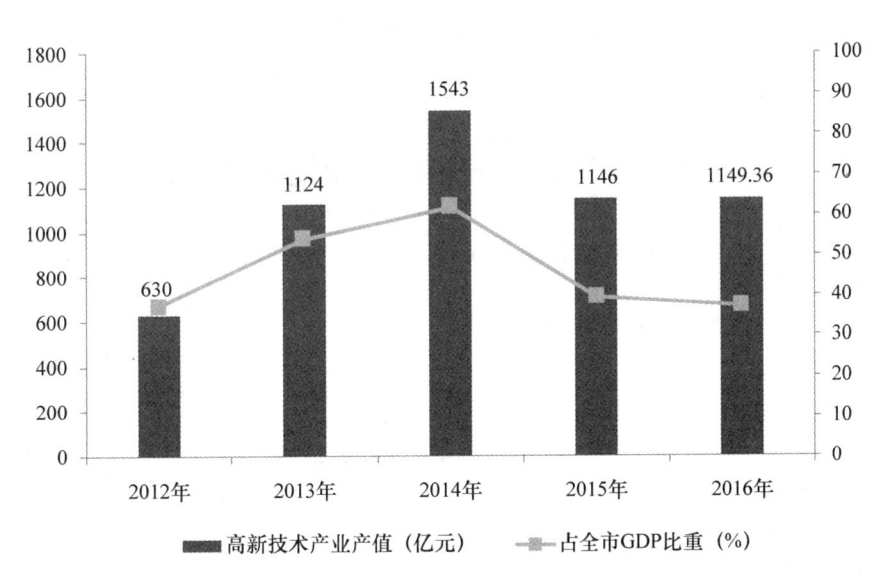

图 3-36 贵阳市高新技术产业产值

资料来源：贵阳市科技局。

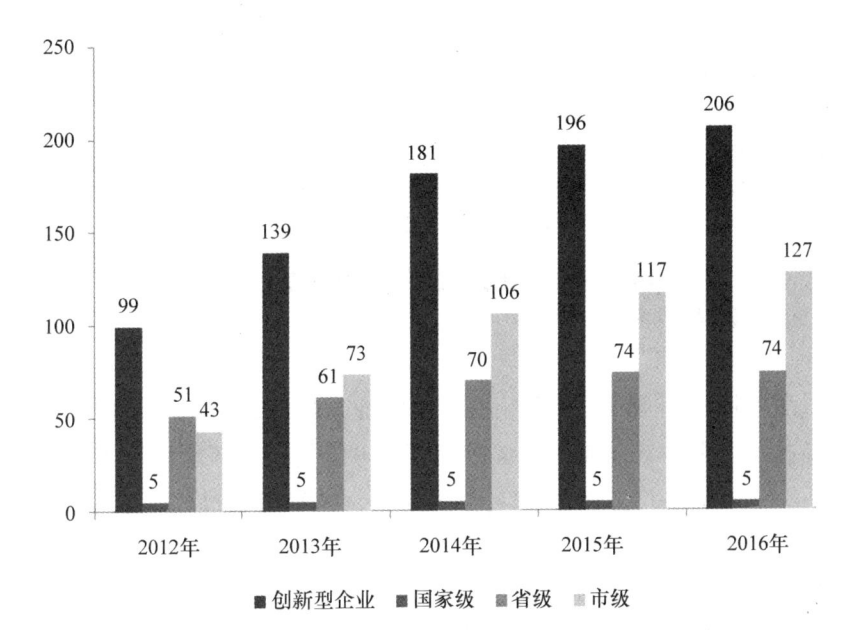

图 3-37 贵阳市创新型企业数量及结构分布

资料来源：贵阳市科技局。

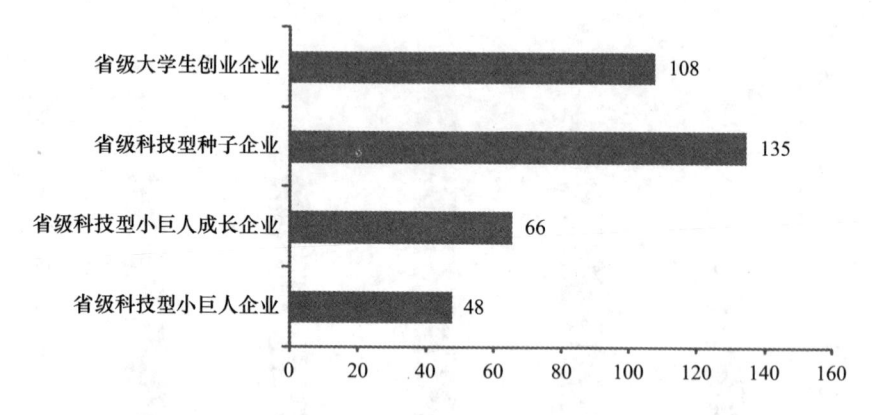

图3-38 2017年贵阳市创新成长型企业发展情况（家）

资料来源：贵阳市科技局。

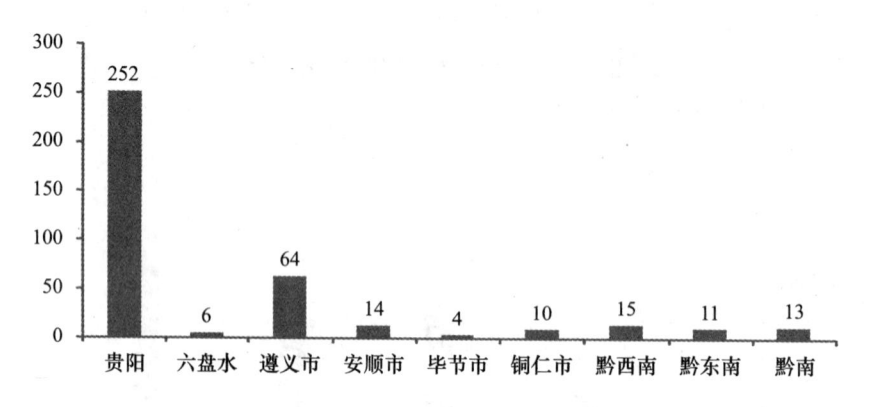

图3-39 贵州省高新技术企业数量和分布

资料来源：《贵州省科技统计年鉴2016》。

从支柱产业来看，贵阳市在各个产业领域都涌现出了一批优秀的高新技术企业，装备制造、健康医药、电子信息、新能源汽车、新材料、生态环保等产业中都不乏创新企业，在特色食品、铝及铝加工、磷煤化工等领域也涌现出技术创新、产业转型的优势企业。特别值得一提的是，经过几年的探索和发展，贵阳大数据产业已经进入大数据产业化应用发展阶段，已经涌现出了一批在智能制造、工业大数据应用、现代服务业领域拔头筹的企业，部分企业在大数据、互联网与实体经济结合层面处于行业领先水平。

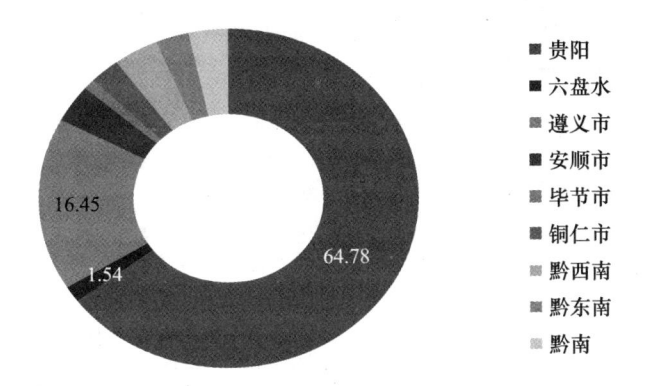

第三章 贵阳高新技术产业创新能力研究 105

图3-40 贵州省高新技术企业区域分布（%）

资料来源：《贵州省科技统计年鉴2016》。

表3-6 贵阳市工业大数据智能制造示范企业
（贵阳市工信委电子信息制造产业处）

序号	企业名称	工业大数据智能制造应用
1	中航力源液压股份有限公司	实现智能设计、智能生产创新应用，未来以MES及大数据应用为主线，逐步向智能供应链、智能装备管理、智能服务延伸。实现研发设计、生产制造、供应链和生产装备的信息化和智能化
2	贵州天安药业股份有限公司	实施"天安之家慢病管理云平台"智能服务项目，建设智能研发管理平台，服务、研发两端驱动，推进生产经营更多环节的智能化、数字化应用
3	贵州中铝彩铝科技有限公司	建设"铝合金辊涂板云端智能制造信息平台"，变革传统铝彩板加工生产模式，成为行业新工艺、新标准的引领者
4	贵州威门药业股份有限公司	初步完成"威门大健康电商平台"建设，强化智能服务模式，在电商服务基础上，向线上中医服务预约、中医诊疗在线服务延伸
5	贵州兴达兴建材股份有限公司	建设"砼智造"高性能混凝体信息化产业平台，实现产品研发、原材料管理、智能制造、质量管控、物流配送、施工控制、交易订单等信息全面数据化、智能化
6	贵州轮胎股份有限公司	建设"数据分析及决策支持系统"，融合打通企业信息化子系统，有序启动工业大数据智能制造应用项目，力争在智能生产、智能营销、定制化领域实现创新突破
7	贵州益佰制药股份有限公司	建设医药智能控制平台，提升药品设计和制造智能化；建设肿瘤大数据平台，形成肿瘤数据中心；建设智能供应链系统，提升效率，降低成本

续表

序号	企业名称	工业大数据智能制造应用
8	贵州开磷控股（集团）有限责任公司	加速整合现有数字化、信息化系统，优先启动智能生产项目，逐步推进智能物流、智能营销、智能研发等工业大数据应用，提升企业综合竞争力
9	贵阳海信电子有限公司	初步建成海信数字化智能制造示范项目，形成 DM/PLM/SAP/WMS/SRM/MES 闭环系统，推动智能销售、智能设计、智能生产、智能供应链全流程的大数据应用
10	贵阳娃哈哈饮料有限公司	建设"智慧设备管理平台"，构建系统管理、数据采集、数据传输、数据储存、实时监控与警告、数据分析报表六个子系统，实现设备联网、远程可控；数据收集与分析；数据挖掘与决策支持
11	贵州雅光电子科技股份有限公司	建设自动化示范生产线（OE）、智能制造的研发数据管理平台（PDM），改造 ERP 系统，建设数据采集应用平台（CI）与数据分析平台（BI），全方位推动工业大数据智能制造应用
12	汉方药业	建设"中成药大数据中心"，输出中成药制药产业的标准数据集；开发智能生产流程管理系统，推进全流程智能化升级；逐步实现大数据深度挖掘与决策分析
13	贵州航天林泉电机有限公司	启动"大数据+智能工厂"项目，融合 DNC/MDC/AGV/ERP/MES/CRP 等系统，全面智能设计、智能制造、智能测试、智能装备全流程管理，打造智能工厂
14	贵州航宇科技发展股份有限公司	启动"锻造数字化智慧工厂"项目，融合优化 CAPP、PDM、MES、炉温监控控制等系统，建设航空产品精密辊轧数字化管理平台，实现全流程数字化、智能化应用
15	中国航发贵州黎阳航空动力有限公司	实施"航空发动机液压作动筒数字化生产线"建设，融合 MBD/CMM/PDM/ERP/MES 系统应用，有序推进集智能设计、虚拟仿真、物理验证等功能于一体的智能工厂建设

贵阳市工业大数据智能制造领域诸多示范性企业的产生，一方面说明大数据应用、智能制造、人工智能已经成为产业趋势，企业要赢得市场竞争，就必须紧跟时代潮流，这是创新时代背景下必须做出的选择。另一方面说明贵阳市在高新技术产业发展，创新技术应用领域确实形成了产业基础。当然，战略新兴产业的发展与政府政策的引导效应密不可分，贵阳大数据产业发展离不开政府的前期引导和支持，在政府、市场、企业的共同促进下，贵阳市在新兴产业领域的初步成功，其模式路径很有借鉴意义。

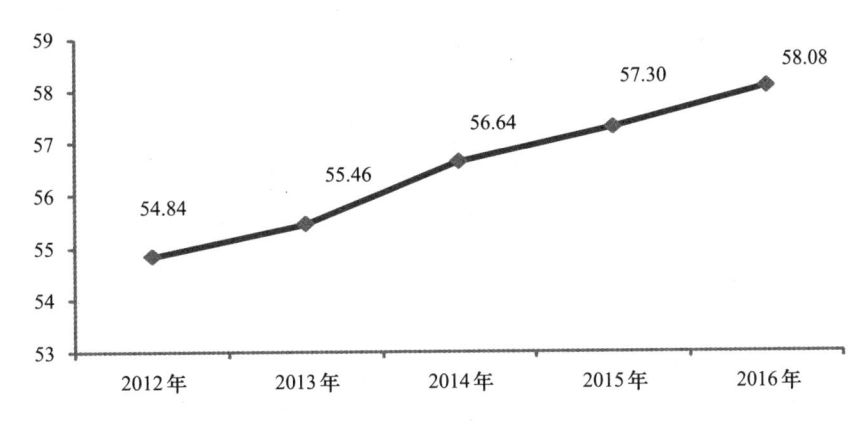

图 3-41 贵阳市科技进步的经济贡献率 (%)

资料来源：贵阳市科技局。

（三）贵阳市高新技术产业创新能力综合评价

以上分别从创新环境、创新投入、创新产出、产业发展四个方面就贵阳市高新技术产业的创新能力进行了分析。从总体上讲，贵阳市高新技术产业已经具备了较强的基础和实力，企业、市场、政府多方驱动效应初步形成，涌现出了一批具备产业引领效应的企业。

纵观贵阳市高新技术产业创新能力各要素，政策扶植引导效应比较突出，在国家政策、省级政策支持下，贵阳市在高新技术产业扶植层面长期一贯的投入取得了效果，未来有必要进一步加强。政府市场双向发力，创新创业服务平台、孵化器等建设也取得了成效，为中小企业创业者提供了便利，接下来的重点是强化创新创业服务体系的健全性，在对数量进行合理控制的同时，强化质量水平和资源共享机制建设，切实发挥平台对创新型企业、中小企业的支持作用。相比政策环境、创新孵化平台，贵阳市人才培养和发展、产业金融体系建设相对薄弱，明显制约了高新技术产业的发展，二者的健全发展是一项长期工程，需要形成清晰的人才战略和产融体系构建规划，逐步弥补创新环境的短板和缺失。

随着国内国际市场开放度的提高，政府和企业普遍意识到强化资金、技术、人才投入的重要性，针对技术创新和高新技术产业扶植，贵阳市无论政府还是企业，在创新资源投入上已经做得不错，从领先企业、重点产业所取得的成果中，已经感受到投入产出的效果。贵阳市专利数量、科学技术获奖数量水平不断提升，充分展示出技术创新实力和水平。当然，与经济发达地区相比，贵阳市创新要素投入水平还存在差距，随着区域产业综合实力的增强，需要有意识地强化创新要素投入，形成长线保障机制，一贯坚持下去。

企业综合实力、支柱产业发展、战略新兴产业发展等创新产出要素，更直观地表明贵阳市产业综合竞争力和高新技术水平的提升。高新技术产业在贵阳市经济结构中的占比，特别是大数据、智能制造、电子商务等领域的产业发展和突破，有效表明贵阳市产业创新、高新技术产业实力不断增强。

当然，从高新技术产业发展成熟度，创新能力的强度和可持续性来看，贵阳市高新技术产业发展还呈现出产业发展早期阶段的特征，在产业集聚、产业链效应、技术产品国际化水平、基础性长线人才支撑、产业金融等领域距离北京、上海等发达地区还有较大差距，在贵阳市创新创业体系打造，高新技术产业发展模式、发展路径实践层面还需要做出更多、更长线的努力。

表3-7　　　　　　2016年国家级大学科技园发展情况

国家级大学科技园	数量（家）	总面积（万平方米）	在孵企业数（家）	累计毕业企业数（家）
中关村	15	112.0	1146	1559
上海	13	78.3	1408	1136
武汉	3	61.2	285	243
西安	3	7.7	155	202
成都	4	21.3	293	276
深圳	1	5.8	97	249
全国	115	737.8	9861	9189

资料来源：科技部火炬中心网站。

表 3-8　　　　2016 年国家级科技企业孵化器发展情况

国家级 科技企业孵化器	数量 （家）	总面积 （万平方米）	在孵企业数 （家）	累计毕业企业数 （家）
中关村	49	146.1	3849	5477
上海	43	93.9	3211	2173
武汉	27	92.1	2126	2441
西安	21	88.4	1516	1691
成都	15	101.3	1636	1817
深圳	17	63.1	1367	2228
全国	863	3861.0	73212	63918

资料来源：科技部火炬中心网站。

表 3-9　　　中关村与硅谷发明专利授权对比（2015 年数据）

类别	中关村	硅谷
授权量（件）	12818	18957
同比增速（%）	66.10	-2.40
万人发明专利授权量（件/万人）	59.5	118.7
占本市（州）比重（%）	36.3	47.2
占本国比重（%）	5.5	13.4

资料来源：硅谷专利数据来自《硅谷指数 2017》、美国专利商标局（USPTO），这里的硅谷专利授权指专利登记数。

图 3-42　北京国家自主示范区万人拥有有效发明专利量

资料来源：中关村知识产区促进局网站。

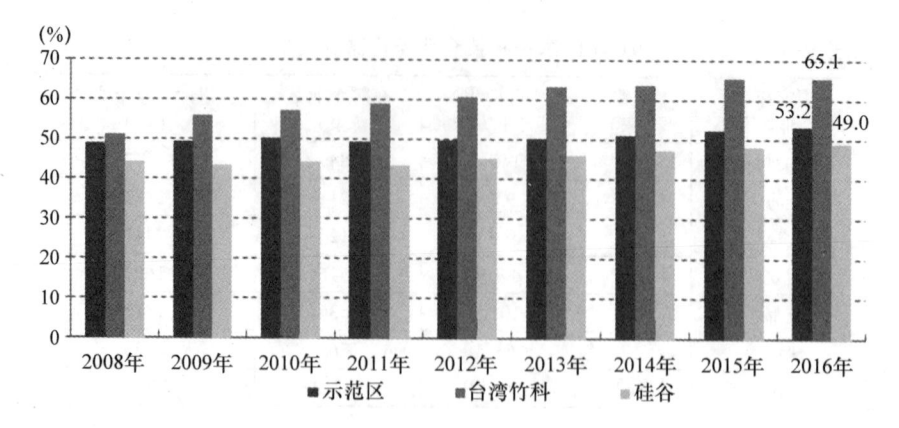

图3-43　北京中关村国家示范区、台湾竹科和硅谷本科以上学历从业人员占比

资料来源：中关村指数。

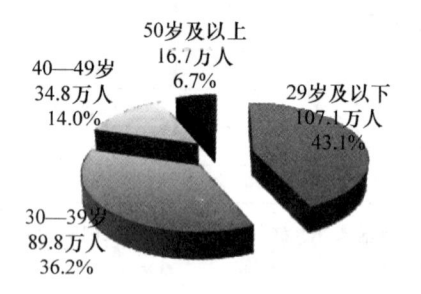

图3-44　2016年北京中关村国家自主创新示范区从业人员年龄分布

资料来源：中关村指数。

四　贵阳高新技术产业创新能力提升建议

（一）借力大数据，以大数据驱动高新技术产业成长

贵阳市大数据产业已经获得先发优势，对于贵阳市来说，它已获得千载难逢的产业发展机遇。在大数据、人工智能等时代背景下，一定要在大数据产业领域获得突破，围绕大数据存储、大数据应用、大数据分析等细分领域，形成产业化规模和优势，努力在细分专业领域取得行业领先地位，通过大数据高新技术产业发展，奠定贵阳市在大

数据产业领域的高度和位置,确保未来大数据产业演化发展始终在优势领域保持国际竞争力。

在大数据产业本身获得竞争优势的基础上,积极推进"互联网+""大数据+",实现大数据与一二三产业的深度融合,通过大数据、人工智能等技术的应用,实现贵阳市更广范围内的产业创新和突破,鼓励更多大数据应用型、示范型企业成长,在大数据技术、大数据应用环境、工业大数据、工业互联网等领域,通过政策、资金、人才等资源的投入,为各个领域的大数据深化应用创造条件,在大数据应用领域生成更多创新型企业,进而推动贵阳市产业创新、转型和升级。

(二)产业政策的延续和创新

在创新产业、新兴产业培植方面,政府前期和后期政策资源投入是非常必要的,特别是在后发赶超型经济地区,政策对于产业创新和发展的作用更加明显。历数中国改革开放的政策经验,以及日本、韩国、中国台湾等地区的产业发展,都充分证明了政策的有效性。

在"供给侧"改革背景下,政策调控和支持恰恰是核心手段之一。面对高新技术产业发展规划和布局,政府需要总结以往的成功经验,将好的政策持续巩固提升。同时,在快速变化的产业发展浪潮中,积极研究新现象、新趋势、新模式,勇于进行政策创新,为高新技术产业、高新技术创新者提供富有竞争力的政策环境。

(三)强化龙头企业、示范企业引导效应

在高新技术产业集聚度不高、产业链效应不明显的地区,明星企业、龙头企业对产业创新的带动作用不容忽视。为此,在政策面努力构建普适性、全局性高新技术产业引导政策的同时,对于在传统产业中实现创新突破,尤其在大数据、智能制造、人工智能、电子商务、科技金融等领域出现的创新性、成长性企业,政府需要有所侧重,在政策、资金、人才引进等方面给予更多支持。同时,积极总结创新企业的经验模式,在同行业或贵阳市范围内推广,在近距离扶植相关企

业成长的同时，有效带动其他企业的成长。

（四）深化创新创业平台建设

创新创业服务环境打造对于高新技术产业发展的价值毋庸置疑，借鉴国内外地区的经验，创业咖啡、创业苗圃、播种吧、创客空间、中小企业孵化器、加速器等平台在贵阳不断涌现，硬件配套环节已经达到了比较高的水平。

在接下来的高新技术产业扶植过程中，要深化创新创业服务平台作用，实现更多层面的孵化模式创新、辅导支持模式创新。更重要的是，在各类创新创业服务平台中，要有真正的专家团队把时间、精力投入到高新技术企业服务之中，切实实现国内外人才、技术、资本、管理等资源的整合，围绕本地企业形成各类有价值，并长线执行的服务模式。

（五）强化对高端产业人才的培养与吸引

持续的人才结构优化、人才素质水平的提升是高新技术产业发展和繁荣的基础。"十二五"期间，贵州省、贵阳市在人才引进与培养方面已经做出了很多成绩，"十三五"期间，有效的政策需要继续推行，新的政策需要不断推出，努力吸引更多的海内外人才来到贵阳，留在贵阳。

鼓励企业、教育机构、科研机构加大人才吸引和培养力度，必要时针对新兴产业、稀缺专业形成政府与企业共同培养人才的模式，提升企业、机构在人才培养和投入上的信心。

（六）强化产业金融环境建设，完善资本市场环境

金融环境、资本市场环境建设既是创新创业服务环境建设的组成部分，又是产业长期发展不可或缺的支撑环境。因此，在中国金融体系改革不断深化，国际资本全球流通日益便捷，融资渠道结构层次不断丰富，资本市场日益发达的背景下，贵阳市要积极加强金融体系和资本市场建设，努力为高新技术产业发展创造高效便捷的投融资

环境。

丰富产业基金层次和结构，提升产业融资规模和效率。通过吸引创投机构来筑设立办事机构、代表处，或者增加与相关机构交流和互动等方式，推进贵阳市与产业资本、基金的深度对接，为不同类别企业、不同发展阶段的企业找到合理化融资路径。

积极发展普惠金融、互联网金融，丰富传统融资渠道。在国家推动多层次金融体系建设，尤其在互联网金融、小额贷款公司、担保机构不断丰富的金融体系下，贵阳市在多层次金融体系建设，多层次金融服务资源引入环节也应该加大力度，力争给不同产业领域、不同发展阶段的高新技术企业带来方便。

（七）进一步扩大开放，强化国内外产业交流与合作

互联网时代、大数据时代是开放时代、融合时代。贵阳市作为经济后发赶超区域，更要重视互联网、大数据时代的机遇，在"数博会""京筑合作"等经验模式基础上，进一步主动扩大对外开放与合作，努力学习、吸收国内外先进产业发展经验，积极引入国内外产业资本、技术和人才，鼓励贵阳本地企业走出去，扩大对外学习的深度和广度。高新技术企业作为技术含量高、变化快的产业，本地企业更要时刻把握国内外产业发展脉搏，避免出现信息、知识滞后现象。政府在产业规划、政策扶植等环节，也需要积极与国内、国际市场接轨，确保相关政策措施的前瞻性和先进性，始终保持政府资源投入对本地化创新产业的精准扶植和引导。

（主要作者：李国东、王文、刘丽娟、石庆波、
戚芸榛、付家欣、漆欣筑）

第四章 贵阳高新技术产业(大数据类)应用案例研究

一 高新技术产业大数据应用研究的必要性和目标

(一)研究背景

1. 贵阳市大数据产业进入产业融合和应用发展阶段

贵阳大数据产业已经走过基础性发展阶段,"十三五"期间,贵阳市大数据产业在进一步夯实产业基础支撑的前提下,努力扩大大数据应用范围和层次,推进大数据产业与实体产业广泛融合,探索大数据创新应用模式,切实实现"互联网+""大数据+"将成为新时期的战略重点。

借助贵阳大数据产业已经取得的先发优势,结合互联网、人工智能、物联网、"中国制造2025"等带来的时代机遇,贵阳市有机会在诸多领域实施大数据产业化应用和融合,以大数据引领一、二、三产业的发展。

2. 在产业创新、转型升级过程中,高新技术企业的引领效应不容忽视

客观来讲,国内国际市场大数据产业化应用都处于早期阶段,在这个阶段,不能期望所有企业都有意愿、有能力进行大数据、人工智能领域的深化应用。在区域经济体产业体系中,高新技术产业始终是比较活跃的产业领域,其受关注程度、示范引领效应明显。因此,无论从推动企业相互学习,还是从扶植产业创新发展角度来说,高新技术产业都需要被放在重要位置上。

经过多年的努力和发展，贵阳市高新技术产业初具规模，在装备制造、健康医药、电子信息、现代服务等领域涌现出了一批出色的高新技术企业。从产业创新路径来看，贵阳市大数据深化应用必然要经历一个从局部到整体，从萌芽到成熟的过程。要加快这个进程，除了时代浪潮所带来的外部性推动作用外，集中资源，努力在高新技术领域培植示范企业，激发产业的引领效应非常必要。

（二）研究目标

1. 完成贵阳市高新技术产业大数据案例的收集和编制

本次研究尽可能全面收集贵阳市高新技术产业大数据应用案例，就企业高新技术产业大数据应用模式、关键技术、实施效果、推广价值进行深度调研和整理，形成贵阳市高新技术产业大数据应用案例集，便于政府深度了解产业创新发展状况，方便企业进行学习交流。通过后续案例的持续完善和推广，提升贵阳市工业企业创新、转型升级进程。

2. 为贵阳市高新技术企业大数据产业化应用提供交流学习机会

高新技术产业大数据应用作为比较前沿的领域，对于大部分企业都是全新的课题，虽然很多企业已经有了高新技术产业大数据规划，或者已经取得了实质性进展，但客观来讲，很多企业对高新技术产业大数据发展思路、发展模式、实施路径认识得未必系统清晰。通过本项目的实施，一方面实现示范案例的收集整理，另一方面通过与企业的互动交流，帮助企业进一步理清高新技术产业大数据发展思路，助推企业在产业创新、转型升级过程中走得更科学、更高效。

二 贵阳高新技术产业大数据应用现状

自 2014 年确立大数据产业战略以来，历经几年的发展，贵阳市大数据产业基础和产业格局初步形成，政府、企业双向发力，无论在大数据产业环境层面，还是在大数据实业发展环节都取得了丰硕成果。更值得一提的是，在数博会的广泛影响和带动下，面对大数据、区块链等新兴产业风口，贵阳市掀起了前所未有的创业激情，区域创新活力、创业人才和资源吸引力大幅提升，与大数据、人工智能、区块链技术应用相关的企业数量不断增加。

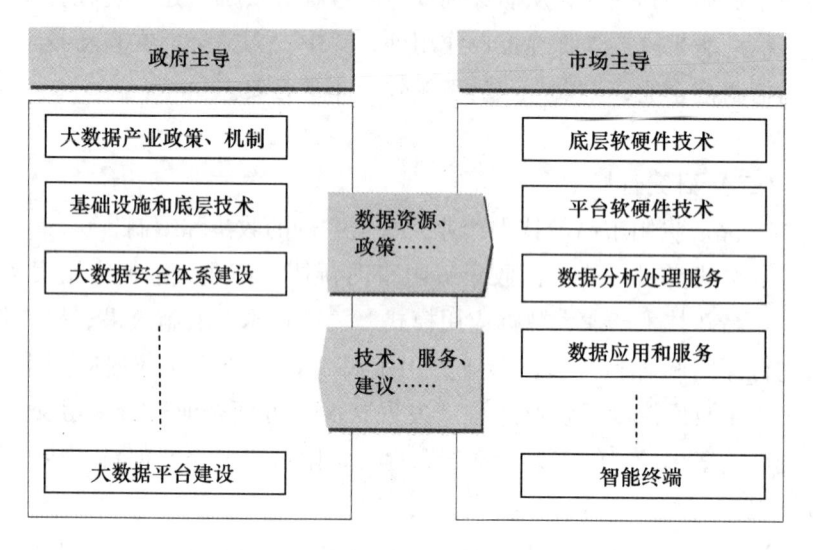

图 4-1 大数据生态体系构建路径

从高新技术产业来看，贵阳市高新技术企业无疑是大数据创新和应用的主导力量，经过几年的发展，无论工业领域还是现代服务业领域，都涌现出了一批商业模式先进、技术领先的企业。特别值得一提的是，大数据应用探索领域、创新商业模式呈现出与东部发达地区趋同性、同步性特征，个别领域在国内外都处于领先水平，对于地处西部的城市来说，实属难能可贵。

（一）应用成果

1. 现代服务业呈现出多业态并进，创新模式不断涌现的局面

在国内外现代服务业普遍拥抱互联网、大数据、人工智能的时代背景下，贵阳市现代服务业在互联网经济、共享经济、跨界经营等领域呈现出与发达地区同步发展状态。贵阳市现代服务业大数据、互联网应用案例，涵盖了"科技金融、互联网金融、现代物流、电子商

务、共享汽车、智慧医疗、公共安全、智慧旅游"等领域，不是仅局限于贵阳市某一两个优势领域，而是在现代服务领域实现了多业态发展，这一点与北京、上海、深圳、杭州等地的大数据、互联网应用领域是趋同的，充分展示了贵阳市在大数据、人工智能领域已经建立起来的先发优势。

除了创新领域与发达地区基本趋同外，在技术高度、商业模式创新层面，贵阳市大数据、互联网创新企业也不乏行业领先的应用模式，在智能物流、智慧旅游领域形成了行业领先的案例。例如，"货车帮"已经成为行业公认的"独角兽"企业，它在智慧物流、共享经济领域形成了强大的示范效应，对国内外资本市场形成了强大的吸引力。作为旅游业、中医药产业发达的地区，贵阳在智慧旅游、智慧医疗等领域也形成了令人耳目一新的创新应用，如"里定医疗""贵途花溪"等，都在互联网、大数据应用领域形成了品牌影响力。

从大的产业范畴来说，贵阳现代服务业不仅仅停留在第三产业层面，很多领域都实现了第三产业与第一产业的融合发展，如"供销马车队"构建起"互联网+农业+现代物流"产业链，智慧旅游产业在很多环节与生态农业有机结合，实现了产业资源的融合和协同，打消了信息壁垒，提升了市场对接和响应效率，类似模式离开互联网、大数据的支撑是很难实现的。

2. 工业领域涌现出一批智能制造、工业大数据应用领先企业

贵阳市在中医药、航空航天、装备制造、特色食品、铝及铝加工等领域具备较强优势，在贵阳市倡导构建以大数据为引领的现代工业体系背景下，在过去几年里，贵阳市工业企业在大数据应用、智能制造、人工智能等领域进步明显，特别是在"中国制造2025"时代背景下，很多实力型工业企业将智能制造战略、工业大数据战略作为战略重点，涌现出了一批智能制造、大数据应用领先企业，在贵阳市范围内形成了良好的示范效应。

总结贵阳市工业企业的大数据、智能制造应用案例，在行业领域、技术应用范围和模式等环节，呈现出多领域、多层次特征。首先，在航空航天、装备制造、电子信息领域涌现出一批行业领先的应

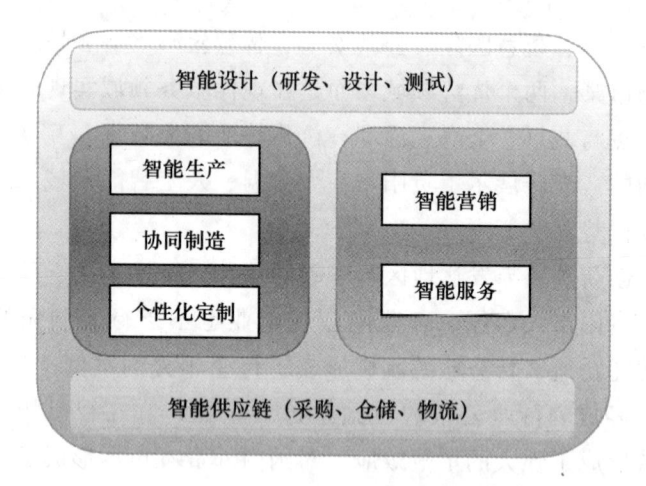

图 4-2　工业大数据典型应用

用模式，如力源液压、航天电器、贵阳海信、雅光电子等在智慧工厂、智能生产线领域都形成了创新模式。另外，在健康医药、基础建材、民爆产品、铝及铝加工领域也诞生了一批在智能制造、工业大数据应用方面积极探索的企业，如汉方药业、兴达兴建材、盘江民爆、中铝彩铝等企业，都在积极探索适合其自身的智能制造和互联网、大数据应用模式。

总体来讲，贵阳市大数据工业化应用、智能制造推广并没有局限于比较优势的一两个领域，面对技术创新、商业模式创新所带来的产业机遇，各领域都有实力型企业进行着不断努力，"砼智造"、中铝彩铝、天安药业等创新项目鲜明地证明了这一点，同时也彰显出贵阳市工业领域的产业创新正向均衡性发展，对于贵阳市逐步构建起健全的产业体系将起到积极的推动作用。

3. 大数据人才集聚能力不断提升，技术创新成果日益丰富

在贵阳市一、二、三产业大数据、互联网应用模式不断丰富，产业活力和竞争力不断增强的背后，是贵阳市大数据、互联网人才资源的不断丰富和集聚，是企业技术创新水平和能力持续提升综合作用的结果。在过去几年里，贵阳市人才水平结构不断改善，技术创新成果数量和高度不断提升是企业、政府双向作用的结果，是内生人才和外

来人才集聚的双重效应。

自贵阳市确立大数据战略，积极推进"互联网+"应用以来，尤其是在数博会逐年举办，推进"京筑"合作，获得诸多国家大数据产业政策支持的背景下，贵阳市大数据、互联网、人工智能、区块链领域的竞争力、知名度不断提升，对海内外高科技人才形成了较强的吸引力，有效提升了贵阳市科技创新人才的结构和层次，为贵阳市的产业创新发挥了积极的推进作用。

在企业层面，面对大数据、互联网、智能制造等领域的时代机遇，很多企业加大了人才培养和人才引进力度，用于实施请进来、走出去人才战略，在贵阳市宏观人才环境改善的背景下，很多企业实现了人才结构的调整。纵观贵阳市高新技术企业的大数据应用推进过程，很多企业在内部人才提升和外来人才引进环节都做出了创新，确保了创新项目的落地实施。也正是在上述人才结构优化的背景下，贵阳市技术创新成果，尤其是在大数据、互联网领域的创新成果不断丰富，离开了大数据战略的实施，这些成果在贵阳取得是不可想象的。

4. 高新技术产业大数据辐射力、影响力大幅提升，产业示范效应持续加强

高新技术企业，尤其是涉及互联网、大数据应用，推进商业模式创新的企业往往具备较强的市场影响力。事实上，在贵阳数博会知名度不断提高，贵阳市大数据产业影响力不断扩大的背景下，贵阳市相关企业的产业影响力也在不断扩大，借助数博会的宣传推广、政府推介，以及企业在市场实践中逐渐爆发出的竞争力，贵阳市很多大数据应用企业的影响力、辐射力持续提升，对贵阳本地企业、国内同行企业都形成了良好的示范效应和带动效果。

（二）存在不足

1. 高新技术产业大数据应用规模和范围还比较小

贵阳市大数据产业从起步到发展才短短几年时间，不同于北京、上海等地区，其传统IT、电信产业基础较弱，大数据产业发展缺乏历史性资源支撑。因此，贵阳市大数据、人工智能、互联网经济主体依

托区域内为数不多的实力型企业，很多互联网新兴业态要么近几年才在贵阳创立，要么依托于国内外知名企业在西部市场的拓展。面对这一基础和现状，贵阳市大数据、移动互联网、人工智能应用发展必然要经历由点到面的过程。尽管在大数据理念、专业技师理解应用等环节应和国内外接轨，但是总体上大数据、互联网新兴业态的企业数量、产业规模还比较小，大数据在一、二、三产业领域的扩展应用，垂直深耕还有很大的空间。

2. 大数据产业化应用集群效应还不明显

正是受贵阳市传统信息产业基础，人才技术资源的限制，以及支柱产业中实现产业集群、产业链效应的领域还不多，在大数据、人工智能、移动互联等领域的产业化应用还很难形成集群效应。在产业集聚促进环节，贵阳数博会，各级政府招商拓展活动一直发挥着积极作用，但从产业集聚形成路径和模式来说，贵阳市大数据、人工智能、区块链等领域的壮大发展还需要一段时间。在这个过程中，区域龙头企业扶植，"独角兽"企业引领，引入国际一流企业展开战略合作都是必要的手段和路径。

3. 企业工业大数据应用更多地处于局部化、单元化阶段

作为传统工业基础相对薄弱的地区，贵阳市工业能在大数据、智能制造环节涌现出一批示范性企业确实难能可贵，不过，面对成绩，还需要客观认识差距和不足。梳理贵阳市航空航天、装备制造、健康医药、电子信息等领域的智能制造案例，不难发现，大部分企业大数据、人工智能局部性应用明显，针对企业全价值链进行推广创新技术应用的还不多，从研发到生产、从供应链到营销、从服务到设计等全闭环应用的本地化案例还很少。相比东部发达地区的智能制造水平、数字化运营能力还有距离。在贵阳市大数据产业环境不断健全，大数据人才技术、资本不断集聚的背景下，贵阳市需要重点打造一批全价值链应用的智能制造企业，进而带动其他企业学习发展，形成大数据、人工智能产业化应用梯次成长的合理化布局。

4. 产业技术高度、人才水平还需进一步提升

在过去几年里，贵阳市通过大数据产业兴起、数博会带动、高端人

才引进政策创新等方式，实现了高水平的人才、技术集聚效应，对企业技术创新、商业模式创新形成了有效支撑。但从大数据、人工智能等战略新兴产业长远发展、技术创新、市场竞争等角度出发，贵阳市前沿技术人才、高端技术水准还有很大空间。在现有产业环境、生态环境、人才政策优势的基础上，需要进一步优化提升人才、技术、资本吸引和整合力度，为贵阳市高新技术产业、高端产业发展创造条件。

三 贵阳高新技术产业大数据应用案例

案例一 贵阳货车帮——货车帮公路货运互联网平台

1. 基本情况

贵阳货车帮科技有限公司（以下简称"货车帮"）于 2014 年落户贵阳国家经济技术开发区，2017 年 11 月与江苏运满满进行战略重组，成立满帮集团，以估值超 20 亿美元的身价再次上榜《2017 年中国独角兽企业榜单》，继续成为西南地区唯一一家物流"独角兽"企业。货车帮以车货匹配信息平台为基础，拓展了金融 ETC、新车销售、油品销售、保险、车后服务等增值业务，形成了以车货匹配为核心的货车产业闭环，利用金融与车辆后服务实现企业价值的商业模式。

2018 年 4 月，合并后的满帮集团宣布获得新一轮 19 亿美元的融资，由国新基金领投，其他参与投资的境内外投资人包括软银愿景基金、谷歌资本等。截至目前，满帮集团市场估值超 65 亿美元，诚信注册会员货车达 520 万辆，诚信货主会员达 125 万家，集团有 6000 多名员工。2018 年 6 月，福布斯发布了中国 50 家最具创新力企业榜单，满帮集团作为物流领域创新力企业的代表荣登榜单。

2. 项目发起背景

近年来，物流产业规模快速增长。美国供应链调研与咨询公司 Armstrong & Associates 的数据显示，中国物流业 2013 年的市场规模达 1.59 万亿美元，比 2005 年增长 3.1 倍，整体规模占全球的 18.6%，蝉联全球第一，而德勤发布的《中国物流产业投资促进报告》显示，我国与发达国家的物流服务质量差距依然很大。

当前，我国物流企业超过100万家，公路物流占物流总量的75%以上，社会货运车辆保有量已经超过2100万辆，其中，中重型长途运输车辆约700万辆，国内从事公路物流行业的产业人员达3000多万，80%以上的大型货车为个体所有。

低效率、高耗能、高风险是国内公路物流的显著特征。从低效率来看，2016年，我国社会物流总费用占GDP的比重约为14.9%，是欧美发达国家的2倍；物流成本占制造成本的30%—40%，是欧美发达国家10%—15%的2倍以上；我国公路物流车辆每月的平均行驶里程只有8000—9000公里，只占欧美发达国家25000公里的1/3。从高耗能来看，国内所有的物流园几乎处于信息孤岛状态，物流园直接信息互通非常低，车辆趴窝配货时间超过40%。由于物流信息的不对称，每年因空驶而带来的柴油浪费在千亿元以上。从高风险来看，以全国数以千计的传统物流园为例，信息不对称导致货车司机非正常聚集，由此带来的道路压力巨大、交通拥堵及环境破坏等问题甚至使物流园成为城市的"肿瘤"。

我国公路货运领域，小、散、乱、弱的局面长期存在，公路货运信息不对称、公路物流资源分布不合理，这些弊端严重制约了公路物流向前迈进的步伐，严重影响了公路物流规模化、高效化、集约化、智能化发展趋势，中国公路物流已经成为"新常态"下中国经济健康发展的瓶颈之一。

3. 大数据应用模式

货车帮公路货运平台主要以"货车帮车货匹配系统"为核心，该系统由贵阳货车帮科技有限公司自主研发、建设，通过成熟的技术手段，由专业技术人员建设了系统平台六个子模块以及配套的车货匹配业务安全系统，并以货车帮自主研发的移动端以及电脑端软件为载体，实现线上移动车货匹配，可根据司机搜索的货主所发布的货源，对返回的货源结果按照运营规则及司机偏好进行个性化排序推荐。同时车货匹配实时数据计算系统，会对车货匹配所涉及的角色进行业务画像，并建立匹配排序的反馈评估系统。

1）平台系统架构

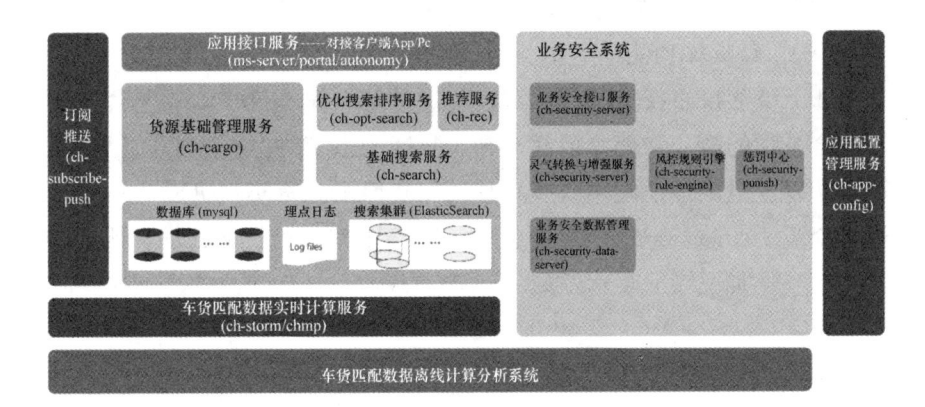

图4-3 平台系统架构

该系统由六个核心子模块以及配套的车货匹配业务安全（风险控制）系统组成：
- 货源基础管理模块。
- 货源搜索模块。
- 货源优化排序模块。
- 车货匹配应用配置管理模块。
- 车货匹配大数据计算模块，并分为对车货匹配平台用户行为数据流实时计算子模块及离线计算子模块。
- 车货匹配货源订阅推送模块。

2）平台核心技术应用

货车帮——车货匹配系统搭建使用了以下核心技术：
- Spring MVC 框架，用于搭建应用服务。
- Redis，用于搭建缓存服务。
- Mysql 数据库，用于存储货源等基础信息。
- Elastic Search，搜索数据库，构建用于搜索货源的索引。
- RabbitMq，消息中间件，同步货源信息给其他服务。
- Storm，实时计算平台，实时计算货源指标。
- Kafka，消息中间件，同步用户行为数据埋点日志。

124　贵阳高新技术产业发展研究

- Hive，离线基于 Hadoop 的数据仓库。
- Hadoop，离线存储用户行为数据及货源数据。

3）平台具体功能

基于以上核心技术实现了车货匹配系统六大子模块以及配套的业务安全系统的核心功能。以货车帮车货匹配系统为数据核心，以移动客户端以及电脑客户端实现线上移动车货匹配。货车司机以及货主通过三个线上产品——货车帮企业版、货车帮 APP 司机端、货车帮 APP 货主端——实现线上车货匹配。

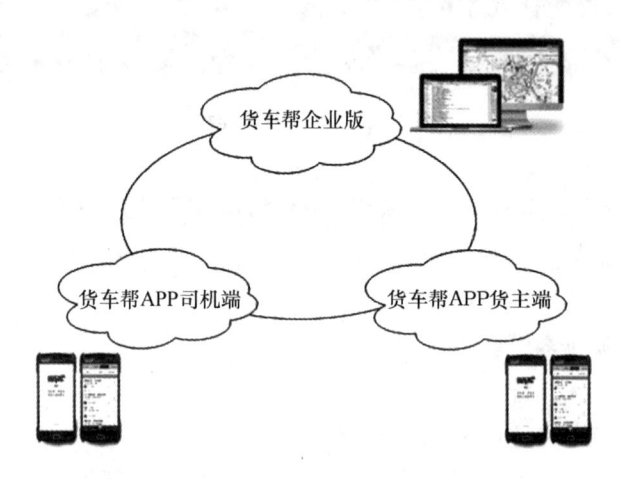

图 4-4　平台具体功能

图 4-5　"货车帮·货主"PC 客户端

（1）实现货源基础管理核心功能，管理多渠道（自建渠道客户端 APP、PC、第三方物流平台渠道）发布的货源订单信息。货源基础信息包括货源出发地、目的地、货型、货物货位、吨位、预计出发时间、到达目的地时间等。

另外，实现货源订单的创建、删除、重发等功能以及货源订单的信息查看、查询等功能。

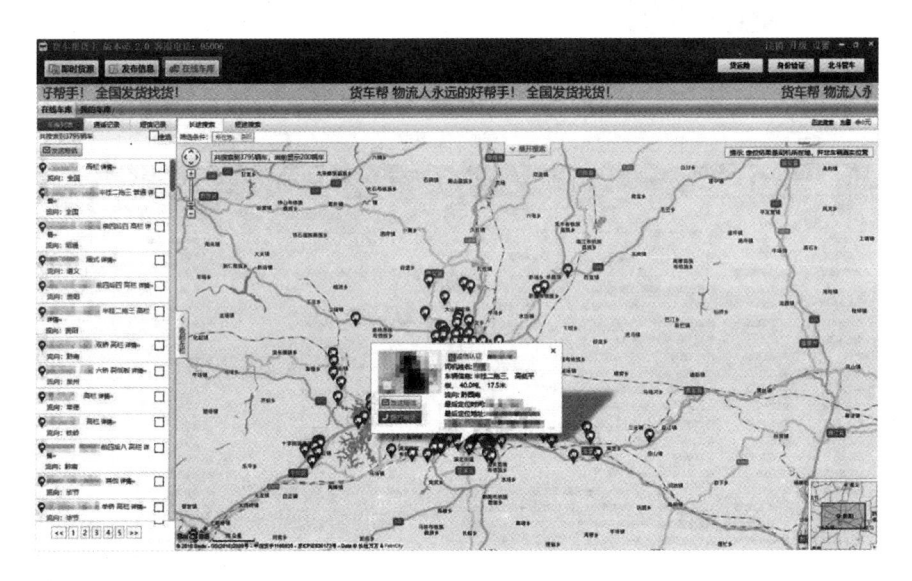

图 4-6 平台资源订单功能

（2）达成货源搜索功能，使得司机和货主可以根据搜索条件（出发地、到达地、所需车长、车型等条件）进行货源信息搜索，保障货源搜索时的高召回率和精准度。

（3）实现货源优化排序功能，一方面根据用户输入的搜索条件，结合平台积累的用户行为大数据计算出的用户偏好、搜索条件特征，进行搜索条件的优化，构建多路搜索请求，一方面对货源搜索返回的结果集（通过货源搜索模块）进行二次排序，即根据司机偏好、货源特征等多维度进行过滤及优化排序。

图 4-7 "货车帮·司机" APP

图 4-8 发货找货平台

图 4-9 "货车帮·货主" APP

（4）实现车货匹配应用配置管理功能，包括对车货匹配系统各个子模块上各类应用配置及系统功能开关的管理，使得整个系统可以根据运营需求、系统需求、改变配置，并下发配置参数，从而实时地调整系统的功能。比如，通过后台配置，可以动态实时地改变货源搜索排序结果集的排序顺序、规则，控制货主发货的最大频率等。

（5）实现车货匹配大数据的计算，对车货匹配系统关键数据（用户行为数据，货源、货主、司机的特征数据）指标抽取、计算生成；对车货匹配所涉及的角色及货源信息特征进行分析计算，包括货主的画像（如货主价值、货源特征）、司机的画像（如司机的搜索偏好）、货源与运力的供需关系数据。

（6）实现车货匹配货源订阅推送功能，可以根据司机订阅的路线将新发货源中与之路线匹配的及时通过手机推送到司机端。

（7）在车货匹配业务安全（风险控制）系统中包括对货主发货、司机搜索找货等业务场景下对货主、司机恶意行为的监控识别、报警、屏蔽、反制等核心功能的实现。

4. 实施效果和下一步计划

1）实施效果

通过货车帮公路货运平台的推广运用，为司机和货主构建了信息化沟通的桥梁，以"货车帮货主APP+货车帮司机APP以及货车帮PC版"为载体，改变过去传统物流中线下找货、配货的方式，实现线上移动车货匹配功能，以信息数据让供需方进行有效对接，以信息流引导物流和资金流朝着合理的方向运动，让社会资源得到最大限度的节约和合理运用。突破时间和空间的限制，为全国中长途干线货车司机与物流信息公司提供车货匹配服务。促进司机与货主快速达成交易，减少车辆空跑及配货等待时间，提升了货物运转效率。据测算，2017年通过平台的应用为社会节省燃油费用860亿元，减少碳排放约4600万吨。截至目前，满帮集团市场估值超65亿美元，诚信注册会员货车达520万辆，诚信货主会员达125万家。

同时，通过信用认证机制，构建诚信的公路物流交易体系。采取注册实名认证和身份识别等方式把好会员入口关，同时，设立投诉热线,对交易过程中的问题进行及时处理。通过构建约束体系,有效地减少了由于诚信问题而导致的矛盾纠纷。

2)下一步计划

未来,由于新能源、人工智能等前端领域的进一步发展和成熟,新的技术和运营模式必然会渗透到公路物流领域并且逐步颠覆已有的行业运行模式。例如,新能源在卡车领域的普及,逐步取代现有柴油销售体系。随着行业对提高效率和降低成本要求的进一步提升,新能源技术在货车领域也将在未来5—10年里占有显著的市场份额。因此满帮集团已经开始积极进行相关布局,力图成为组织各方面无人驾驶技术提供方的集成商和最终应用的运营商,同时探索利用现有加油、园区网络布局未来新能源充、换场景的网络。

3)示范推广价值

基于大数据、互联网、移动互联网、云计算技术,货车帮公路货运平台实现了司机端、货主端的资源整合和实时在线匹配,颠覆了传统的物流配送对接模式,提高市场交易效率,降低各方的物流成本,减少油耗,降低排放,对物流对接各方乃至社会都做出了贡献。

在车联网概念不断延伸扩展的背景下,货车帮公路货运平台所形成的业务模式,除了在现代物流、智能物流领域发挥着产业引导效应外,对关联性行业、类似的传统产业创新都具有借鉴意义。

案例二 贵州航天云网——基于工业互联网 INDICS 平台的工业大数据分析应用

1. 企业情况

贵州航天云网科技有限公司(以下简称"航天云网贵州公司")隶属于中国航天科工集团有限公司,成立于2015年12月,是在贵州省政府与航天科工签署合作协议的背景下,由航天云网公司、航天十院、云上贵州共同出资设立的,主要负责贵州大数据示范项目7+N朵云之一的贵州工业云平台建设运营及企业智能化改造、工业大数据研究与应用等,已率先成为国家制造业与互联网融合发展的首批工业云平台试点示范企业,先后牵头成立了贵州智能制造产业联盟、贵州区块链产业技术创新联盟，担任贵州军民融合产业联盟理事长成员单位，中国云服务联盟理事单位等。航天云网贵州公司目前业务已覆盖贵州全省并拓展到山东、广东等地，是贵州工业大数据发展和智能化改造的标杆企业、区域级工业互联网生态体系的典型代表。

2. 项目背景和目标

1）项目应用的经济社会背景

当前，在全球制造业与新一代信息技术融合以及国家战略引领大背景下，信息技术革命正在引领新一轮产业变革，制造业企业纷纷积极实施智能化转型，通过制造业技术创新、商业模式创新、管理创新，提高竞争力和经济效益。近年来，贵州省通过大力实施工业强省战略，强力推进新型工业化进程，工业实力明显增强，但传统制造业比重仍然过高，产业结构层次偏低，产业链条较短，市场主体小、散、弱状况较为凸显，工业企业尤其是中小企业，对服务于设计、生产、试验、售后和管理等全生命周期业务的信息化软硬件资源，如高性能计算/存储、工业软件、企业管理系统乃至工业设备等企业信息化资源服务的需求日益迫切。运用高新技术改造和提升传统制造业，已成为促进和加快制造业发展，参与国际市场竞争，走可持续发展道路的紧迫任务。

2）产品解决的行业痛点

基于工业互联网 INDICS 平台的工业大数据分析应用主要是面向工业企业提供企业信息化、工业互联网、工业大数据分析及数字化智能化改造服务，涉及的主要行业有装备制造、电子信息、医药、化工、酒类食品、有色及能源等行业。以贵州"工业云"平台作为载体，针对大中型企业主要提供设备自动化和智能化改造、信息系统集成、数据汇集整合管理、工业大数据分析应用及企业乃至行业级工业互联网平台搭建等技术服务。针对小微型企业主要提供基于 SaaS 架构的轻应用（云企助平台产品），帮助企业快速完成数字化改造，实现企业上云和数据上云。例如，在电子产业，解决产品柔性化生产、质量提升困难和仓储物流复杂等制约行业进步的痛点；在化工行业，依托大数据技术在质量监控、质量管理、质量问题分析和质量趋势预测方面的分析模型和具体应用，解决工业企业普遍存在的信息化程度低，大数据缝隙及利用手段不够所导致的增加企业获利和持续经营能力需求的痛点；在汽车主机配套行业，帮助企业改造提升，跟上产业发展步伐，解决企业生产效率不高，生产能力不足等痛点。

3. 大数据应用模式

1）平台系统架构

基于工业互联网 INDICS 平台的工业大数据分析应用，是以贵州工业云平台为基础，通过与 INDICS 平台对接，以建成"一横多纵"国家区域级工业互联网平台为目标，面向贵州省工业制造企业提供工业大数据服务的实践成果。

基于"互联网+协同制造"的理念，依据主流的 j2EE 平台，结合 hadoop 大数据技术，人工智能技术，区块链技术，引入航天云网云制造平台技术。

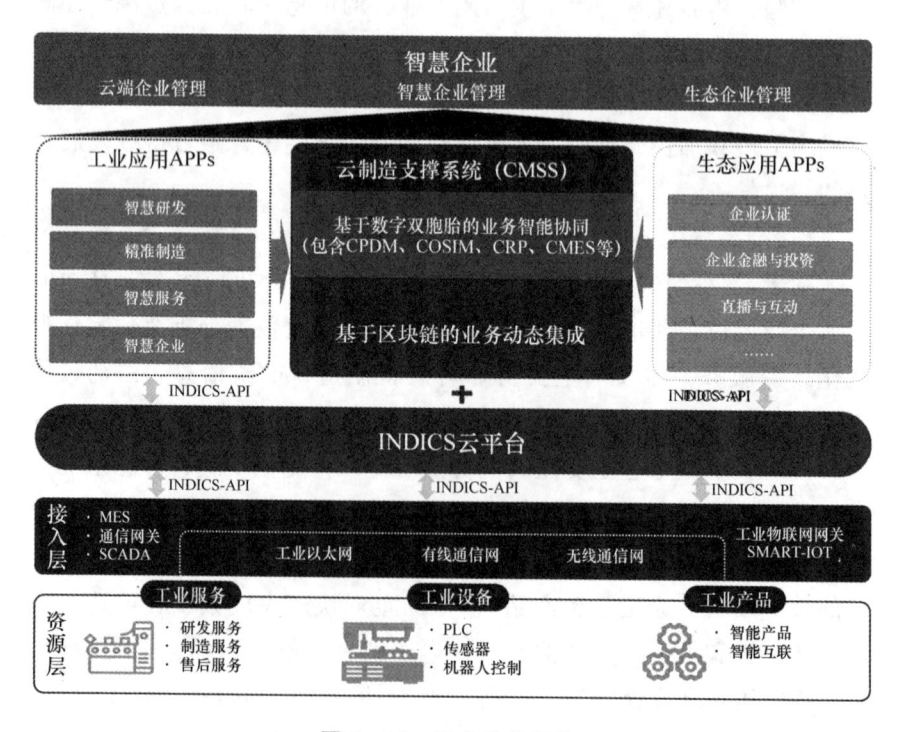

图4-10 平台总体架构

资源层：包含研发服务、制造服务和售后服务等工业服务，PLC、传感器、机器人设备等工业设备，智能产品及智能互联产品等工业产品。

接入层：支持主流工业现场通信协议的通信互联，支持工业现场总线、有线网络、无线网络的通信互联，同时针对平台接入，提供了自主知识产权的 SmartIOT 系列产品和 AOP-OpenAPI 软件接入接口，支持"云计算+边缘计算"的混合数据计算模式。

INDICS 云平台：基于业界主流开源 PaaS 云平台 CloudFoundry 基础架构作为底层支撑架构，提供应用支撑和运行环境，有效支持工业云的能力扩展，还自建了数据中心，直接提供基础设施层（IaaS 层）和通用平台层（PaaS 层）的基础云服务。

CMSS：实现云制造模式下企业/工业应用服务的动态集成与协同。包括基于区块链制造服务动态集成（区块链企业认证、制造服务动态集成）和基于数字双胞胎的业务智能协同（CPDM、CRP、CMES、CRTI），支持将工业软件和模块按不同的价值快速组合在一起。基于 CMSS 集成各类工业应用 APPs，提供智慧研发、精益制造、智能服务、智慧企业等云制造全生命周期工业服务；基于 CMSS 集成各类生态应用 APPs，提供认证、金融与投资、物流、培训、直播与互动等云制造生态服务。

2）平台关键技术

（1）云制造

CMSS（Cloud Manufacture Support System），云制造支撑系统，为工业应用提供一套标准、开放、统一的集成和协同环境，与 INDICS 云平台共同打造 INDICS+CMSS 整体解决方案。CMSS 是工业领域的云制造产品系列，模块功能在不断持续的完善中，现有 CPDM、CRP、CMES、虚拟工厂、产品 VR 营销。作为云制造的核心产品系列，运用了基于边缘计算的云制造平台技术，云制造标准体系，基于区块链的 CMSS 技术，云端制造服务动态对接与协同环境技术，为支持面向生产现场的智能化改造应用提供基础支撑，重点模块如下：

```
          航天云网
          CPDM
┌─────────┬──────────┬────────┬──────────┬────────┐
│云端设计需求│设计审签管理│变更管理│图文档管理│工作看板│
└─────────┴──────────┴────────┴──────────┴────────┘
```

- 管理设计订单   · 提交设计成果   · 发起变更   · 图文档查询   · 消息中心
- 分包设计任务   · 在线协同评审   · 变更发布   · 图文档发放   · 评审事项
- 监控设计流程   · 在一会签盖章   · 变更通知发布 · 图文档接收   · 会签事项

图 4-11　航天云网架构

CPDM：CPDM 重点解决了企业在设计过程中的协同业务，集产品研发设计及工艺设计管理于一体，帮助企业建立数字化产品开发平台，管理模型设计及工艺设计需求、设计、评审、变更、会签等设计过程的整个工作流程。

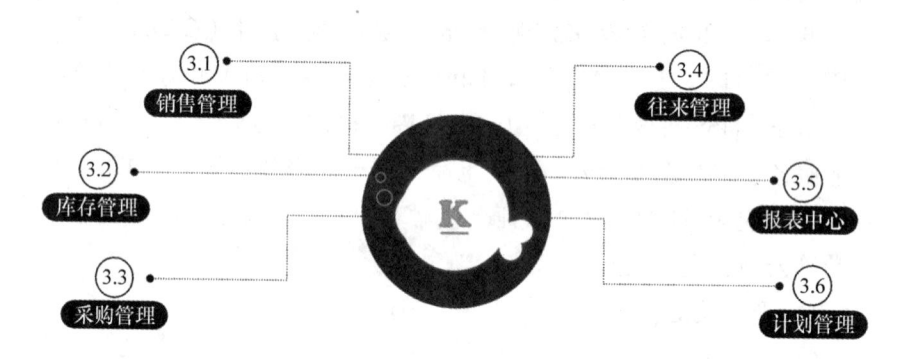

图 4-12　管理模块

（3.1）销售管理　（3.2）库存管理　（3.3）采购管理　（3.4）往来管理　（3.5）报表中心　（3.6）计划管理

CRP：CRP 重点解决企业间的协同业务，可以直接从云端获取销售订单，同时将采购计划发布至云端，并通过获取云端企业生产能力，帮助企业协调上下游企业动态组织生产资源，有针对性地开展有限产能的调度及柔性生产。

CMES：CMES 重点解决了企业在车间生产过程中的管理业务，在设备接入后可以实时了解设备加工情况以及综合利用率，通过有限能力派工来对计划进行分解，同时还可以满足企业对生产过程管控和质量管控的需求。

虚拟工厂：利用虚拟现实技术构建与真实工厂物理环境完全一致的计算机三维虚拟环境，跨越地域限制，实现远程对工厂考察、培训和管理的目的，便捷地了解工厂和设备操作的情况；通过传感器或 DNC、MDC 等工业控制系统，将设备的运行数据接入虚拟工厂，使得虚拟工厂中的设备能够实时反映实际设备的工作状态，加工数据等信息。

（2）基于大数据与态势感知技术的工业大数据分析

平台采用大数据分析架构搭建，采用一系列大数据分析的先进技术框架，如 Hive、Spark、Flume、HDFS、kafka 等。平台数据处理的一般流程分为数据抽取、数据清洗存储、数据分析、数据应用这几个阶段。平台以这 4 个阶段的技术为核心，辅以必要的辅助系统，如调度系统和运维管理系统。大数据分析主要面向主题分析应用平台和领导驾驶舱可视化平台，提供大数据量、计算耗时高、算法复杂统计分析的离线计算和实时计算能力。

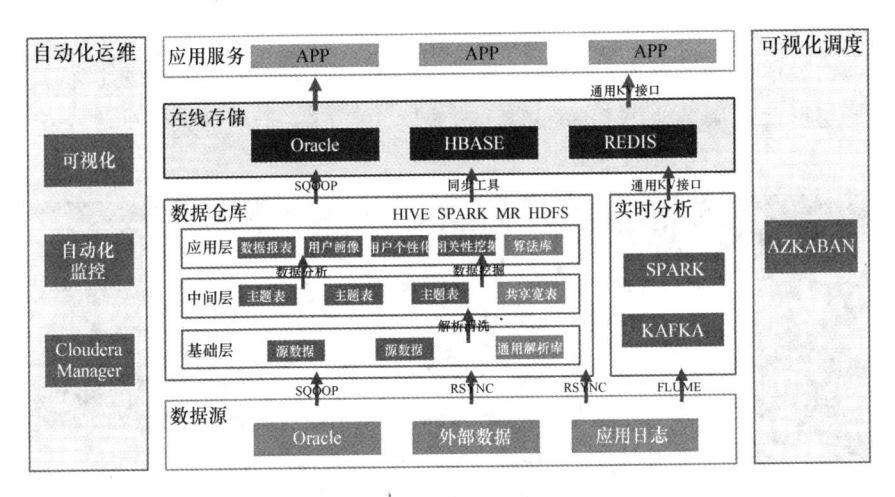

图 4 – 13　工业大数据分析平台

ESB 数据服务引擎采用 MULE 开发框架，采用 mule + jdbc 技术框架方案。

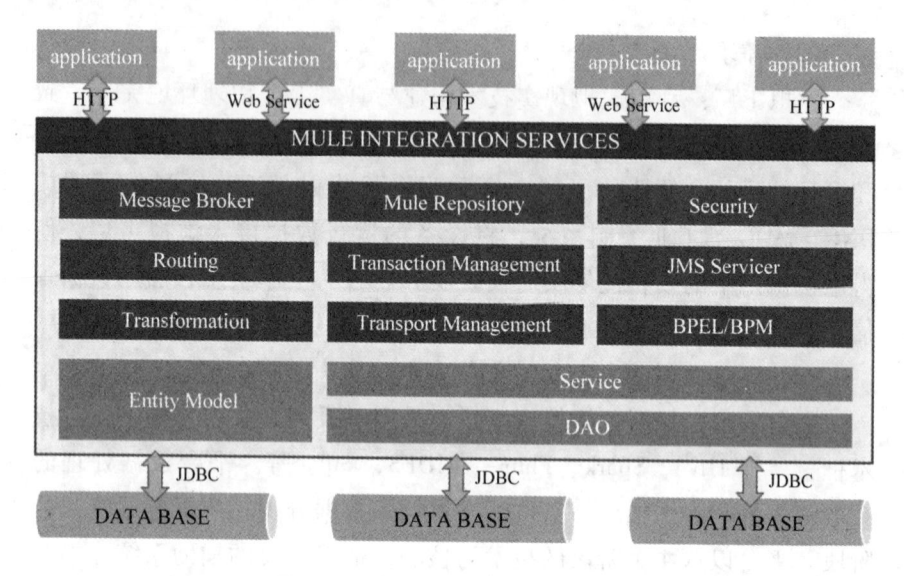

图 4–14　ESB 数据服务引擎架构

　　平台的分析融合了最新的大数据态势感知技术，形成了工业领域里大数据态势感知技术运用。工业大数据态势感知是在大规模工业网络环境中对能够引起工业网络态势发生变化的安全要素进行获取、理解、显示以及最近发展趋势的顺延性预测，而最终的目的是要进行决策与行动。从企业体系内部建立态势感知，应用于内部系统的安全运

图 4–15　工厂生产管理态势感知案例

营，发现重要威胁，解决问题，使安全能力落地；从日常安全工作角度出发，对内部有价值的核心资产、业务系统安全状态进行感知，发现各类威胁与内部异常违规，保证业务系统能够比较平稳、顺畅地运行。

（3）面向中小微企业提供构件搭积木式与多租户租赁云服务

贵州省工业基础差、规模小、起点低等因素严重制约了工业经济的发展，导致贵州省工业水平与全国差距较大。省内大批企业同样面临着市场竞争激烈、生产效率低下、成本居高不下、信息化程度低等多种问题，企业智能转型升级势在必行。云企助针对贵州企业的现状，运用云架构设计，为企业构建一站式信息化解决服务。

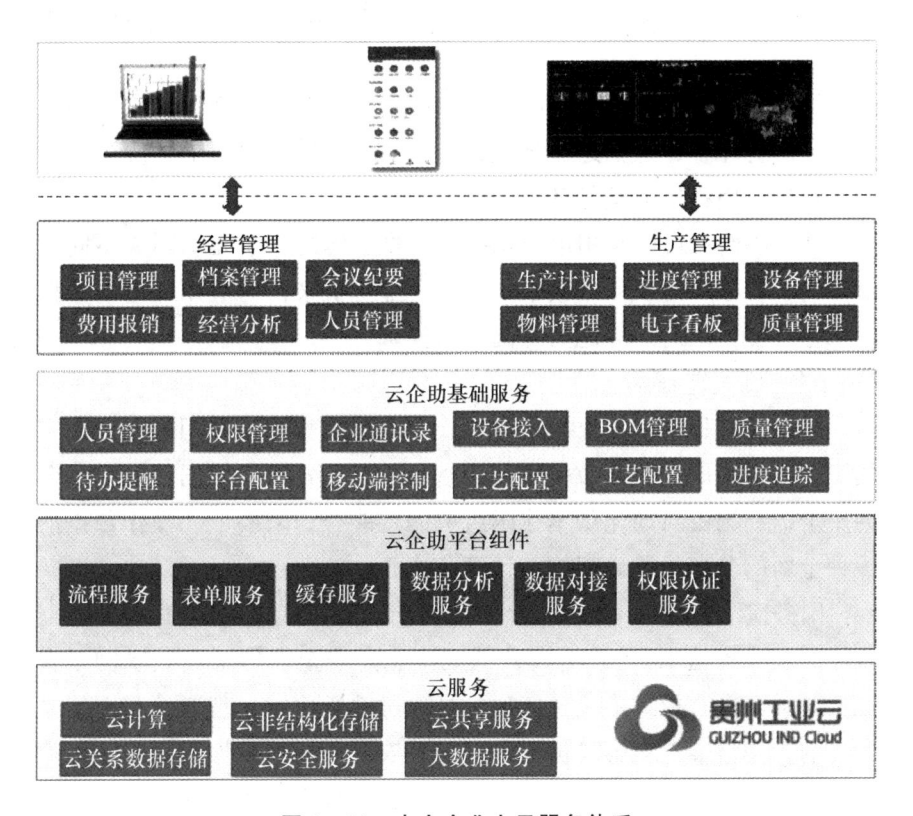

图4-16 中小企业上云服务体系

面向构件搭积木结构技术：打破原有软件基于代码层开发的固有模式，使之完全可以构筑在"构件组装"的模式之上，达到快速响应来解决中小企业微办公、财务、采购、销售、库存、生产、人力资源、物流、物料身份码、数据采集、生产制造管理、产品全生命周期管理、工业大数据分析、商务智能、移动多端协同等一系列问题。

多租户技术：实现不同租户间应用程序环境的隔离以及数据的隔离，以维持不同租户间应用程序不会相互干扰，同时数据的保密性足够强，主要体现在以下三个方面：

数据方面：利用切割数据库，切割存储区，切割结构描述或是表格来隔离租户的数据，必要时需要进行对称或非对称加密以保护敏感数据。

程序方面：利用应用程序挂载环境，于进程上切割不同租户的应用程序运行环境，加强运算环境，在无法跨越进程通信的情况下，保护各租户应用程序的运行环境。

系统层面：可以利用虚拟化技术，将实体运算单元切割成不同的虚拟机，各租户可以使用其中一至数台虚拟机来作为应用程序与数据的保存环境，但对运算能力有更高的要求。

（4）区块链技术

区块链是利用链式数据结构来验证与存储数据，利用分布式节点共识算法来生成和更新数据，利用密码学的方式保证数据传输和访问的安全，利用由自动化脚本代码组成的智能合约来编程和操作数据的一种全新的分布式基础架构与计算范式。

国务院下发了《关于深化"互联网+先进制造业"发展工业互联网的指导意见》，对打造高效低成本、高安全性的工业互联网平台提出要求，现有模式中设备间通信是通过中心化的代理通信和网络来实现的，网络节点很容易被攻击，导致安全性、稳定性差。基于区块链统一数字身份认证、共识机制、智能合约技术，利用区块链中分布式账本的防篡改特性，有效防止工业互联网中任何单节点设备被恶意攻击和控制后所带来的信息泄露和恶意操控风险。目前企业智能化改

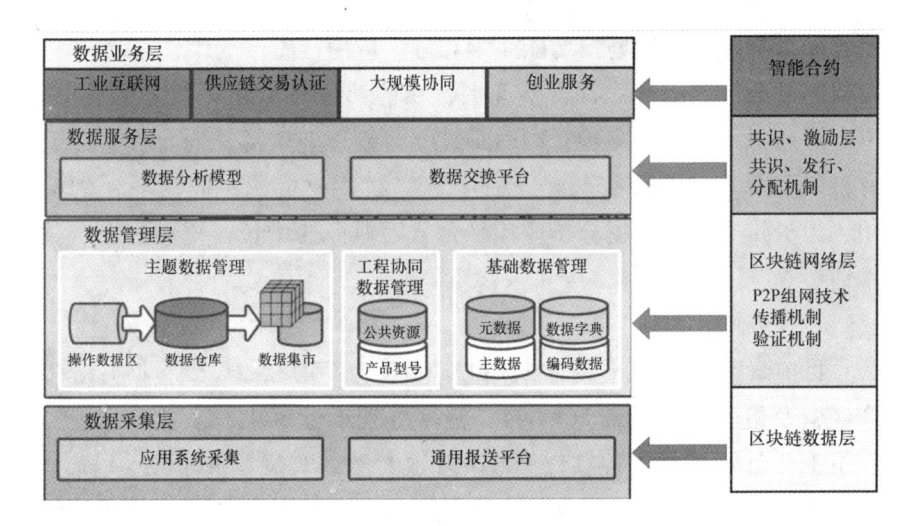

图 4-17　基于区块链技术的工业互联网

造亟须解决的问题就是如何处理孤立在企业设备内部、业务系统内部的信息孤岛问题，因设备生产厂家和业务系统制造厂家众多，技术架构、通信协议、数据存储格式等各不相同，企业的订单需求、产能情况、库存水平变化以及突发故障等信息都存储在各自独立的系统中，严重影响了互联互通的效率，制约智能制造在实际生产过程中的应用，通过推进区块链技术在孤立系统、传感器和其他部件所产生的信息采集和收集的应用，通过区块链组建和管理工业设备，实现及时、动态掌握网络中各种生产制造设备的状态，以提高设备的利用率和维护效率，为制造企业降低运营成本、提升良品率和降低制造成本提供支撑，有力地提高生产制造的安全性、可靠性、设备的利用率以及生产制造过程的智能化管理水平。

4. 项目实施计划和实施效果

1）项目计划

第一阶段：打造应用场景。

基于前期平台建设工作，结合贵州产业情况，整合各方资源，促进企业协同研发、协同生产、深化合作，启动平台功能框架搭建工作，同时与合作伙伴开展试点运行。

第二阶段：应用场景功能完善和推广应用。

通过平台试运行，收集整理平台功能建设需求和功能完善需求，不定时地对平台进行完善；同时继续整合制造业资源，向合作企业或者科研院所开放平台数据，进一步聚集制造业资源，推动平台的应用，为贵州工业大数据分析应用平台日后业务的增长，提供数据层技术铺垫。

2）实施效果

目前贵州工业云平台注册用户有16.58万户，接入企业关键生产经营及检验检测设备1684台，汇聚处理了近500TB工业数据，提供了190款管理和工程软件、2.5万项专利、3.6万条标准、113个大数据企业、260个大数据及智能制造解决方案、142个实施案例供企业筛选使用，平台累计发布供需信息2.83万条，涉及金额228.89亿元，成交金额突破100亿元。参与建设盘江民爆、中国振华电子集团、开磷集团的项目先后入选工信部2018年智能制造新模式应用试点示范项目、2018年工业互联网网络化改造集成创新应用试点示范项目、2018年工业互联网平台集成创新应用试点示范项目。目前已累计为航天电器、永红散热器等企业实施了数百个数字化智能化改造项目，其中包括顺络顺达等40余家企业的项目入选贵州省级试点。

平台在2017年已率先成为国家制造业与互联网融合发展的首批工业云平台试点示范项目；基于平台形成的"区域级工业云创新服务平台应用集成解决方案"已率先入选工信部《2017年大数据优秀产品及解决方案案例》；基于平台基础和贵州省完整的电子信息产业链打造的"面向贵阳市特定区域的工业互联网平台试验测试及推广应用"入选国家工信部"2018年工业互联网创新发展工程"首批项目，成为全国仅有的4个特定区域平台试验测试项目之一，标志着平台正式被纳入国家工业互联网基础设施和产业发展体系，成为贵州抢占工业互联网发展先机、为国家探索试点示范经验的重要机遇。此外，平台还入选工信部"2018年大数据产业发展试点示范项目""2018年制造业'双创'平台试点示范项目"，被评为贵州省2018年推动大数据与工业深度融合发展工业互联网优秀项目案例等。

应用案例一：汉方药业智能生产管理大数据分析平台

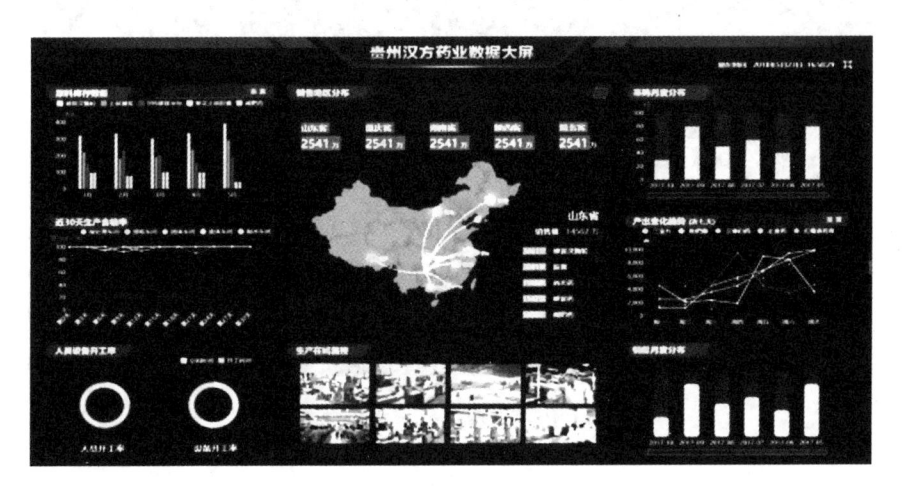

图4-18　汉方药业生产管理平台

贵州汉方药业有限公司（简称"汉方药业"）是一家从事中西药生产制造的企业，是贵州省高新技术企业、贵州省双百企业。针对其自身企业信息化发展需要，基于贵州工业云平台为贵州汉方药业有限公司打造了智能生产管理大数据分析平台，改变了公司传统的纸质信息传递生产方式，实现人、机、物料、产品、业务协同，优化多项生产工序，提高产品一次合格率，从89%的良品率上升到96%，提高了生产效率，提升月度生产能力10%，提高能源利用率，每月水电气利用率提高约10%，降低运营成本约10%。同时，通过实时获取数据进行分析，实现对企业各个生产环节进行数字化实时监测。

应用案例二：顺络迅达工业大数据分析运行调度中心

贵州顺络迅达电子有限公司（简称"顺络迅达"）是世界第二、国内第一大的片式元器件生产制造企业。针对其企业信息化发展瓶颈问题，基于贵州工业云平台为其定制实施了工业大数据分析运行调度

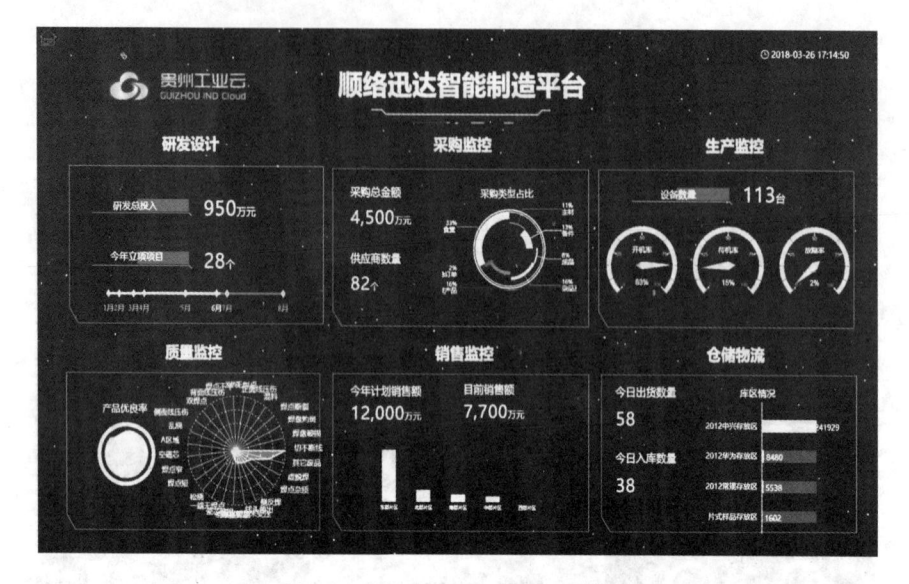

图 4-19　顺络迅达生产受理平台

中心，实现了产品从设计研发、采购、生产、质量、销售、物流等全业务流程的监控和运行调度。累计提高生产经营效率30%，质量合格率提升40%，减少人工十余人，年度生产成本降低200万元。

基于贵州工业云实施了上百个这样的项目，不只是针对工业，也包括服务业、农业等行业，通过这一项目，平均为企业降低综合生产成本超200万元，提升综合经营效率30%以上，减少人工6人，真正将大数据等信息技术应用到企业转型升级过程中，帮助了企业的转型。

（1）下一步计划

一是基于工业互联网功能的大规模分布式存储和云计算技术，依托龙头企业搭建增材制造、电子信息等一批行业平台和振华工业云等企业平台，形成以贵州工业互联网平台为基础，以龙头企业工业互联网平台、重点行业工业互联网平台为支撑的"一横多纵"国家区域工业互联网生态体系，建设成为面向工业企业、基于工业互联网实现智能制造的公共服务平台。

二是提升平台服务能力，通过优化完善云企助中小企业云服务平台、智能设备管理平台、云检测等专业平台，提升平台易用性和可用性，带动企业登云用云。

三是强化平台的推广应用，通过线上线下相结合的模式促进平台下市州进企业，基于云平台在装备制造、能源化工、军民融合、电子信息、民族制药、有色行业等实施一批全流程数字化智能化项目，形成典型标杆示范，助推企业降本提质增效。

四是开展区块链技术在工业互联网建设和企业数字化智能化改造方面的应用。

五是打造工业互联网金融服务平台，以设备租赁，以租代购等形式支持企业数字化智能化改造，以提高企业生产服务能力。

（2）项目示范的推广价值

随着平台的不断深度建设与完善，它将有力地推动贵州省制造业和互联网融合的进程，构建工业互联网，工业云产业级服务体系，将互联网、云计算、物联网等新一代信息技术与现代制造技术相结合，提供基于互联网的协同研发链、协同供应链、3D打印、智能制造、众筹众包等智能制造云服务。在未来，随着企业用户的不断加入，企业行为的不断深入，云平台数据量将产生爆炸性的增长，基于智能制造和工业大数据，打造涵盖产品全产业链的无边界工厂，释放企业能力，降低企业运行成本，提高社会协同与资源效率，降低社会综合成本，提高可持续发展指数。

①创新产业模式

平台不仅是提供渠道的媒介和交易机会的中间平台，而且是一个完善的"工业生态系统"。该生态系统以云制造为核心、以生产性服务为依托，构建一个网上企业命运共同体：采用开放的技术体系、开放的商业模式、低成本高效的管控与支持体系。基本商业模式的生态系统包括后台支持体系和云端企业体系两部分，可以提供入网政策支持、创业引导基金支持、产业发展规划对接服务以及人才、技术、市场、机制的支持。

②助推两化融合

面向工业企业的智能改造和两化深度融合需求，以航天科工集团智能改造工作的实施经验为基础，有针对性地对贵州本地企业提供咨询、设计、实施到运维的全流程服务，以实现企业内部各工厂、各岗位、各设备的互联互通、智能协同，通过贵州省信息化来推进两化融合体系贯标及专家团队的地州行活动，进行贯标培训与宣讲，集中式、高效率地聚集各地州市重点企业，帮助企业实现两化的深入融合，促进企业效益的提升。

③提升企业的创新水平

实现跨区域、网络化、个性化的大协作、大生产，为研发人员提供跨空间、协同化的研发和技术方案解决平台，为企业提供跨空间、跨地域、个性化的生产平台，实现产品的快速迭代，大幅提升企业的研发效率和经营效益。

案例三　贵州多彩宝——"云上贵州多彩宝"政务民生服务平台

1. 基本情况

贵州多彩宝互联网服务有限公司（简称"贵州多彩宝"）由多彩贵州网有限责任公司（省管国有大型文化传媒集团）于 2015 年 12 月在贵阳市国家高新区注册成立。贵州多彩宝是一家以大数据民生服务开发应用为主业的互联网创新型企业，致力于推进大数据与用户日常生活、社会公共服务等的深度融合，运用大数据来促进保障和改善民生，实现"数据多跑路、百姓少跑腿"的目标。2016 年 6 月，贵州多彩宝成功引进了千万级的战略投资。该公司现拥有一支来自全国知名高校的十分优秀的高素质人才队伍，现有员工近 70 余人（技术团队近 40 人）。2018 年 11 月，贵州省文化体制改革和发展工作领导小组办公室评选"云上贵州多彩宝"为贵州省十佳文化品牌。

贵州多彩宝平台业务涵盖生活缴费、政务服务、民生服务、便民资讯等领域，现已实现 PC 端、手机 APP 端、微信小程序、H5 等的系统开发，并取得自主知识产权。现有用户数超过 120 万，覆盖贵州省 600 万以上人口，交易总额超过 7 亿元，平台服务范围覆盖贵州省各市（州），正由中心城市向县、区以及乡镇基层延伸，已发展成为贵州覆盖最广、功能最完善、体验最好的互联网民生服务平台，是大数据"民用"领域的典型案例。

2. 项目背景和目标

2017年，党中央、国务院开始推进数据融合、数据共享工作，要求加强部门间的信息互联互通，打破"信息孤岛"，加快国务院部门和地方政府信息系统互联互通，形成全国统一的政务服务平台。在国家推动大数据战略实施，发展大数据产业的背景下，国家有关部委强力推进各项任务的落实，要求每个省、每个地市分别整合形成统一的数据共享交换平台，按照"网络通、数据通、业务通"的要求，实现国家、省、市数据共享交换平台的逐级对接。

2018年6月，国务院办公厅印发的《国务院办公厅关于印发进一步深化"互联网+政务服务" 推进政府服务"一网、一门、一次"改革实施方案的通知》强调，要建立健全"一网通办"的标准规范，加快完善相关法规制度，建立监督举报投诉机制，开展百项问题疏解和百佳案例推广行动。

2018年8月8日，中共贵州省委办公厅、贵州省人民办公厅印发《关于推进审批服务便民化 深化"放管服"改革意见》，该意见结合贵州省实际，要求推进审批服务便民化，深化"放管服"，推进贵州省网上办事大厅迭代升级。开发建设新版贵州省网上办事大厅，加快新信息技术、人工智能技术的应用，建设"云上贵州多彩宝"，将其作为网上办事大厅的移动互联网门户，不断集成服务事项，对外提供唯一的移动端一体化服务。

2018年11月13日，贵州省人民政府办公厅印发的《贵州省推进"一云一网一平台"建设工作方案的通知》进一步要求，将"云上贵州多彩宝"政务民生服务平台作为贵州政务服务网移动互联网端唯一门户，并在2019年4月底前，整合各级各类移动政务服务应用，推动更多的政务服务"掌上办""指尖办"。

3. 项目大数据应用模式

"云上贵州多彩宝"建设以"一云、一网、一平台"体系架构为基础，是贵州政务民生服务统一移动端平台，采用一个平台、一个数据中心、多个业务系统互联互通的方式进行建设，以云上贵州数据共享交换平台为数据接口基础，实现政务民生服务的"用户通、数据通、业务通"，让老百姓足不出户地体验政务民生一体化的便捷服务。

1）平台系统功能

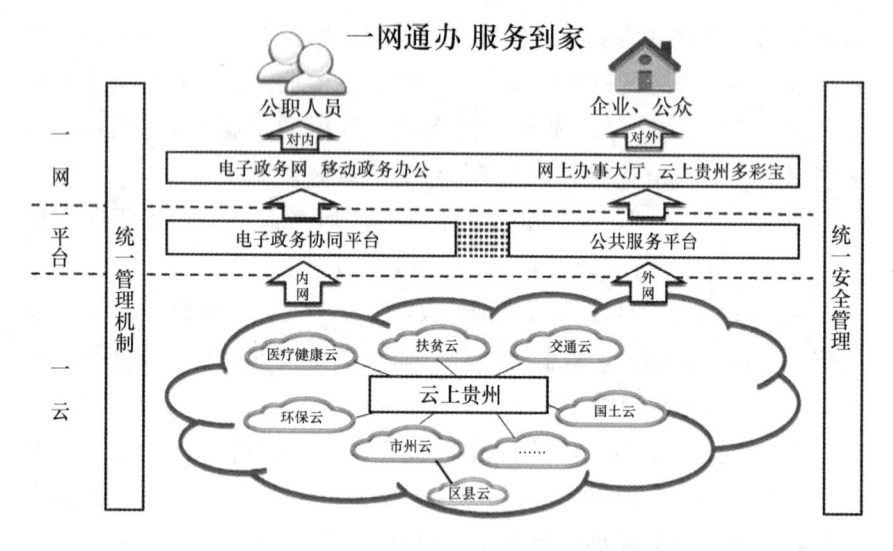

图4-20 "一云、一网、一平台"体系架构

贵州省"一网通办、服务到家"体系架构以"一张网"建设为抓手，以"一朵云"为核心，建设贵州省统一的政务民生服务"平台"，实现"政府要汇聚资源，部门要打通资源，社会要使用资源"的目标。"云上贵州多彩宝"作为公共服务"一张网"对外的移动端平台，包含政务服务和民生服务两大核心业务板块，统一面向公众和企业提供一站式政务民生服务。

云上贵州数据共享交换平台负责打通政务服务的数据壁垒，将部署在互联网、电子政务网、专网下的各个子系统的数据连接整合，实现"用户通、数据通、业务通"。

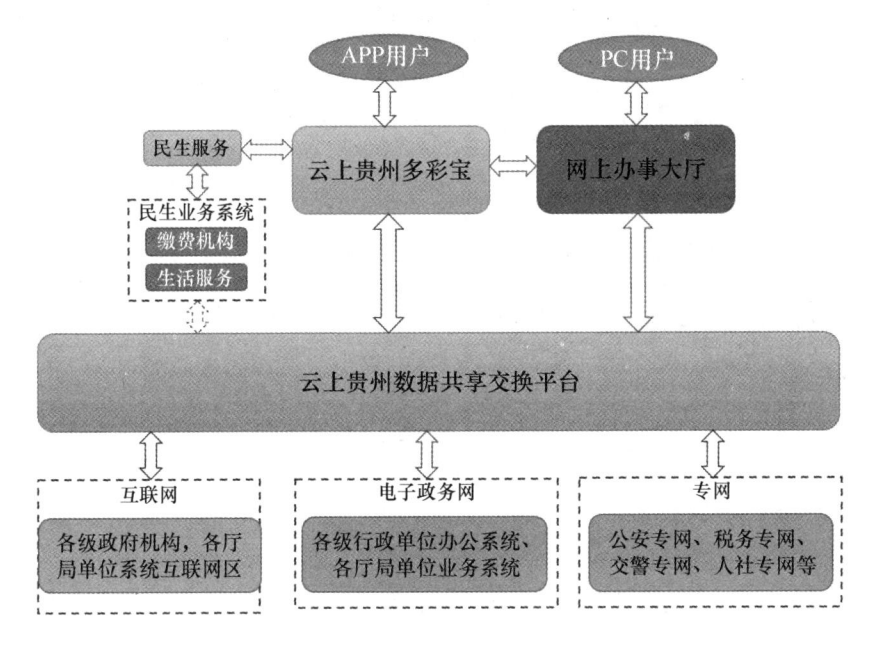

第四章 贵阳高新技术产业(大数据类)应用案例研究 145

图 4-21 平台网络拓扑结构

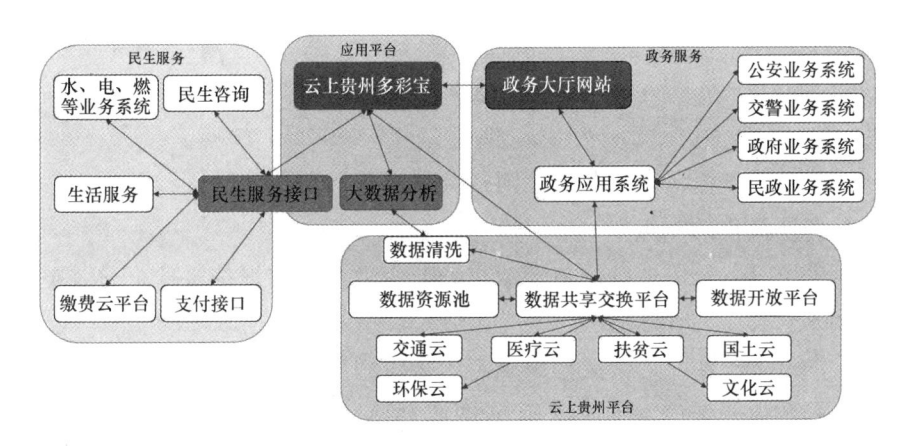

图 4-22 平台系统架构

· 网上办事大厅和云上贵州多彩宝 APP 使用数据共享交换平台的数据接口，分别为 PC 端用户和移动端用户提供"一站式"在线政务民生办理服务。

将政务服务和民生服务进行融合，形成完整的政务民生服务体系，通过数据分析加工处理，形成政务民生大数据分析平台。

"云上贵州多彩宝"由基础应用平台、政务服务、民生服务和云上贵州基础平台几个板块构成。

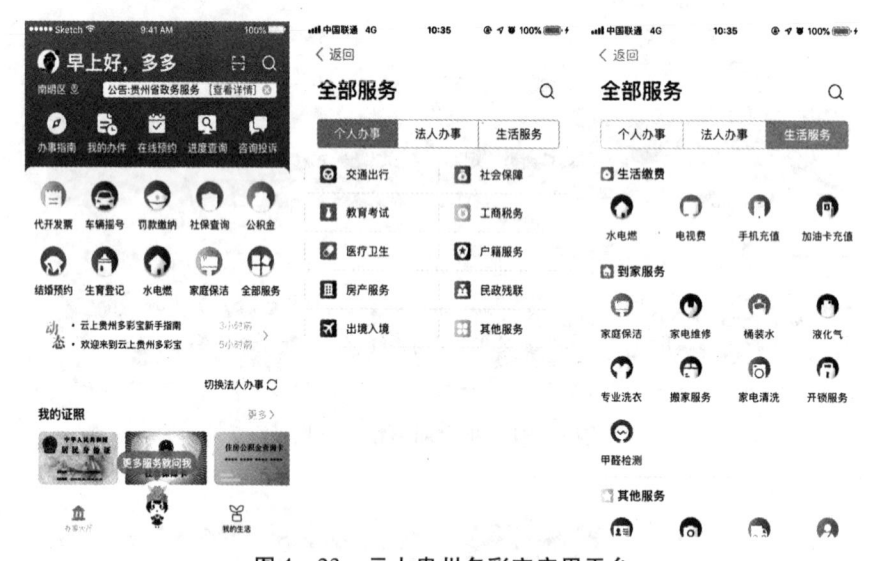

图 4-23 云上贵州多彩宝应用平台

政务服务板块由政务大厅网站及各政务业务系统构成，是实现政务服务便民化的支点。

民生服务板块由各民生领域相关的企事业单位提供服务，通过整合接入"云上贵州多彩宝"平台。

贵州多彩宝在这个架构中承担的是应用服务平台建设，即将民生服务和政务服务融合到一个互联网移动端 APP 平台上，并基于融合平台的数据积累进行大数据分析，为老百姓提供更加便捷、更加智能、更加贴心的服务。

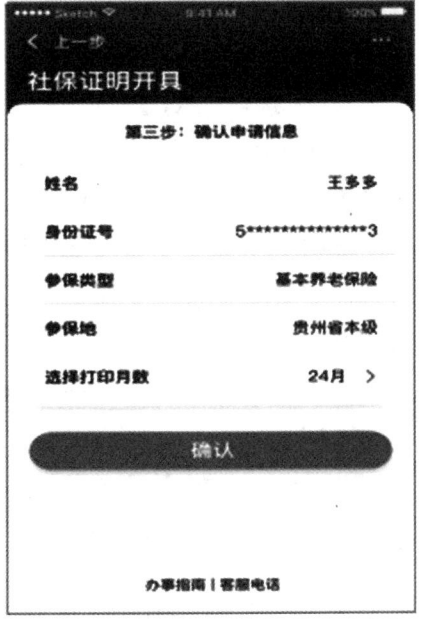

第四章　贵阳高新技术产业（大数据类）应用案例研究　　147

图 4-24　云上贵州多彩宝服务平台架构

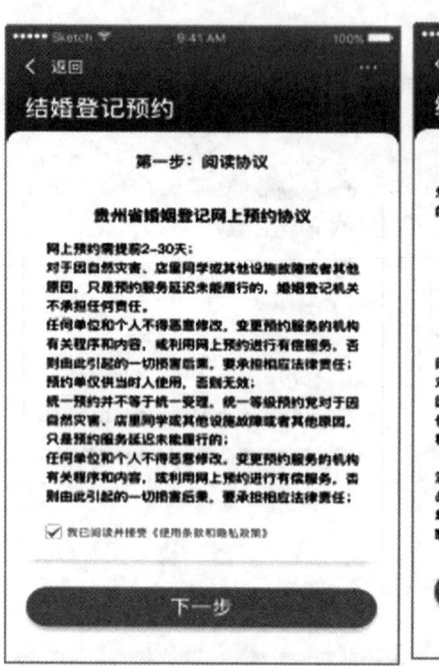

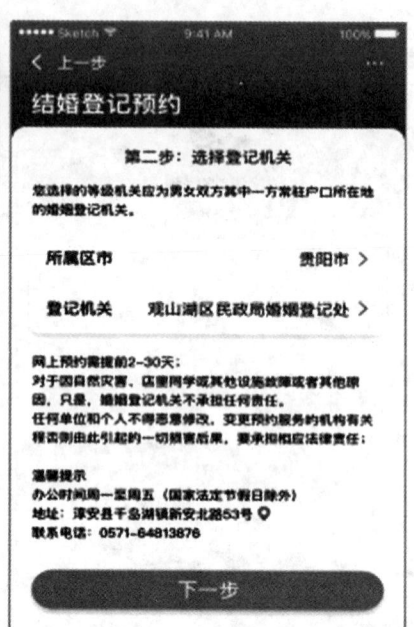

148　贵阳高新技术产业发展研究

图 4-25　服务平台具体应用（1）

图4-26　服务平台个体应用（2）

2）系统技术架构

"云上贵州多彩宝"应用系统可分为用户端、接口层、应用层、数据层和基础设施层。

3）大数据分析系统

政务系统原始数据接入数据共享交换平台，经过数据交换平台的数据清洗加工后，数据被传入"云上贵州多彩宝"。同时，政务数据

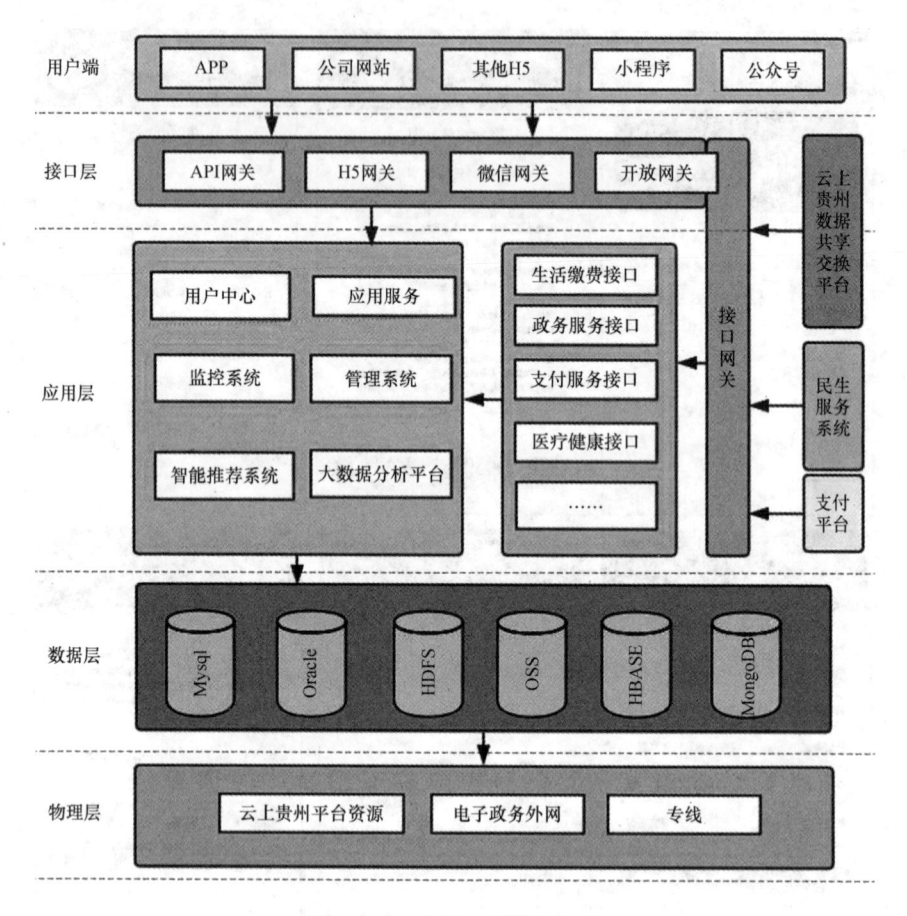

图4-27 应用系统技术架构

通过共享交换平台的接口接入网上办事大厅，办事大厅与多彩宝平台进行业务交换。

民生服务原始数据在各服务机构系统中，机构的系统在将数据进行清洗加工后通过接口进入"云上贵州多彩宝"平台。

"云上贵州多彩宝"将政务数据与民生数据进行融合，经过数据交融碰撞，产生海量数据进入大数据中心，数据中心负责对数据进行清洗、加工、挖掘、分析应用。最终形成智能推送、精准推荐、数据白皮书、智慧指标分析等一系列应用，进而为老百姓提供更加智能、更加稳定、更加贴心的服务。

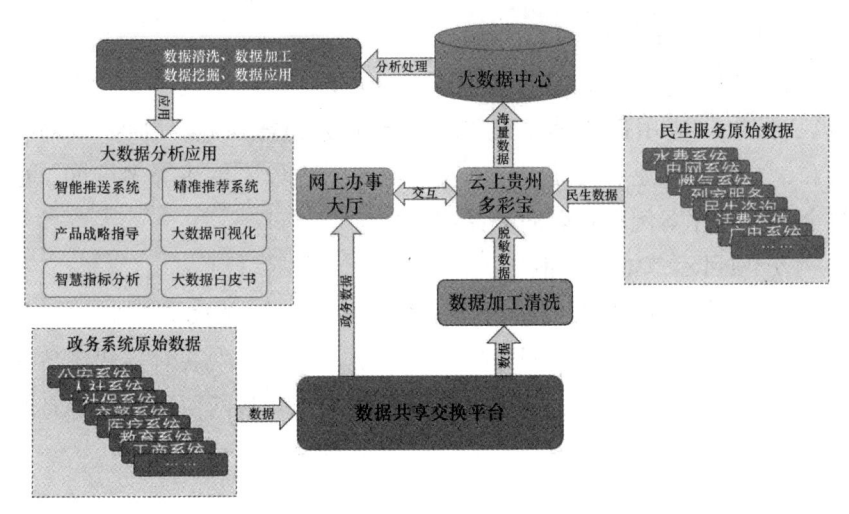

图 4-28　大数据分析平台框架

4. 项目实施计划及示范推广价值

1）实施进度计划

力争用两到三年时间，将"云上贵州多彩宝"建成全国省级平台中功能最全、覆盖最广、体验最好的政务民生服务平台，实现贵州省政务民生服务"一网通办"，打造全国领先的政务民生服务品牌，成为全国"互联网+"政务民生服务的典型案例。

（1）整合建设期（2018—2019年）

2018年10月，实现云上贵州移动服务平台与多彩宝"互联网+"益民服务平台的全面融合，"云上贵州多彩宝"上线运行，加快建成以政务服务、民生服务两大板块为主的省级政务民生服务平台。2018年底，首批建成群众关心的高频、热频事项和服务接入平台。2019年底，实现贵州省80%以上的政务民生服务在移动端办理。

（2）发展推广期（2020年）

在第一阶段应用成果的基础上，围绕优化和再造服务流程来推进服务改革和创新，实现各市州、各部门各类政务民生服务在"云上贵州多彩宝"平台的汇聚，打通网上政务服务"最后一公里"，实现民生服务省、市、县、乡镇、村（社区）五级全覆盖。同时，探索跨省的服务对接。平台注册用户突破800万人。

(3) 成熟拓展期（2021年）

全面构建贵州省一体化政务民生服务体系，推进"数字民生""数字贵州"应用创新体系建设，平台业务涵盖户政、社保、医疗、教育、养老、就业、交通、出入境、旅游、税务、生活等多维度，成为全国示范性案例和知名服务品牌。

2）项目示范推广价值

在国家推动政府大数据融合，简政放权，改善民生的时代背景下，贵州多彩宝政务民生服务平台的建设、应用和发展对贵州省各级政府、其他省份乃至国家部委推动数据融合、互联网便民服务等都具有借鉴意义。

案例四 里定医疗——新生儿疾病筛查智能工作平台

1. 基本情况

贵州里定医疗网络科技股份有限公司（简称"里定医疗"）是基于精准大数据的医疗服务提供商，集远程医疗网络技术服务，医用系统开发，医疗器械研发、生产、经营于一体的国家高新技术企业，坐落于贵阳国家经济技术开发区开发大道818号。里定医疗成立于2009年2月，注册资本3044万元。里定医疗于2016年3月18日完成自筹重组，并于同年8月成功挂牌新三板（股票代码：839093）。里定医疗成立至今连续获得贵州省"守合同重信用"企业荣誉称号，是贵州省大健康医药产业与大数据融合示范基地，是国家工信部2018年大数据产业发展试点示范项目企业。

里定医疗将信息化建设作为公司战略发展的重要支撑，从人员组织、项目建设、资金配套等方面提供全方位的保障。以里定医疗现有的妇幼健康系统平台为基础，升级打造覆盖全国多方位的创新型信息服务大数据平台，为全国妇幼群体、卫生妇幼保健机构及其他医疗研究机构，提供卓有成效、以用户为中心的新生儿疾病筛查多样化医疗健康信息服务。建立全国性的妇幼健康大数据平台，创新性地打造集大数据、现代物联网、健康服务于一体的新医药产业发展"跨界"新模式。

2. 项目建设背景和目标

基于"大数据+""互联网+"的新生儿疾病筛查网络智能化工作平台，将个体生命各阶段的健康信息高度整合，从而可全面跟踪新生儿健康状况，通过分析得到地区差异、职业差异及行为危险等因素，对地区及全民妇幼的疾病健康科学研究，具有极高的科学价值。

以里定医疗现有的妇幼健康系统平台为基础，通过大数据平台，制定统一的信息资源管理规范，拓宽数据获取渠道，整合业务信息系统数据、企业单位数据和互联网抓取数据，构建汇聚式一体化数据库，并梳理各相关系统数据资源的关联性，编制数据资源目录，建立信息资源交换管理标准体系。在业务可行性基础上，实现数据信息共享，推进信息公开，建立跨部门的分析制度。打造覆盖全国多方位的创新型信息服务平台，为全国妇幼群体、卫生妇幼保健机构及其他医疗研究机构，提供高效便捷、以用户为中心的多样化医疗健康信息服务。紧密结合食品药品监督管理局的职能业务，采用大数据、云计算技术，建设运行全范围覆盖、全过程记录的网络智能化管理平台。

促进新生儿疾病筛查管理数字化、效能化、透明化建设。

实现系统运行目标：

第一，构建基于大规模并行处理（MMP）的数据库、分布式文件处理系统、云计算平台、可扩容的储存系统的新生儿疾病筛查网络管理云平台。

第二，实现从血样标本的个案填写→取样→实验室→结果发布→阳性病例追踪各环节的无缝衔接和网络智能转换的分布式文件处理。

第三，实现云计算响应时间不超过 5 秒，满足至少 1000 万以上并发数要求的服务器云/操作系统。

第四，完成基于网络安全、WEB 负载均衡的云计算平台的安全结构构建，保证新生儿疾病筛查智能工作云平台的数据安全。

第五，系统业务承载用户数在 1 亿以上，数据保留周期在 5 年以上。

应用场景建设功能目标：

第一，全面建设基础数据信息。

第二，实现疾病筛查从标本采集—标本传递—实验室管理—结果发布—阳性病追踪—样本库房管理以及协同办公的信息化。

第三，利用大数据技术实现妇幼健康监管的智能化。

第四，实现统一的溯源接口，并能够与企业自建的溯源系统进行数据对接，最终实现就诊患者"全程可追溯、服务质量有保证"。

第五，实现标准的数据交换接口，并能够快捷方便地与国家局、省局以及市局的各个数据平台进行对接。

应用场景指标：

第六，从血样标本的个案填写→取样→实验室→结果发布→阳性病例追踪实现各环节的无缝衔接和网络智能转换。

第七，业务处理量：系统服务响应时间不超过5秒，应满足至少1000万以上并发数的要求。

第八，业务承载量：系统可承载用户数在10000以上，数据保留周期在5年以上。

3. 大数据应用模式

1）平台系统框架

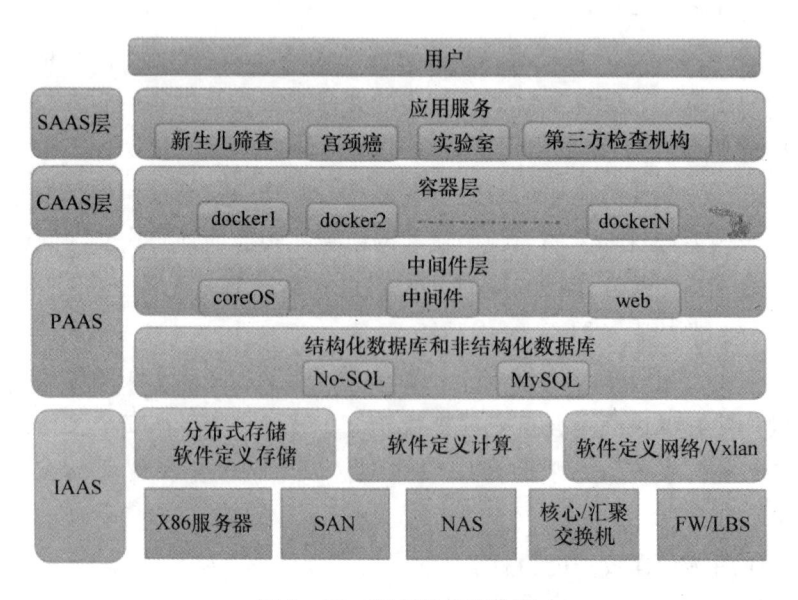

图4-29 平台整体架构图

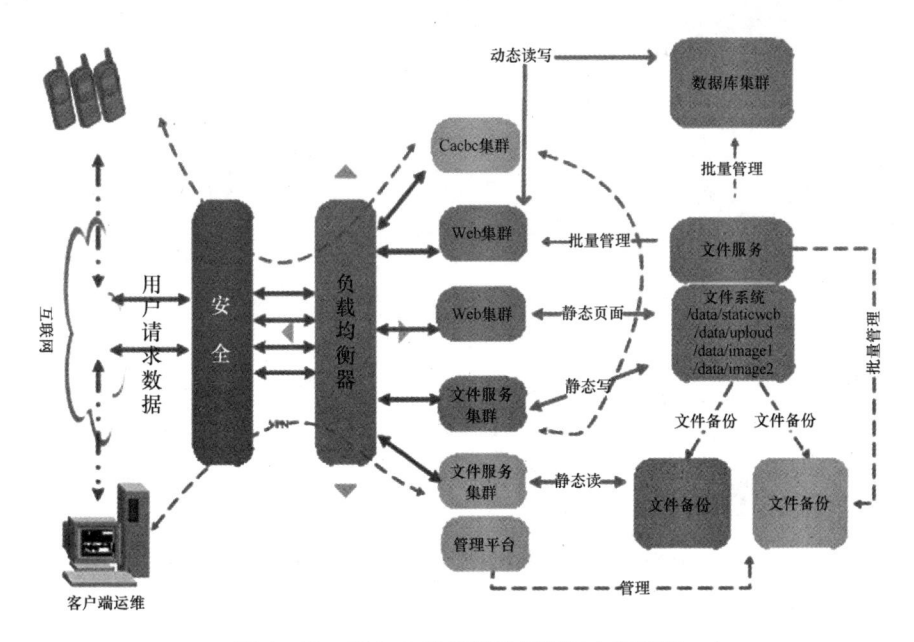

第四章 贵阳高新技术产业(大数据类)应用案例研究 155

图4-30 新生儿疾病筛查智能平台拓扑图

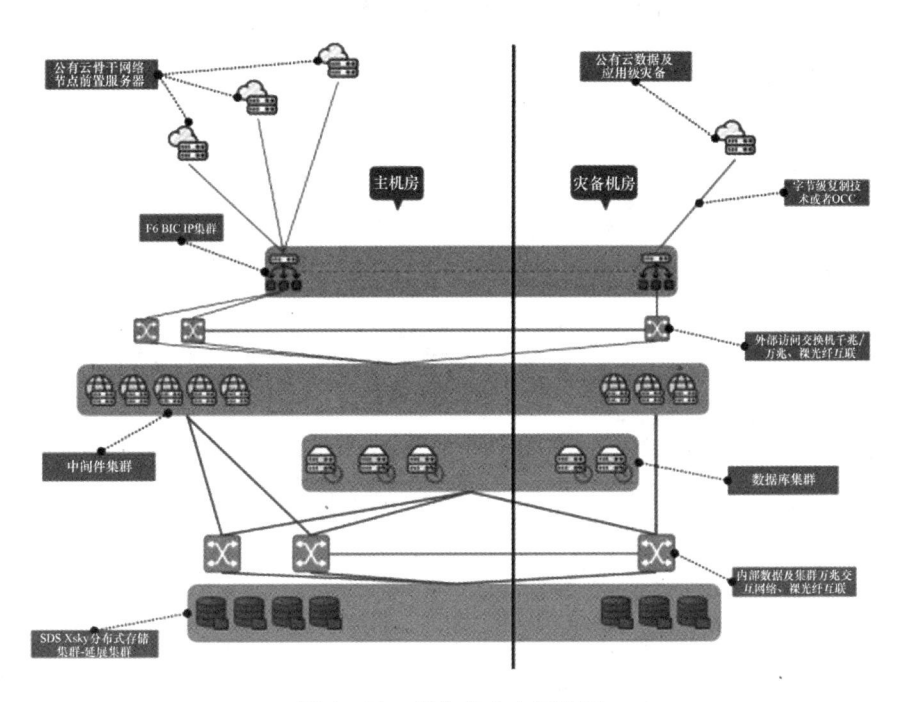

图4-31 平台多中心拓扑图

2）平台核心功能模块

（1）门户网站

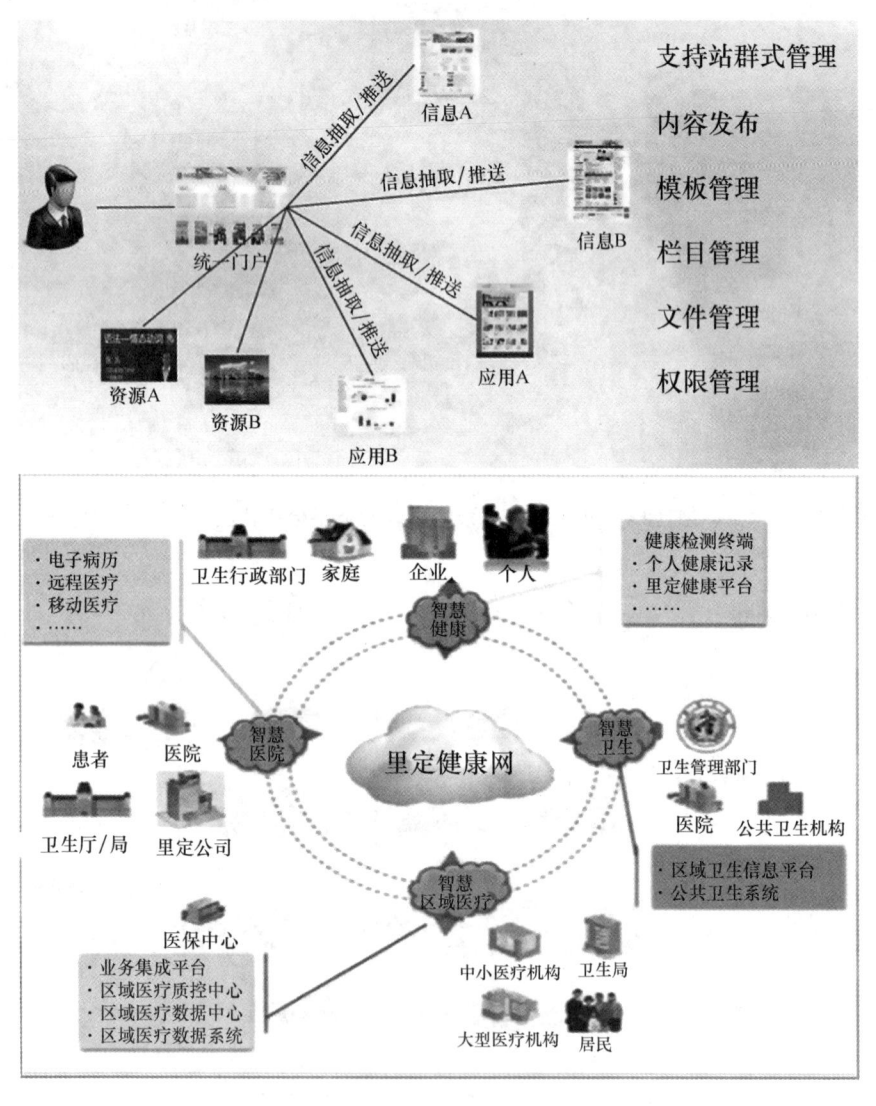

图 4-32 平台门户网站

应用大数据集成处理技术，构建全国统一的信息门户，将相关的信息、应用、资源集成到统一的门户环境中，形成区域健康管理信息的统一入口。

（2）用户统一认证管理系统

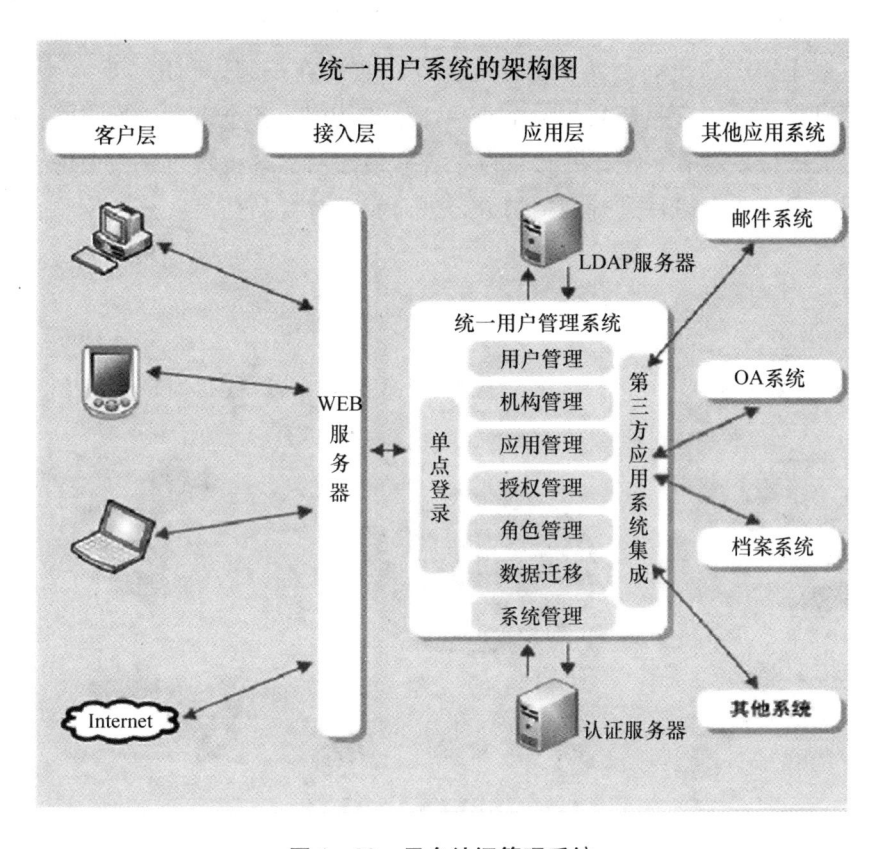

图4-33 平台认证管理系统

平台应用大数据集成处理技术，可一次登录，即可自由访问平台账户对应的系统，对分散在不同应用系统中的用户进行统一化认证和管理。

（3）权限管理

权限管理可与身份认证系统紧密结合，对于各种认证的身份进行权限设置，支持多种对象的权限设定，如用户组、部门、分支机构、区域以及访问终端的位置是从外部还是内部访问等分别进行权限设定，以确保系统中各项工作职责明确，数据访问安全可控。

(4) GIS 系统

GIS 是一种基于计算机的工具，它可以对空间信息进行分析和处理。GIS 技术把地图这种独特的视觉化效果和地理分析功能与一般的数据库操作（例如查询和统计分析等）集成在一起。利用 GIS 模块，可以将监管的食品药品相关企业和食品药品相关安全事件的地点在地图上进行显示和定位，并且可以很容易地运用 GIS 模块对这些监管企业、主体或者事件进行网格划分，进而实现对食品药品安全的网格化监管。

图 4-34　平台 GIS 系统

(5) 工作流管理

工作流是指一类能够完全自动执行的经营过程，根据一系列过程规则，将文档、信息或任务在不同的执行者之间进行传递与执行。业务过程的部分或整体在计算机应用环境下形成自动化。

工作流管理系统主要功能有图形化、可视化的流程设计器，方便用户进行流程自定义；支持各种复杂流程，如分流、会签等。

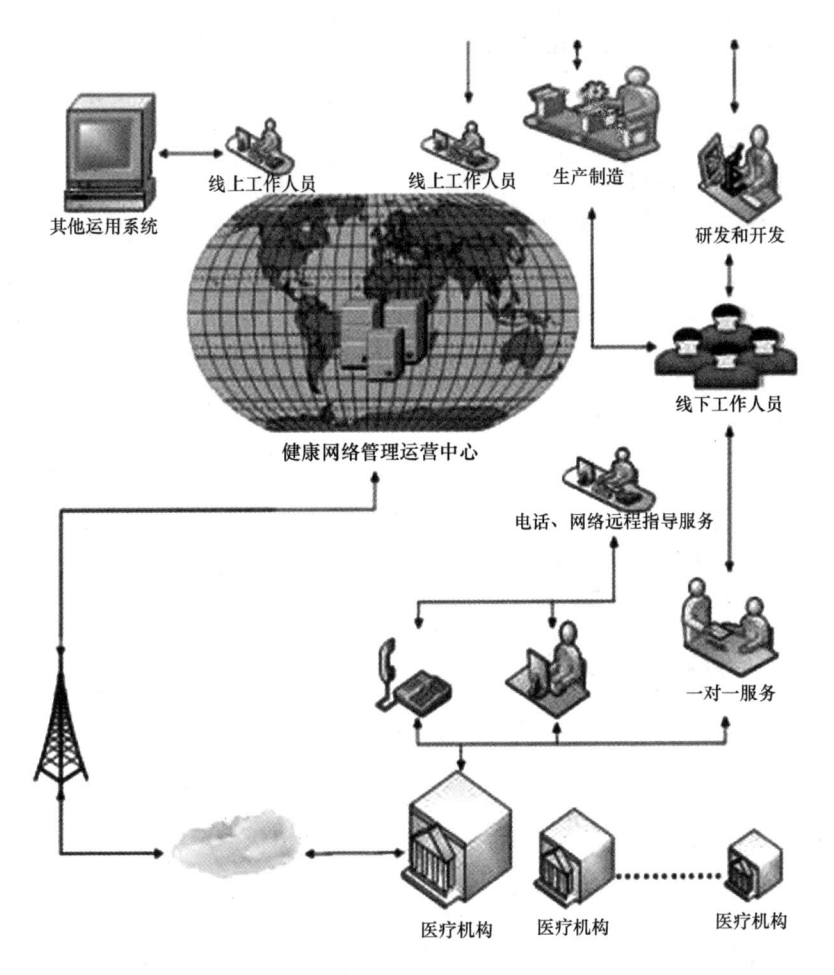

图4-35 平台工作流管理

(6) 报表组件

报表组件可以为平台提供格式规范化以及多样化的数据展示和报告输出功能，可方便地将数据以预设格式和形式进行输出并形成格式工整的报表。并且在报表格式变更的时候，能够快速地对报表模板进行调整，以达到预期的效果。

(7) 应急管理

应急管理主要依据《中华人民共和国突发事件应对法》的规定，

针对突发重大的食品药品安全事故进行应急准备和应急处理，使得在紧急事件发生时药监局能够快速做出响应，并能够快速调度相关资源对事故进行处理。

（8）风险管理

将已经识别的风险登记到风险管理模块中，并定期对该风险进行评估，对于评估发生概率较大的风险需要及时制定风险应对方案。如果此风险可能会引发重大的食品药品安全事故，则需要将此风险上升为应急预案进行管理。

（9）决策分析系统

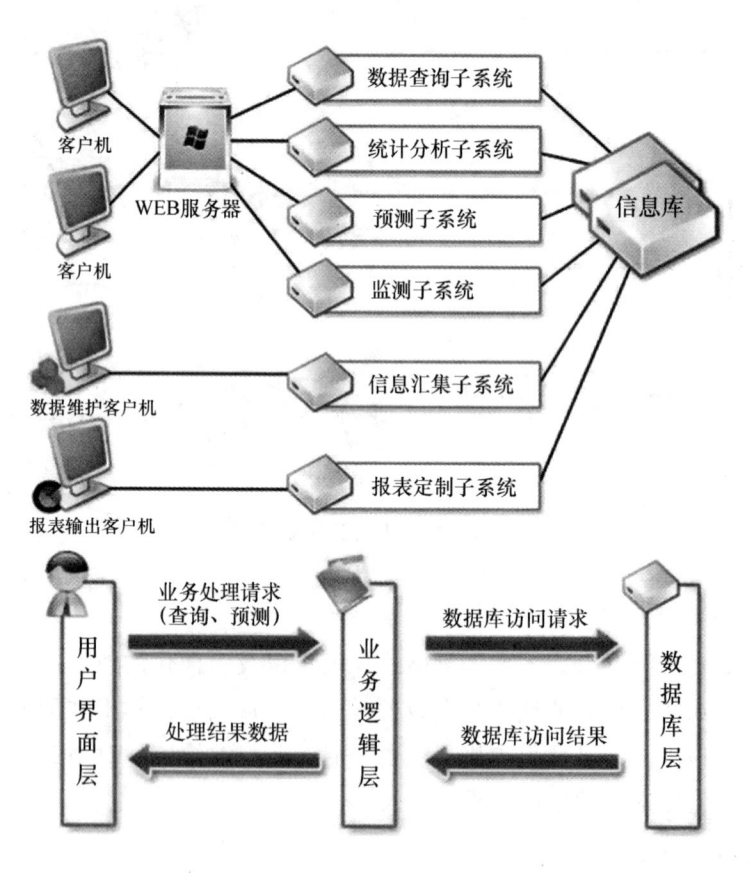

图 4-36　决策分析结构图

系统定时对平台中各种相关数据进行整理和归集，并根据数据关联自动进行挖掘和分析，可将其整理成从各个维度进行透视的数据，使平台上的数据发挥出最大的价值。还可从网格角度查看不同网格监管所出现的问题数，或者从时间的维度透视出问题较多的时间分布等。

可根据预设的规则，从透视数据中的各个维度进行智能分析，并将分析的结果与规则中所设定的差异进行比较，当满足条件时即可得出相应的分析结论，并将数据提取出来，形成分析报告，以此辅助领导决策层进行重大事项的决策。

（10）平台数据库管理

数据库建设包括数据库梳理、用户基础数据库（政府部门、医疗机构、家庭、个人）、主题数据库建设、数据交换、数据管理平台。数据库以实现各业务系统和信息资源平台之间数据交换和共享为目的，为各用户提供数据服务。

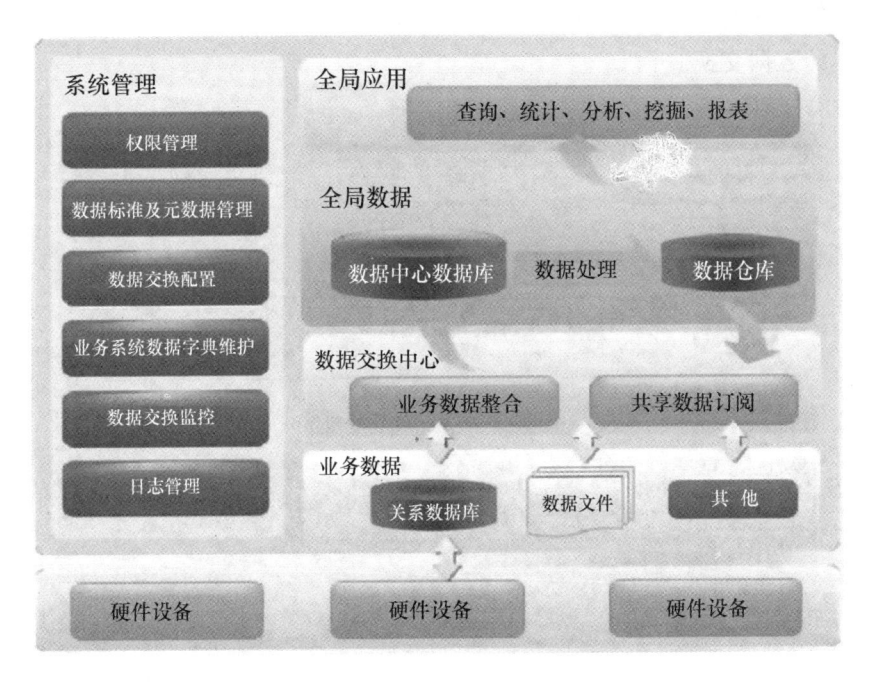

图 4-37 平台数据库管理（1）

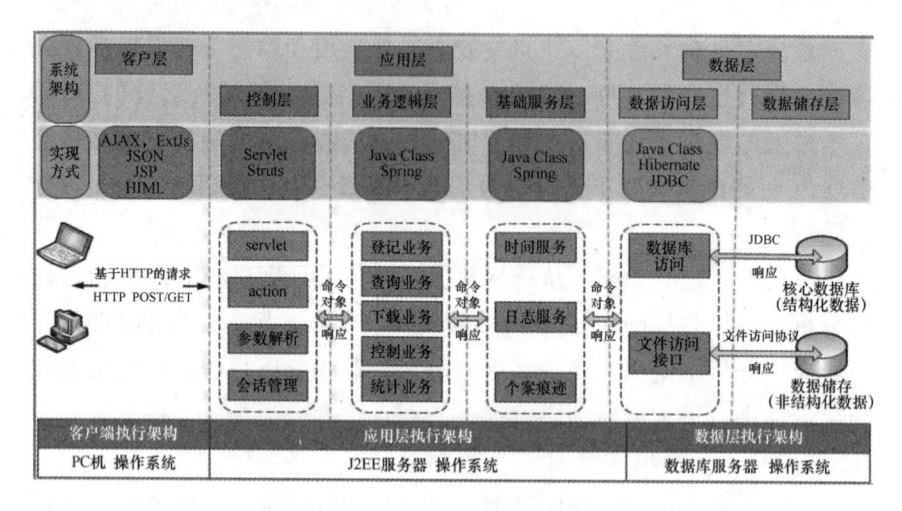

图 4-38　平台数据库管理（2）

数据交换接口提供与其他系统接入的接口标准，实现多个平台间的有机结合，以统一的接口规范和数据格式进行数据的共享互通。通过数据提取、数据转换、数据发送、数据校验、交换日志来实现平台间的数据交换。

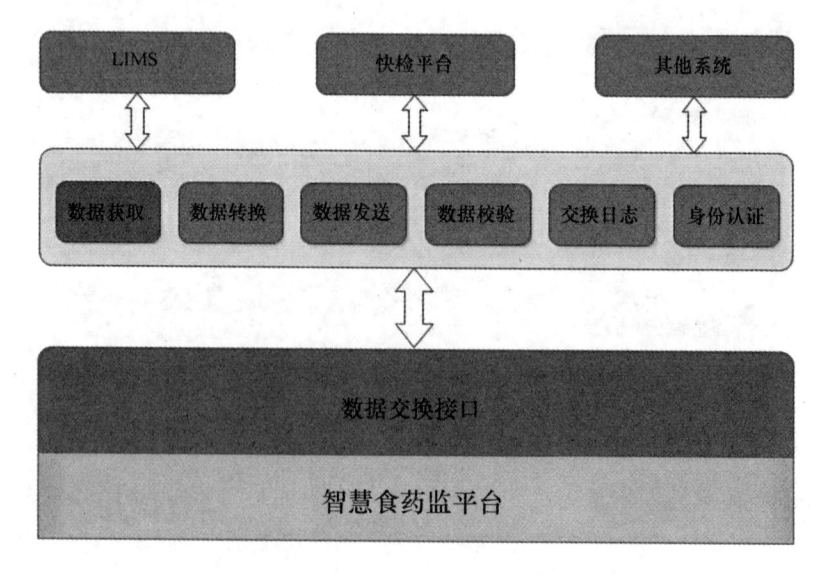

图 4-39　数据交换接口结构图

4. 项目实施效果和下一步计划

1）目前实施效果

应用场景自2011年开发成功，2012年3月投入使用，后经过多次迭代升级，该平台在6年的运营过程中，打造形成我国第一个网络智能化技术用于重大公共卫生项目——新生儿遗传代谢病筛查（预防新生儿出生缺陷）；完成了我国在预防新生儿出生缺陷方面的网络智能化管理工作；系国内唯一一家自主研发妇幼保健一线数据库平台，为我国在该领域的质量控制提供数据支持（国家临床检验中心于2016年率我国相关专家到里定医疗公司，依托智能工作平台，在里定医疗开发团体的支持下，第一次完成我国在该项目上国家标准的制定工作）。该平台使用至今，已为全国4000余家医疗机构提供技术支持，筛查人数411.8123万人，查出患病儿童15067人。现平台每年筛查人数超过100万。

2）下一步计划

在现有成果的基础上，就企业未来大数据应用模式的创新和升级做出说明，描述企业大数据应用在同行、国内外市场上所力争达到的远景状态。

（1）组建覆盖全国各省的销售团队，对平台使用单位提供个性化的页面设计，对系统平台进行数据安全升级，同时争取纳入公安部网络监管系统，完成系统安全二级（争取三级）认证。

（2）立足中国，面向国际市场的发展方向。以德国法兰克福为桥头堡，将欧洲特别是德国精密仪器加工技术和平台有机结合起来，完善里定医疗互联网＋大数据＋工业4.0，将里定医疗的系统平台＋精密仪器＋大数据推向世界市场。

（3）以贵州为中心基地，在国家相关妇幼健康管理各个职能管理部门的领导与支持下，建立全民妇幼健康管理运营中心，为国家妇幼健康工作做出贡献。

3）项目的示范推广价值

通过血样标本采集卡进行信息的采集、网络平台的运用，完成信息交叉互通，达到新生儿疾病筛查网络智能工作管理的目的，是典型的能落地的现代物联网、大数据应用场景，具有示范意义。

通过血样标本采集卡+网络智能化管理+数据的形式，很好地解决了传统方法在人工方面的浪费；避免了人为因素所造成的错误；数据查询、低温库管理更为便利，能对阳性病例进行追踪；为医疗机构、实验室及终端客户提供更加贴心和有效的服务，具备行业示范推广价值。

案例五 人和数据——数字化工地

1. 基本情况

贵州人和致远数据服务有限责任公司（简称"人和数据"）成立于2015年4月，是以数据集中采集服务、大数据融合与共享、大数据激活与应用为主的高科技创新服务平台，主要从事海量信息数据采集服务、计算机软硬件开发、信息技术开发及咨询等服务。

目前人和数据形成了以服务为中心的技术研发、产品研发、数据服务的整体解决方案，为社保、卫计、劳动监察等部门提供了免费的数据服务及业务应用。凝结人和数据智慧结晶的离线数据采集系统、在线数据勘误系统、机关事业单位历史数据采集系统、证件照片在线检测系统、证件照片自助服务系统、调查数据快速采集系统、社保微信服务平台及工伤动态实名制管理等系统均通过了权威部门的安全检测，各系统平稳有序地运行在大数据应用现场，正为贵州大数据产业腾飞贡献着精准数据。

2. 数字化工地平台建设背景、建设目标

1）项目背景

根据《国务院办公厅关于全面治理拖欠农民工工资问题的意见》及贵州省《关于进一步做好建筑业工伤保险工作有关问题的通知》，需要解决拖欠农民工工资问题、建筑企业参保与工伤认定等问题，在以人为本的今天，如何在保障农民工利益的基础上对建筑工地实现有效的监管，这些问题的解决都需要全面规范企业的劳动用工管理，全面实行农民工实名制管理制度，建立劳动计酬手册，记录施工现场作业农民工的身份信息、劳动考勤、工资结算等信息，逐步实现信息化实名制管理。

建筑工地具有环境复杂、人员复杂、管理难度大等特点，施工现场的施工地点分散、施工安全管理难、文明施工监管难、人员管理难、调查取证难等，一直是政府监管部门和建筑企业的痛点。采用大数据手段，实现建筑工地全方位、全生命周期监管已经成为当下必然之选。

2）项目目标

使用工地视频监控系统，将对施工现场的工人起到一个全过程的监督作用，使工人自觉遵守操作规程；使建筑企业可以实时督查现场企业管理人员的上岗情况，掌握施工进度、施工质量，提升自身的管理水平；加强政府监管部门对建筑工地建设工程安全质量的监管力度。

利用采集终端、手机 APP 对务工人员信息进行采集、认证、管理，认证过程采用人脸识别等生物技术，实现实名制并安全高效。

集成闸机、现场显示大屏、监控等设备，为建筑工地的全面标准化管理提供支持。通过实名认证设备与闸机集成，为建筑施工企业的员工、建筑工人提供"刷脸"签到考勤服务，快捷准确地记录工作时间与地点。

通过业务管理系统实现快速制作工资卡、工资造册、银行代发工资等，实现对人员基础信息、人员工资、劳务合同信息等进行查询、统计、管理。实现政府监管部门实时监控管理农民工工资发放情况，杜绝欠薪、扣薪、恶意拖欠等问题，起到了维护农民工合法权益的作用。

通过区域实名制大数据指挥中心集成采集终端、手机 APP、业务管理系统的数据，可以实时展示既定区域内的企业实名制用工情况及动态，方便相关经办机构进行监督与管理。实现了系统服务企业、经办机构及农民工的多方共赢。

3. 项目大数据应用模式

人和数据数字化工地系统建设由基础设施建设（WIFI 上网、视频监控、考勤动态实名制设备）以及平台建设，平台包括实名制数据采集终端（含软件）、移动实名制管理（手机 APP）、监控管理平台、业务管理系统、农民工维权（实名制认证 APP、动态实名制管理系统、指挥中心）、标准化可配置服务模块、项目管理（工地信息化管理系统、实名制认证 APP）、区域实名制大数据指挥中心等模块组成。

1）系统架构

人和数据数字化工地系统是基于已有的动态实名制管理系统的数据存储和管理模式及工地信息化管理系统对工地设备、工地物料的配置和管控，从大数据的采集、存储、分析和应用等多个角度创建农民工数据的创新型平台。

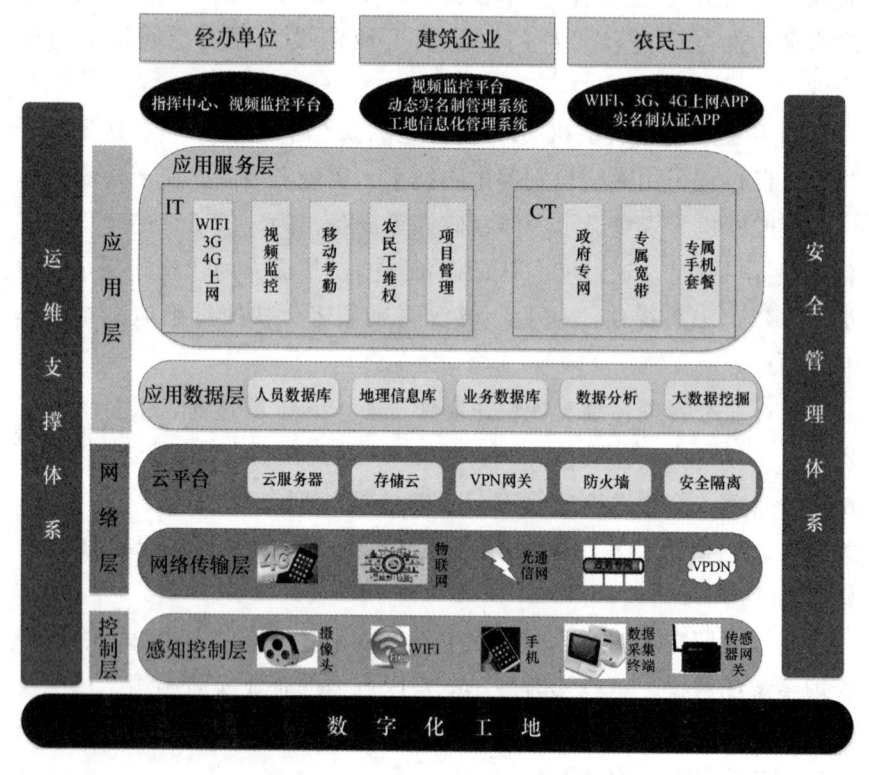

图 4-40 数字化工地整体技术架构

数字化工地系统整体技术架构总体上分为三个体系、五个层级。首先满足了住建部数字化工地的标准和规范体系；五个层级包括工地感知层、网络传送层、数字化城市云平台、应用数据层、应用服务层；运维支撑体系和安全管理体系贯穿整个产品生产过程。

2）数字化工地具体方案

（1）WIFI 上网全覆盖

协调通信服务企业，实现建筑工地光缆接入，开通 100M 互联网专线，在建筑工地办公区、生活区实现无线网络覆盖。

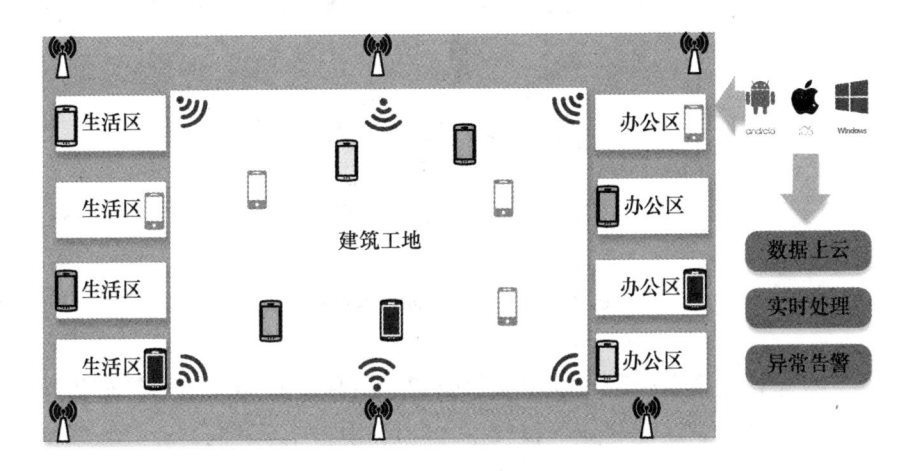

图 4-41　工地全 Wifi 覆盖　实现数据实时上云

WIFI 上网模块覆盖工地、工地办公区、生活区等，建筑工地现场全区域，为所有数据采集终端提供实时上云通道。

（2）视频监控

视频监控系统主要技术包括：①实时监控；②图像存储；③抓图功能；④录像回放；⑤电子地图；⑥多功能显示；⑦报警联动；⑧智能分析；⑨设备管理；⑩设备控制；⑪用户权限控制；⑫用户管理；⑬系统兼容性；⑭远程访问；⑮图像共享功能；⑯图像调看功能。

工地现场：安装摄像机和视频服务器。摄像机采用 3G/4G/WIFI 等无线接入方式；本地配置视频服务器可存储视频 2 个月。

传输网络：工地现场通过 WIFI、有线等方式回传工地机房的 DVR；工地现场的视频信号通过 100M 互联网光纤回传至视频监控平台（在互联网光纤不能到达的工地，采用联通 3G/4G VPDN 传输）。

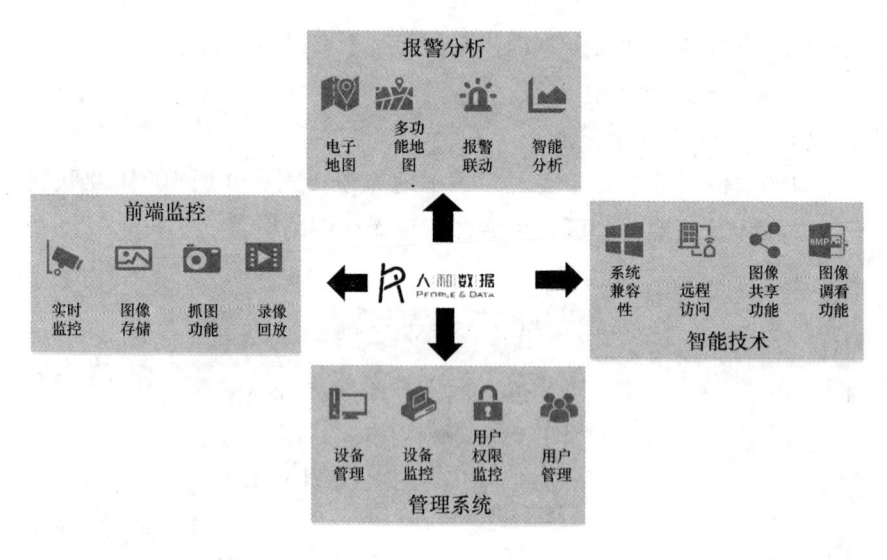

图4-42 视频监控管理系统

监控管理平台：可实现视频的调取、录像、存储、用户管理等功能。监管部门、建筑企业等授权用户均可用电脑、手机，通过互联网查看监控视频。

（3）移动考勤

移动考勤以移动互联网应用模式，基于综合定位，为建筑施工企业员工、建筑工人提供日常考勤、考勤汇总统计等功能。包括动态实名制设备、实名制认证APP和动态实名制管理系统。

动态实名制设备：部署于工地进出口位置，通过人脸识别、人脸建模、指静脉识别、指静脉建模以及数据批量迁移等模块，实现农民工信息的快速登记与认证。在联网环境下，设备将自动上传所有数据至管理系统，从而实现数据实时报备。

实名制认证APP：手机客户端在考勤区域考勤打卡、代打考勤（考勤距离300米以内，显示当前位置，提供考勤入口。允许离线存储考勤信息，有网时上传）。农民工可以通过手机APP生成的独一无二的二维码，实现建筑工人在新工地的数据录入。农民工可通过手机APP发起工伤申请与投诉，经办机构可通过管理系统查看并回复，维护农民工利益。

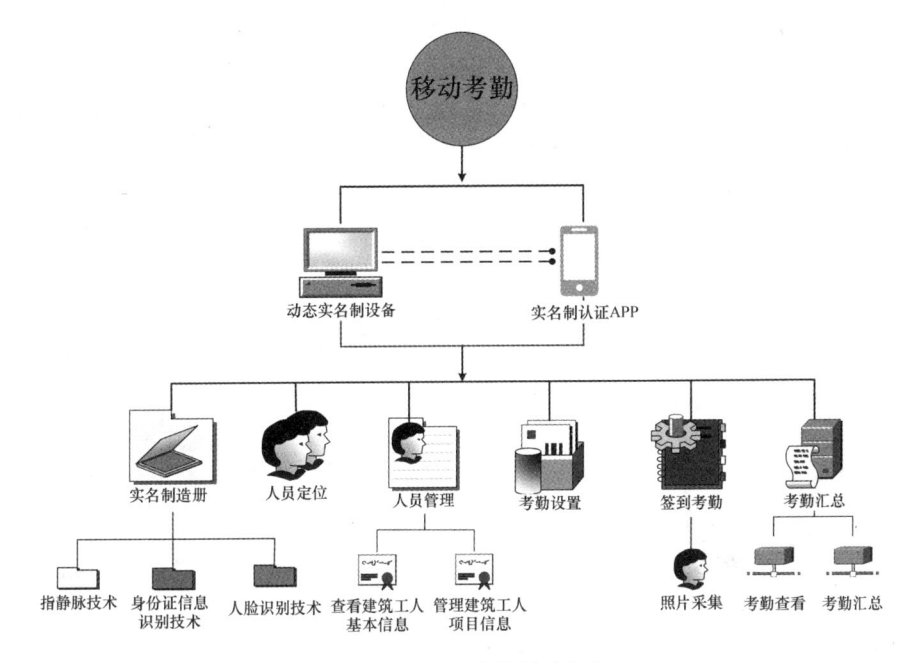

第四章　贵阳高新技术产业（大数据类）应用案例研究　　169

图 4-43　移动考勤技术框架

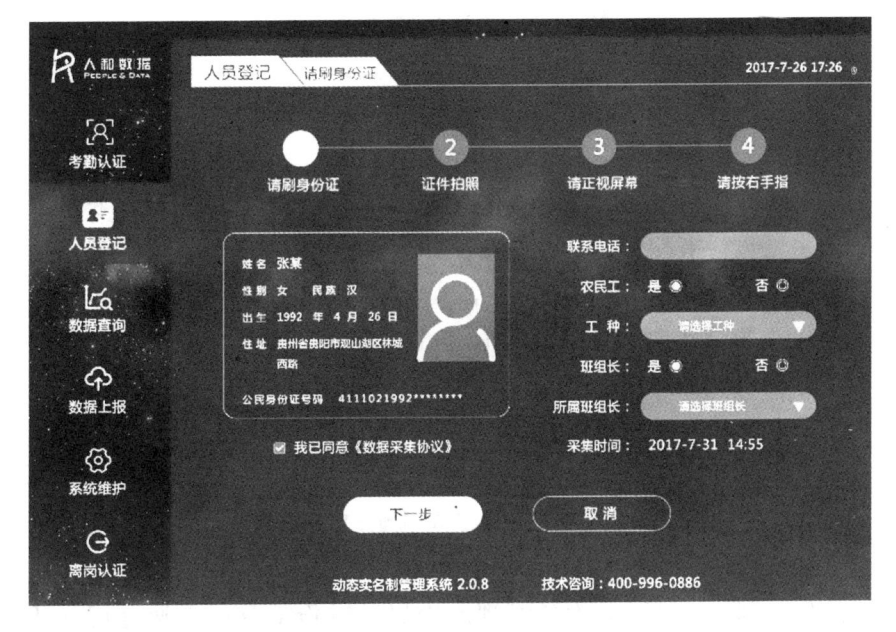

图 4-44　动态实名制管理系统

动态实名制管理系统：用工单位可登录管理系统对已登记人员进行管理，功能模块包括项目管理、考勤汇总等；同时，经办机构可通过管理系统分项目查看农民工信息、考勤记录、加入退出等数据。帮助企业及时了解工地人员情况，解决企业重复报备（社保、劳动监察、住建、安监和公安等部门）农民工实名制信息。

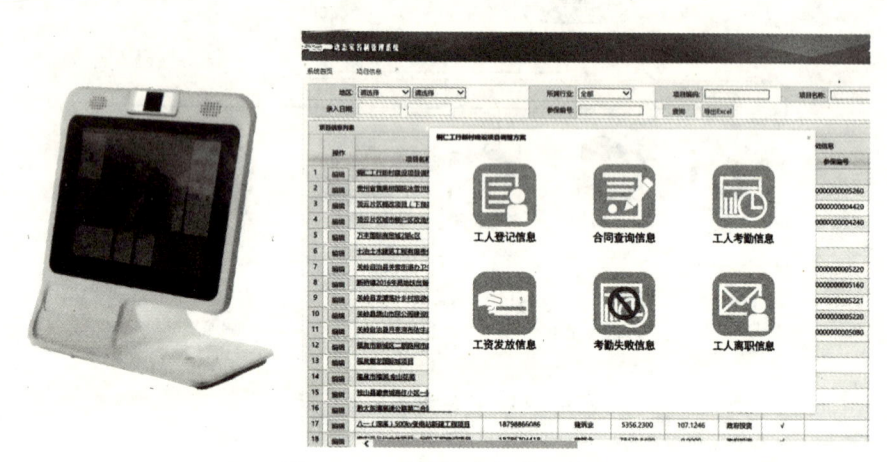

图 4-45　动态实名制管理终端

（4）农民工维权

农民工维权是指农民工被用人单位征用，完成应尽的劳动义务，但没有得到劳动合同所规定的应得的劳动报酬而进行的维权。农民工维权主要包括指挥中心、动态实名制管理系统、实名制认证 APP。

指挥中心：确保各方责任主体规范诚信履行职责，实现对农民工工资发放情况实时监控管理，杜绝出现欠薪、扣薪、恶意拖欠等问题，维护农民工的合法权益。

动态实名制管理系统：对工地从业人员的身份信息进行采集、认证和管理，并且签订电子劳务合同，生成月工资发放表。由银行等部门根据工资表直接将工资发放到工人的账户，成功地解决了农民工讨薪难的问题，帮助施工企业实现立体化、人性化的人员管理。

实名制认证 APP：为了实现对农民工身份信息的快速登记和认证，并保证信息的准确性与生物特征的唯一性，建立完善的出工查询、工资查询、维权投诉、工伤报备、招工服务体系，帮助农民工更好地维护自身的权益，更快地解决讨薪难问题。

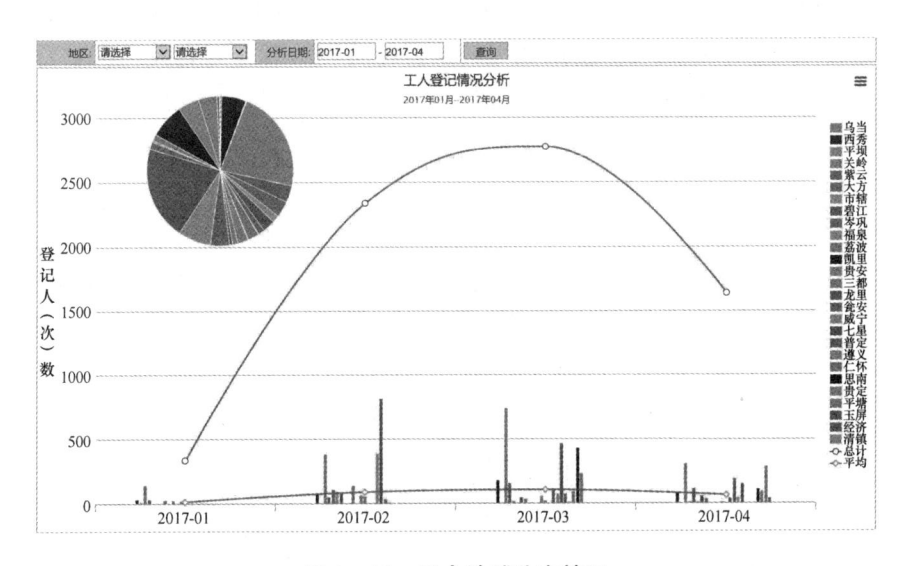

图 4-46 工人地域分布情况

（5）项目管理

图 4-47 项目管理模块

工地信息化管理平台是属于系统物料管理，为项目中物资提供调度基础服务，相关的数据信息也由管理平台监管。管理平台供公司领导、职能部门、项目部人员使用，实现公司组织目录管理、人员管理、角色与权限管理等基础数据的设置与管理功能，对企业所需物资的采购、使用、储备等行为进行计划、组织和控制。将仓库物资管理信息通过网络及时传送给相关部门，协助企业理顺内外部关系，强化管理。

管理员通过工地信息化管理系统实现建筑材料、施工管理物料、固定资产（仪器）、建筑材料等物资的采购收发及供销商、库存、变动等的记录与管理。

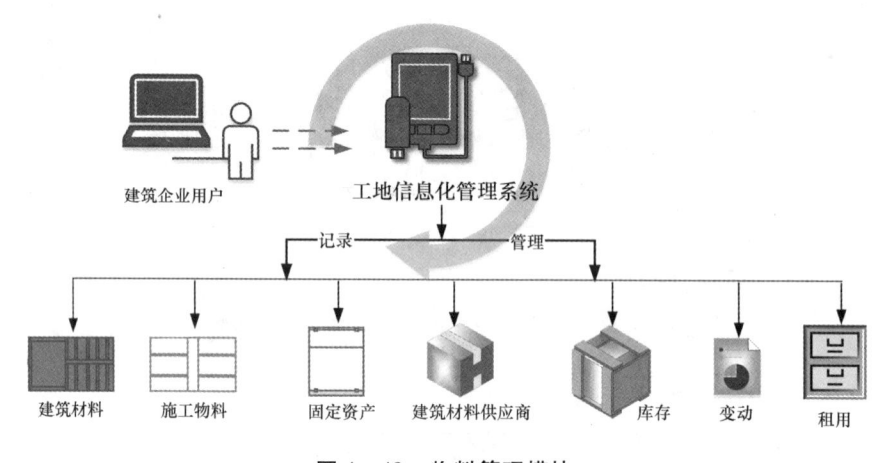

图4-48 物料管理模块

建筑企业用户通过工地信息化管理系统实现建筑材料、施工物料、固定资产（仪器）、建筑材料供销商、库存、变动、租用等的记录与管理以及物资收发的统计分析。

从项目出发，实现建筑材料、施工物料、固定资产（仪器）的调拨、建筑材料供销商、库存、变动、租用等的记录、查询与管理。

4. 项目实施计划和实施效果

1）项目阶段划分

第一阶段，针对建筑工地从业人员，部署实名人脸、指纹录入设备，安装实名制认证 APP。

第二阶段，针对建筑施工企业部署视频监控设备、动态实名制管理系统和工地全生命周期管理系统。

第三阶段，针对监管部门部署指挥中心和视频监控云平台。

2）项目业务计划

(1) 市场推进计划

数字化工地系统将从贵州区域开始推广至全国，从而形成百万级的应用场景和千万级的建筑企业户口群，实现设备资源和人力资源的共享。产品分重点模块和可选模块销售，用户可根据施工现场的实际情况进行选择使用。

由贵州省为总部基点，按照"一线城市—新一线城市—二线城市—三线城市—四线城市—五线城市"的扩张路线，最终覆盖全国市场。

- 建立自有网站、APP、微信公众平台，利用线上推广资源提供下载渠道，并通过二维码、微信、微博等社会化媒体传播下载方式。
- 同各地建筑企业合作，通过招投标形式承接数字化工地新建或改建业务。
- 在每个城市适当打造数字化工地样板工程，作为城市试点和展示门户。
- 以全资、控股和参股的方式建立销售网络，招募代理商、分销商等城市合作伙伴。

(2) 产品战略计划

随着业务市场化拓展，持续扩大产品线宽度，加深产品线长度，增强产品的关联度，以数字化工地服务为核心，延伸至所有建筑产品服务，使得平台成为智慧建筑行业各方的一站式助手。

3）目前实施效果

人和数据数字化工地系统已服务全国务工人员 30 余万，实现务工人员 150 余万条实名制数据的动态化管理，各大银行基于本系统代发务工人员工资约 1 亿元。产品在贵州境内已覆盖70%在建工地，截至 2018 年 11 月 30 日，贵州省已部署 3031 个建筑项目，登记农民工

30 余万人。目前贵州省内使用实名制管理系统的市州已达到 9 个，覆盖 60 余个区县，服务各地工伤、劳动监察及住建等行业主管部门，保障了数十万名农民工的权益。2018 年推广到湖南、江西、云南、四川、甘肃等 9 个省份，为数字化工地的地推业务开展建立了强有力的市场开发基础。

实现"农民工—企业—经办机构"三级用户增值服务覆盖。对于农民工用户，可以保障农民工参保与工资权益，系统可进行劳动关系认定，工资发放追溯，全方位保障农民工权益；对于企业用户，辅助企业管理务工人员、物料物资，相关数据可作为实名制用工、实名制参保登记凭证，优化管理流程，提升管理效率；对于经办机构，进行实名制数据支撑工伤认定，优化参保登记等经办流程，提升用工企业参保率，同时劳动合同、工资发放等数据的集聚可为监管部门提供数据支撑。

5. 下一步计划和示范推广价值

1）下一步计划

建设完成的数字化工地项目产值将达到 1 亿元以上，当建筑工地从业人员工资发放平台建设完成后，数字化工地收益与工资平台自金融体系预计收益为 10 亿元以上。同时，通过大数据分析，提供精准的培训需求 10 万人，带动建筑工地从业人员就业至少 5 万人，并带动 2 万贫困户脱贫。

2）示范推广价值

对施工现场来说，数字化工地项目通过云计算、大数据、物联网、移动互联网、人工智能等先进信息技术与建造技术的深度融合，打造"智慧工地"，将改变传统建造方式、促进建筑企业转型升级，对助力建筑业的持续健康发展具有重要意义。

对劳务管理和保护来说，数字化项目将有利于逐步实现企业劳务人员信息的共享和互通，结合物联网技术，通过智能化的管理模式对进出施工现场、起居生活等进行全方位的管控，项目管理人员的工作效率得到显著提高；采用移动云技术，实现劳务数据动态实时反馈，同时满足公司及项目管理人员实时监控生产现场，降低项目劳务用工风险。

总之，数字化工地项目在建筑领域，在重大工程领域，乃至劳动密集、现场管理复杂、生产安全风险较大的场景都具备借鉴推广的意义。

案例六　云途智旅——"贵途花溪"全域智慧旅游 DT 云平台

1. 基本情况

贵州云途智旅科技有限公司（简称"云途智旅"）是贵州省首个专注于全域旅游 DT 云联邦生态建设的全案服务商，立足于贵阳花溪区，辐射整个贵州省各区县，通过"全域旅游 DT 云服务"，为贵州省打造县域旅游产业的联邦生态。云途智旅总部——成都云途智旅历经数年的研发和市场应用，逐步形成以"全域旅游 DT 云全案服务"为业务主体，以"全国城市合伙人体系"和"I2C 旅行·生活联盟"为发展双翼的一体化核心战略，努力实现"服务下沉到县"的目标。

2. 项目背景和目标

随着全民旅游的兴起，大众不再通过旅行社组团出行，自助游、自驾游、个性游、定制游、主题游等旅游模式占据大部分旅游市场，促使游客更依赖通过旅游官方信息平台来获得旅游全程的信息服务。

公众更希望通过一个平台来获得旅游全程完整的信息服务，但目前各旅游企业的信息化平台大都独立建设、独立服务，对游客来说，每个平台都只能解决局部问题，而不能解决旅游全程问题，因此，公众迫切需要旅游主管部门统一建立一个能够涵盖食、住、行、游、购、娱等的一站式全程信息化服务平台。

贵途花溪全域智慧旅游 DT 云平台旨在建立当地旅游行业公共基础设施，依托同一平台，让旅游主管部门、各个景区、酒店、餐馆、农家乐、购物点、旅行社等行业要素，都可智能化地构建满足各自需求的官方互联网应用，低成本、低门槛地实现全行业信息化。以服务游客为导向，创建智慧服务应用体系。通过建立全面覆盖当地食、住、行、游、购、娱等各个旅游要素企业的地理坐标信息库，并与电子地图应用系统、智能手机等终端设备相对接，实现全区域、全要素的电子导航服务，实现基于游客实时位置的定位推送服务。

平台建设目标和用途如下：

第一，供旅游主管部门、各旅游景区、各涉旅企业智能化地构建各自的官方互联网平台。

第二，为当地旅游行业的所有官方互联网平台提供云端统一运行支撑，实现信息共享。

第三，将当地旅游信息与旅游产品智能化地推送到全国各地旅游云平台和各城市新媒体平台，实现"一站发布，万网展示，全域营销"。

第四，集成电子导航、语音导游、LBS（定位推送）、移动预订/支付等智慧服务功能。

3. 企业大数据应用模式

1）平台系统架构

贵途花溪全域旅游DT云平台，是以云计算、大数据为主体技术，以"大数据+旅游"产业融合为核心目标，采用平台型SaaS架构，为全行业的各类用户提供云端公共支撑和各种应用系统，是花溪区旅游云平台建设与应用的核心基础设施。

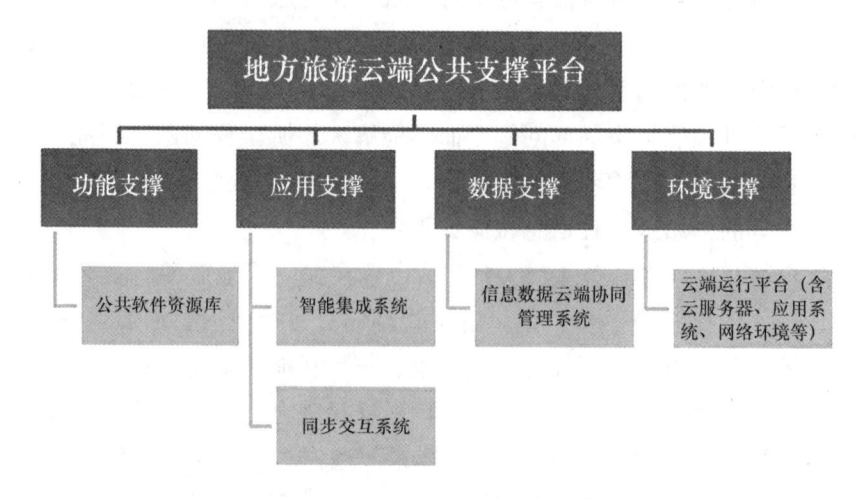

图4-49 贵途花溪平台系统架构

第四章 贵阳高新技术产业（大数据类）应用案例研究　177

2）平台关键技术应用

（1）功能支撑——云端公共软件资源库

所谓云端公共软件资源库，是将旅游行业具有广泛需求的各个功能系统开发、部署到云端，形成完备的旅游互联网应用软件库，供旅游主管部门、旅游景区、酒店、餐饮、农家乐、特产企业（购物点）、

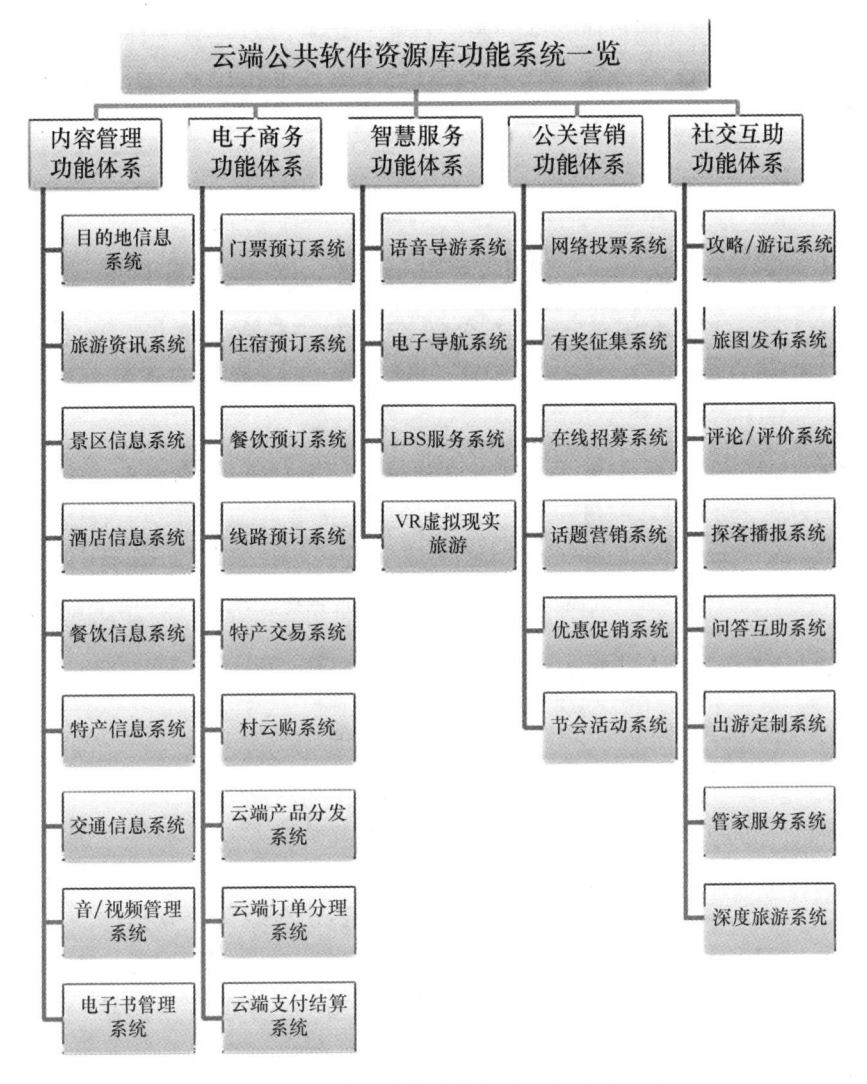

图4-50　云端公共软件资源库功能系统一览

旅行社等各类主体各取所需，直接选取各自需要的功能模块，智能化地构建和管理各自的官方互联网应用。

(2) 应用支撑——智能集成、云端交互

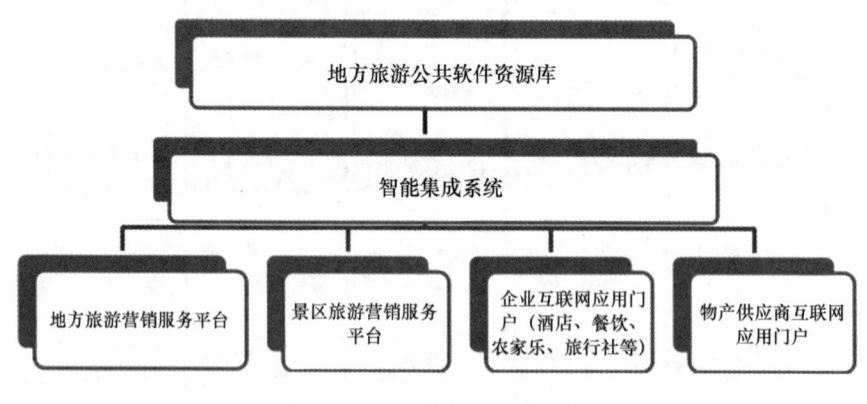

• 云端智能集成系统

云端智能集成系统的主要作用，是将云端公共软件智能化地集成为主管部门、各景区、各涉旅企业的官方互联网平台。

基于云端智能集成系统，旅游行业的各类用户只要会打字，就可以建立和管理功能完备、技术先进的官方互联网应用平台，实现信息发布、在线营销、智慧服务、社交互动等功能。

```
                  ┌─────────────────────────┐
                  │   地方旅游公共软件资源库   │
                  └─────────────────────────┘
                              │
                  ┌─────────────────────────┐
                  │      智能集成系统        │
                  └─────────────────────────┘
                              │
   ┌──────────┬──────────────┼──────────────┬──────────┐
┌────────┐ ┌────────┐  ┌──────────────┐  ┌──────────┐
│地方旅游│ │景区旅游│  │企业互联网应用│  │物产供应商│
│营销服务│ │营销服务│  │门户(酒店、餐│  │互联网应用│
│  平台  │ │  平台  │  │饮、农家乐、 │  │  门户    │
│        │ │        │  │旅行社等)    │  │          │
└────────┘ └────────┘  └──────────────┘  └──────────┘
```

图 4-51　云端智能集成系统

• 云端同步交互系统

云端同步交互系统，主要实现两大功能：

一是对任意站点发布的旅游信息和旅游产品进行云端分发，将其同步展示到各地区旅游云平台和各城市新媒体平台，让信息数据进行跨区域、跨媒介的集群化展示推广。

二是对用户的查询、预订、支付、评论、分享等交互操作进行云端分理，即用户通过对接旅游云平台的任意地区、任意城市的新媒体平台，都可以直接查询当地的旅游信息，购买当地的旅游产品，进行评论/分享等互动操作。而且，用户通过任意平台所进行的预订与支付，都通过云端交互平台，被直接分理、推送到当地对应企业的官方

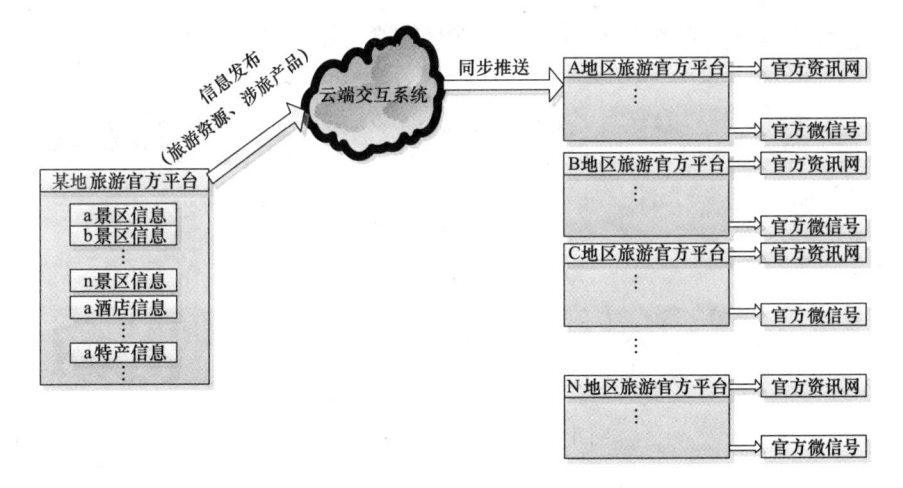

图 4-52　云端同步交互系统（1）

平台，实现直客互动。

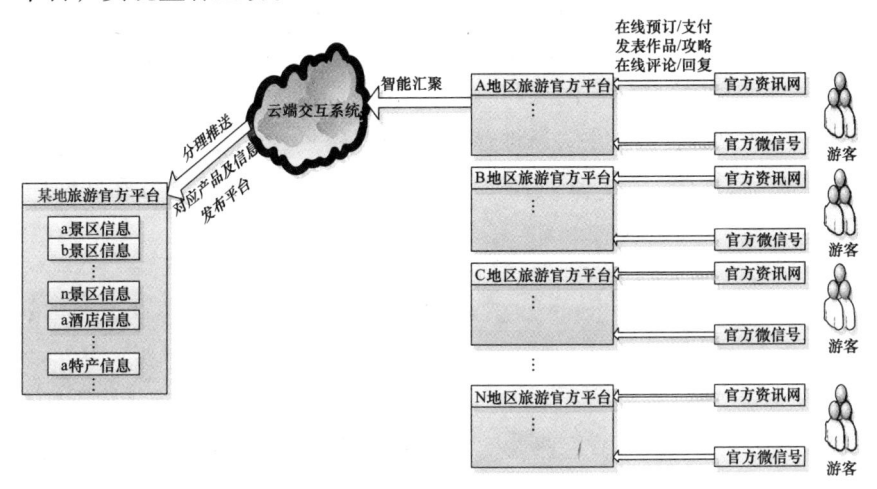

图 4-53　云端同步交互系统（2）

（3）环境支撑——云端运行平台

以云服务器为物理基础，为各地方旅游云平台提供统一的运行环境，含应用服务器、数据库、网络接口、操作系统等，从而实现当地旅游云平台与全国各地旅游平台的信息共享、信息交互和信息展现。

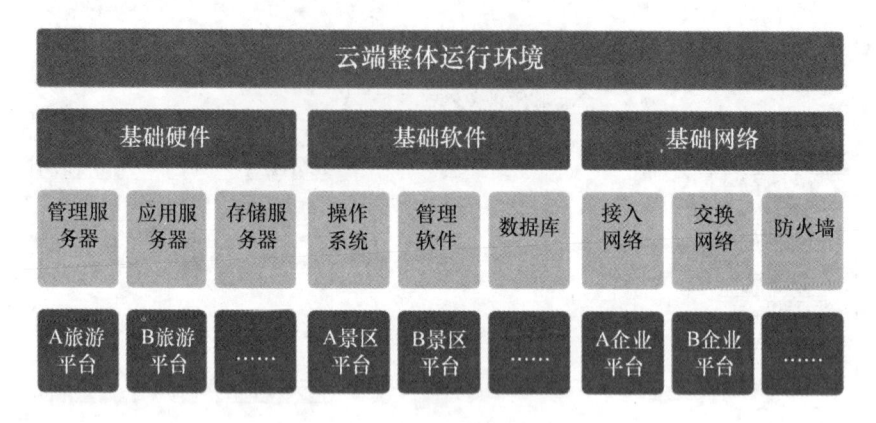

180　贵阳高新技术产业发展研究

图4-54　云端整体运行环境

3）平台核心应用

贵途花溪全域旅游DT云平台主要包括"公众信息门户网（PC端）""旅游电商应用（移动端）"及"云端公共支撑平台（管理后台）"三大模块。

（1）公共信息门户网（PC端）

公共信息门户网可供当地旅游主管部门、各景区、酒店、餐馆、农家乐、旅行社、特产企业等各类主体智能化地集成其官方互联网应

图4-55　公共信息门户网站

用平台,根据各自需求进行宣传推广和在线管销管理。公众信息门户网面向公众,提供本地各类旅游信息,包括当地旅游资源概览、各类旅游要素信息、旅游攻略、旅游资讯等,为游客来当地旅游提供行程安排、投宿用餐等全方位的信息支撑和游玩指南。

图 4-56 公共信息门户网·旅游指南(1)

图 4-57 公共信息门户网·旅游指南(2)

182　贵阳高新技术产业发展研究

图4-58　公共信息门户网·旅游指南（3）

（2）旅游电商应用（贵途花溪微信公众号/移动端）

图4-59　旅游电商应用平台

服务旅游企业自主发布产品、自主处理订单，通过当地官方旅游商城对用户进行直客交易；旅游主管部门对当地旅游企业的在线交易行为进行监管。同时，通过村购系统，实现政府对地区贫困农户的精确服务，实现农副产品的在线推广销售，实现农民创业增收。

图 4-60　贵途花溪微平台

4. 项目计划和实施效果

1）项目计划

（1）落地执行"1155"服务行动

- 锁定 1 个总体目标：推动全域旅游产业发展。
- 建好 1 个核心平台：建成全域旅游"DT 云平台"。
- 服务 5 大目标对象：地方政府（旅游行政主管部门）、旅游企业、旅游服务机构、旅游从业人员、游客群体。

（2）落实5大主体行动
- "全域旅游+DT云平台"深度融合行动。
- 全域旅游供给要素动员/提升行动。
- 全域旅游产品创新培训培育行动。
- 全域旅游产品整体上线运营行动。
- 百城千V万店整合营销行动。

2）实施效果

贵途花溪全域智慧旅游DT云平台运营服务自2017年6月13日启动以来，涉及花溪旅游DT云平台日常运维、平台内容建设、平台运营推广、商户持续上线、行业培训等多项工作。截止到2018年5月，除保证了DT云平台日常正常运行外，平台共推送针对介绍花溪旅游"软文"49篇，持续报道活动包含："四月八苗族风情节""花溪区十九大精神知识竞答大赛""2018中国国际大数据产业博览会——花溪分会场系列活动"；平台线上展示商家223家，上线签约商家47家；对花溪区涉旅企业进行免费上线培训，举办培训会5场。

5. 下一步计划和示范推广价值

1）下一步计划

（1）通过政府各相关部门的对接，把活动开展起来，通过活动带动平台的宣传和知名度，如与花溪区宣传部开展学习十九大知识答题活动，通过贵途花溪DT云平台进行发布宣传，以答题的形式，让全民参与，通过积分获取超级电子券，选购平台上他们喜欢的商品，这样既宣传学习了中共十九大精神，同时又推广了平台，带动了消费并且获得了交易数据。

（2）与花溪区旅管委、旅游局积极配合，为花溪全域旅游示范区验收做相关的工作；举办大型涉旅企业培训会，让花溪区更多的商家参与到DT云平台，并且做到人人会使用平台，发布他们的信息并做优惠促销活动。

（3）打造"花溪智慧微书"，通过该手册可快速知晓花溪的旅游主要信息，扫二维码进入平台，全面了解花溪旅游，为旅客行前、行中、行后提供全方位服务。

（4）举办各种优惠促销活动，拉动消费，集政府、商家、平台本身的资源于一体，做到把政府活动宣传推广出去，为商家产品销售线上预订打开局面，为旅客带来实惠，使其愿意购买。

（5）包装多个特色旅游产品，进行整合营销，让 DT 云平台真正为游客带来愿意消费的产品。

（6）对接本地和目的地客源城市新媒体，争取达到 1000 万粉丝群。

（7）加强与花溪区政府各部门及涉旅企业的沟通和交流（培训），让 DT 云平台真正应用起来，"人人参与"，在花溪区内的景区、酒店、会议、公共场所等游客聚集地摆放和宣传 DT 云平台的微信公众号。

2）示范推广价值

贵途花溪全域智慧旅游 DT 云平台是从游客旅行前的资讯、旅游中的服务、旅游后的分享等全过程的体验提升的角度，从旅游服务产业生态链角度，以互联网和信息技术将"吃、住、行、游、购、娱"旅游六要素甚至更全面的信息，包括线上、线下服务及商家整合于 DT 云平台之中，真正实现"一点接触，全面一站式服务"。

贵途花溪全域智慧旅游 DT 云平台建设与运营模式一旦形成，对花溪全域旅游与产业的深度融合能起到本质性的推动作用，并完全可以将其应用到贵州省其他地区，在全国旅游业界发挥示范效果。

案例七　梯联网科技——电梯安全公共服务平台

1. 基本情况

梯联网（贵州）科技股份有限公司（简称"梯联网科技"）是由贵阳国家高新区招商引资进来的一家互联网企业，原名"梯联网（贵州）科技有限公司"，成立于 2015 年 5 月，注册地址：贵阳市国家高新区都匀路 89 号金利大厦 A 栋 20 楼。公司注册资金 5000 万元，拥有电梯安装改造维修 A 级资质，员工 55 人，绝大多数员工拥有本科以上相关学历或技术资质。2015年度荣获贵阳市高新区"十佳大数据企业"称号。

梯联网科技致力于基于GIS原理的无线通信技术与无线射频电子标识（RFID）领域的应用研究和开发，采用"互联网+"模式，专注于特种设备立体安全监管的解决方案。梯联网科技的业务板块分为电梯黑匣子开发、推广，电梯安装、维护、保养，物联网软件开发，特种设备立体安全监管解决方案，物联网新媒体（TMT），社区智慧零售（C2B），维保过程监管（SaaS），应急救援系统及特种设备互联维保平台开发。

2. 梯联网项目发起背景

1）在传统运营管理模式下电梯事故频发

对电梯运行过程无法实时监测，缺少一种有效的技术手段来积极预警。传统管理方法和救援方式难以满足地区现状，不能对电梯维保进行实时监管和系统管理。当电梯发生故障或困人事故时得不到及时的处理和系统的调度，乘客发现故障也不能第一时间通知维保人员等一系列环节不透明现象造成严重的和谐社会发展问题。

维保行业缺乏监督，维保队伍恶性竞争，低质低价盛行，无法为电梯提供最基本的养护，对电梯维护有没有做到位根本不清楚，从而为电梯运行埋下安全隐患。当前电梯维保过程与记录依然停留在最原始的纸质登记方式上，信息化程度较低，根本无法对其进行集中化管理和分析统计，纸质登记方式很容易遗失或损毁，存在使用方、管理方、维护方、监管方信息脱节、不透明、效率不高等问题。因此，需要建立一套完整的电梯维保过程管理系统来实现各个环节的互通和实现人人监督、信息化监管、信息化查询、大数据分析、可追溯等功能，从而提高电梯安全信息化水平就显得特别重要。

2）国家、各级政府对电梯运行安全监管高度重视

国家质检总局早在2007年就出台了首部《电梯使用管理与维护保养规则》，2009年颁布了《特种设备安全监察条例》等法令，对涉及电梯安全最重要的"日常维护保养""检验检测""应急管

理"等都有明文规定。但是在实际操作过程中却缺乏行之有效的手段和模式,由于种种原因也无法做到现场监管,致使制度无法完全落实。因此,尽管相应的制度设计严密,但监管却只能流于形式。

针对电梯安全的新形势和新挑战,国家质检总局发布了《关于电梯安全监察工作若干问题的指导意见》提出:"在电梯安全领域大力发展基于物联网技术的电梯故障监测系统的应用。"国务院办公厅国办发〔2018〕8号文件指出:"运用大数据、物联网等信息技术,构建电梯安全公共信息服务平台,建立以故障率、使用寿命为主要指标的电梯质量安全评价体系,逐步建立电梯全生命周期质量安全追溯体系,实现问题可查、责任可追,发挥社会监督作用。推进电梯轿厢内移动通信信号覆盖,研究推进智能电梯信息安全工作。地方各级人民政府要将电梯应急救援纳入本地区应急救援体系,建立电梯应急救援公共服务平台,统一协调指挥电梯应急救援工作"。

贵州省为了加强电梯安全管理,预防和减少事故发生,降低故障率,保障人民人身和财产安全,于2016年6月1日起实施人民政府168号令《贵州省电梯安全管理办法》。同时将"建立全省电梯应急救援处置服务平台,统一实施电梯应急救援"列入省政府2016年"1+7"民生工程。2016年,贵阳市政府将"建成全市统一的电梯应急救援处置服务平台"作为十大为民实事之一。

3)创新电梯运行管理模式

(1)新的系统:安装"电梯公共安全服务平台"系统,接入电梯安全救援平台,如贵州省12365;浙江省96333等。

(2)新的模式:运营"物联网新媒体"及"梯易保"。由第三方出资对现有电梯监控系统实施全面技术改造,免费安装"电梯公共安全服务平台系统";系统显示器通过广告、O2O经营,将平台打造成为"物联网新媒体",依托"电梯公共安全服务系统""梯易保"平台打造形成国内第一个电梯维保超市,以此逐步收回投资,并维持该系统自身良好有序的运转,真正实现政府相关部门对电梯安全长期有效的监管,解开政府在电梯安全监管和资金及技术投入方面矛盾的死结,让百姓受益。

3. 梯联网大数据应用模式

1)电梯安全公共服务平台系统架构

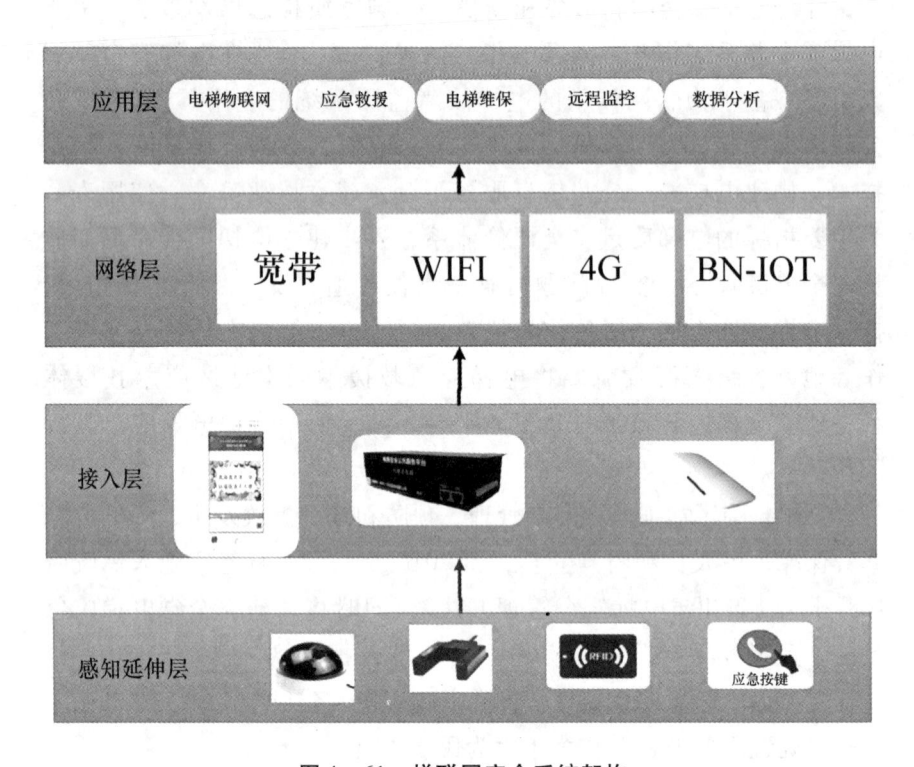

图4-61 梯联网安全系统架构

2)技术架构

技术结构在结构上共分为三层,即"基础层""服务层"和"应用层"。

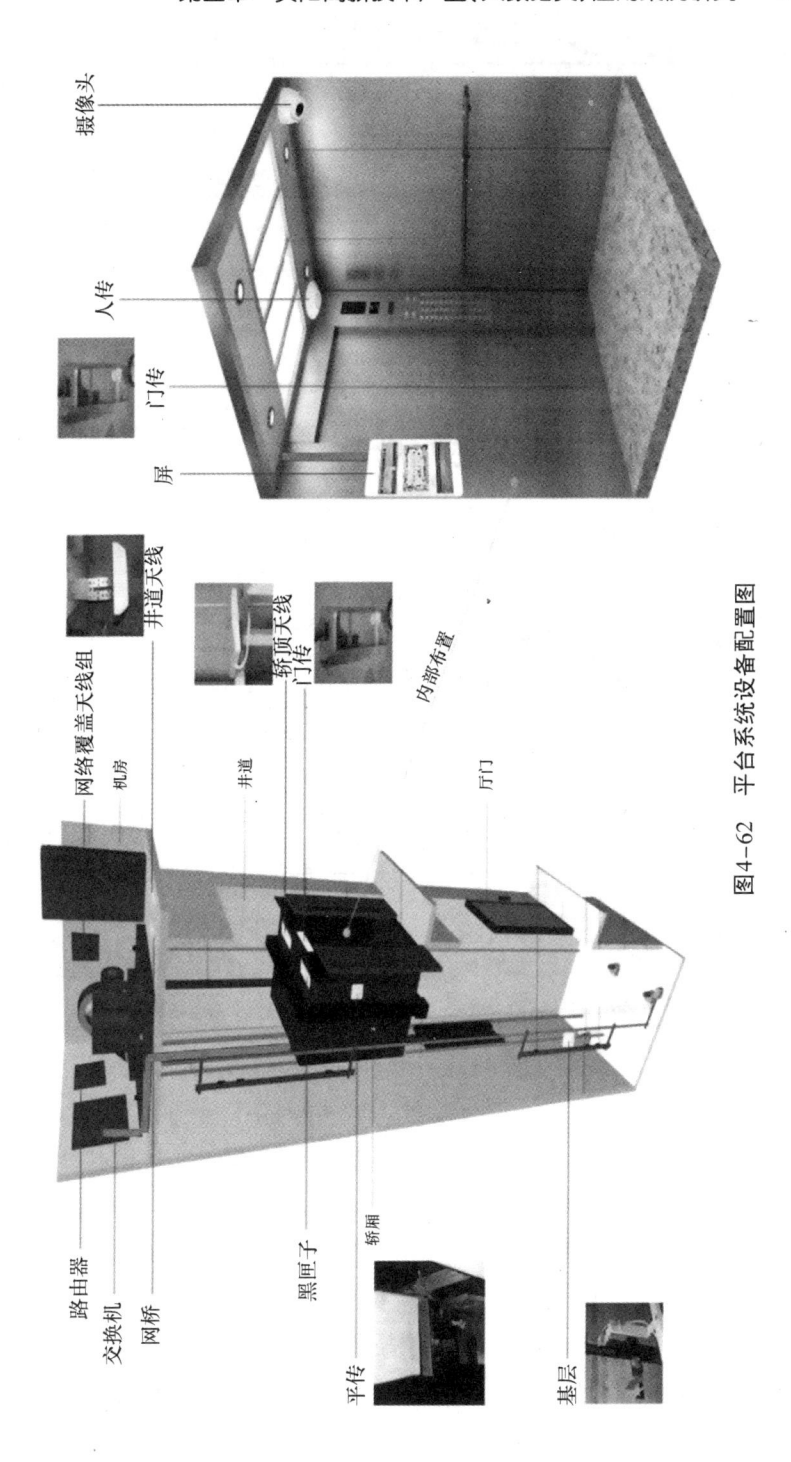

第四章 贵阳高新技术产业(大数据类)应用案例研究　　189

图4-62　平台系统设备配置图

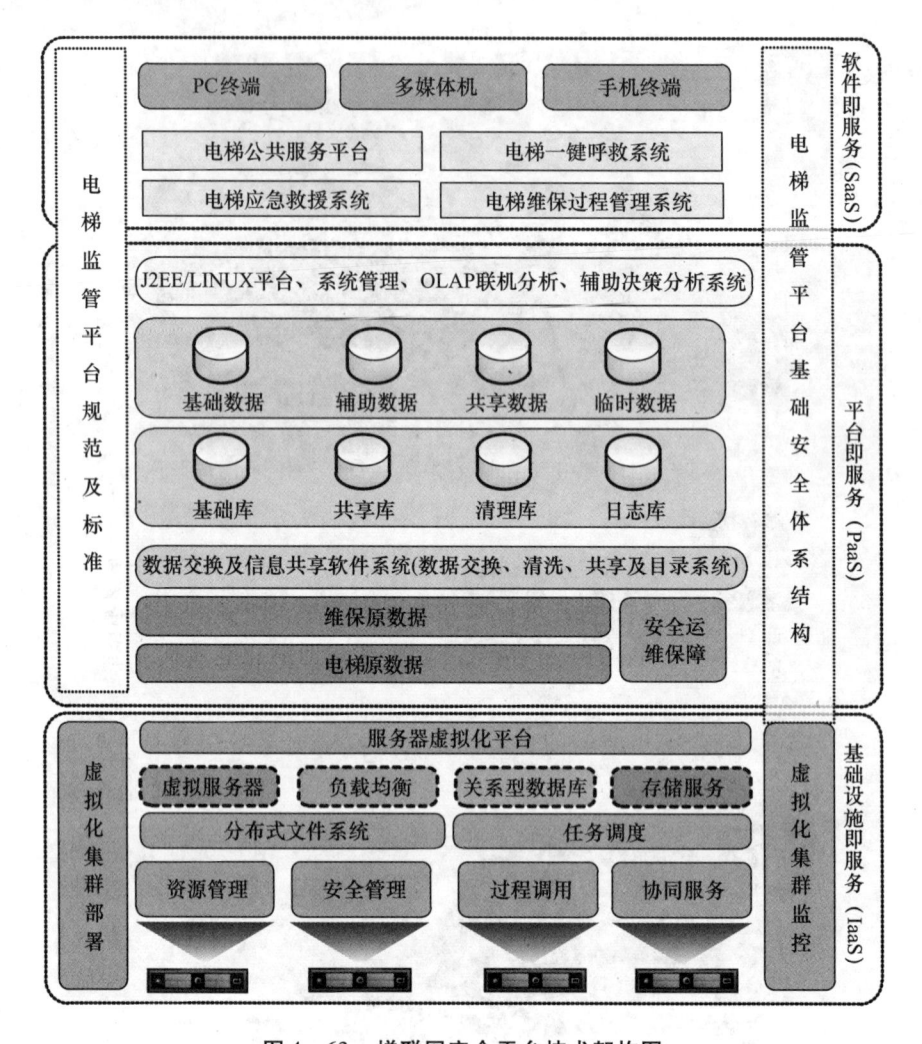

190　贵阳高新技术产业发展研究

图 4-63　梯联网安全平台技术架构图

电梯公共服务平台投资具有较长的生命周期，将采用开放、先进的成熟技术，优选业界公认的标准技术，电梯公共服务平台采用 Java 技术平台，系统使用 B/S 架构。B/S 架构具有平台无关性的特点，易于部署和扩展。为了系统的健壮性和可扩展性，电梯公共服务平台使用开源的 Java EE 平台，采用目前技术成熟的 Spring MVC 以及 Mybaties 框架来实现，保证了系统的可扩展性、可延伸性和可维护性。平台采用 GIS 技术来显示地区电梯的运行和分布情况。

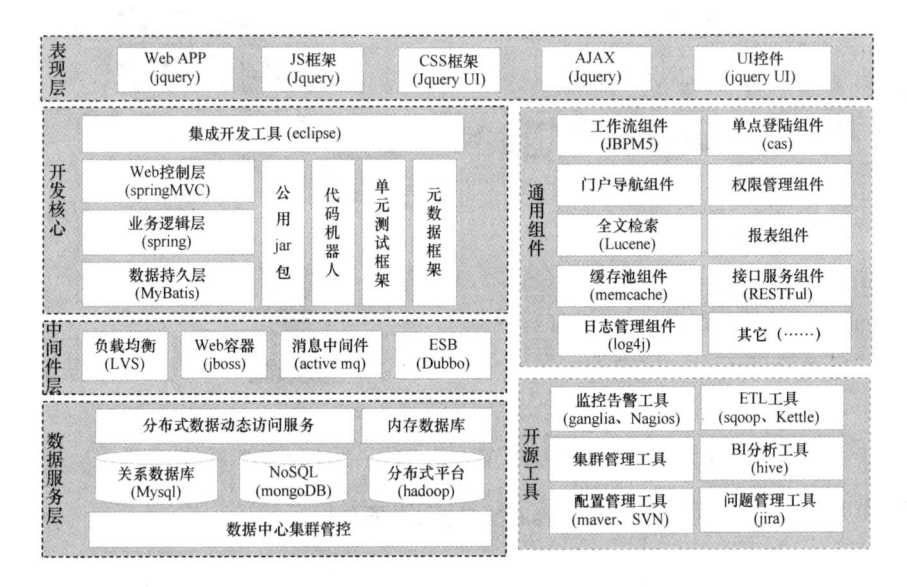

图 4-64 技术实现体系架构图

3）平台系统核心功能

图 4-65 梯联网安全公共服务平台架构

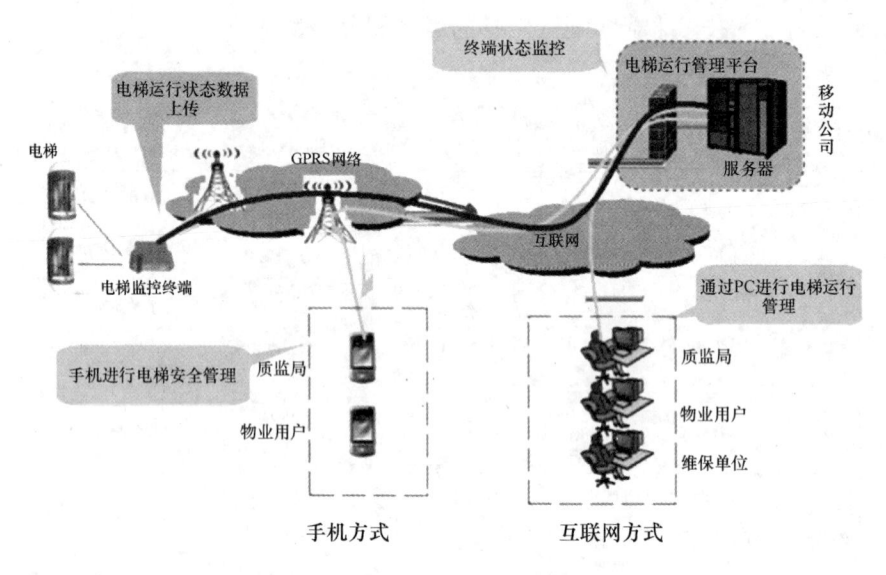

192　贵阳高新技术产业发展研究

图 4-66　梯联网安全公共服务核心功能

（1）统一门户管理

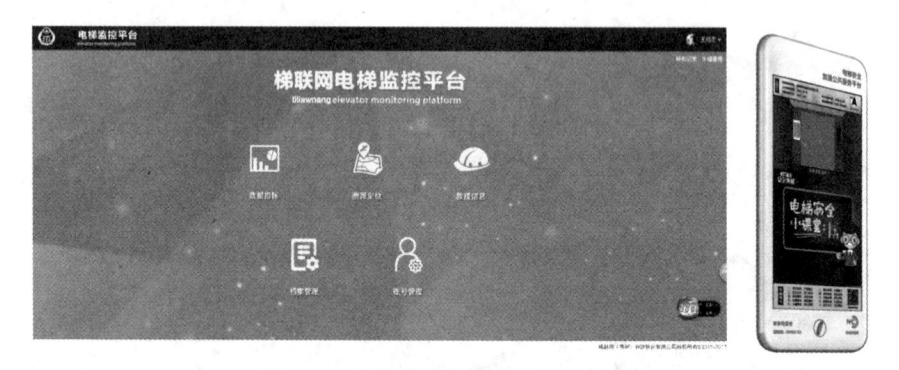

图 4-67　梯联网电梯监控平台（1）

（2）电梯运行监测
远程实时查看电梯使用状态与运行状态。

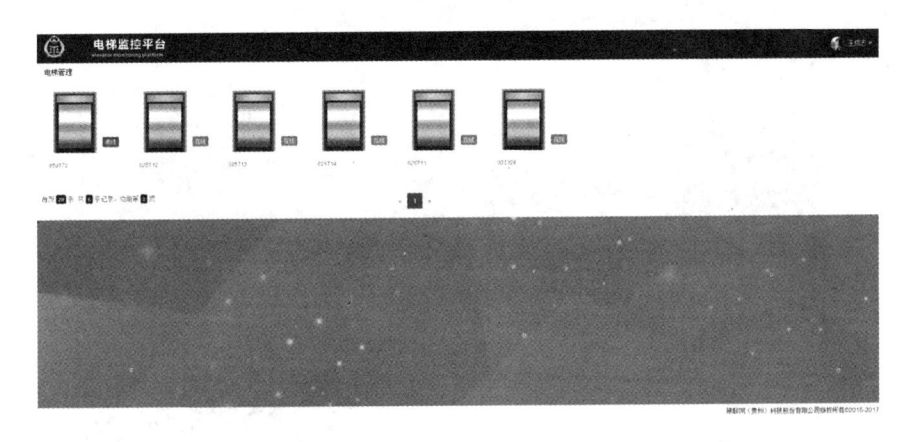

图 4-68　梯联网电梯监控平台（2）

（3）一键呼救功能

物联网多媒体机上自带一键呼救触摸按键，实现一键远程呼救功能。

（4）电梯故障预警功能

物联网设备通过安装的传感器实时采集电梯运行状态并判断电梯故障类型，实现事故预警。

（5）音视频安抚

在发生电梯困人的时候，多媒体机在接收到一键触发传回的信息后可以实现音视频安抚，告知被困人员安全须知。

（6）信息发布功能

设备拥有实时在线功能，能够通过后台发布系统对其进行实时远程信息发布，发布类型包括文字、图片、音视频等信息。

（7）音视频远程通话功能

物联网设备通过网络实现与后台系统远程实时音视频通话功能。

（8）流媒体直播功能

物联网设备多媒体机能够实现后台实时直播功能。

（9）应急救援联动

应急救援包括拨打电话×××××和一键呼救，物联网设备能够实现联动功能。

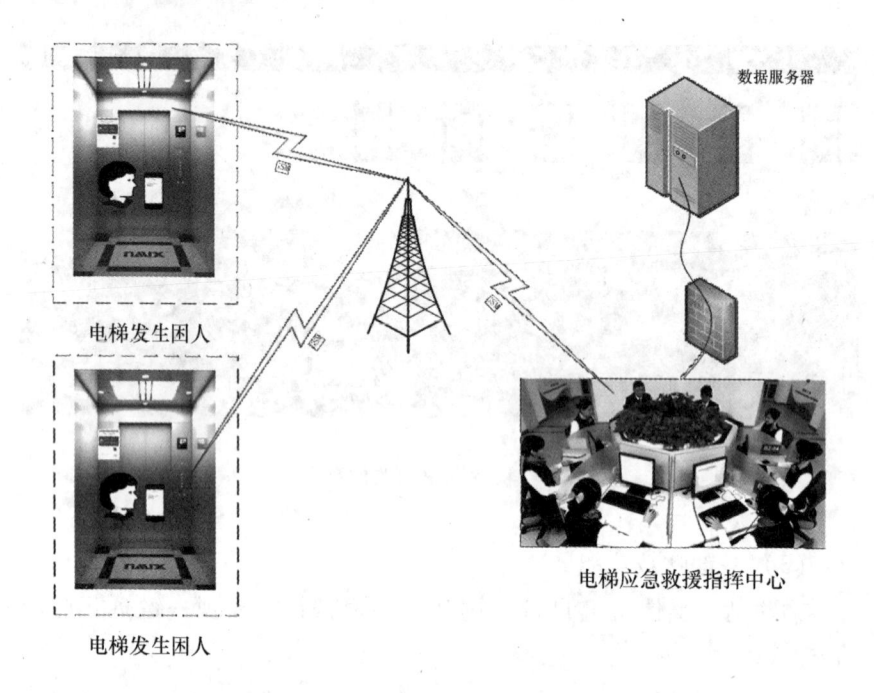

194 贵阳高新技术产业发展研究

图 4-69 梯联网电梯监控应用（1）

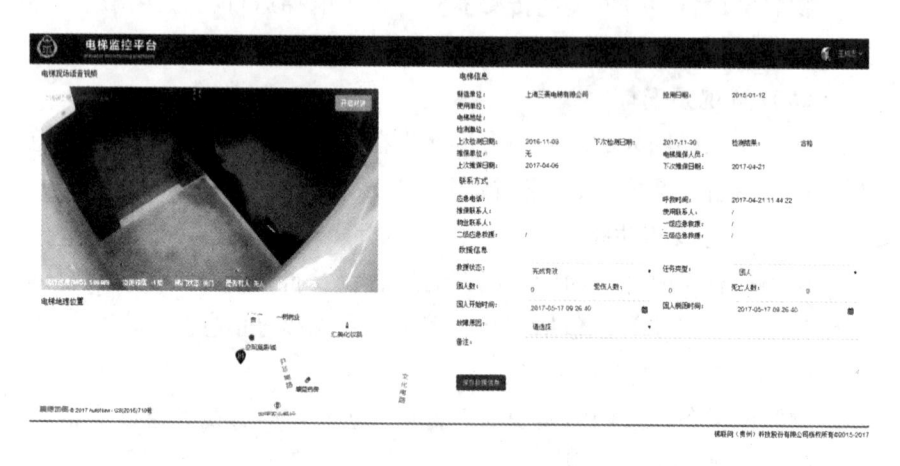

图 4-70 梯联网电梯监控应用（2）

（10）GIS 地图管理系统

采用地图分布显示当前所有电梯地图坐标，实现地图分布管理、梯统计管理。

第四章 贵阳高新技术产业(大数据类)应用案例研究　　195

图4-71　梯联网电梯监控应用（3）

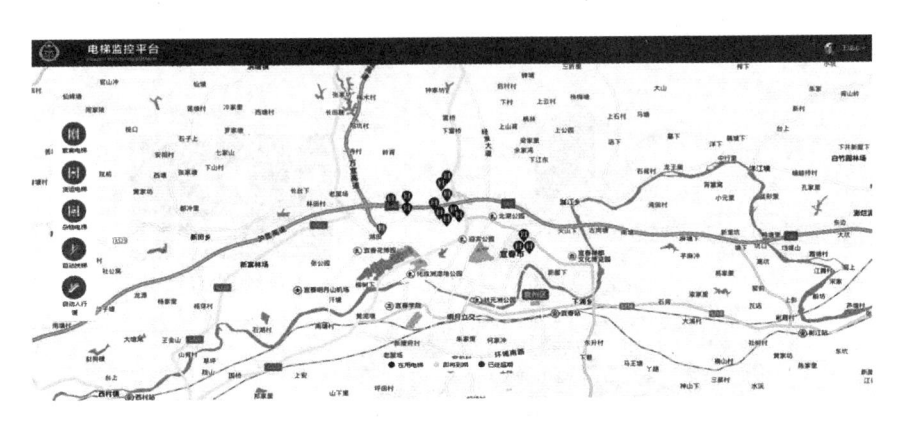

图4-72　梯联网电梯监控应用（4）

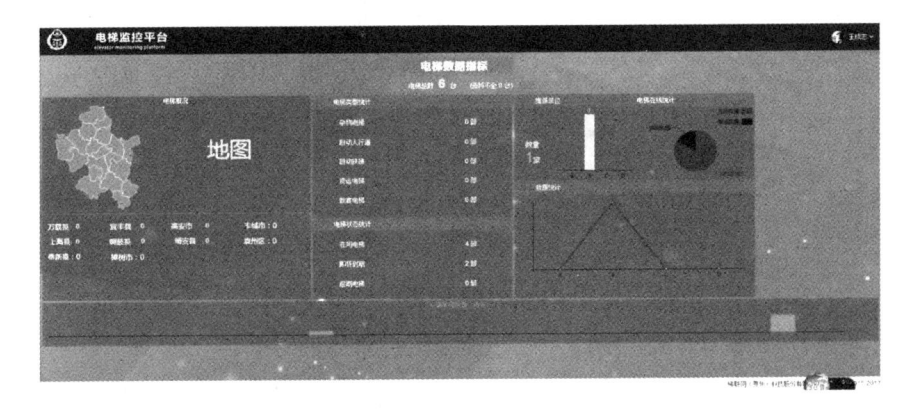

图4-73　梯联网电梯监控应用（5）

(11) 数据统计分析

通过数据整合，以柱形图、饼状图、区划图等数图结合的方式展示大数据效果。

(12) 电梯维保过程和计划管理

维保工人通过维保手机 APP 对整个维保过程进行信息化监管和标准化流程管理。

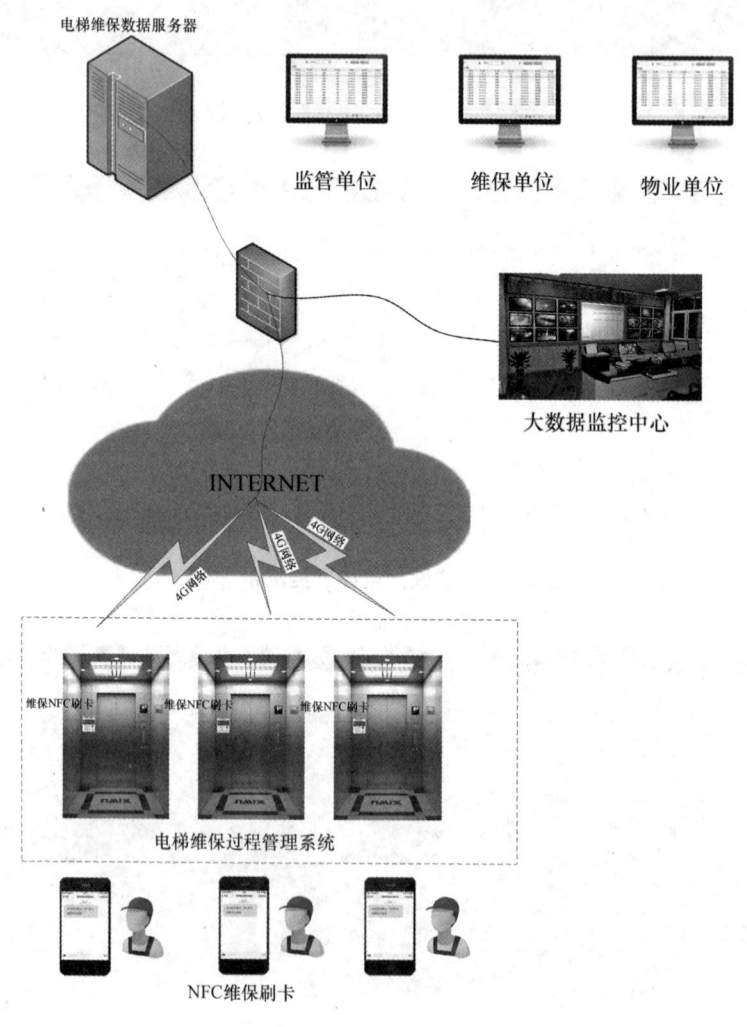

图 6-74　梯联网电梯维保平台

4. 项目实施计划和步骤

第一期：2017年9月至2019年9月，投资1500万元，拟在贵州省内建设4000套平台系统的推广应用。以电梯安全为契机进行宣传推广，借"电梯安全公共服务平台"之势迅速扩张，搭建与质监部门和物业单位沟通的桥梁，占据有效点位，增大行业进入壁垒，建立内部广告交易系统。截至2018年6月，已在贵阳市、遵义市完成2000余套平台系统的建设并投入使用，同时与贵州省内各地州市质监部门进行沟通协调，努力开发省内市场。

第二期：2019年1月至2020年12月，投资15000万元。

其一，拟进行电梯安全公共服务平台建设项目的全国招商，成立100家分公司，覆盖全国一线至五线共338个城市，完成128万套平台系统的推广使用。

其二，开发方向和重点主要是在产品功能上扩大服务外延，建立小区乃至城市的网络覆盖，研发室内导航，建立体量庞大的大数据分析平台。

目前，梯联网科技已在北京筹建设立营运中心，负责全国项目的招商活动；同时和江苏常熟理工学院签订了产学研合作协议，为平台系统的升级迭代提供有力的技术保障。

第三期：2021年1月至12月，投资3500万元。

其一，建立大数据中心，通过已安装的电梯安全服务平台系统采集在用电梯的运行数据，进行大数据分析与大数据交易。

其二，全力打造"梯易保""梯加加"电梯维保平台和电梯安全及社区服务多媒体综合平台，实现电梯维保监管、电商运营、广告投放、广告DIY定制等业务在平台上的操作。

5. 项目实施效果和下一步计划

1）实施效果

电梯安全公共服务平台于2016年下半年在贵阳国家高新区试点成功后开始在贵州省范围内推广，目前，已获得贵阳国家高新区、云岩区、观山湖区、六盘水市钟山区等政府部门的认可，并明文要求在全区范围内推广使用。

2017年，梯联网股份各业务板块稳定运行，营收稳步增长，维保板块、传媒板块业务快速增长。2017年上半年已从贵阳市逐步向贵州省内的正安、贵定、兴仁、铜仁等周边城市扩展，2017年6月迅速向全国各省扩展，已合作的省（市）有：北京市（海淀区）、内蒙古自治区（赤峰市）、甘肃省（庆阳市）、海南省（海口市）、安徽省（芜湖市）、江苏省（苏州市、张家港、无锡）、黑龙江省（哈尔滨市）、广东省（珠海市）。其中北京市（海淀区）、内蒙古自治区（赤峰市）、甘肃省（庆阳市）、安徽省（芜湖市）、江苏省（张家港市）项目已经成功试点落地，内蒙古项目已进入二期。

广东（珠海市）、海南（海口市）、河北（沧州市）、广西（南宁市）项目正在落地中。各地已经成立或正在筹建的子公司有6家（北京、内蒙古、海南、江苏、珠海、黑龙江、甘肃）。截至2018年上半年，潜在合作区域又增加了广东、陕西、浙江三省，全国联网的电梯安全公共服务平台已初具规模，形成了电梯物联网的雏形。

2）下一步计划

（1）在现有基础上扩展电梯安全公共服务平台功能，实现产品进一步升级，使其功能更稳定；同时研发新一代产品，使产品从电梯轿厢内延伸至轿厢外的室内、室外；从功能上扩大服务外延，更多地体现智慧城市的各个方面。

（2）全力打造"梯易保"维保交易平台APP。"梯易保"电梯维保平台融合维保审批、过程监管、电梯维保交易、维保配件交易四大功能。维保审批由质监局负责；过程监管由质监部门、物业部门、平台公司负责；电梯维保交易是由物业、维保人员使用的平台；维保配件交易功能由物业、配件厂商使用。

（3）开发"梯加加"短视频定制投放APP。"梯加加"短视频定制投放平台是融合用户、物业、投资方、客户的广告综合交易平台，用户可在平台上定制各种创意型模板，并可在任意梯联网视频终端进行投放，物业及投资方可在平台上看到每天的实时收益情况，客户可通过平台远程监播广告的播放情况，是一种更加智能、高效的广告投放方式。"梯加加"线上平台以及电梯视频终端的广泛覆盖，为电梯新零售提供用户以及宣传渠道,通过自建"梯加加"商城,实现在电梯场景下的互动新零售。

图 4-75　梯联网个性化定制服务(1)

图 4-76　梯联网个性化定制服务(2)

(4)提供社区生活圈服务。电梯安全公共服务平台侧重于社区电梯安装建设,因此具有天然的社区生活圈经营优势,通过在社区与物业合作的形式共同经营社区生活圈经济。社区生活圈以居民日常消费品（米、油、蔬菜、水果、农特名优产品）、"社区赶集、二手"、社区物业信息等内容为主体，以"消费免物业费"的方式实现引流，以社区小店为线下终端、物业为服务提供方。梯联网以平台方式经营，实现物业、社区小店、居民三方共赢。

（5）"物业＋社区"商圈精准定位。梯联网在社区生活圈的经营基础上，通过对社区群体的消费行为进行大数据分析，实现对社区商圈的精准定位，增加梯联网新媒体的价值。在社区群体消费行为大数据分析的基础上，扩展社区金融、旅游、社交、家装、汽车、废品、养老、公益等社区延伸经济。

3）示范推广价值

电梯安全公共服务平台借助互联网、移动互联网、大数据技术，实现了传统电梯管理运营模式的创新，在公共服务和安全管理环节实现了"互联网＋"。在有效维护民生安全，为百姓服务的同时，对城市软硬件环境提升，公共服务体系创新，现代化商圈和社区建设，对政府数字化、精细化监管等带来了大幅度改善。梯联网技术模式、商业模式对同行或者运营模式类似的公共服务场景、产业场景具有借鉴意义，具备较强的产业推广价值。

案例八　爱立示——基于区块链的大数据版权登记应用

1. 基本情况

贵阳爱立示信息科技有限公司（简称"爱立示"）由国家"千人计划"专家、国家公共大数据重点实验室副主任谈建博士创立，作为国家大数据（贵州）综合实验区建设的具体项目之一，在2016年3月与贵阳市政府签订战略合作协议，于2016年6月成立。团队经自主研发和技术创新，创立无钥签名区块链技术。

爱立示致力于推广无钥签名区块链技术及其相关应用，为政府、企业和个人的诚信需求提供技术基础服务。目前无钥签名技术已经在电子政务、供应链管理、智慧城市、物联网等领域应用，并正在努力为各类大数据场景中的数据安全提供底层支撑服务。目前爱立示已经建成了覆盖全国的无钥签名基础设施、自主研发了硬件网关和云网关，针对不同技术实现的信息系统可以提供各类 SDK 或 API，可以被快速集成到现有各种形式的信息系统中。

2. 项目背景和目标

"十三五"期间，国家致力于推动全网文化、版权产业的持续健康发展，促进文化、版权产业的繁荣和创新。"版权云"即"国家数字音像传播服务平台"，是国家"十三五规划"文化市场技术监管平台建设项目。版权云作为我国文化产业首个"先试先行"的文化大数据产业应用项目，中云文化大数据公司将依托贵州发展大数据战略的政策及资源优势，进一步发挥版权云在文化领域的先行示范作用。

在数字化、网络化时代，现行的版权管理机制受到很大挑战。数字化知识和信息传播的快捷性、易复制性等特点使数字盗版泛滥，很多数字出版商未经授权就进行传播，给著作权人带来了比传统盗版更严重的经济损失。数字版权贸易日益频繁，版权授权需求量激增，现行的交易方式具有过程复杂、交易成本高、交易效率低等特点，已明显无法适应互联网时代数字版权贸易的要求。除了正式出版物外，大量的小视频、图片、网络文章也有版权保护的需求，这类原创作者不是为了交易获利，而是为了保护自己原创的名义，现行的版权保护模式难以满足这类要求。目前的数字版权保护办法（DRM）都是集中登记式的，本质上是一种权威管理机构授权的中心化版权管理机制。区块链技术为数字版权提供了一种不可更改的去中心化版权登记模式。

版权云大数据登记平台致力于解决版权登记、监测、维权等环节中所存在的实际痛点和难点。通过登记应用能力，解决版权登记中需要准备的材料多、登记流程繁琐、周期长、费用较高、出现版权纠纷后法律支撑力不足的问题；通过对取证行为、侵权证据等数据进行固化和存证，并组建众证社区平台，使需求方与社区用户能力进行快速链接，打击盗版侵权，形成版权侵权盗版等行为的众包商业模式。

平台采用区块链技术保护了作品的完整性和不可篡改性，利用区块链技术为记者、新闻网站、自媒体人、独立撰稿人等人所创造的各类有价值的数字资产提供确权、登记、保全、交易、授权、管理、分析等服务,解决版权确权等核心问题。

3. 项目大数据应用模式

版权云大数据登记平台是国家"十三五"项目——CCDI 版权云项目的重要组成部分,是实现版权云大数据"聚、通、用"战略的基础,是构建版权运营业务全产业链条的数据入口、版权信息库、正版内容库、商业推广窗口。登记平台的开发、建设、运营、推广对于 CCDI 版权云项目的实施至关重要。

图 4-77 版权云登记平台

版权云大数据登记平台可以快速应对互联网上每天产生的海量原创内容,在时间上对登记的数字作品做永久的存在性证明,保护作品的完整性和不可篡改性,为各类原创作者提供版权登记、存证、管理、分析等服务。

无钥签名区块链技术,是数字版权登记、见证、确权等业务的核心技术基础。无钥签名是电子数据的电子标签(签名),基于数学而非信任,提供对时间、起源和数据完整特征的证明和验证,且不可篡改,保护电子数据的完整性,为 DT 时代数据诚信提供底层技术支撑。

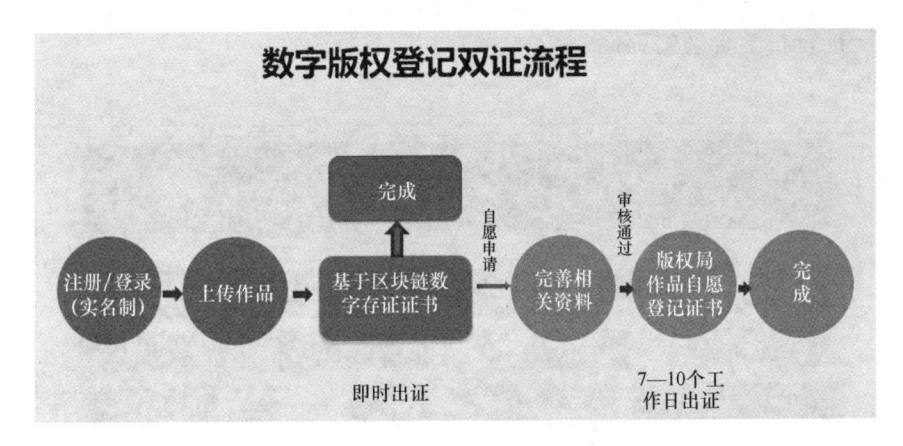

图4-78　版权云登记流程（1）

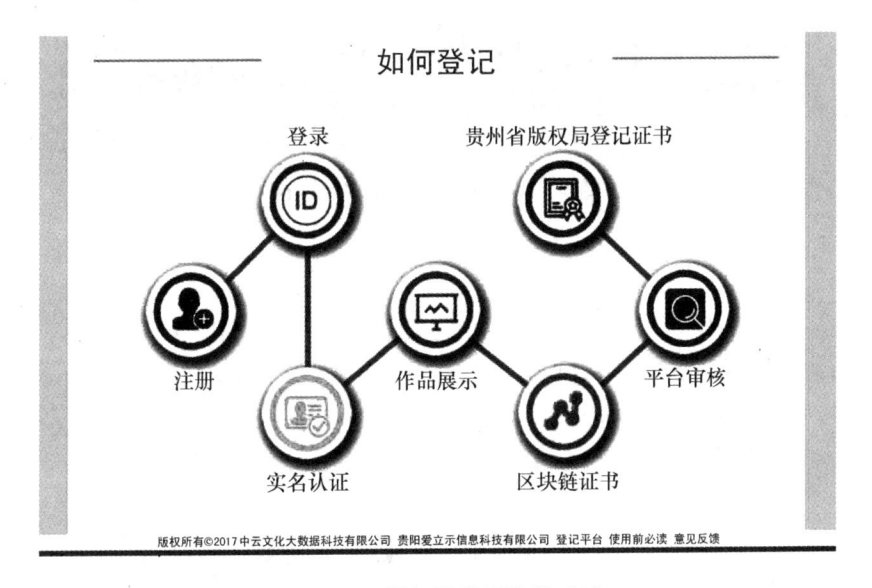

图4-79　版权云登记流程（2）

1）平台系统架构

在整个逻辑架构中，各大应用的主要功能如下：

登记平台：包括作品登记、认证、存储和审核等。

数据审核整理平台：包括对所有音频、视频、图像、文字、直播视频等信息进行整理、清晰、转换，然后按照统一规范创建索引，便于进行科学合理的存储。

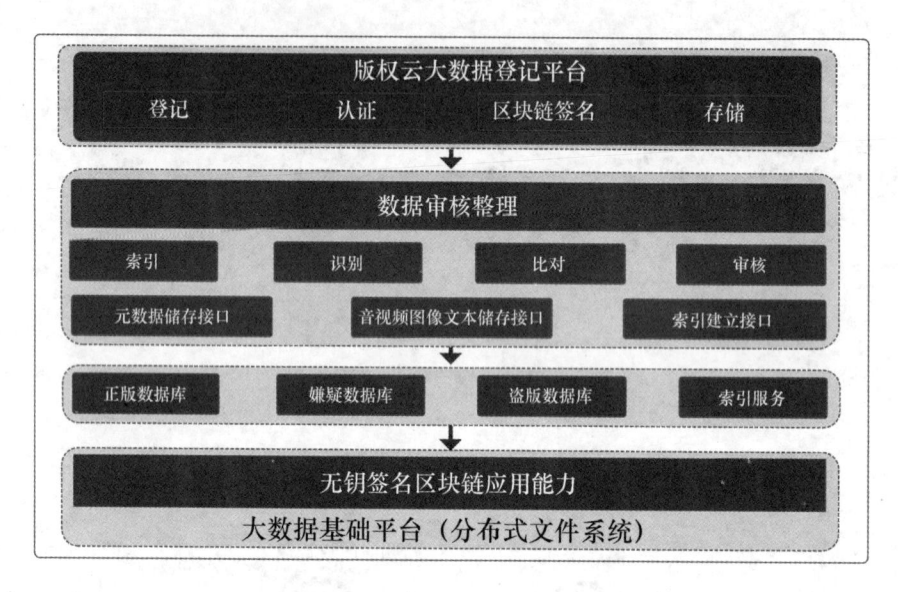

图 4-80　版权云登记应用平台

2）平台关键技术

（1）通用接口服务

作为前端数据录入口，无钥签名区块链已经形成成熟的 saas 级应用，为系统提供通用的接口服务。

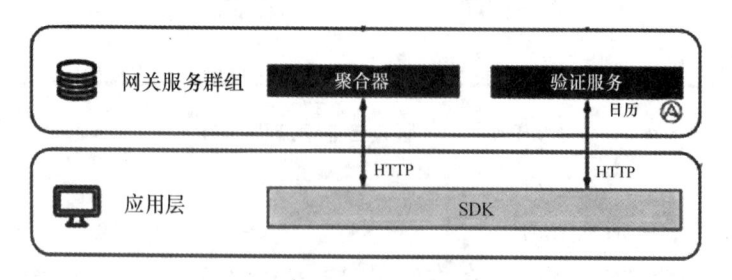

图 4-81　版权云通用接口平台

通过通用的区块链接口服务，可以很容易为系统提供区块链应用服务，具有较强的兼容性和可扩展性。

（2）Merkle Tree（默克树）

无钥签名区块链通过 Merkle 实现数据完整性的验证及自身安全保障。Merkle 是为了解决多重一次签名中的认证问题而产生的，Merkle 的结构具有一次签名大量认证的优点，在认证方面具有显著的优势。

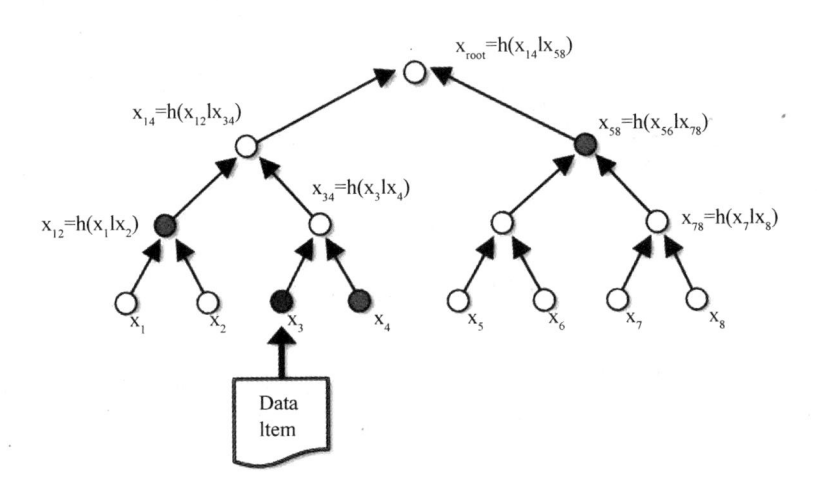

图 4-82　版权云默克树（1）

如今，Merkle 的树形结构已经被广泛应用到了信息安全的各个领域，比如证书撤销、源组播认证、群密钥协商等，同时也是区块链技术的通用技术之一。并且基于 Merkle 的数字签名方案在安全性上仅仅依赖于哈希函数的安全性，且不需要太多的理论假设，这使得基于 Merkle 的数字签名更加安全、实用。无钥签名区块链技术通过利用 Merkle Tree 的架构来验证整体文件的完整性和安全性

（3）共识机制

通过特殊节点的投票，在很短的时间内完成对交易的验证和确认；对一笔交易，如果利益不相干的若干节点能够达成共识，我们就可以认为全网对此也能够达成共识。

在算法领域上主要有 pow、pos、dpos、pbft 等，比较出名的有"拜占庭共识"，无钥签名区块链技术应用的 pbft（实用拜占庭容错共

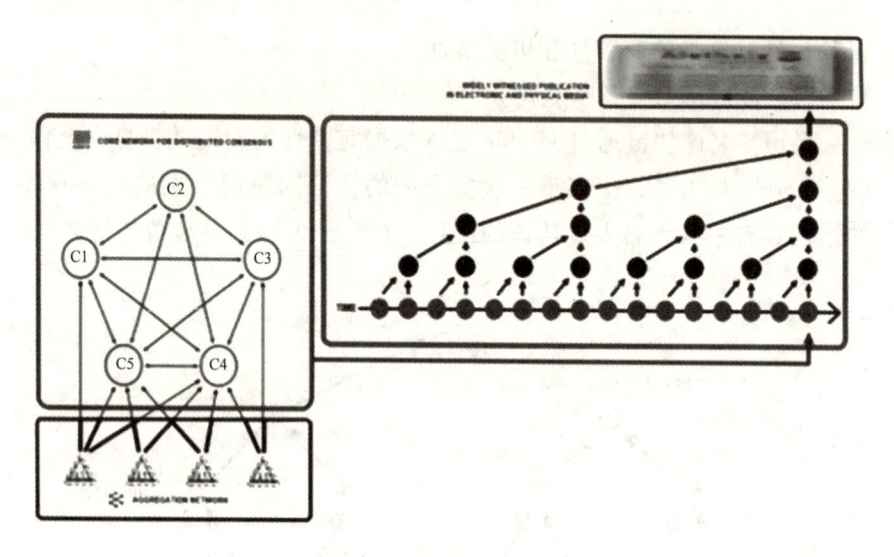

图4-83 版权云分布节点

识技术），它是一项中心化或者说多中心化的技术，通过 pbft 共识算法实现对数据和时间一致性的共识，并有效地保证了数据主权。

（4）分布式节点

利用高速计算机网络将物理上分散的多个数据存储单元连接起来组成一个逻辑上统一的数据库。分布式数据库的基本思想是将原来集中式数据库中的数据分散存储到多个通过网络连接的数据存储节点上，以获取更大的存储容量和更高的并发访问量，这使实时产生的海量数据的政务服务系统极大地提高了工作效率。

无钥签名区块链是一项典型的联盟链，每一个参与无钥签名应用的节点都会贡献出自身的 hash 并且通过 Merkle 的方式进行聚合，从而参与整个体系的共识过程，同时反馈到本地节点的无钥签名和日历哈希数据库也将作为全网数据的备份节点。

（5）其他基础组建

- 加密算法

对原来为明文的文件或数据按某种算法进行处理，使其成为不可读的一段代码，通常称为"密文"，使其只能在输入相应的密钥之后才能显示出本来的内容，通过这样的途径来达到保护数据不被非法人

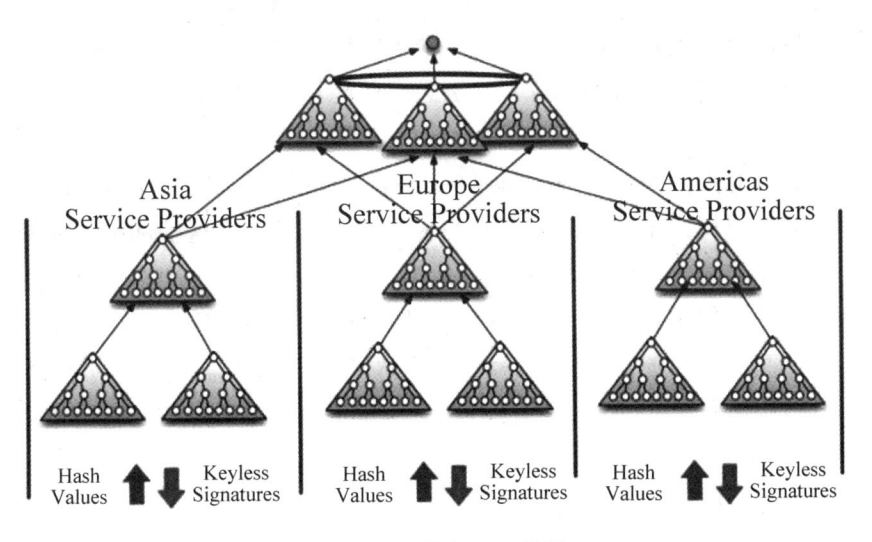

图 4-84 版权云区块链

窃取、阅读的目的。该过程的逆过程为解密，即将该编码信息转化为其原来数据的过程。

- 哈希算法

哈希算法是通过将任意长度的输入（又叫作预映射 pre-image）通过散列算法变换成固定长度的输出，该输出就是散列值。这种转换是一种压缩映射，也就是散列值的空间通常远小于输入的空间，不同的输入可能会散列成相同的输出，所以不可能从散列值来确定唯一的输入值。

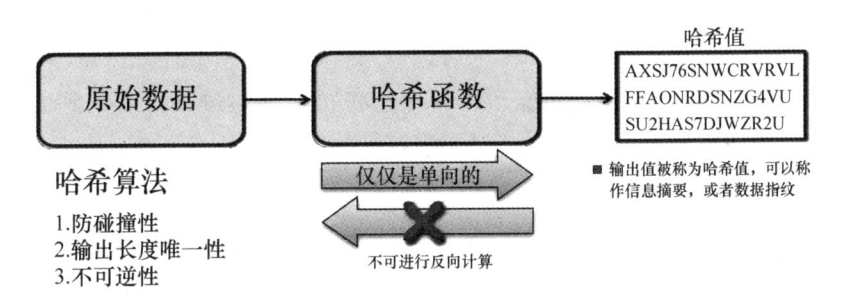

图 4-85 哈希算法输入—输出链

目前无钥签名区块链技术应用的国密算法 SM3，这样的 hash 算法无法继续解密，极大地保护了政务数据的隐私性和安全性。

- P2P 网络

纯点对点网络没有客户端或服务器的概念，只有平等的同级节点，同时对网络上的其他节点充当客户端和服务器。这种网络设计模型不同于客户端—服务器模型，在客户端—服务器模型中通信通常来往于一个中央服务器。有些网络（如 Napster，OpenNAP，或 IRC @ find）的一些功能（比如搜索）使用客户端—服务器结构，而使用 P2P 结构来实现另外一些功能。类似 Gnutella 或 Freenet 的网络则使用纯 P2P 结构来实现全部的任务。

- 时间戳

时间戳是为每一份数据提供一份时间证明证书，证明数据在特定时间点的状态，无钥签名区块链结合时间戳技术为一份数据提供时间上的证明，形成数据的"不可否认"服务。

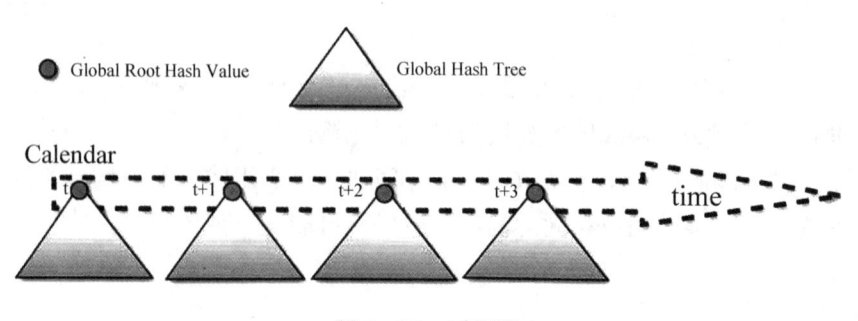

图 4-86　时间戳

无钥签名区块链以数据顺序相接，将每一秒通过共识后得到的根哈希节点通过时间顺序相连，形成日历哈希链。

- 日历哈希区块链

聚合哈希树每隔一秒钟形成一次，但一旦所有用户收到从它们的输入哈希到全局根哈希的哈希链，就会被销毁。根哈希在全局日历哈希区块链中注册。

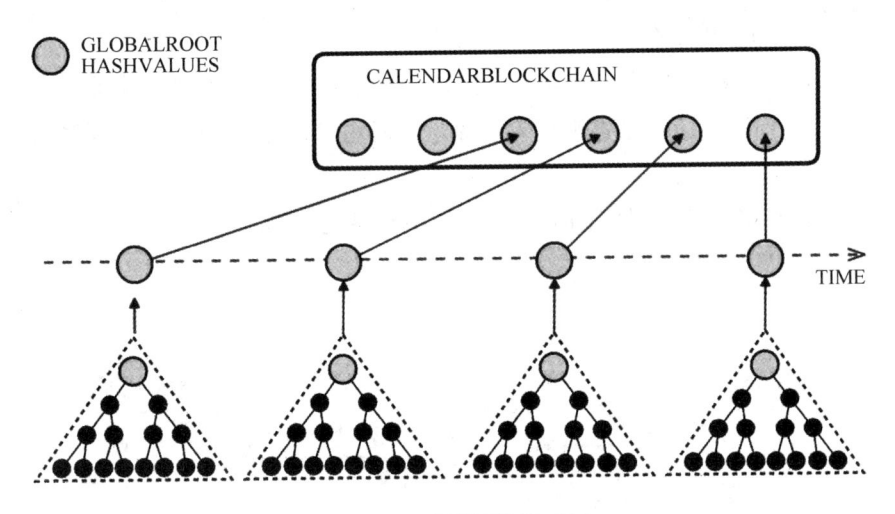

图4-87 哈希区块链（1）

日历哈希区块链是包含时间元素的特殊哈希树。自从1970-01-01 00：00：00 UTC以来，它每秒钟只有一个叶，该叶是全局聚合树的根哈希。日历哈希区块链是永久的，数据只附加到它。日历区块链（tree）的根节点定期发布在报纸和电子媒体上，以确保长期的完整性。

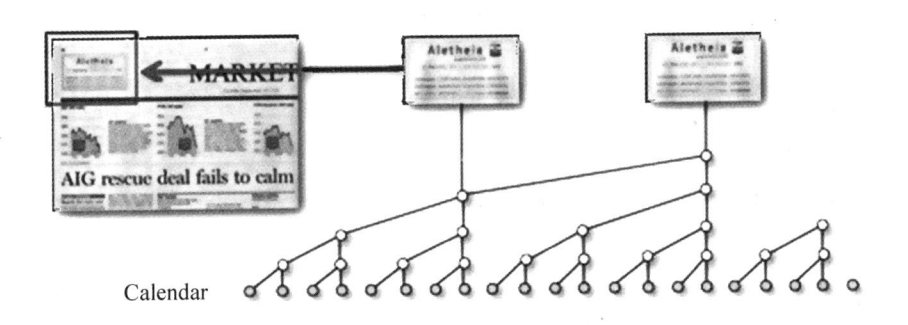

图4-88 哈希区块链（2）

每次生成完整码的每一个节点，都包含t^{0-1}根哈希值和t^0根哈希值，而二者串联后再次哈希的t^1又是下一个节点的哈希t^{0-1}。

（6）应用服务

无钥签名区块链技术为数据提供完整性、时间、起源的验证和证明服务，由于是针对基础数据本身，其使用可以适用于任何内容格式数据。

数据完整性和时间的签名、验证和证明方式如下：

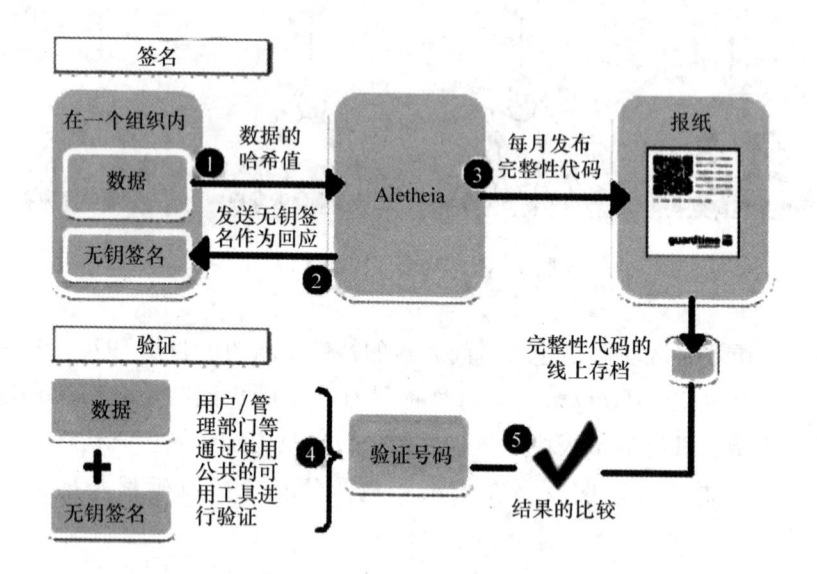

图 4-89　版权云无钥签名平台

针对本次项目主要应用于数据共享交换系统、档案系统、审计系统、大数据分析系统。

4. 项目实施计划和实施效果

1）项目计划

在版权云大数据登记平台开发并持续优化的基础上，爱立示将锁定目标受众，加大市场推广力度，通过成功案例的带动，快速实现平台的推广和应用。

服务对象：为所有有版权需求的用户提供服务，例如新闻编辑，作家，歌手，摄影师等。

适用场景：为作家、记者、新闻网站、自媒体人、独立撰稿人等人所创造的各类有价值的数字资产提供确权、登记、保全、交易、授权、管理、分析等服务，解决版权存证确权等问题。

2）实施效果

目前项目已完成大数据登记平台的研发，并与贵州省版权局达成战略合作协议，获得其资质授权。项目申报了 2017 年大数据优秀产品，区块链优秀产品。

2018 年 2 月 26 日，完成贵州中云文化大数据有限公司开展"版权云区块链登记平台"项目招投标工作，并顺利中标。同年 8 月 30 日产品在贵州省版权登记中心上线，成为贵州省版权登记中心官方指定线上版权登记产品。

与贵州省司法厅、贵阳市警官学校建立"无钥签名区块链"取证、存证技术研究，在取证可信领域为版权举证提供支持帮助。

版权云大数据登记平台需不断积累各类数字资产，加深与版权云大数据监测平台、交易平台的融合，为政府、企业和用户的版权相关需求提供个性化服务。

5. 项目下一步计划和示范推广价值

1）下一步计划

（1）在目前版权云大数据登记平台基础上，优化登记业务，监测业务，实现二者的升级融合。

（2）建立版权云大数据中心，依托大数据技术持续提升平台应用、安全等效果。

（3）筹划建设版权云交易平台，为广大用户提供深层次市场化服务。

2）示范推广价值

版权云大数据登记产品利用无钥签名区块链技术为登记作品进行签名存证。无钥签名区块链是可监控、可追溯、可审计、去中介化的区块链创新应用模式，独一无二的无钥签名技术解决了数据完整性问题。无钥签名区块链具有可追溯性，作品在区块链上登记后，可以追溯作品的使用情况，方便版权所有者对侵权的行为进行维权；无须第三方机构介入为交易提供有偿担保，即可完成价值的交换，降低了版权交易的成本，保证了交易的透明性；它重塑信任体系，是价值互联网的基础设施。

上述商业模式和技术应用理念，除了在版权领域，在其他产业领域也有类似的应用空间。如对健康医药、食品安全、专利授信、资信管理等各个领域都存在借鉴意义。

案例九　威众佳和——智慧用电安全隐患监管服务系统

1. 基本情况

贵州威众佳和科技发展有限公司（简称"威众佳和"）是贵州省内第一家专业从事电气安全预警的高新技术企业。威众佳和主要负责"智慧用电安全隐患监管服务系统"（电丁丁）和"灭弧式电气防火保护装置"在贵州市场的运营及推广。系统通过"物联网+大数据"技术，为用电单位通过在线监测、提前预警、自动防止电气火灾发生以及大数据分析的技术服务。

威众佳和成功打造了贵州省电气火灾预警大数据监管平台，组建了专业的技术服务团队，建立了线上线下互动互交预警体系。威众佳和将围绕该系统努力打造产业闭环，逐渐成立电气安全整改服务公司、电气设备、线缆贸易等全资子公司，并通过手机 APP 打造"监测用户—大数据平台—电气安全设备及电气整改"的 P2P 模式。

2. 项目背景和目标

电力在给人们的生产生活带来无限便利的同时，也给社会带来了不可预知的灾难和损失。根据国家公安部消防局 2017 年 5 月统计数据，在已查明原因的火灾中，57% 被定性为电气火灾，并呈逐年上升趋势。电气火灾已成为影响人民生命财产安全的"头号杀手"。长期以来一直缺乏防止和降低涉电事故发生的行之有效的技术手段。"天天排查隐患，随时发生事故"是困扰民政部门的"老、大、难"问题。

在实际生产和生活中，电气设备及线路的不断增多，在日常的使用中，人们容易忽视电气线路和用电设备的安全管理，现有的防控技术又存在很大的局限性。各单位在日常的工作管理中，往往存在着人手有限、监察不力等现实问题。其核心点是传统电气安防报警全部为事后灾情报警，无法避免险情发生，更不可能避免损失，只能通过传统消防措施来减少损失。为此，威众佳和在用电安全监管上开始转变思路，以寻求新的突破口。

基于电气安全防护化被动为主动，"预防为主，综合防护"的电气安全理念，国内已研发了智慧用电安全隐患监管服务系统，创新了国内外电气火灾安全隐患监管模式，首次提出通过传感数据挖掘的安全监管服务，以防范电气火灾发生的安全管理新理念，创新发展了传感数据的新业态。

站在提升预防电气火灾综合能力的高度及提高消防监管水平和快速反应能力的高度，通过运用物联网＋大数据的先进技术，推广使用智慧用电监管系统，是对用电安全隐患监管部门全面掌控单位防控电气火灾能力的一项十分必要的工作。

该系统是通过对回路中出现短路、过载、漏电、温度过高等隐患进行实时"在线"监测预警。若采集到的数据异常，及时通过手机APP消息推送和短信的方式通知安全管理人员。通过历史用电数据分析，评估用电风险，大幅减少火灾等涉电事故的发生，从而避免损失，真正做到防患于未"燃"。

该系统将全面提升用电安全监管能力。首先，该系统可作为企事业单位消防远程监控信息平台的建立和补充；其次，该系统可打造全新、全面的远程信息服务模式，实现了电气火灾隐患实时在线"体检"。另外，该系统可提高消防监管质量和效率。可以说有了电气安全隐患监测预警系统，就像有了"火眼金睛"一样，可对所有的电气安全隐患一目了"燃"，实现了对电气安全隐患进行实时动态预防监管。

3. 企业大数据应用模式

智慧用电安全隐患监管服务系统云平台，简称为"电丁丁"。

"电丁丁"是基于移动互联网、大数据，并加入并行处理、分布式数据库、节点计算模型等领先的云计算技术，通过先进的云平台和智慧终端，把潜伏在身边、不易察觉的诸多电气安全隐患实时动态地展现在眼前。强大的 APP 交互式远程报警及控制功能，完美地诠释了移动互联时代"互动安全、随手掌控"的电气安全管理理念。

电丁丁云平台运用交互式信息处理、分布式数据库、节点计算模型等先进的云计算技术，实现了电气安全数据从现场到云端，从云端到 APP 的高效传输，实现对漏电、电弧、过载、短路、线缆温度异常等多项电气安全危害的大数据分析，进行多维度智能检测、分析、报警、云端控制等电气安全管理，精确定位电气火灾隐患地址，安全预报警信息定制型推送，让电气安全看得见，摸得着，防得了，控得住。

1）平台系统架构

图 4-90 智慧用电平台系统

（1）感知层：（智能传感）采集数据、分析对比数据、地址定位。灭弧式电气防火短路保护器在提供短路和过载安全保护的同时，将与电气安全相关的电气参数实时传送给电丁丁云平台，提供实时监控、移动互联网、大数据及企业级微服务等功能。

（2）传输层：网络接入 3G、4G、WIFI、GPRS、互联网网关 CAN \ 485 \ Zigbee。

（3）应用层：手机、web、PC、学校、医院、政府单位、商场、写字楼、工厂等，电丁丁是基于灭弧式电气防火短路保护器基础之上的电气安全云平台，并致力于为企业提供电气安全企业级服务。

第四章　贵阳高新技术产业（大数据类）应用案例研究　215

完美实现电气安全数据从现场到云端、
从云端到APP的高效传输

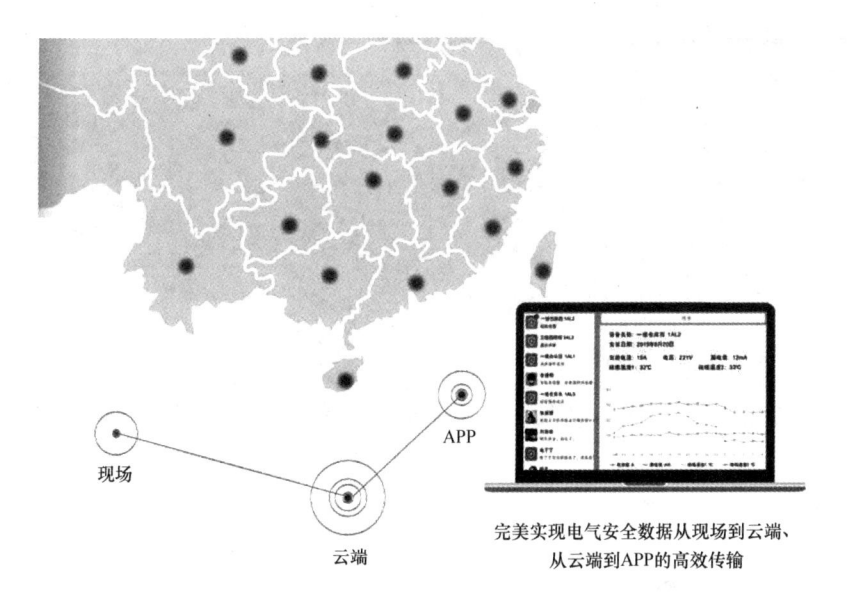

图4-91　智慧用电传输层

2）平台主要功能
（1）远程监控

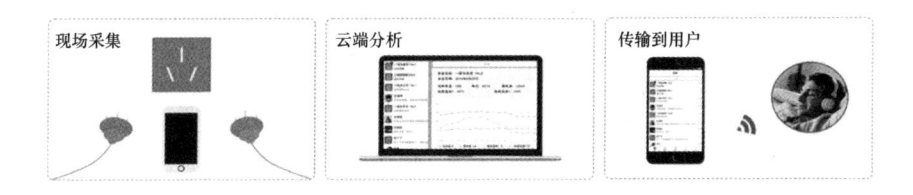

图4-92　智慧用电远程监控平台

通过云平台服务和移动互联网技术实现电气安全数据从现场到云端，从云端到用户端的高效传输，达到用户对电气安全隐患的远程精确定位和控制，最大限度地杜绝短路所引发的火灾，防止线路过载而引发的火灾，消除故障电弧的火灾危害，防止漏电火灾的发生，等等。

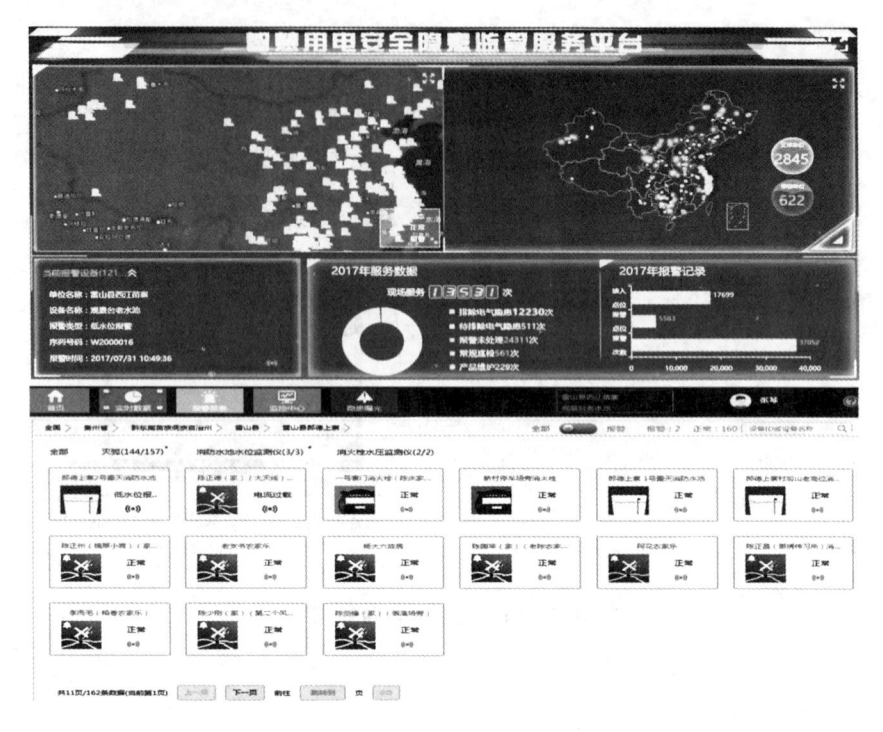

216　贵阳高新技术产业发展研究

图4-93　智慧用电监督服务平台

图4-94　智慧用电具体应用

第四章　贵阳高新技术产业(大数据类)应用案例研究　217

(2) 大数据分析

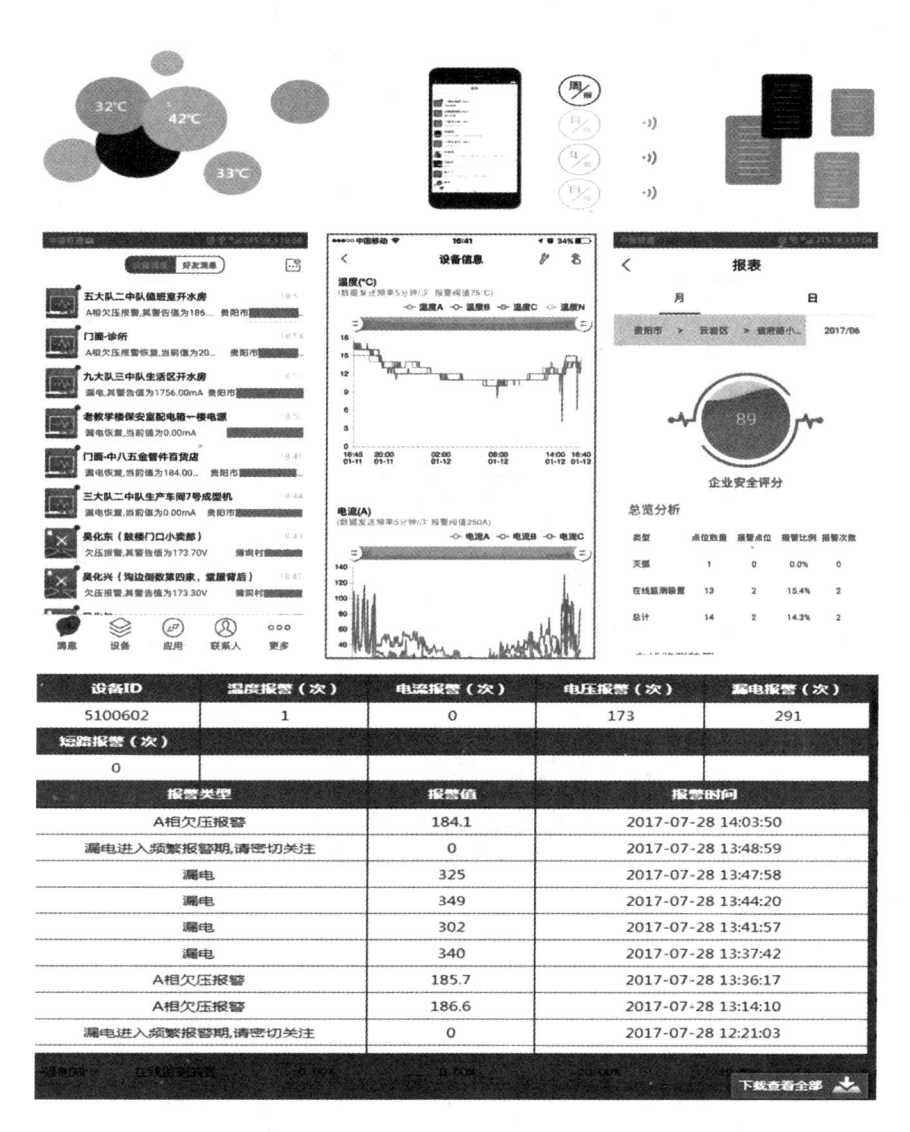

图 4-95　智慧用电大数据分析

通过云平台服务和云计算技术实现对电气安全数据多维度、全角度的科学分析及处理，用户可以在线查看电气安全的历史事件，可以查看周报表、月报表、年报表、自定义报表。还可以下载、打印这些报表或者设置让其自动发到指定的邮箱。

(3) 手机 APP 应用

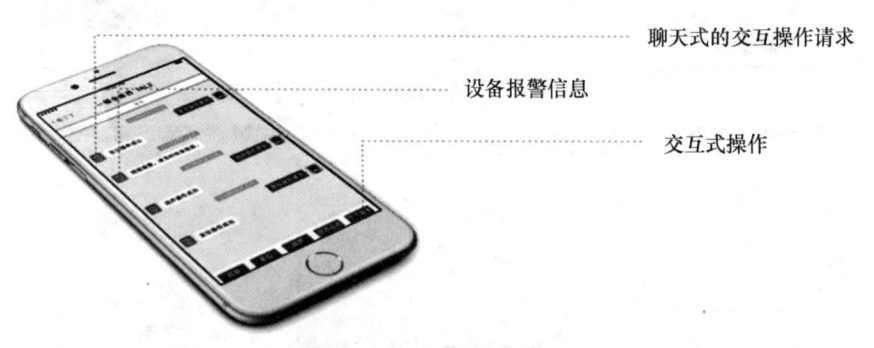

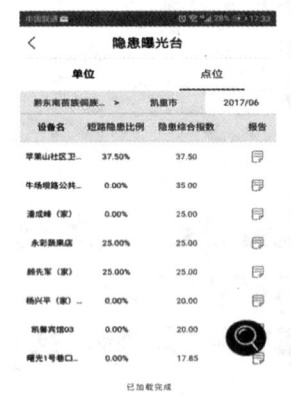

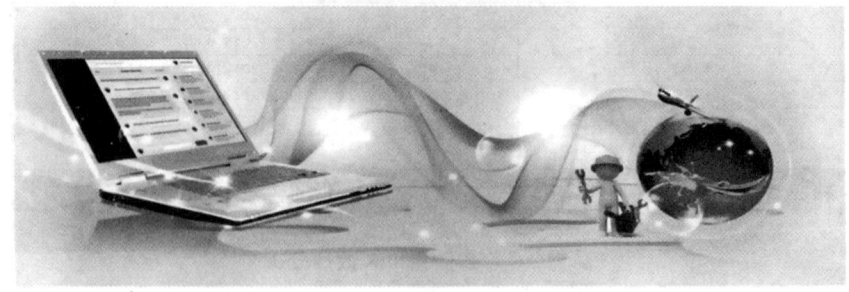

图 4-96 智慧用电手机端

通过 APP 可以实现对故障电气线路的远程反向控制，复位、消音、自检及在线切断故障线路电源,还能通过"隐患曝光台"功能实现对所有单位、所有点位(配电箱)、所有参数进行不同维度的曝光,使得电气安全隐患无处藏身。

(4)在线维保功能

近 50 名技术支持人员 7×24 小时全天候值守服务,随时为您排忧解难!还可以在线派发维保任务单,电话都不用打,技术专家就上门。

技术先进、性能稳定的传感器是云平台服务质量的保证,一直以来,坚持高质量、高标准自主研发生产配套的传感器。精湛的生产工艺,苛刻的质控体系,成就每一台传感器的卓越品质。

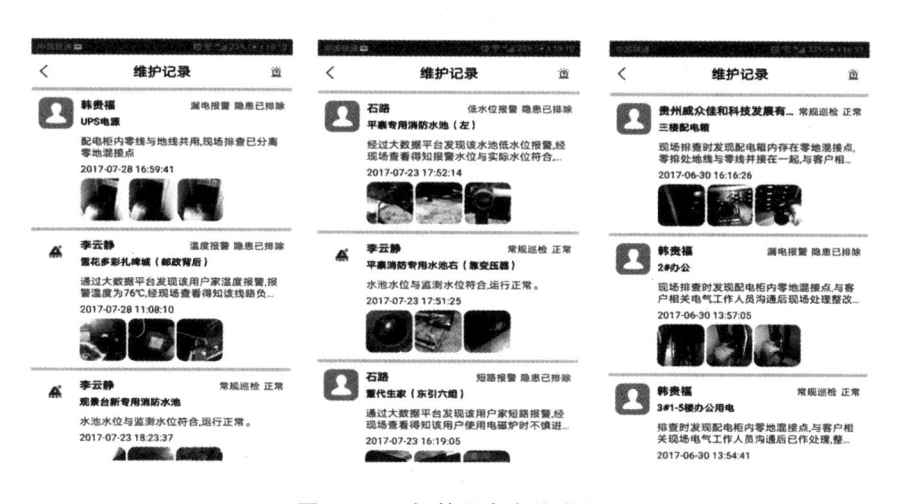

图 4-97 智慧用电在线维保

4. 项目进展情况和下一步计划

1)项目进展情况

2016 年 11 月与云岩区产投合作建立贵州电气安全预警大数据中心。

2016 年底,作为传统村落保护的试点,为黔东南州雷山、黎平等 8 个县安装了该系统,得到了相关部门的高度认可。

2016 年与贵州省消防总队共同研发建设"农村电气火灾监控大

数据平台"（平台各类部件系统获得国家知识产权局授予的发明专利3项、实用新型专利25项、软件著作权5项）。并与消防总队联合制定颁布了《贵州省电气火灾预警地方标准DB52》。

2017年2月，与安顺市城投集团签订了安顺地区战略合作协议，筹建安顺市电气安全预警大数据中心并已进入实施阶段。

2017年5月，云岩区通过了拟用3年时间做到全区重点单位智慧式用电全覆盖的议案。

2018年7—8月，先后和黔西南地区及毕节地区签订了战略合作协议，筹建黔西南州和毕节市电气安全预警大数据中心。

威众佳和目前已经在安顺市、毕节市、黔南州、遵义市、黔东南州、黔西南州建立分公司或办事处，主要为各地区安全用电工作提供软硬件技术指导及服务支持。各地政府也为"智慧用电大数据"项目发文，对之进行了积极推广。

2）下一步计划

预计在未来5年内，贵州省内各区域、各行业安装电气防火监控系统可实现25万—35万套，实现产值7—9个亿。在不断拓宽用户覆盖面的同时，威众佳和将努力打造产业闭环，成立电气安全改造工程公司，电气设备、线缆贸易公司等全资子公司。1年多以来，通过随时掌握的已安装客户的用电安全信息，累计完成了电气火灾隐患线路整改项目工程达200多例，也是威众佳和目前另一主要利润增长点。

威众佳和在不断研发完善"智慧用电监管服务系统"平台的同时，目前参与研制开发的"智慧电动自行车充电站共享项目"已基本圆满完成，并于2018年6月投入市场运营。由此产生的7×24小时监控数据也将同时并入威众佳和的"智慧用电监管服务系统"平台。

随着监控客户及数据的不断增加，威众佳和还将投入资金开发第三方交易平台，即"监测用户—大数据交易平台—电气设备生产厂家及电气整改公司"交易平台。通过APP交易平台，让使用单位的用电改造工程所需要的设备、线路、用工等数据，第一时间展示在电气设备生产厂家、电气线路整改公司面前。再由厂家及整改公司在平台上对项目进行项目方案指定递交、报价乃至最终签约，从而实现从物联网公司到大数据公司再到金服公司的完美进化。

5. 项目实施效果和示范推广价值

1）项目实施效果

大数据中心自运营以来，已为省内多家企事业单位提供了安全、可靠、优质的服务，服务覆盖了贵州省内金融系统、教育系统、烟草系统、商业系统、大型工矿企业、特色旅游区等，得到了相关领导及用户的一致好评。

贵州省内用户即突破3000多家，用户主要有贵州省人民政府办公厅、贵州省卫计委、贵州省教育厅、贵州省人防办、贵州省民政厅、贵州省监狱管理局、贵州省机场集团、贵州省消防总队、云岩区政府、安顺市城投集团、贵州中烟工业、贵州省农行总部、国家5A级景区西江苗寨、弘福寺、贵阳市民政局等多家单位。

2017年开始，威众佳和对贵阳市民政局系统内一些电气火灾重点隐患单位进行了智慧用电监管系统的试运行、试安装。目前已经在市局直属贵阳市福利院、贵阳市第二福利院以及观山湖区、云岩区、乌当区、南明区的16家养老院进行了安装运行。共安装设备103台。

经过一年的系统试运行，软、硬件设备及电气火灾隐患监管服务系统运行稳定，共发现电气安全报警564次（已去除重复报警），其中严重报警2次，重要报警336次，次要报警226次。在报警发生后，智慧用电安全隐患监管服务系统管理人员均通过手机APP推送、短信等方式将报警信息告知用户单位，成功预防338次可能发生的电气火灾事故。且通过技术人员依据云平台数据，经现场复勘的方式，及时发现了部分养老院及福利机构在建设过程中安全设施不达标，电气布线不规范，违规使用不合格电器、安全负责人电气安全意识薄弱等诸多安全隐患问题。

2）示范推广价值

智慧用电安全隐患监管服务系统，能有效解决用电单位电气线路老旧、小微企业无专业电工、肉眼无法直观系统即时排查电气隐患、隐蔽工程隐患检查难等难题。推广使用智慧用电安全隐患监管服务系统,是从源头上预防电气火灾的有效措施,是引导用电单位牢固树立安全意识,全面落实安全主体责任,推进用电单位安全生产(经营)技防、物防建设,强化用电单位消防硬件基础,建立健全社会用电单位隐患排查治理机制和提升全区用电单位生产生活安全水平的有力抓手。

智慧用电安全隐患监管服务系统有效促进了贵州省"科技兴安""智慧消防"的建设进程。作为智慧城市建设的重要领域,在贵州省内以及其他省份、城市都具备示范推广价值。

案例十　智源创泰——好停车 APP

1. 基本情况

贵州智源创泰科技有限公司(简称"智源创泰")由贵州智源信息产业孵化基地有限公司和浙江创泰科技有限公司)共同出资组建,2017 年 4 月成立,注册资本 1000 万元。公司创立的核心目标在于对乌当区开展智慧停车建设及管理。项目第一期投资 500 万元,现城区 881 个停车位已纳入智慧停车系统;第二期计划投资 300 万元,新增 600 个停车位系统建设。"好停车"平台建立了统一规范的收费管理制度、流程,当前实现基于车辆检测传感器结合手持 POS 刷卡的智能化收费、兼容单独使用手持 POS 刷卡收费两种收费模式,采用现金收费、微信支付、支付宝等缴费手段。

2. 项目发起背景和目标

现今城市的停车难问题已越来越受到人们的重视,也越来越成为人们出行的首要考虑问题。针对城市的道路停车利用率低下,泊位信息不透明的情况,智能停车综合管理客户端充分考虑了用户迫切的停车需求,利用最先进的传感器技术,实时共享各泊位和停车场的数据信息,让用户"未出行知车位",同时也可分摊泊位的压力,引导用户到周边小区或小巷有空车位的地方停车。城市车辆将会越来越多,出行开车也越来越成为常态,停车问题将会成为全民问题。这块市场需求将会越来越大。

乌当区开展市政道路停车泊位项目建设和运营,对城市级道路泊位和人行道泊位以及停车场进行规划、实时、数据对接以及收费运营，项目建设核心目标在于：

第一，有利于规范道路停车场现场管理的计时计费、收费服务。智慧化系统的建成，将彻底解决人员管理问题，切实解决停车费应收、实收数据问题，避免和杜绝"人情车"、乱收费等情况的发生。停车收费管理工作更加透明化、人性化，有助于提高乌当区停车收费管理水平。

第二，有利于提升城区街道社区道路停车管理和服务水平。智慧化停车收费系统的建成，将通过技术手段有效解决中心城区停车难、乱停车的问题，促使停车规范化，逐步改变目前停车管理中人工效率低、监管不到位的现象。

第三，系统采用车位检测器与 POS 机刷卡缴费方式相结合的方案，并支持支付宝移动支付、微信支付、银联卡支付等，避免了收费员现场操作环节，人工效率可提高数倍。

第四，停车收费政策作为治理交通拥堵的措施之一，有较好的社会效益，能够达到解决临时停车需求的政策目标。

第五，通过以经济手段规范人们的停车与出车行为，可以使一部分车辆拥有者放弃私车出行而转向公共交通及搭乘其他交通工具出行，这对减轻城市的道路交通压力，提高城市的空气质量以及环境保护有极大的益处。

3. 大数据应用模式

1）平台系统架构

智源创泰智能停车 APP 软件（好停车）V2.0，利用传感器技术获取停车位的实时数据，从而构建一个线上线下相结合的停车生态系统，解决现今停车难的问题。该系统涵盖了停车位信息共享，导航、诱导、缴费、预约、代泊、支付服务等，帮助用户实现便捷的停车，最终打造一个实时、共享、全城域的停车信息平台。

2）平台核心技术与应用

智源创泰智能停车 APP 软件（好停车）V2.0 是为了帮助用户更方便地查找车位，了解目的地停车情况；方便用户停车缴费，最终打

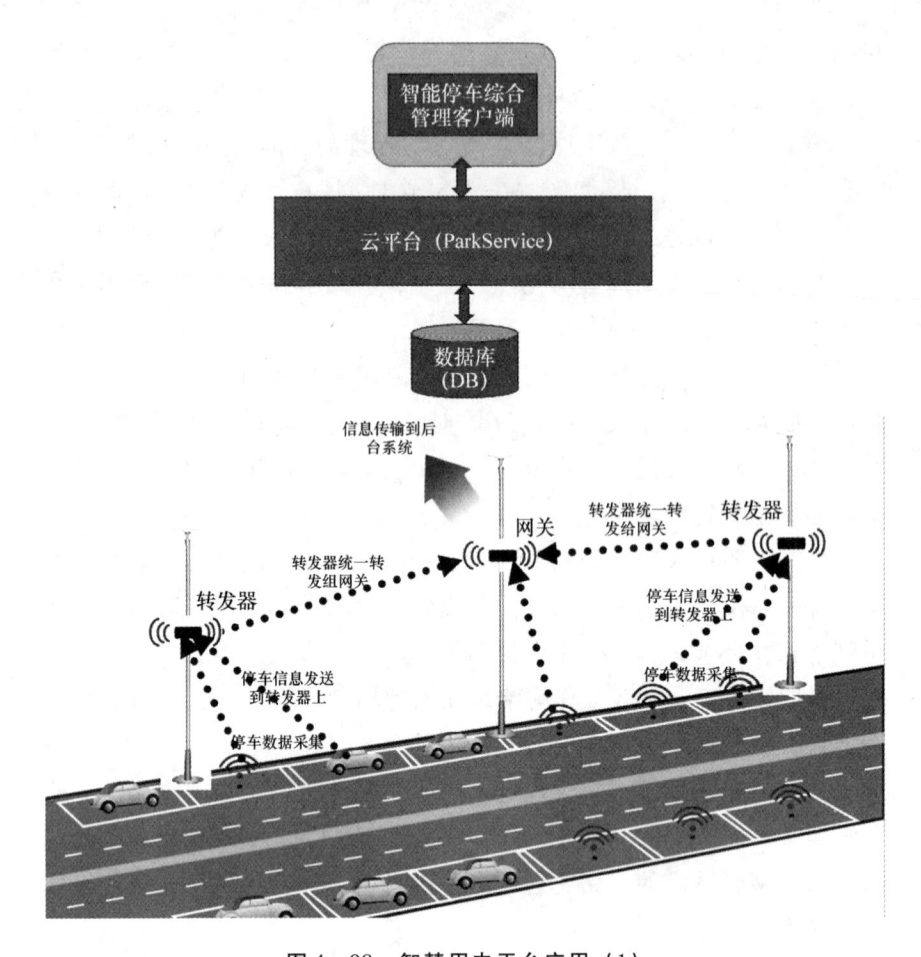

图 4-98　智慧用电平台应用（1）

造一个实时、共享、全城域的停车信息平台。

（1）道路停车数据采集

车位状态信息采集系统由车辆检测传感器、无线转发器和无线网关组成，采用 MESH 多冗余技术进行组网，保证无线信息传输的稳定可靠。车辆检测传感器发射地磁波覆盖整个泊位，当车辆进入或离开泊位后，磁场发生改变，能精准检测是否停靠车辆。检测的泊位信息通过无线方式经过无线转发器，传送到无线网关，无线网关对信息进行加密后，通过 3G/GPRS 网络发送给后台管理系统。

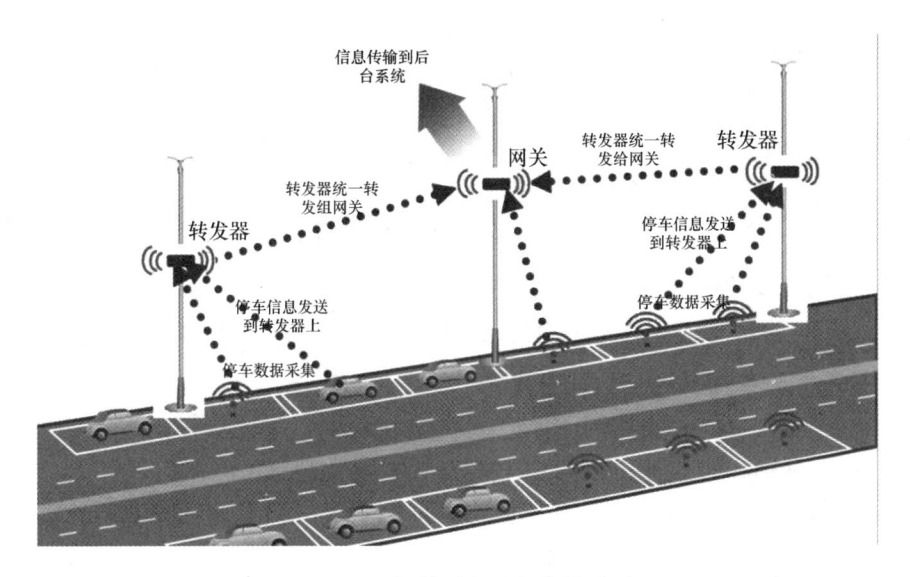

第四章 贵阳高新技术产业（大数据类）应用案例研究 225

图4-99 智慧用电平台应用（2）

采集设备是创泰科技基于传感器技术研发的国际领先的车位检测传感器，采用基于3轴磁阻技术检测周边地球磁场的变化，并结合其他检查手段，提高检测精度，可自动适应周围磁场变化。自动检测车辆等大型铁磁性物体进入后引起的磁场变化，当磁场变化超出阈值时传感器判断车辆到达或驶离，并以无线方式上传。阈值可调，满足检测不同大小车辆的要求。采用地埋方式安装，安装于泊位中央，与地面齐平，无视觉障碍，完全不影响行人通行。

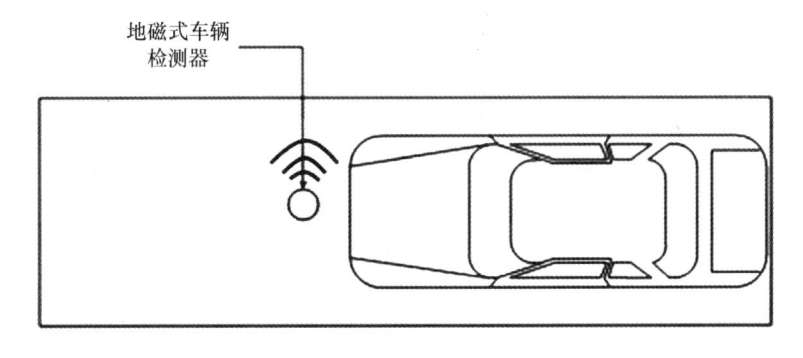

图4-100 车位检测传感器安装示意图

设备特点：
- 检测精度高：检测精度大于99%。
- 传输稳定可靠：采用 MESH 无线节点大规模自适应组网技术。在设计的网络协议中，每个传感器可以同时有多个节点，通过不同无线网关、转发器上传数据。在组网、通信过程中，各无线节点随时检测评估无线连接的通信质量并相应调整网络拓扑结构。
- 防水防压设计：采用防水、防压设计，符合 IP68 防护标准。
- 电池使用寿命长：寿命大于5年，采用深度休眠设计，在保证车辆检测准确性的前提下使传感器各模块休眠以降低功耗，之后定期唤醒主控制器，主控制器再负责唤醒各相关模块。
- 设备小巧易安装：设备直径98mm，高度40mm，安装时不破坏道路防水层，安装非常简单。

（2）停车场停车数据采集

目前停车场有多种采集停车位数据的方式，根据采集方式的不同，可分为直接采集和间接采集两种。

- 直接采集方式

直接停车信息采集方式指利用车辆检测器来采集停车信息的采集方式，在停车场进出口安装流量检测传感器或感应线圈等车辆检测设备，车辆检测器采集停车场进出车辆数，通信模块将采集到的停车信息发送到停车信息平台。

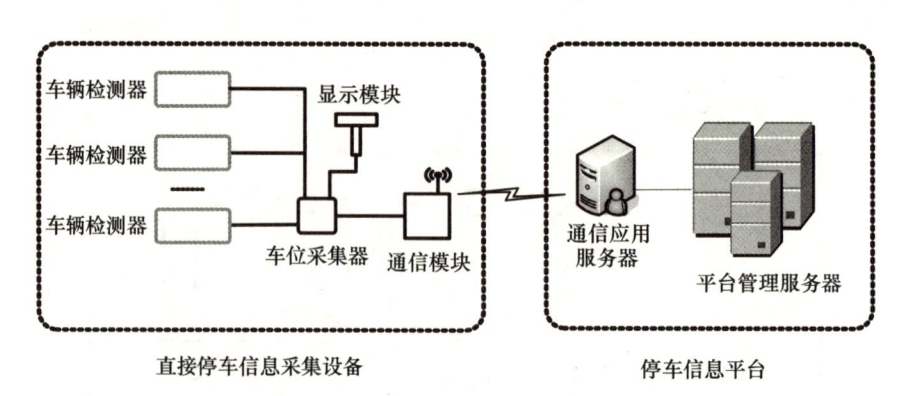

图 4-101　直接采集方式图

- 间接采集方式

间接停车信息采集方式指从停车场收费管理系统采集停车信息的采集方式，停车场信息采集设备的车位采集器从停车场收费管理系统的数据输出口接收停车信息，通过通信模块将采集到的停车信息发送到停车信息平台通信应用服务器。停车场收费管理系统的数据输出接口可采用 RS232、RS485、网络接口等多种方式。而收费管理系统的数据来源主要有闸机和摄像头拍摄等方式。

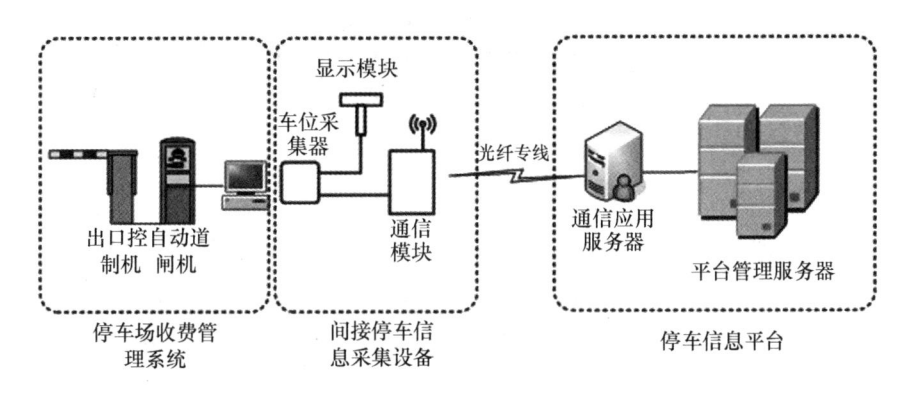

图 4-102　间接采集方式

（3）停车场流量传感器介绍

智源创泰科技提供的停车场流量检测传感器主要采集的信息包括空车位数目、出入口的车流量等信息。采用的形式为硬件采集。

流量检测传感器系统的特点：

- 检测精度高：大于等于 95%。
- 防水防压设计：采用防水、防压设计，符合 IP68 防护标准。
- 电池使用寿命长：寿命大于 3 年，采用深度休眠设计，在保证车辆检测准确性的前提下使传感器各模块休眠以降低功耗，之后定期唤醒主控制器，主控制器再负责唤醒各相关模块。
- 设备小巧易安装：设备直径 98mm，高度 40mm，无须破路，无需加载市电。

流量检测传感器系统用于停车场的出入口车流量检测，每个出入口

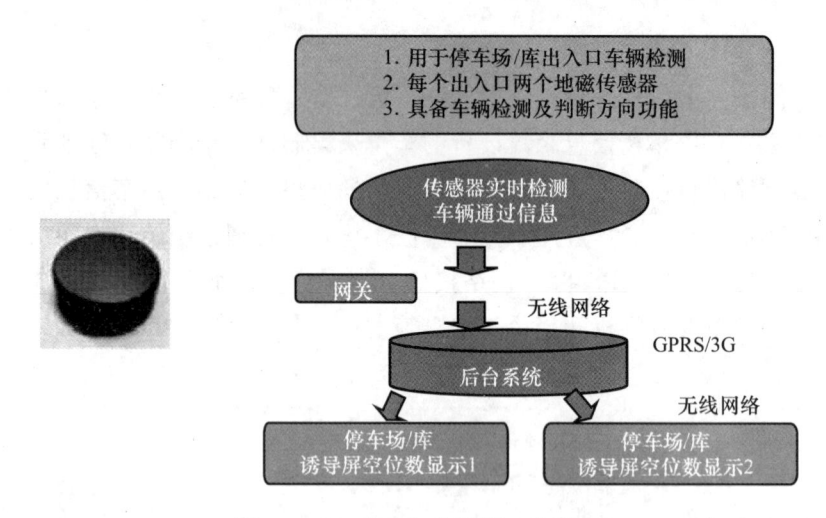

228　贵阳高新技术产业发展研究

图4-103　停车场传感器工作流程

两个，同时具备车辆检测及判断方向功能。流量检测传感器的基础是电磁感应原理。电磁感应是指因磁通量变化产生感应电动势的现象。

通常在车道的中央埋设流量检测传感器。传感器通过实时检测车辆通过信息，并通过无线的方式发送到网关，再由网关通过3G网络传输到后台系统。

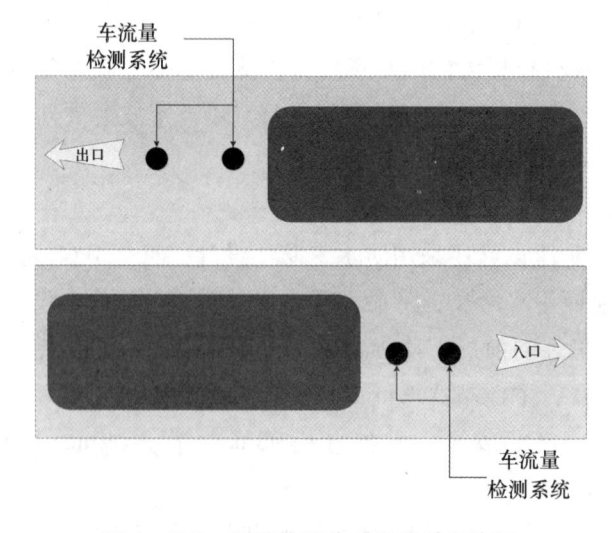

图4-104　流量检测传感器安装示意图

(4) 诱导发布系统

信息发布系统主要用于全面展示停车资源，为用户停车提供便利。诱导信息的发布途径主要有交通诱导屏发布和手机 APP 诱导发布。智慧诱导策略采用手机 APP 诱导先行，交通诱导屏尽量对接交警现有交通显示屏，未来在重点区域、重点路段再逐个铺设的原则。

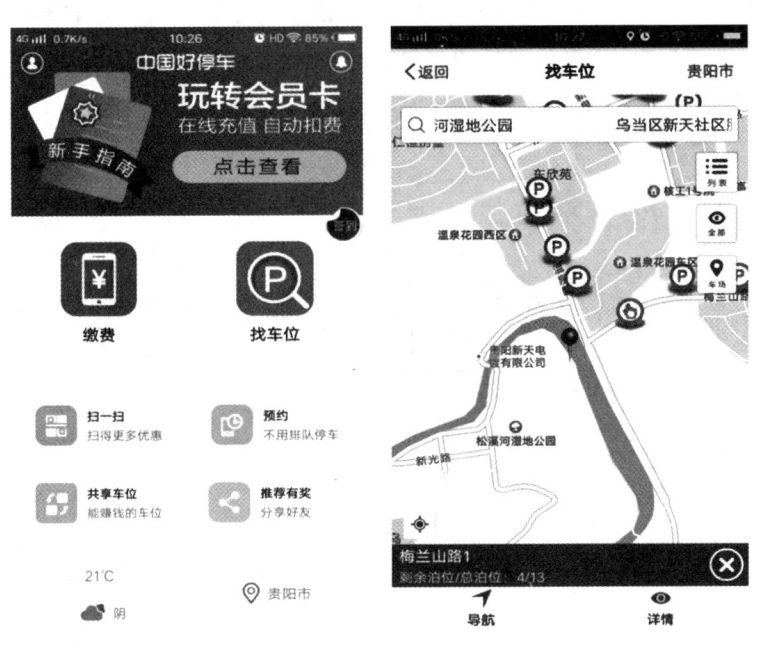

图 4-105　停车场诱导发布系统

(5) 手机移动 APP 诱导

考虑到公众获取停车诱导数据的实时性、准确性，可以将停车诱导数据发布在移动手机端 APP。

写字楼、商场、酒店、住宅小区等不同的建筑都会有自己的停车场。其中不少都应政府要求向公众开放，但由于信息的不对称，效果并不明显。

通过对重点区域停车信息的采集，以数据为支撑，可以合理分配停车资源，实现资源共享，缓解单个系统的停车压力。例如在工作时间，写字楼停车场压力较大，可以引导车辆进入小区的停车场进行分流，在休息时间，小区的停车场压力较大，可以引导车辆利用周边写字楼停车场进行分流，使得各停车场之间忙闲均衡，停车资源可以被合理利用。

图 4-106 停车场手机移动 APP

（6）自助缴费功能

图 4-107 停车场自助缴费

在 APP 上缴费方便快捷，不用车主等待缴费，节省时间。系统默认绑定车牌，可以查看停车时间、路段、金额的明细，还可批量缴费以及帮朋友缴费。

（7）错时互换功能

图 4-108　停车场 APP 软件错时停车互换平台

- 门户网站和手机 APP 软件。

用户可以通过门户网站和手机 APP 软件访问错时停车互换平台。

- 地图展示功能。

门户网站和手机 APP 软件提供城市地图，显示城市基本的公共信息，包括楼宇、商圈、医院、小区等，支持导航功能。

- 个人和企业用户。

平台提供个人用户和企业用户，支持个人与个人的配对，企业与企业的配对。

- 泊位互换信息发布。

用户可以发布自己的泊位交换信息，以列表形式展现，并可以通过点击后在地图上标注显示，以便直观地查找自己想要的信息。

- 自动配对服务。

当用户想要交换车位时，在搜索后，可把最近的停车交换信息配对给用户，有效促成交易。具体的交易谈判，建议在线下进行。

- 聊天功能。

当配对成功后，可使用平台聊天工具或者 QQ 软件、微信、短信等功能实现交流。

4. 项目计划和实施效果

1）项目规划

利用智源创泰智能停车 APP 系统，乌当城区规划设计 2000 个停车收费泊位。预计到 2019 年底，现有智慧停车系统将达到 1500 个停车位。采取开发式社区建设，应用目前最为先进和流行的 POS 终端＋车位检测器＋无线网关等收费模式。

首先，在现有的城市格局中，合理拓展一些社区背街小巷的停车位，缓解停车位与车子保有量的严重不匹配，解决停车难问题。规划对洪济路、松溪路、龙广路等路段完善泊位线，包括东风镇，预计增加 390 个左右的停车位。后期会对一些旅游景区及周边停车矛盾突出的社区、乡镇推进系统应用建设，逐步完善整个乌当区智慧城市的停车建设。同时陆续把相关区域内的停车位纳入智慧停车系统，方便市民停车，减少原始收费模式的弊端，缓解社会矛盾，为文明城市建设出一份力。

其次，计划在城市空余地段规划建设停车场，扩展城市停车空间向立体化方向发展，例如，顺海立交、威门药业等空余地段，考虑建设立体停车场。

2）实施效果

采取智能停车系统管理以来，城区停车难的现象有了很大改变，提升了停车位的有效利用率和周转率，利用率由改造前的 63% 提升到 87.5%，泊位的周转利用率显著提高，从收费之前的平均 3 次提高到收费后的平均 7—8 次，在育新路、富康路等路段甚至达到 12 次以上，周转率由 5.3 提升至 8.98，其他偏远路段如新光路、滨溪北路、沿山路等的停车周转率都得到了有效提升。

整个城区的停车信息能实时展现在车主手机"好停车"APP 上，极大地方便了市民的出行停车，缓解了城市的交通拥堵情况。目前下载"好停车"APP 的用户已达 40000 个左右，可以随时了解停车情况，用户反映较好。

3）示范推广价值

智源创泰智能停车 APP 系统有效实现城市有限停车资源与车位需求者的对接，在信息共享、泊位管理、资金支付、车辆安全等环节实现了突破和创新，有效缓解了城市停车资源状态信息不透明，胡乱停车所带来的公共环境混乱，车主、市民满意度普遍偏低的现象。城市资源实时在线利用为智慧城市建设输送了成熟模式。该项目不仅对于贵阳市，而且对于贵州省其他地区乃至全国城市、社区的资源智慧化、数字化利用都具有直接的示范借鉴意义。

案例十一　黔安智能——老司机掌上车管家云平台

1. 基本情况

贵州黔安智能工程技术有限公司（简称"黔安智能"）创立于2014年4月，主要从事大数据软件与服务——大数据视频采集、中心机房建设与云存储、视频浓缩—摘要—存储、视频分析应用、可视化及基础建设；大数据应用解决方案——基于大数据与移动互联网、物联网、云计算的深度融合，开展大数据在医疗、农业、水利、交通等领域的互联网+物联网。

黔安智能经过前期研发，以"老司机"黑匣子为基础，融合应用区块链技术和车联网技术，形成了具有十大核心功能、三个层级、16个关联功能的老司机掌上车管家云平台。展望未来，老司机掌上车管家云平台用"黑匣子"锁定目标客户，用关联服务巩固目标客户的黏合度，通过"移动互联网+区块链"的大数据应用，将形成以车为媒的车联网产业群。

2. 项目发起背景和目标

国家安全监管总局、交通运输部发布的《道路交通运输安全发展报告（2017）》显示，全世界每年有124万人死于道路交通。我国道路交通事故年死亡人数高居世界第二位，2016年，我国道路交通安全事故呈上升趋势，共发生864.3万起，同比增加65.9万起，上升16.5%。其中，涉及人员伤亡的有212846起，造成63093人死亡，226430人受伤，直接经济损失12.1亿元。交通事故万车死亡率为

2.14，同比上升2.9%。近些年来，我国高速公路交通事故死亡人数占道路交通事故死亡总数的比例维持在10%左右。高速公路事故追尾与剐蹭行人事故多发，超速与疲劳驾驶问题突出，重特大事故频发。

通常，交通事故原因主要分为三类：一是驾驶人对车辆性能的熟练程度不够；二是明知车辆有故障而带障上路；三是不知车辆有故障而带障上路。鉴于此，有没有一种产品，可以判断车辆各个系统的运行状况，驾驶员的精神状态、操作技能呢？并且发出预警，在预警无对应预防操作时通报紧急联系人并进行强制锁定呢？在有安全隐患而进行强制锁定前是不是可以用语音呼叫来确认车内情况呢？

另外，除了真正的交通事故外，近年来"碰瓷"花样也不断翻新，如何在"碰瓷"纠纷中维护受害者的合法权益，也需要一款产品来解决是非难辨的问题。传统的行车记录仪是影像摄录产品，它用视频拍摄来还原事故经过，是用户的维权利器。不过，由于技术缺陷，一旦发生事故，很多时候都无法提供有力的证据来划分责任。

在对上述问题的思考与探索中，"黑匣子"概念进入了大家的视野。黑匣子是飞机上的记录仪器。其功能，一种是飞行数据记录仪，能将飞机的高度、速度、航向、爬升率、下降率、加速情况、耗油量、起落架收放等飞行参数记录下来。另一种是座舱话音记录仪，实际上是一个无线电通话记录器，可以记录飞机上的各种通话。为此，黑匣子能够向调查者提供飞机出事故前各系统的运转情况。

同样，如果市场上有了车用"黑匣子"，能够针对企业使用提供专业的服务内容，是不是上述问题便迎刃而解了？为此，黔安智能发起了"老司机掌上车管家云平台"项目，力争依托移动互联网和区块链技术，研发"安全+服务""终端预警+人工预警"的老司机掌上车管家云平台。

3. 大数据应用具体方案

1) 平台技术应用

在本项目中，以黑匣子为数据交换介质，它是具有 16 个关联功能的数据"交换器"，为 16 个关联功能所对应的用户登录、数据交换提供基础支持，重点体现在关联端口数据的加工、浓缩和摘用上；同时 16 个关联功能对应用户在使用过程中所产生的数据，通过"黑匣子"上传至后台云服务器，行程软硬件的良性循环，即为本项目中的两化融合应用。黑匣子通过 5.8G 无线传输链接后台云端服务器，通过各汽车厂家的数据库计算分析车辆故障，再反馈黑匣子发布预警警报，用户通过黑匣子手机端 APP 实现数据交换。

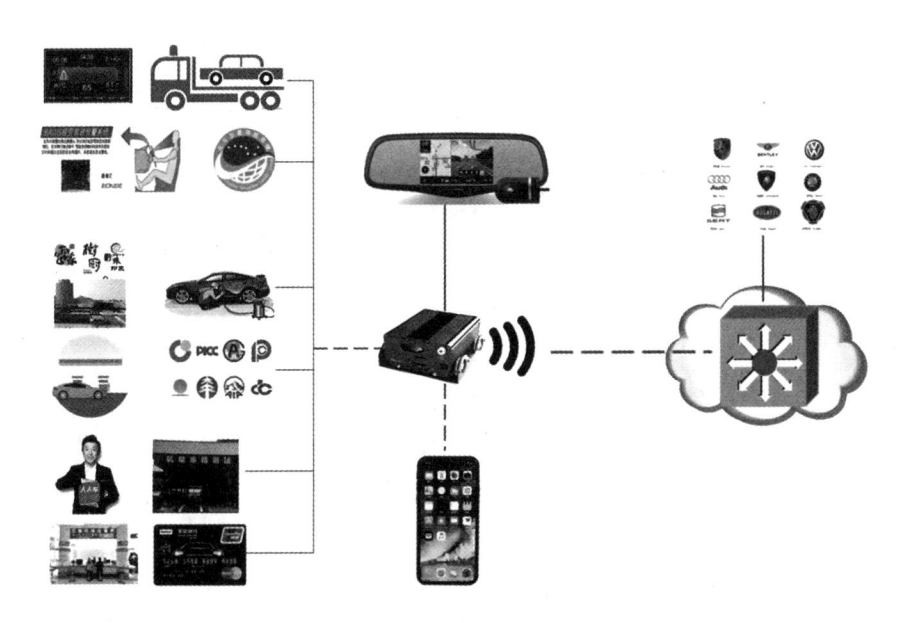

图 4-109　老司机掌上车管家平台

2) 平台功能定位

本项目以车辆安全为导向与突破口，将散落在各级零散的汽车后市场服务业态整合起来形成数据库，通过核心技术"老司机"平台（暂定）的植入，快速聚集用户（粉丝）群，并逐步延伸应用于车辆事务及与之有关的16个关联行业，形成一个产业黏合剂，形成大数据应用融合产业群，上游辐射与汽车品牌商展开合作，以组织研发、生产、销售、服务全产业链的精准服务，以全过程、产业链思维整合用户、管理者、各诉求商的需求，分析对接各端已形成的大数据，打造"汽车后服务大数据电商平台"，并形成"汽车后市场第一增值服务平台"。

在前期研发优化的基础上，以"老司机"黑匣子为基础，融合应用区块链技术和车联网技术，老司机掌上车管家云平台形成了三个层级、16项平台功能的整体架构。

行车保姆	行程管家	服务联盟
■车况预警 ■故障诊断 ■路况播报 ■动力预警 ■紧急救援	■美食娱乐 ■旅游酒店 ■洗车美容 ■加油充值 ■保险服务	■交管代办 ■便民缴费 ■车辆转让 ■GPS导航 ■车友互动 ■检测鉴定

图4-110　老司机掌上车管家平台

其中，最核心的10大功能如下：

（1）核心数据链接，可解决全球5000家汽车生产厂48万品牌车，每个品牌4000多种故障适时精准预警报告。

（2）已与全国权威道路救援机构合作实施救援。

（3）实时定位车辆所在精确位置及使用状况。

（4）实时向车主提供车辆内脏情况，减少故障车上路，保障生命财产安全。

（5）实时将各车辆故障情况向5公里附近修理厂共享解决车主就近修理。

（6）实时向该款车配件厂提供准确数据以解决定向供应及准确订单。

(7) 实时解决在行驶过程中的状态及发生意外后的证据存储，便于提取。

(8) 实时精准向交管部门提供车辆信息、用户状况、盗抢线索。

(9) 实时轨迹查询包括油耗、驾驶习惯、行使途程状态。

(10) 远程围栏断电、断油控制，保障车辆在可控范围……

3. 平台应用场景

(1) 用户分布实时显示

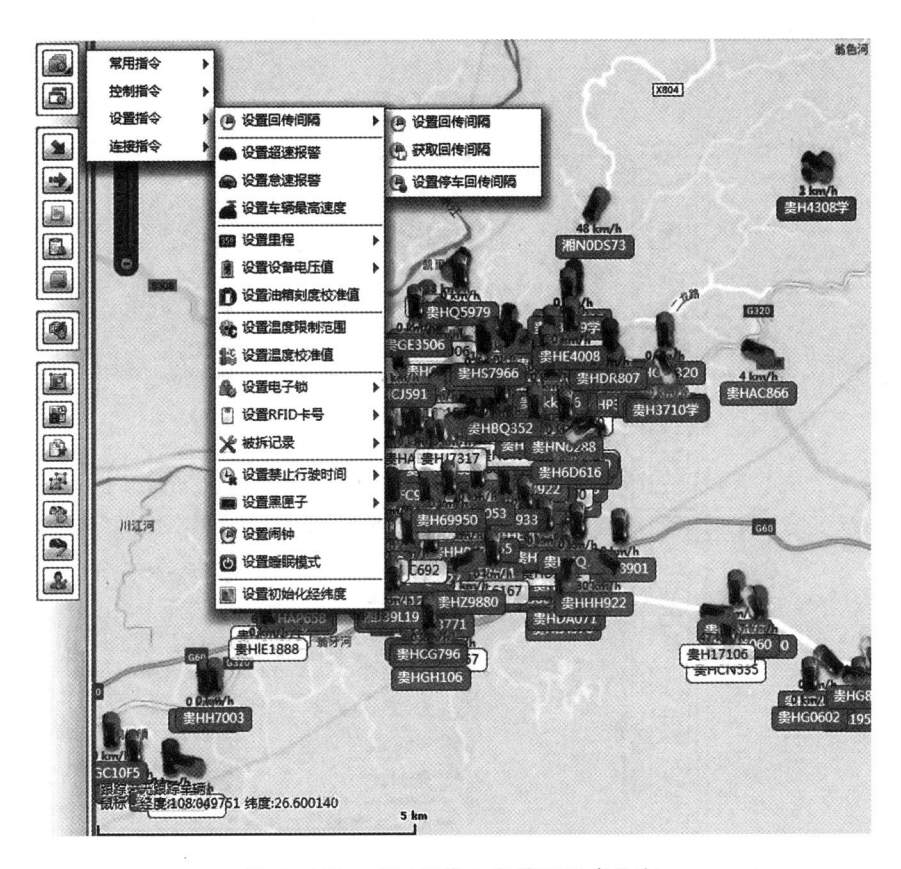

图4-111 老司机掌上车管家用户分布

238　贵阳高新技术产业发展研究

（2）车辆操作记录

图 4-112　老司机掌上车辆操作

（3）平台后端桌面

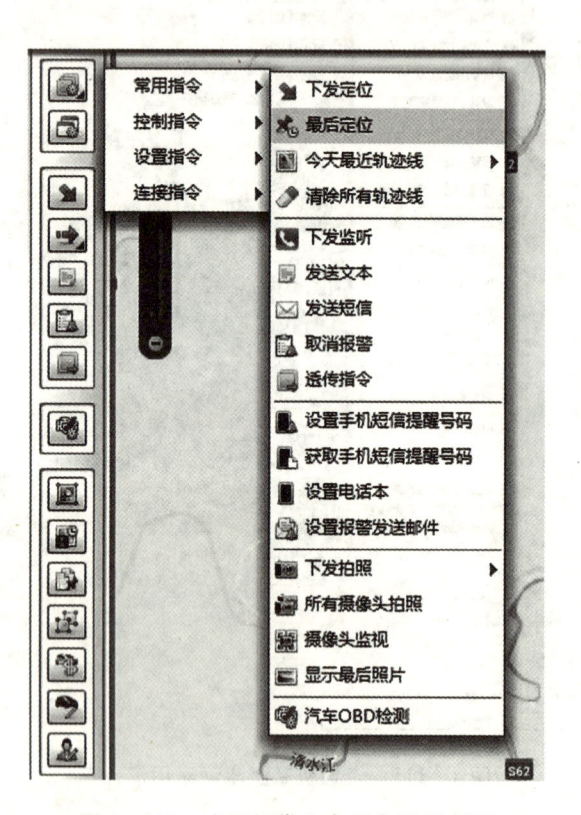

图 4-113　老司机掌上车平台后端桌面

第四章　贵阳高新技术产业(大数据类)应用案例研究　239

(4) 用户管理列表

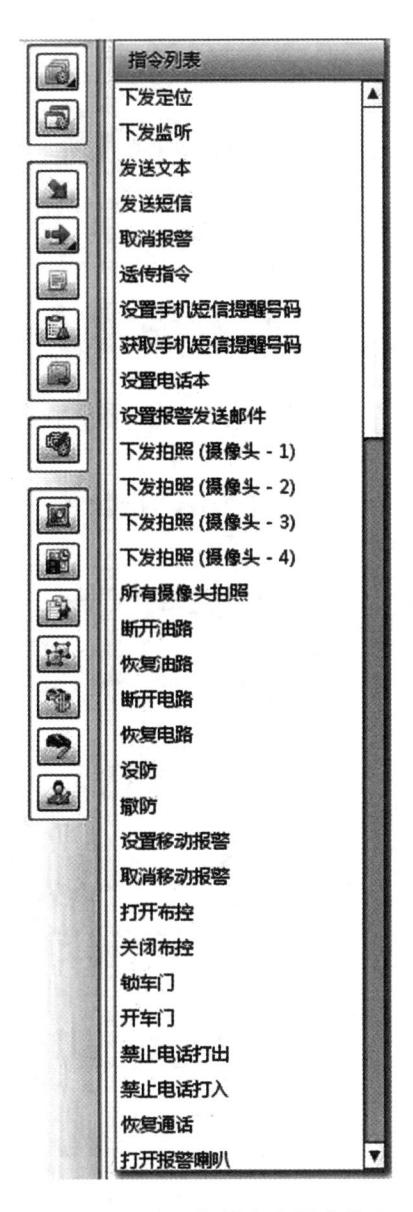

图 4-114　老司机掌上车用户管理

（5）用户预警后台列表

图 4-115　老司机掌上车用户预警后台

（6）数据传输测试

日志

	时间	对象	状态	事件
1	2017-10-18 17:13:15	车牌号码: 贵HZ2055	成功	回复指令: 获取回传间隔, 回复内容(1生效|0错误): 7882.
2	2017-10-18 17:13:15	车牌号码: 贵HCY083	成功	回复指令: 获取回传间隔, 回复内容(1生效|0错误): 7888.
3	2017-10-18 17:13:14	车牌号码: 贵HN6266	成功	回复指令: 获取回传间隔, 回复内容(1生效|0错误): 7890.
4	2017-10-18 17:13:13	车牌号码: 贵HKC692	成功	回复指令: 获取回传间隔, 回复内容(1生效|0错误): 7930.
5	2017-10-18 17:13:13	车牌号码: 贵HN6266	成功	回复指令: 获取ICCID, 回复内容(1生效|0错误): 898602c8231470f13102.
6	2017-10-18 17:13:13	车牌号码: 贵HCY083	成功	回复指令: 获取ICCID, 回复内容(1生效|0错误): 898602c8231470f13119.
7	2017-10-18 17:13:10	车牌号码: 贵HE2905	成功	回复指令: 获取回传间隔, 回复内容(1生效|0错误): 7921.
8	2017-10-18 17:13:08	车牌号码: 湘N0NF76	成功	回复指令: 获取回传间隔, 回复内容(1生效|0错误): 7788.
9	2017-10-18 17:13:08	车牌号码: 贵HAA090	成功	回复指令: 获取车架号, 回复内容(1生效|0错误): □□□□□□□□□□□□□□□□□□□.
10	2017-10-18 17:13:07	车牌号码: 贵HCN535	成功	回复指令: 获取回传间隔, 回复内容(1生效|0错误): 7908.
11	2017-10-18 17:13:06	车牌号码: 贵HU3110	成功	回复指令: 获取车架号, 回复内容(1生效|0错误):
12	2017-10-18 17:13:05	车牌号码: 贵HCN535	成功	回复指令: 获取ICCID, 回复内容(1生效|0错误): .
13	2017-10-18 17:13:05	车牌号码: 贵HU3110	成功	回复指令: 获取故障码, 回复内容(1生效|0错误): P0650,P0036,P0341,P0016,P0303,P0(
14	2017-10-18 17:13:05	车牌号码: 湘N0NF76	成功	回复指令: 获取ICCID, 回复内容(1生效|0错误): 898602b8191651558203.
15	2017-10-18 17:13:04	车牌号码: 贵HCN535	成功	回复指令: 获取车架号, 回复内容(1生效|0错误): .
16	2017-10-18 17:13:03	车牌号码: 贵HE2905	成功	回复指令: 获取ICCID, 回复内容(1生效|0错误): 898602c8231470f13194.
17	2017-10-18 17:13:03	车牌号码: 湘N0NF76	成功	回复指令: 获取车架号, 回复内容(1生效|0错误): LDDC8A407H0004927.
18	2017-10-18 17:13:01	车牌号码: 贵HE2905	成功	回复指令: 获取车架号, 回复内容(1生效|0错误): .
19	2017-10-18 17:12:59	车牌号码: 贵HGF559	成功	回复指令: 获取回传间隔, 回复内容(1生效|0错误): 7903.
20	2017-10-18 17:12:56	车牌号码: 贵HGF559	成功	回复指令: 获取ICCID, 回复内容(1生效|0错误): .
21	2017-10-18 17:12:54	车牌号码: 贵Hu4595	成功	回复指令: 获取回传间隔, 回复内容(1生效|0错误): 7860.
22	2017-10-18 17:12:49	车牌号码: 贵HGF559	成功	回复指令: 获取ICCID, 回复内容(1生效|0错误): .
23	2017-10-18 17:12:48	车牌号码: 贵HGF559	成功	回复指令: 获取车架号, 回复内容(1生效|0错误): .
24	2017-10-18 17:12:41	车牌号码: 贵HE0660	成功	回复指令: 获取回传间隔, 回复内容(1生效|0错误): 7854.
25	2017-10-18 17:12:40	车牌号码: 贵HKL067	成功	回复指令: 获取回传间隔, 回复内容(1生效|0错误): 7801.
26	2017-10-18 17:12:40	车牌号码: 贵HE0660	成功	回复指令: 获取ICCID, 回复内容(1生效|0错误): 898602b5191650341463.
27	2017-10-18 17:12:38	车牌号码: 贵HGL701	成功	回复指令: 获取回传间隔, 回复内容(1生效|0错误): 7815.
28	2017-10-18 17:12:36	车牌号码: 贵HKL067	成功	回复指令: 获取车架号, 回复内容(1生效|0错误): LDDC8A403H0005654.

图 4－116　老司机掌上车数据传输

4. 项目计划和实施效果

1）项目计划

（1）开发计划

表 4－1　老司机掌上车工作内容

	工作内容	实施情况
1	源代码交付及调试、软件前期端口接通、知识产权申请、运营团队组建	已完成
2	厂家数据授权转让、黑匣子 SDK 升级包	进行中
3	平台功能优化、城市客运“滴滴的士”模块开发	拟进行

（2）市场策略和计划

本项目的客户为全体驾驶人（车主）和与之关联的产品、服务供应商，客户可分为消费客户、投资客户、服务客户三类。消费客户以享有黑匣子使用权限的单一使用方式建立客群；投资客户为享有黑匣子针对性服务与后台数据有限开放方式建立的客群，能实现精准营销、订单倍增客群价值；服务客户为黔安智能平台运营和行业主管部门，最终，该平台将全面免费向主管部门开放管理权限，形成集群效应之后再进行收费服务。在合作选择上，以资源置换共同经营的方式开展具体业务。

在项目完全建成后，力争服务 3000 万车主和 10000 家关联产业结盟商家，区域拓展计划如下：

2018 年：黔东南州、遵义市试运行。

2019 年：贵州各地市、州试运行。

2020 年：向广西、云南辐射。

2021 年：覆盖四川、重庆、湖南、西藏。

(3) 服务保障

- 运营层面保障措施。

本项目以送黑匣子吸粉（会员），利用各种优惠让利给会员（车主，即服务对象），让会员产生黏性，促使其依赖本软件从而产生驾驶员大数据、车主大数据、与车自身相关的关联服务商大数据、与驾驶车辆人员相关的消费型大数据，精准服务于以车人为导向的商业模式。

具体操作：以贵阳高新区、遵义软件园为依托，以政府引导、支持开展相关工作，成立"老司机"云平台运营公司，即刻成立"运营中心"和"培训中心"。

- 服务层面保障措施。

通过策略联盟，为会员提供全方位服务。

A. 导航部分对接的合作伙伴是百度地图。

B. 支付部分对接的合作伙伴是支付宝和微信。

C. 道路救援部分的合作伙伴是中国道路救援联盟。

D. 数据传输的合作伙伴是中国移动。

E. 加油充值的合作伙伴是中国石化。

F. 买卖二手车的合作伙伴是人人车二手车服务平台。

2）实施效果

目前在黔东南州 37 个汽修厂、4S 店、5 个景区、23 家酒店、2 家保险公司进行试运行，试运行 3 个月以来，注册用户 15000 余名。从试运行的反馈来看，平台功能是流畅的，但是商家的响应度和服务品质还有待提高。

由于贵阳地形复杂，运营商无线传输存在盲区，测试过程存在部分道路时常信号中断，造成数据传输错误，带来用户体验下降。随着运营商推进"满格贵州"计划，相关问题会不断减少。

5. 下一步计划和示范推广价值

1）下一步计划

一是优化产品服务内容，进一步固化关联产业合作伙伴。

二是探索城市客运车辆运行监测功能。应客运管理部门的需求，拟立项（论证中）增加城市客运车辆的"网约服务"——类似"滴滴的士"，实现车辆识别、就近约车、家人通知、后台录音、实时定位、应急报警等功能，市民在驾车过程中至少有三种以上的报警功能和过程记录。

2）示范推广价值

"老司机掌上车管家云平台"在全面投入运行后，无疑将提升道路车辆的安全保障，降低道路交通事故的发生概率；增强道路多元化调控疏散能力，降低道路堵塞概率；促进美食娱乐、旅游酒店、洗车美容、便民缴费、车辆转让、车友互动、检测鉴定等传统行业对大数据技术的融合应用，实现更安全、更人性化的公共交通体系建设。

作为智慧城市建设的核心组成部分，本项目技术应用模式、商业模式在贵州全省乃至其他省份和地区都具有借鉴意义。

案例十二 宏杰科技——宏杰矩阵智能工厂系统

1. 基本情况

贵阳宏杰科技有限公司（简称"宏杰科技"）成立于 2003 年，

是贵州省双软认证企业，从事企业软件开发维护已16年。宏杰科技目前拥有10项软件著作权，准备申请的著作权有9项。聘请了国家"千人计划"杨双华教授为首席科学家，在AI人工智能、图像识别收集一线准确信息基础上，进行高级APS排产计划，为建设智慧工厂提供大数据基础分析，并实现无纸化智能车间。

2017年至今，宏杰科技致力于工业物联MES的开发，对生产过程实施数据采集和分析，实现生产进度、现场操作、质量检验、设备状态、物料传送等生产现场数据的自动上传，实现了生产作业过程管理，建立了完善的生产追溯管理体系，进行可视化管理和大数据分析应用。实现工厂通信网络架构，实现工艺、生产、检验等制造过程各环节之间，以及制造过程与数据采集和监控系统、生产执行（MES）、企业资源计划（ERP）、客户关系管理（CRM）等系统之间的信息互联互通，使企业经营、管理和决策智能优化。

2. 项目背景和目标

1）项目背景

宏杰科技从2003年开始进行工厂信息化软件开发，2011年建立了第一个样板工厂"迈瑞凯电子科技（天津）有限公司"。自2011年以来，全球工业软件市场规模以每年6%左右的速度增长。工业软件构成中主要以业务管理类为主，占比超过50%，生产调度及过程控制类和研发设计类各占约25%。从全球范围来看，当前工业软件的产品组合已趋于成熟。国内工业软件厂商紧紧抓住这一机遇，不断提供套装化的产品，并在功能细节方面不断改进与完善。国内生产管理类工业软件功能取得了突飞猛进的发展，逐渐形成了由ERP软件的单一产品，发展到现在拥有以业务基础平台和ERP为核心的，CRM、SCM、OA等多种产品组合的套件。国内软件厂商纷纷提供分离ERP、CRM、OA、DRP、PM等套件化的产品，并进而与PDM/PLM、MES等软件进行套装化，以满足企业应用的整合需求。MES市场也逐渐走向整合，而金融风暴加速了整合的步伐，这种市场整合的路径与MES在企业信息化所处的位置息息相关。MES的使命是衔接上层ERP和下层自动化系统，于是，ERP厂商向下逐渐渗透，自动化企业向上扩充实力。

MES 作为新兴的市场，在中国的发展潜能巨大。在全国 1200 家工业企业中，有 1007 家企业对 MES 有潜在需求，占比高达 84%。中国的 MES 市场处于快速成长和发展期，未实施 MES 的企业需求固然巨大，但已实施了 MES 系统的企业对 MES 的升级需求占比也较高。MES 厂商应该对 MES 的升级需求保持高度的关注度。未应用 MES 的企业需求占比 69%，已应用 MES 的企业需求占比 31%。

面对这一巨大的机遇和挑战，宏杰科技累计投入 2000 万元，开发了从电子商务、ERP 及 MES 集成一体的企业信息化解决方案，向电路板 PCB 制造、注塑机、压铸机、电镀行业客户提供专业的企业信息化解决方案，为中国的中小制造企业提供从传统制造、转型升级到工业 4.0 的技术服务支持。

2）项目目标

2018 年：系统初步实现及时反馈生产计划完工情况。应用质量管理系统，能够对生产过程中的质量进行实时把控；清晰地知道生产任务的详细进度，对关键点进行追溯管理。

2019 年：系统实现对设备、人员、能源等进行自动化数据采集；对设备实时状态进行管理，能够将所出现的停机等状况实时地反馈到系统中；初步优化生产计划并指导生产；实现生产作业的过程管理，建立完善的生产追溯管理体系。

2020 年：系统实现精细级管理。优化生产计划，并建立与其他资源的集成关系；实现对技术文件、物料、设备、工艺工装、人员、能源等与生产任务相关的集成化管理；建立生产现场多方预警管理与电子看板管理体系。

2021—2022 年：系统实现设备与能力计划的部分集成；能够根据车间员工的资质、生产能力等因素，自动进行生产排班；能够对能源进行优化，降低能源成本。

3. 企业大数据应用模式

宏杰科技已初步实现了生产过程数据采集和分析系统，以及生产进度、现场操作、质量检验、设备状态、物料传送等生产现场数据的自动上传，能够进行可视化管理和大数据分析应用。搭建了工厂通信网络架构，实现工艺、生产、检验等制造过程各环节之间，以及制造过程与数据采集和监控系统、生产执行（MES）、企业资源计划（ERP）、客户关系管理（CRM）等系统之间的信息互联互通，使企业经营、管理和决策实现智能优化。

宏杰矩阵智能工厂系统主要涵盖了宏杰 CRM 系统、宏杰 MRP 系统、宏杰 MES 系统。

1）宏杰 CRM 系统

宏杰 CRM 系统旨在为企业提供更高的简易性、集成度、效率和可见性，目标是缩减销售周期和销售成本，增加收入，寻找扩展业务所需的新的市场和渠道以及提高客户的价值、满意度、营利性和忠诚度。

宏杰 CRM 系统主要涵盖网上订单、自动报价、采购管理、客户管理、消息管理、集团邮件、财务管理、库房管理、人事管理等方面。

图 4-117　宏杰 CRM 系统

(1) 自动报价功能

图 4-118　宏杰 CRM 自动报价功能

(2) 网上订单功能

图 4-119　宏杰网上订单功能

对客户注册、下单，再到报价、订单审核、生成订单、发货、对账、结算进行全方位的纵横管理。CRM 系统设置功能模块能实现报表管理、个性化设置、自定义设置、用户管理、权限设置、数据导入、单位信息管理功能。通过系统设置功能模块，可以对 CRM 系统进行调整，对每个人的权限进行限制，从而避免各个部门以及人员之间的冲突。CRM 系统有强大的数据统计分析和管理功能，可以自动生成强大的报表功能。CRM 系统通过客户管理功能将客户的信息进行分类、整理、记录，解决大多数企业遗忘老客户、盲目寻找新客户的难题。

2）宏杰 MRP 系统

宏杰 MRP 是根据顾客订单制定产品的生产计划，然后基于产品生成进度计划，按照产品的工艺流程和所需物料进行合理安排和利用，从而确定产品的加工进度和订货日程的一种实用技术。

宏杰 MRP 系统可以自动生成工程人员的 MI 资料，自动过数每个工序的生产完工情况，反映品质人员对报废的管理等。系统有强大的数据统计分析和管理功能，可以自动生成强大的报表功能，对订单、生产情况、在制品、加工对象、加工单、工位完工情况、员工加工情况等一系列流程进行统计并生成报表。MRP 将宏杰科技高层管理与中层管理结合在一起，以制造资源计划为活动核心，促使企业管理循环达到最有效的企业经营的目的。

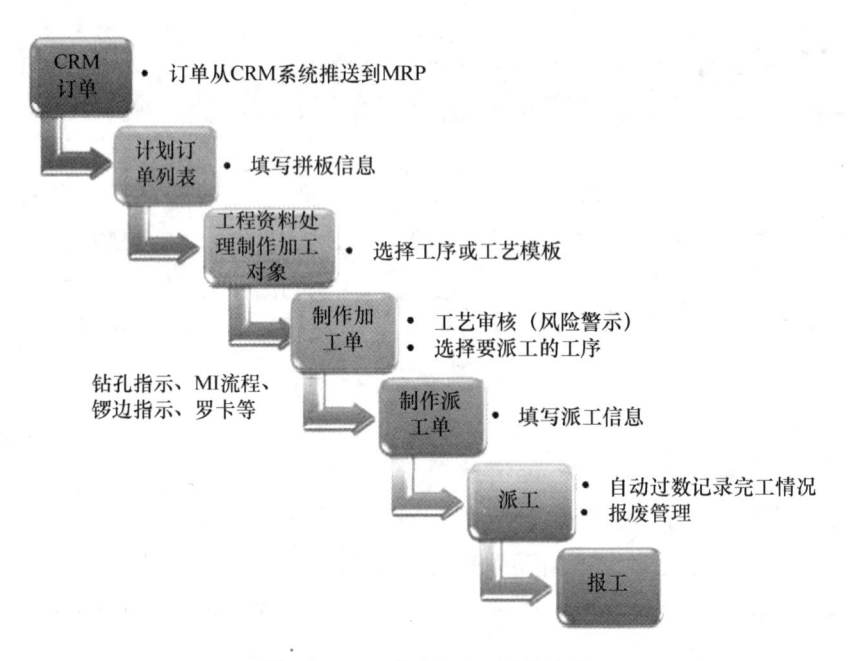

图 4-120　宏杰 MRP 操作流程

（1）自动生成 MI、钻带文件、罗卡单等工程资料

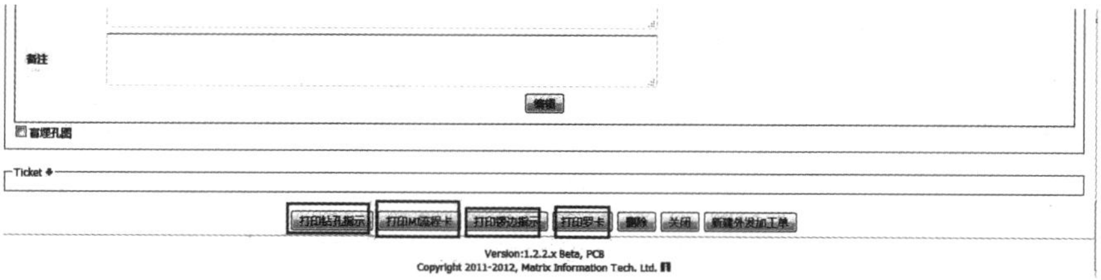

MyRsky　迈瑞凯电子科技（天津）有限公司　QR-ME-002A

部件类型：

订单	生产标记	客户型号
S1703148761-5	11218761-5	GYADS1X15V1
S1703258829-1	1	ZIERONE1AR&24VT

全局参数

拼板名称	板料规格	开料尺寸	SET尺寸	SET单元数	单只尺寸	PNL单元数
40970325B011L	FR4(RoHS) 建滔：KB6160（有水印） TG值：140度 板厚：1.5+/-0.13	520 x 220 mm	95.400*85.300	1	95.400 x 85.300 mm	6
			52.070*42.110	1	52.07 x 42.11 mm	18

锣边信息：

短边A1B1(锣边)	长B1C1(锣边)	(刨边)A1X:/Y:	(刨边)B1X:/Y:	(刨边)A2X:/Y:	熔合孔1X:/Y:	熔合孔2X:/Y:	熔合孔3X:/Y:	熔合孔4X:/Y:
		/	/	/	/	/	/	/

钻靶信息：

靶孔孔径	成型尺寸	冲铆钉孔1X/Y	冲铆钉孔2X/Y	冲铆钉孔3X/Y	冲铆钉孔4X/Y	冲铆钉孔5X/Y	冲铆钉孔6X/Y
		/	/	/	/	/	/

图 4－121　宏杰 MRP 订单示例（1）

（2）物料管理

MRP 不是孤立的，而是和 CRM 相关联的，它将从 CRM 系统接收到的客户订单发送到工厂。工厂在接收订单后，对订单进行相应的处理，生成工程文件，同时对工艺进行审核，进而生成加工单。针对加工单中各个工序分别制作派工单，自动过数设备记录工人的完成情况，反馈生产过程信息，对每个工序的报废和返工数量进行管理。生产完工的产品数量从 MRP 反馈给 CRM，CRM 自动入库，统计完工数量，并根据客户订单数量发货给客户。

制程加工指示信息

序号	工序名称	加工指示	数量	操作者	品质

特别要求：

钻咀表(客户实际成品孔径见分孔图，钻咀表仅供参考！)

表1

序号	孔径	公差	钻咀	A板孔数	B板孔数	PTH(Y/N)	近刀数	钻速	回刀	备注
1	3.1750	/	3.1750	19		Y				
2	0.6010	/	0.6010	327		Y				
3	0.25	+/-0.076	0.4000	1147		Y				
4	0.65	+/-0.076	0.8000	217		Y				
5	0.7	+/-0.076	0.8500	433		Y				
6	0.9	+/-0.076	1.0500	1621		Y				
7	1	+/-0.076	1.1500	343		Y				
8	2.35	+/-0.076	2.5000	3		Y				
9	3	+/-0.076	3.1500	325		Y				
			合计:	4435	0					

特别要求：

我司产品设计，生产及验收按照IPC-A-600H2级标准执行。

制作：	工艺审核：	质量审核：	标准化审核：
制作时间：	审核时间：	审核时间：	审核时间：
打印人：晓雪杨			打印时间：2018/08/27 09:41

第 1 页 共 1 页

图 4－122 宏杰 MRP 订单示例（2）

当前工序：钻孔 设备：大钻机1 状态：全部 刷新

序号	客户ID	派工单号	任务号	加工对象名称	客户型号	派工数	派工拼数	完工数	完工拼数	人工调序	加工状态	首检状态	领料状态	设备	分单操作	业务操作
1	20012	296	61	880808		60	5.00	60	5	N	完工	已经首检	全部领料	大钻机1		备料 领料 还料
2	20014	304	68	910809		144	8.00	144	7.5	N	完工	未开始首检	未备料	大钻机1		备料
3	20010	316	73	940810		60	5.00	60	5	Y	完工	未开始首检	全部领料	大钻机1		备料 领料 还料
4	13	380	79	1100821		108	6.00	54	3	N	开始分配	未开始首检	全部备料	大钻机1		备料详情 领料
5	13	408	80	1170824		18	1.00	18	1	N	完工	未开始首检	未备料	大钻机1		备料

图 4－123 宏杰 MRP 物料管理单

3）宏杰 MES 系统

在宏杰企业 ERP 管理系统基础上，实现车间的 MES 制造企业生产过程执行系统。实时对设备、人员、能源等进行自动化数据采集，实时反馈生产计划完工情况，设备运行状态信息。实现生产作业过程管理，建立完善的生产追溯管理体系，使管理人员在互联网上可以实时了解生产一线的状态。连接计划单元和控制单信息交换，实现对技术文件、物料、设备、工艺工装、人员、能源等与生产任务单有关的集成化管理；建立生产现场多方预警管理与电子看板管理体系。实现设备与能力计划的部分集成；能够根据车间员工的资质、生产能力等因素，自动进行生产排班；能够对能源进行优化，降低能源成本。为建设智慧工厂提供大数据基础分析，并实现无纸化智能车间（天津样板工厂已实现无纸化车间生产）。具体包括设备开机，关机，单台设备产量，并监控生产的关键生产参数，如用电情况，用水情况及 PH 值等生产参数，并对废水的 PH 值等指标实施在线监测，以及对生产车间、管理人员、大数据进行分析等。在 AI 人工智能、AI 视觉收集一线准确信息的基础上，进行高级 APS 排产计划，并同时在生产中广泛应用机械手臂、智能货架、AGV 搬运技术。

图 4-124 宏杰智能平台

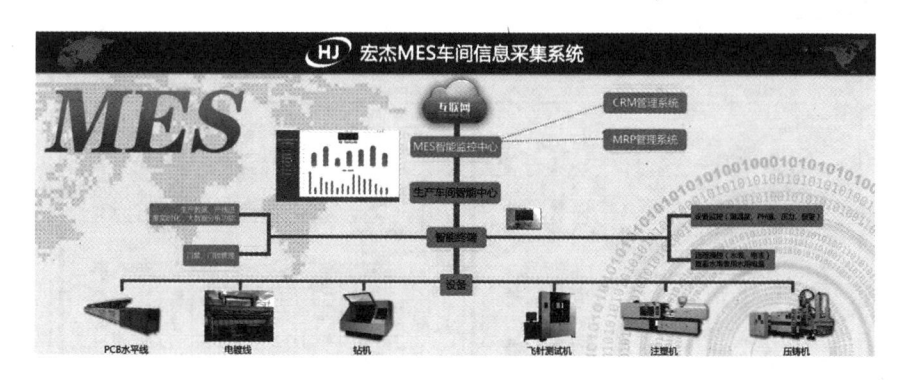

图 4-125 宏杰信息采集系统

（1）人工智能排产

宏杰科技结合工厂生产排产需求与深度学习，在加拿大团队的帮助下完成核心算法，成功实现工厂车间生产计划的机器学习。其主要功能为：机器学习已完成的排产方案（优秀计划员）；机器根据学到的模型，编排新的生产任务；现场及时更新排产规则，重新学习，做到不断完善；不同工厂、不同工序用不同的规则（模型）进行排产；避免规则制定—编程—验证复杂过程，加速新规则的使用；提高排产效率。在收集一线准确信息的基础上，进行高级 APS 排产计划。

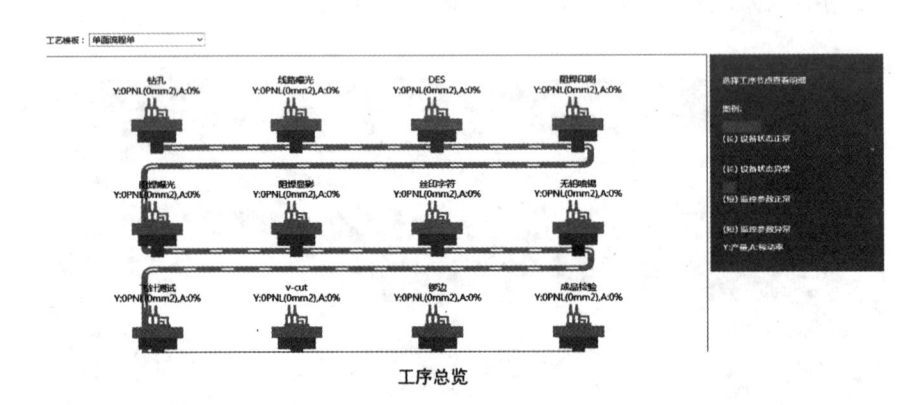

图 4-126　宏杰人工智能排产工序

图 4-127　宏杰人工智能排产示例

第四章　贵阳高新技术产业(大数据类)应用案例研究　　253

（2）生产数据采集

生产过程中需要及时采集产量、质量、能耗、加工精度和设备状态等数据，并与订单、工序、人员进行关联。宏杰车间信息采集系统

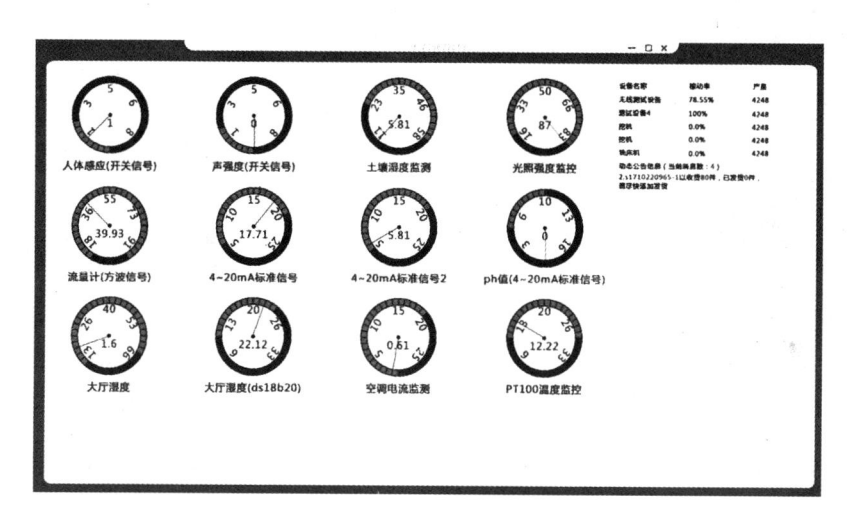

图 4-128　监控看板

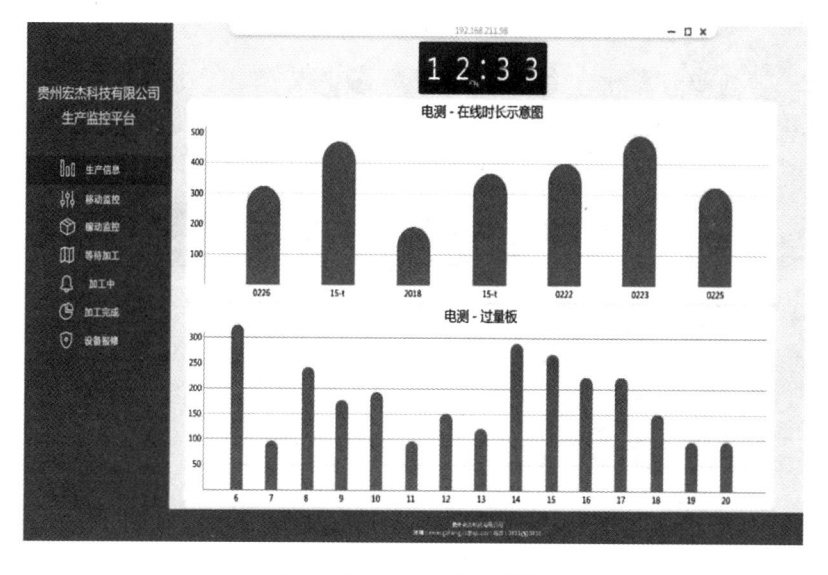

图 4-129　生产信息看板

主要涵盖了设备自动产品过数、设备稼动采集、设备状态信息采集、产量数据采集、车间环境参数采集等诸多方面。

图 4 – 130　宏杰智能加工信息看板

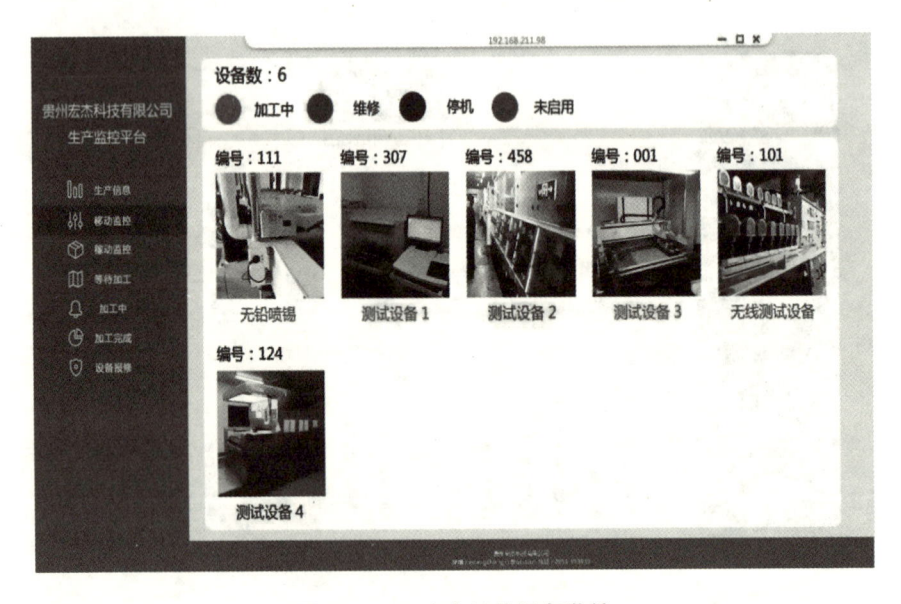

图 4 – 131　宏杰智能设备监控

(3) 智能终端

设备自动产品过数。工作流程为：待料（没有加工单时）→工作（工人操作：开始加工）→暂停（工人操作：暂停加工）→空闲（等待分配加工单）。自动记录订单总数量、完成数量、剩余数量、报废数量、返工数量、合格数量、合格率，以及机器的生产状态。

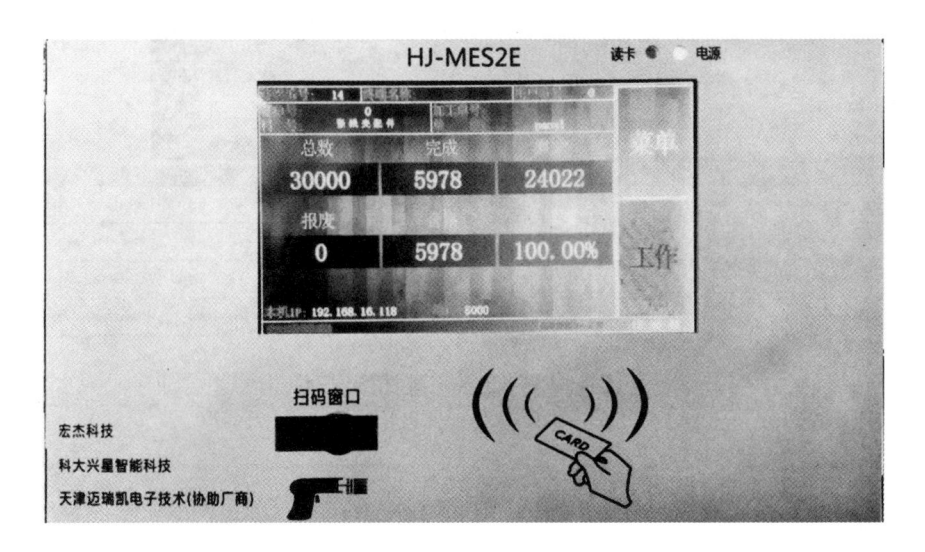

图 4-132 宏杰智能终端

(4) 图像识别

通过图像识别对生产过程中的产品进行识别管理和追踪。产品在生产过程中，通过照相机跟踪产品在线状态，监控产品流转过程，保证产品在车间生产过程中的快速高效流转，并可随时查询所在工序状态。

(5) 设备累积状态

按照车间设备统计设备当天的状态情况，管理者可直观地查看设备的工作、停机、未连接时间段信息，以便管理者分析设备的使用情况及排班管理等情况。

(6) APP

在手机端开发了对应的 APP 功能，方便现场人员及管理者在没有电脑的情况下也能了解现场生产情况。主要包含提醒功能、监控功能、设备报修功能、查看生产任务功能及物料管理功能等。

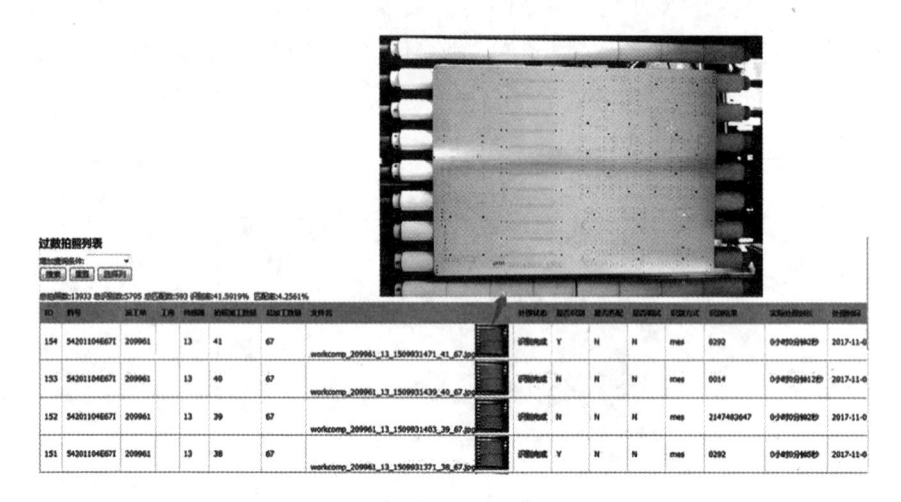

图4-133 宏杰智能图像识别

图4-134 宏杰设备累积状态

4. 项目计划和实施情况

1）项目计划

总的项目计划：初步实现 MES 智能车间系统并进行推广后，建立完善的生产追溯体系，从对设备的监测到设备的控制，实现设备与

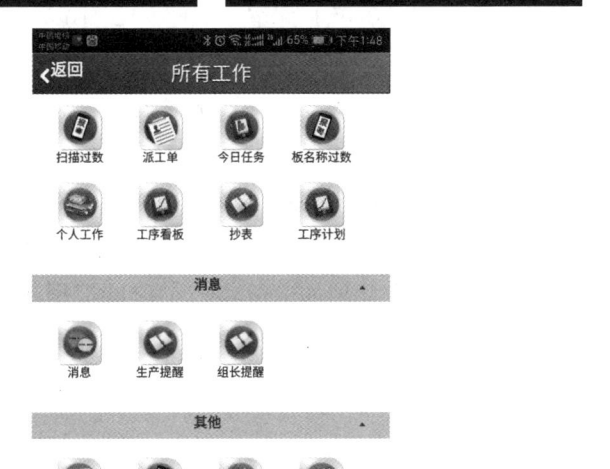

第四章 贵阳高新技术产业（大数据类）应用案例研究　　257

图4-135　宏杰智能监控系统

能力计划的部分集成。目前已累计投入2000万元，预计后期还将投入800万至1000万元，至少保证现有研发人员数量，如有其他资金支持或政府支持，宏杰科技将引进比目前多一倍的研发人员，加快研发进度，尽早将研发成果投入市场，让中国的中小企业享受大数据给制造业所带来的高效、便捷。

第一阶段：（2017年7月至2018年12月）

实现工厂通信网络架构，实现工艺、生产、检验等制造过程各环节之间，以及制造过程与数据采集和监控系统、生产执行（MES）、企业资源计划（ERP）、客户关系管理（CRM）等系统之间的信息互联互通，使企业经营、管理和决策智能优化。

第二阶段：（2019年1月至2019年12月）

对设备、人员、能源等进行自动化数据采集；对设备实时状态进行管理，如出现停机等状况时能够实时反馈到系统中；初步优化生产计划并指导生产；实现生产作业过程管理，建立完善的生产追溯管理体系。

第三阶段：（2020年1月至2020年12月）

优化生产计划，建立与其他资源的集成关系；实现对技术文件、物料、设备、工艺工装、人员、能源等与生产任务单有关的集成化管理；建立生产现场多方预警管理与电子看板管理体系，从对设备的监测到对设备的控制，都实现精细化管理。

第四阶段：（2021年1月至2022年12月）

实现设备与能力计划的部分集成；能够根据车间员工的资质、生产能力等因素，自动进行生产排班；能够对能源进行优化，降低能源成本。

2）目前实施效果

在系统开发方面，获得了10个软件著作权。在市场开拓方面，目前已在天津、浙江、深圳建立三个样板工厂，在三个区域开展代理商建设，待系统在三个样板工厂测试使用稳定后，将全面推向市场。

在天津、浙江、深圳建立三个样板工厂，在三个区域开展代理商建设。在建成三个样板工厂，待成熟后将全面推入市场，目标企业客户达到1000个，物联网终端安装10万台。建设基于工厂原始数据的分析平台，提供大数据分析业务，为制造企业提供智能生产效率分析，进一步提高生产效率。

5. 下一步计划和示范推广价值

1）下一步计划

在建成三个样板工厂后，需要建设基于工厂原始数据的分析平台。提供大数据分析业务，为制造企业提供智能化生产效率分析，进一步提高其生产效率。针对中小企业产业升级，架构生产信息化平台，能为所服务企业提高30%—40%的效益。建成后，第一年为100家中小企业提供服务。目前正在建设三个全国区域营销中心，通过这三个全国区域营销中心把产品从试验工厂推广到市场上，有多个客户合作方案正在洽谈中。宏杰科技最终将提供共享工厂服务模式，使中小企业创业者"没有难开的工厂"。

2）示范推广价值

宏杰智能制造解决方案，可以推广到各相关工业企业中，帮助其实现企业电子商务及生产制造的无纸化智能生产工厂，为中小企业提供从 CRM 到 MRP 及 MES 的集中解决方案，为中小企业实现工业 4.0 提供平台支持。

案例十三　供销马车队——互联网+农业供应链

1. 基本情况

贵阳供销集团控股的贵阳供销马车队公司（简称"供销马车队"）2017年6月成立，供销马车队以打造"专业合作社+分拣配送中心（中央厨房）+销售终端"的新型产销模式，减少中间环节，以销定产，实现订单化农业，打造全新的国有可控的农产品供应链体系为目标。供销马车队先后被确定为贵阳市"菜篮子"工程建设主体实施单位，贵阳市绿色优质农产品促销工作专班成员，贵阳市大数据局重点培育的规模以上企业，省、市政府实施产销对接助力脱贫的实体配送企业。

作为国有控股企业，贵阳供销马车队农业发展有限公司承担了更多的社会责任，肩负着保障市场农产品供给，稳定市场价格的重任，发挥着重要的作用。同时，通过配送平台的建设，结合贵州省大数据信息平台，缩减中间环节，实现优质农产品基地直接跟终端销售的农产品超市、消费者对接，发挥在贵州省脱贫攻坚工作中的作用。

2. 项目背景和目标

生鲜农产品供给端信息与消费需求端信息脱节是农产品种植业、养殖业面临的主要问题，也是多年来一直困扰菜农和养殖户的问题。当然，农产品需求方不能及时与上游对接，很多时候也会出现市场脱节，在面对最终消费者的需求时，不能提供物美价廉的产品。总之，农产品生产模式、农民科学文化水平、农产品物流、农产品需求端信息过度分散等特征，使得"从田园到餐桌"的整条供应链存在着太多断点和盲区，信息不对称、资源错配给生产者、消费者带来了损失。

互联网、移动互联网、大数据技术的应用和推广为整条产业链的整合创造了机会，在贵阳市大数据产业引领的背景下，融合农产品生产端和需求端，构建"从田园到餐桌"的产业链闭环成为可能，通过"专业合作社+分拣配送中心（中央厨房）+销售终端"的新型产销模式，打造第一产业、第三产业融合的大数据和互联网应用模式，主要目标在于：

首先，平台通过互联网连接贵阳市乃至贵州省的各个生鲜农产品需求主体，精准地获取市场需求数据。通过需求数据向上游合作社和种植主体提供订单农业，大幅减少中间流通环节，一方面助推贵州规模化农业的发展以助力贵州脱贫攻坚工作；另一方面有效缓解贵阳市买菜贵的问题，助力贵阳市"菜篮子"惠民工程的实施。

其次，根据大数据平台的信息推算出不同时间段内客户对各类农产品的需求情况，以便反馈到上游专业合作社或基地，让上游做到分类分批种植、定量种植、分批采摘、分批上市销售，做到以销定产，订单化农业，精准扶贫、精准致富。

另外，以大数据方式实现供需双方的精准匹配，减少中间环节。根据种养殖与订单交易数据，建立互联网风控模型，联合金融机构推出供应链金融服务。

后期以生鲜分拣配送中心信息管理系统为数据核心,分别打造上游端 APP、销售端 APP、流通大数据平台、交易撮合平台、食品安全溯源平台、物流监控平台。分析相关的数据,对上游种养殖与下游销售渠道进行撮合,帮助农户将利润尽量做到最大化。

3. 大数据应用模式

1) 平台总体功能架构

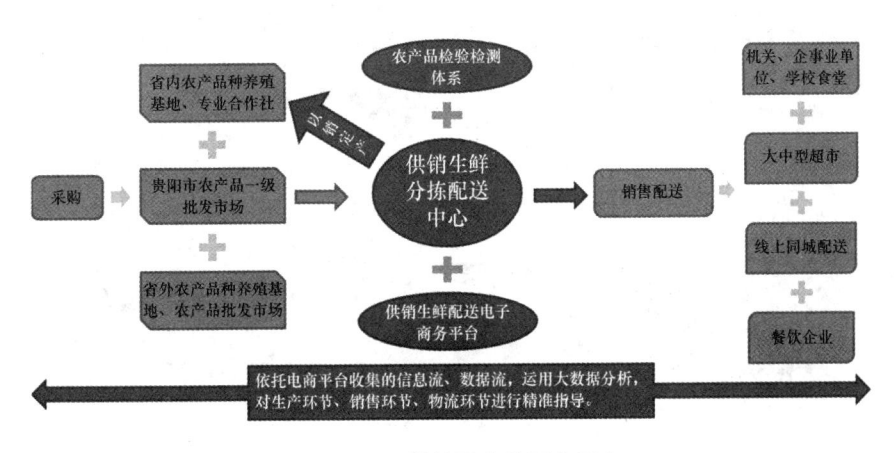

图 4-136 供销马车队网上平台

"供销马车队农商互联大数据平台"打造了"基地、专业合作社（产）+分拣配送中心、中央厨房（供）+销售终端（销）"的新型产销模式,运用大数据、云计算、移动互联技术,实现了农产品采、运、储、拣、供等各环节的科学化、数字化管理。

通过合理的资源调配,最大限度地减少中间环节,上游对接种植养殖基地、农业合作社、种植养殖大户,实现订单农业,并适时引导其调整农业产业结构,保证农产品的供应需求量和价格稳定;中端构建农产品线上、线下流通平台,建立农产品溯源体系;下游对接酒店、食堂、商超,实现农产品从田间到餐桌的直供。在确保食品安全的前提下,提高农户的收益,降低终端的采购成本,打造全新的农产品供应链体系。

从总体功能架构来看,平台主要包括五大板块：上游专业合作社

(基地), 中端分拣中心（中央厨房），下游销售终端渠道、物流配送体系及互联网电商大数据平台。

图4-137 供销马车队工作场景

2）平台具体功能和应用

（1）交易数据实时在线

平台数据中心全面系统地汇集来自各利益相关方的数据，实现数据的有效分类、汇总和管理，借助数据挖掘、分析、可视化，实现平台数据的实时动态分析与展现。一方面向平台各利益相关方提供数据信息支持，另一方面便于对平台整体运行状态的实时监测和调控。其中，供给方和需求方的交易对接管理是重点之一，平台对每一笔交易都实现了实时在线统计，具备交易长期跟踪追溯功能。

（2）扶贫蔬菜采购统计

聚焦于对菜农的服务与支持，在农产品分类统计上做到细分化、专业化，对上市期集中、保鲜期短的蔬菜产品实现专业跟踪管理，在订单管理的基础上，了解蔬菜产品货源流向、市场调配状况等，确保

第四章　贵阳高新技术产业（大数据类）应用案例研究　　263

产供销一体化运营，避免市场错配所形成的不必要损失。

图 4-138　供销马车队交易平台

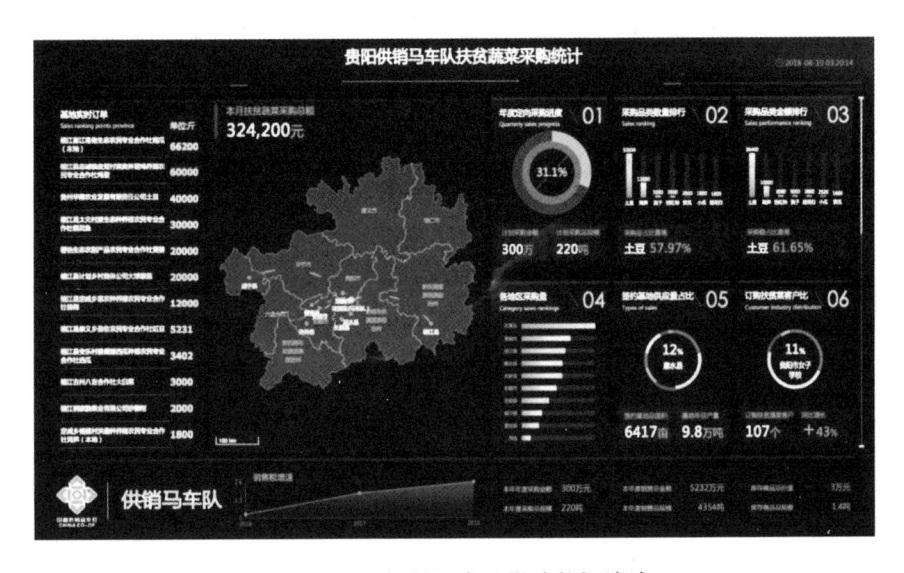

图 4-139　供销马车队采购数据统计

(3) 精准扶贫与订单农业融合

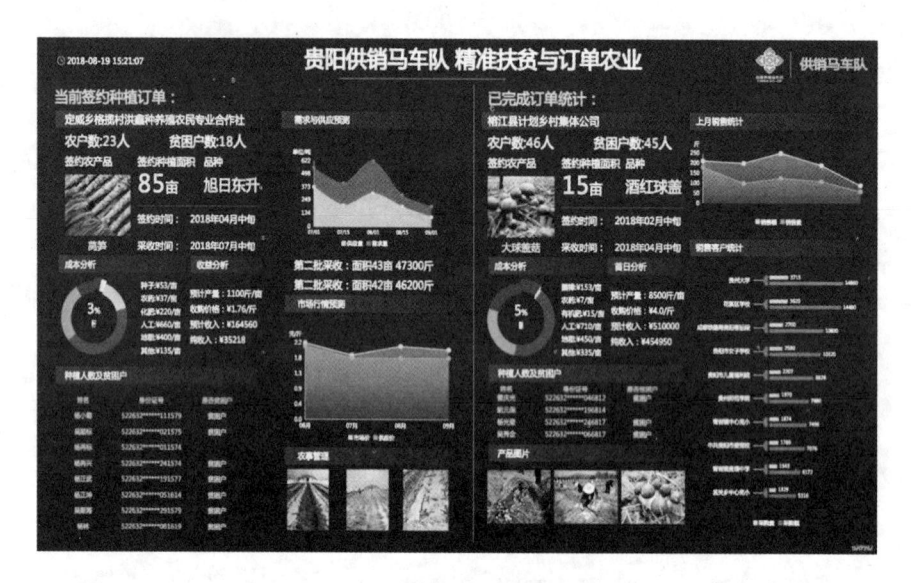

图 4-140 供销马车队订单平台（1）

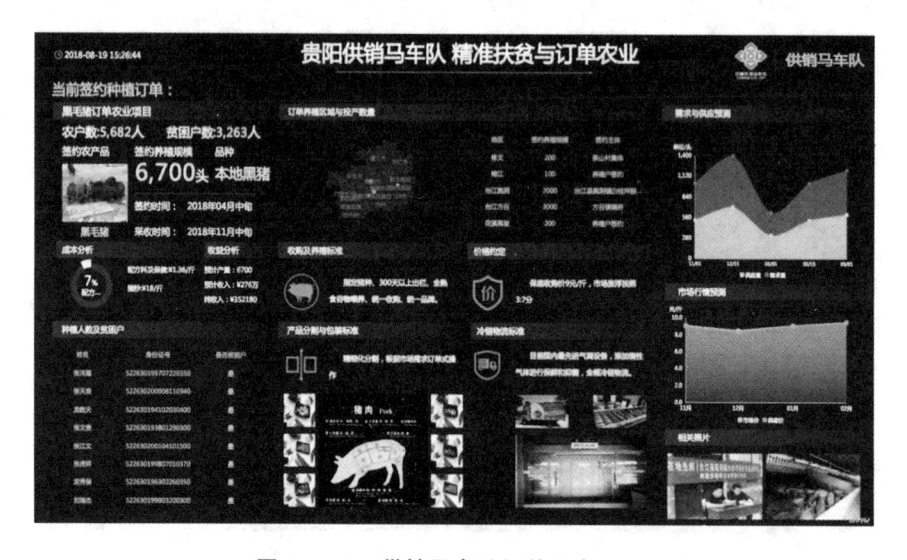

图 4-141 供销马车队订单平台（2）

针对精准扶贫开发订单农业功能，确保农民蔬菜产品、牲畜产品从初期便确定订单关系,买卖双方都减少销售或采购环节的不确定性,降低市场风险和交易成本,同时在产品质量环节能实现精准监测与控制。

(4)与福农宝合作进行农技农化服务

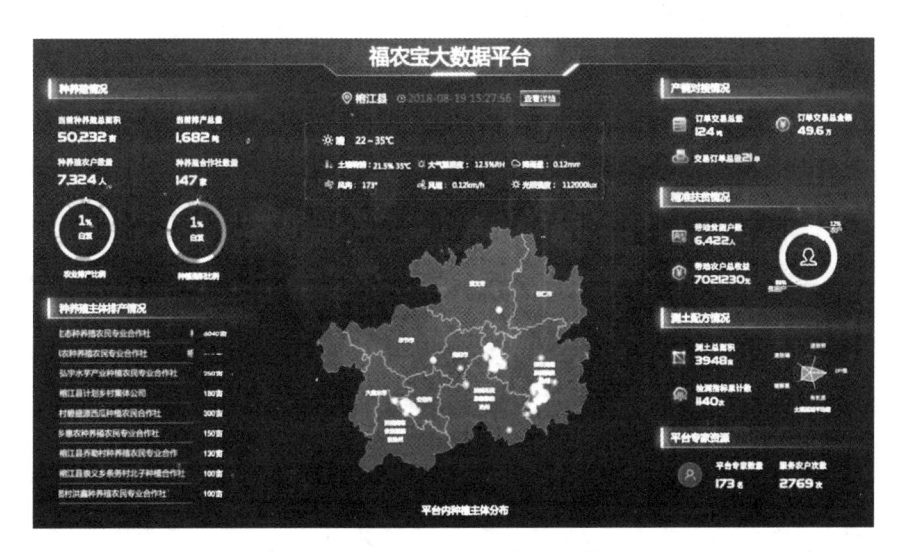

图 4-142 供销马车队合作平台(1)

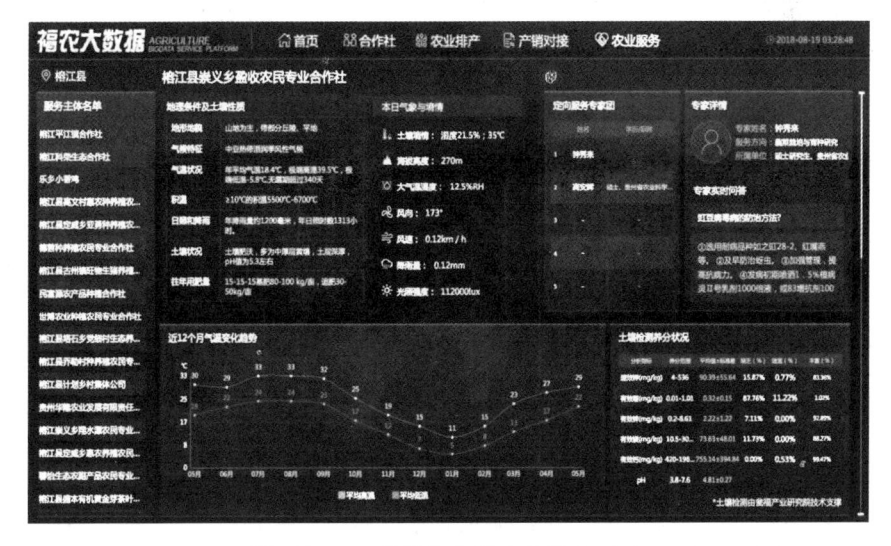

图 4-143 供销马车队合作平台(2)

生态农业、科技农业等离不开各类农业技术的支持，面对农民教育水平参差不齐，农业技术理念差异较大的局面，平台建设"福农宝"大数据平台，为各类种植户、养殖户提供专业化的技术服务。利用互联网的普惠效应，尽量扩大服务覆盖面，逐步引导平台农户走向科技农业、生态农业的发展道路。

（5）物流监控平台

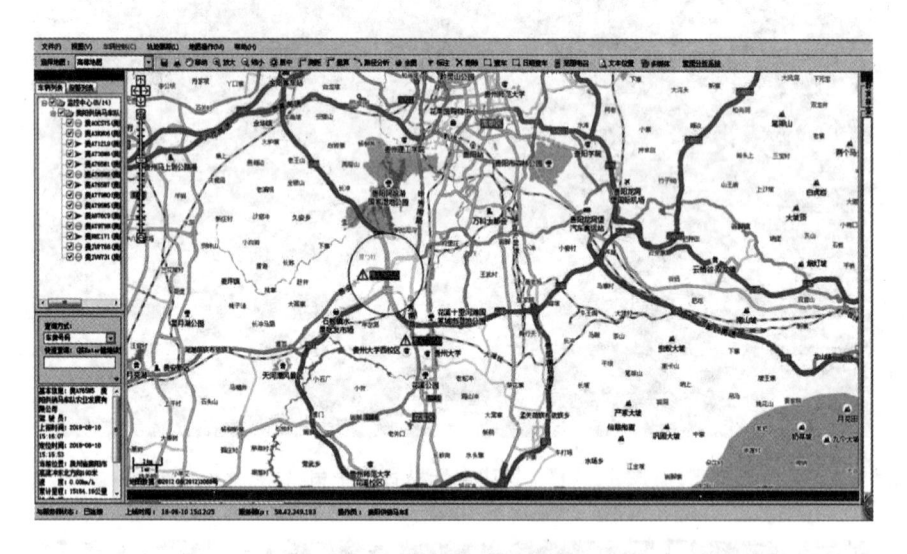

图 4-144　供销马车队监控平台

在"从田园到餐桌"的整个链条中，蔬菜物流、生鲜物流等环节起着决定性作用，因此，物流监控与调度管理体系是平台建设的关键一环。借助 GPS、移动互联、GIS 等技术，平台实现对所有物流车辆的监控和调配，同时，对各个层级的存储环节实现实时数据监控。一方面确保物畅其流，另一方面确保对农产品资源的合理化调配，逐步构建完整的智能化、信息化物流调配管理体系。

4. 项目计划和实施效果

从 2016 年 12 月起组建"贵阳供销马车队生鲜分拣配送中心"，开展生鲜配送项目以来，供销马车队分别打造了农民专业合作社端 APP（农资、农化服务）、销售端 APP、农产品流通大数据平台、农产品食安、溯源平台、农产品物流监控平台。截至2018年7月，项目运营良好，取得了较好的社会效益和经济效益。

项目现为贵阳市花溪区中小学和幼儿园营养餐、贵州大学、贵州师范学院、贵州警官职业学院、中共贵阳市委党校、瓮福集团等118家学校及企事业单位进行生鲜配送，配送覆盖人群超过12万人。与10多个地区的36个或贫困或传统优势种养殖地区的各专业合作社（基地）形成合作，在保供稳价的情况下助力脱贫攻坚。累计从贵州省各个贫困地区收购销售各类农产品共计185吨。收购销售黑毛猪630头，惠及贫困人口12000人。2018年增加配送单位65家，增加配送人数2万。

5. 下一步计划和示范推广价值

1）下一步计划

(1) 销售端建设

• 与六盘水、沿河、息烽等地进行合作，预计完成1—2个市、县级项目的导入，与当地政府达成深度合作模式。

• 拓展市场渠道，尝试建立"同城配送"及"社群"的销售模式，并通过B2B方式，提供生鲜商品供应链和配送解决方案。

• 进行以黑毛猪、精品蔬菜为主的独立产品打造，面向市场端实现全方位的拓展。打造供销农产品品牌，提高农产品附加值。

• 实行盒马生鲜、合力超市、智诚超市等超市业态的合作。

(2) 大数据平台及信息化建设

• 进一步完善前端订单系统，并同后台管理系统、农产品流通大数据平台完成关联。

• 进一步完善对后台管理系统的开发，并实际投入运用；完成前期数据的补录，并与农产品流通大数据平台完成关联。

• 进行现有客户线上下单的推广，完成实际应用。

(3) 建设农产品垂直供应链体系，建立产品的生产、物流、加工、分拣、包装等环节标准，以生鲜超市、社群电商、微商为运营手段，打造区域性生鲜农产品品牌。

(4) 在供应端建设方面，加强与省内、市内专业合作社、贫困户的对接。帮助相关专业合作社解决农产品销售问题，向条件具备的区域提供生产订单，实施订单化生产。

（5）推动跨区域产销联动，将生鲜分拣配送中心的销售渠道进行全方位整合。对不同区域的可控消费市场进行统一调配，让本区域农产品顺利进入其他区域可控市场，为其提供稳定、可控的销售渠道。通过资源的有效调配，实现农产品跨区域高效流通，让本地农产品走出去，外地农产品补充进来，进行资源共享和互换，助力本地农产品开拓外地市场，同时也可获得其他区域价廉物美的生鲜农产品。

2）示范推广价值

项目是按照贵阳市委、市政府，省、市供销社关于充分发挥供销流通体系国有主体作用而开展建设的，依托供销合作社，上游发挥供销社连接城乡的传统优势，建设和引导新型农产品生产基地和专业合作社，各区域内的供销合作社是良好的基础条件。中端及下游依托供销马车队的专业优势，可快速地进行复制。通过产业链上下游的整合，实现农业资源与市场需求的紧密对接，对于服务三农、精准扶贫、"菜篮子"工程等具有较大意义。

在大数据应用领域，本项目开创了农业与现代服务产业的融合，打通了产业链，在"一、二、三"产业融合环节形成了典范，对如何让大数据、互联网技术惠及农民，改善民生进行了有效的探索，因此，本项目社会效益突出，在贵阳市、贵州省乃至其他地区都具有现实的借鉴意义。

案例十四　贵阳传化公路港——大数据信息中心项目

1. 基本情况

贵阳传化公路港物流有限公司（简称"贵阳传化公路港"）成立于2015年1月，是贵州省、贵阳市重大招商引资项目，是传化物流集团下属公司，贵州省2015年重大工程和重点项目。贵阳传化公路港在2017年分别正式成为《全国无车承运人试点单位》和《2017年国家大数据（贵州）综合试验区首批重点企业名单》中的企业之一。大数据信息中心项目于2014年9月分别同贵州省政府与贵阳市政府签订了投资协议,又于2014年12月同经开区和花溪区签订了投资协议。大数据信息中心项目总规划面积1200亩,其中,公路港用地703亩,由大数据信息中心、大数据交易中心、大数据展示中心、货运中心、仓储配送中心、智能车源中心、司机之家、物流装备展示展销、车辆检测站、加油加气站等组成。在正式运营后,将成为黔中地区最大的货运车辆调度中心,真正实现物流企业与社会车辆两大物流主体在平台内的集约化经营与信息化管理。

2. 大数据信息中心项目的背景和目标

浙江传化集团是"中国物流示范基地""国家标准5A级物流企业",获"国家级管理创新一等奖",并参与国家标准《物流园区分类与基本要求》《社会物流统计指标体系及方法》的制定。其商业模式是以信息交易功能为核心的规模大、功能全的综合性物流基地模式。传化大数据信息化建设支撑体系主要由"物流交易管理系统、物流企业管理系统、运营管理系统"构成。2014年传化物流"智能公路港"3.0版正式启动,富阳、无锡、青岛三个项目在建,并在沈阳、哈尔滨、天津、济南、重庆、武汉、贵阳、南充、衢州、宿迁、泉州布点,在20多个城市落实,与100多个城市洽谈,受到200多个城市的邀请。

相比现代物流、智能物流管理理念和运营模式,贵阳市物流体系基础还比较薄弱,软硬件设施支撑度明显不足,物流管理不专业、体系性不强、分散化严重等问题已经制约了贵阳市乃至贵州省产业经济的发展。在贵阳市大数据产业已经获得先发优势的背景下,在大数据引领的产业体系中现代物流是不可或缺的一环。就贵阳市的物流水平来看,物流企业分布散乱、信息交易设施设备落后、现代化程度较低,远远没有达到现代物流的要求,也没有跟上城市的经济发展速度,而更多的大型企业、外资企业也对贵阳市的物流水平不甚满意。

虽然出现了"货车帮""老司机"等互联网智能平台,这些对于贵阳市庞大的物流管理需求和辐射影响来说还远远不够。因此,引入国内知名的现代物流模式,相互促进,成为贵阳市构建现代物流产业体系的合理化选择。

贵阳传化大数据信息平台项目的目标，旨在通过先进的计算机、网络、数据库及通信技术，建立一个"准确、及时、标准、高效、安全"的全功能、多层次、开放式的、智能化的、协同化的环境。

贵阳传化大数据信息中心投入运营后，预计日均信息量可达1000条以上。在正式运营的前三年，预计整合服务1000多家各类物流企业、10万辆社会车辆，实现前者营业额年均增长20%，使货车司机的配货时间从平均72小时缩短至9小时，每年港内物流企业承载货物可达250万吨，可直接和间接带动就业1000人，并会逐步改变货运市场脏乱差的局面，推动城市治理的优化。

3. 大数据应用模式

1）平台架构

大数据信息化公共服务平台是基于信息网络技术构建的物流公共服务系统，由信息网络（包括网络设备、主机服务器）、数据中心（包括数据库系统、数据交换系统）、物流呼叫中心、应用软件系统、门户网站以及外部接口六大部分组成。

2）平台关键技术

（1）采用VPN技术通过Internet实现网络连接、用户身份认证、信息安全传输。

（2）采用SOA软件系统架构。

（3）采用XML技术统一数据交换格式，使用XML Schema进行数据标准规范的定义和描述。

（4）采用SOAP协议进行信息包的封装和数据路由，数据共享与交换平台考虑对Web服务的支持。

（5）采用消息中间件技术保障数据传输的可靠和完整。

（6）在安全方面，利用XML实现数字签名和加密，并与CA平台相结合。通过并发访问控制、访问代理、数据校验、安全审计等手段来保证共享数据的完整性、安全性。

（7）在管理方面，采用WBEM收集、管理并合并多种来源的管理数据。对数据中心的各个组成系统进行有效管理。所有支撑系统都基于统一的技术平台来设计开发。

(8) 采用存储域网络（SAN）架构实现共享数据和备份数据的存储。采用集群技术和负载均衡技术来提高系统的整体性能和可靠性。

3) 平台核心系统和功能

(1) 门户网站

平台门户网站是有形市场服务向虚拟市场服务的转移，可在任何时间、任何地点为各类客户提供个性化的物流服务产品，包括信息服务、货物跟踪、车辆验证、咨询服务、查询服务、物流业务处理的 ASP 服务、物流方案设计，以及网上交易、网上结算等。

(2) 四大应用系统

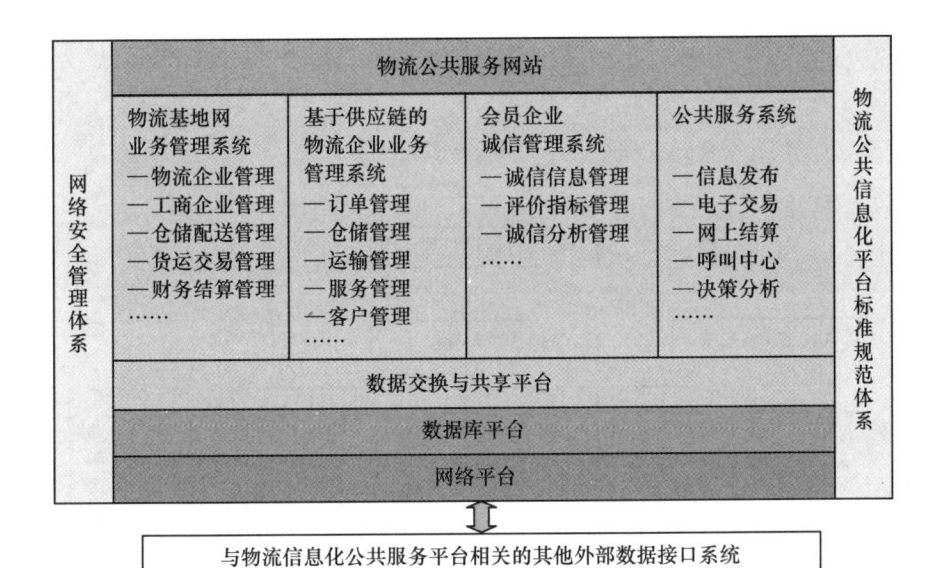

图 4-145　传化公路港物流服务页面

四大应用系统包括物流基地网业务管理系统、基于供应链的物流企业业务管理系统、公共服务系统、会员企业诚信管理系统。

物流基地业务管理系统通过基地与基地之间、基地与物流企业之间的网络联系，进一步整合社会物流资源，实现物流信息的一体化管理，为客户提供物流过程全程服务和个性化服务。

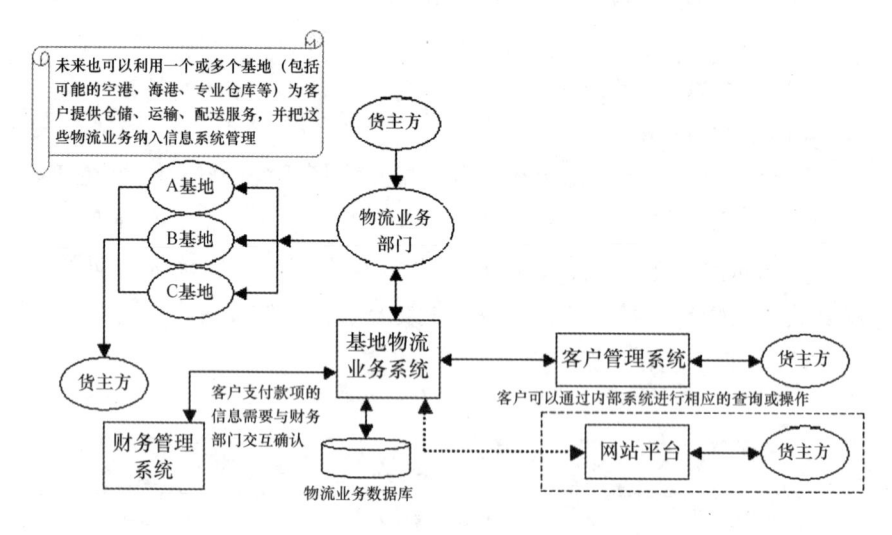

272　贵阳高新技术产业发展研究

图 4-146　传化公路港应用系统

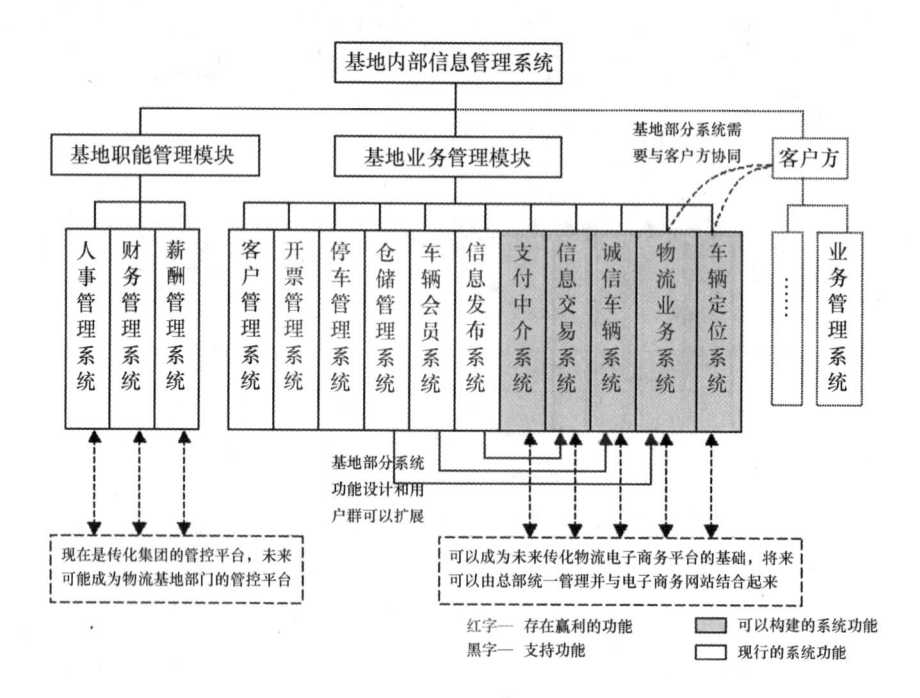

图 4-147　传化公路港管理模块

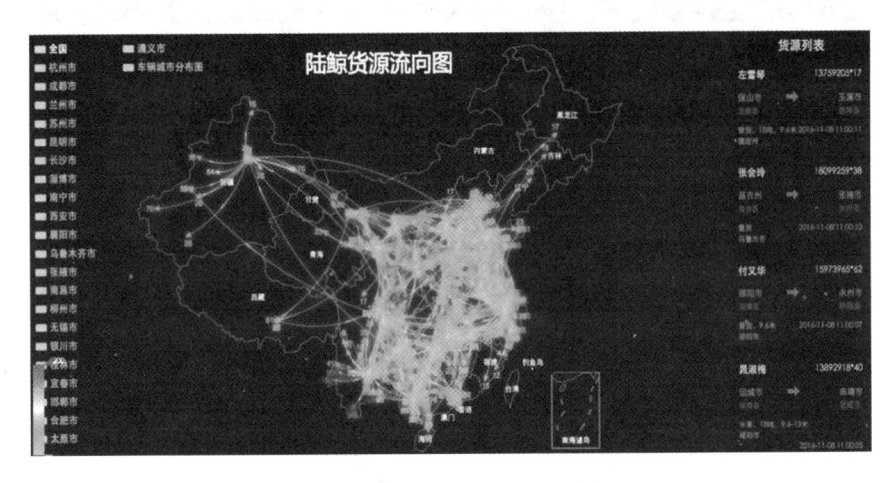

图4-148 传化公路港货源流向图

基于供应链物流的企业业务管理系统通过货物直接配送和仓储虚拟整合等手段，全方位提高物流企业的管理水平和能力。主要包括仓储管理系统和客户管理系统。

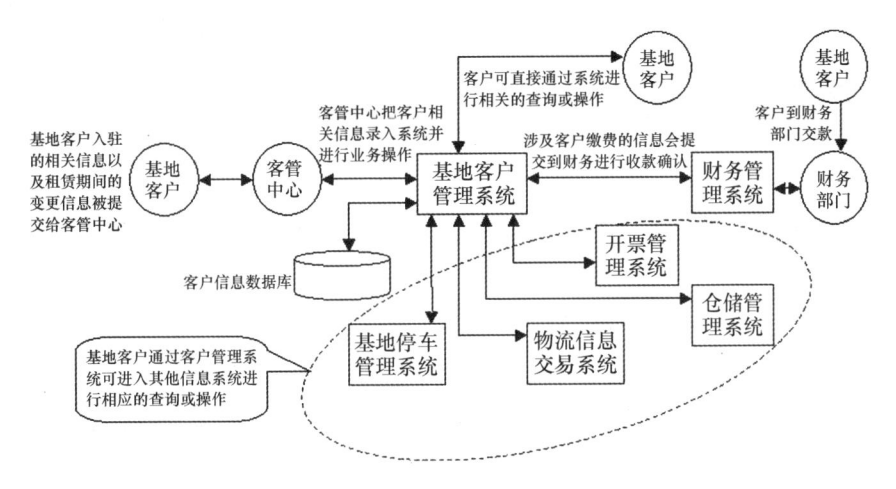

图4-149 传化公路港仓储和客户管理系统

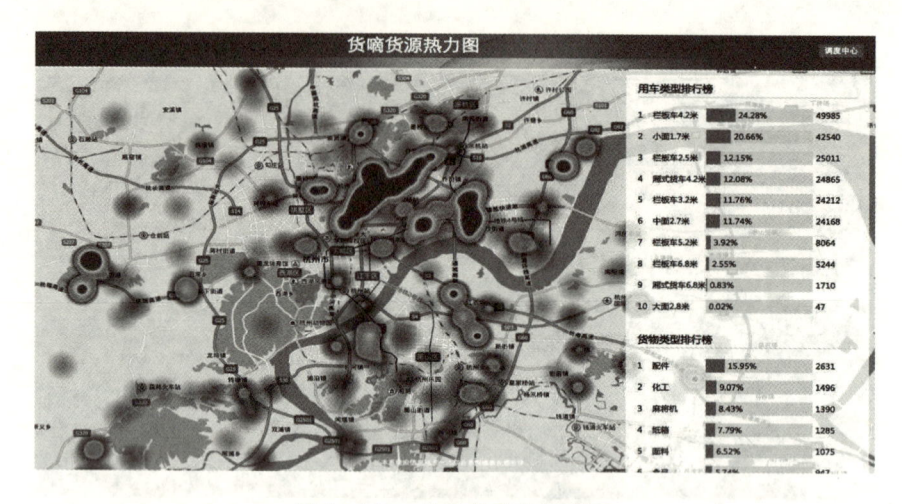

图 4-150　传化公路港货源图

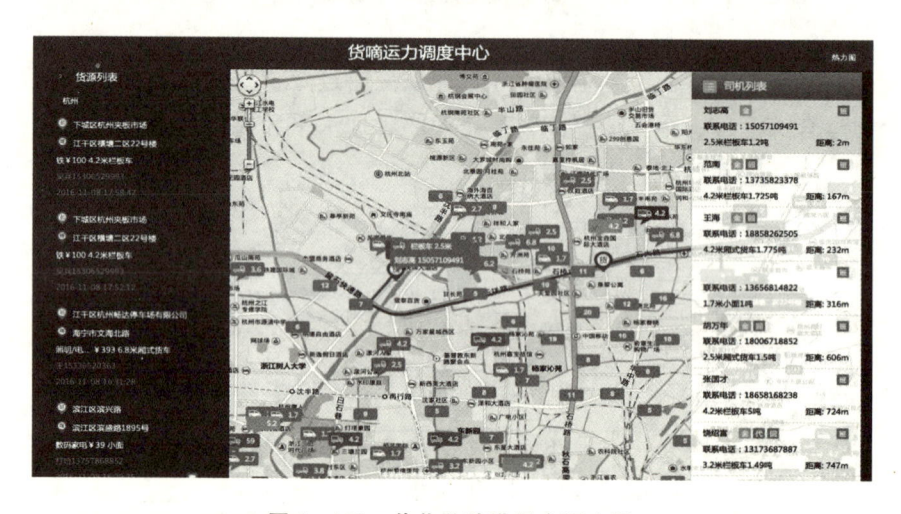

图 4-151　传化公路港运力调度图

会员诚信管理系统、数字认证与签名系统通过信用评价，建立会员企业的信用档案。通过会员制管理，形成自评价机制、行业协会评价机制、第三方评价机制。

公共服务系统包括信息发布、电子交易、网上结算、呼叫中心、决策分析等子系统。

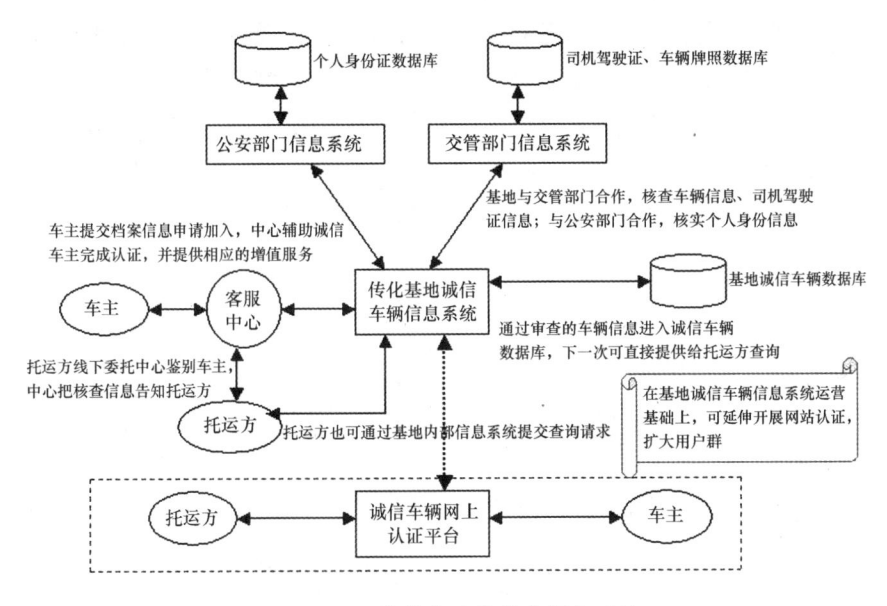

第四章　贵阳高新技术产业(大数据类)应用案例研究　275

图 4-152　传化公路港公共服务系统

(3) 数据中心

数据中心的核心是数据库系统和数据交换平台。数据库系统采用

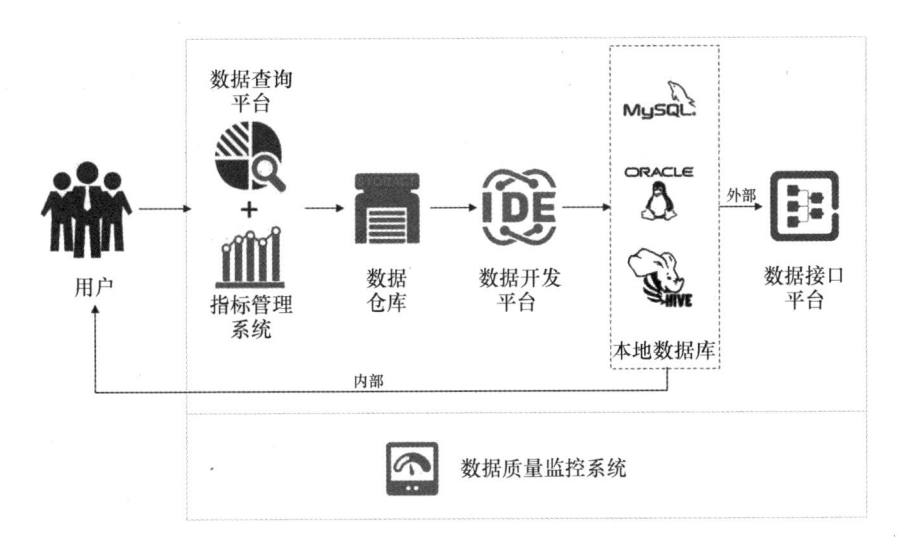

图 4-153　传化公路港数据监控系统

大型关系数据库来建立服务系统的中心数据库,通过数据交换平台在各子系统之间或与外部系统进行信息交换,达到信息共享。

数据共享与交换平台提供一整套规范的、高效的、安全的数据交换机制,解决数据采集、更新、汇总、分发、一致性等数据交换问题,解决按需查询、公共数据存取控制等问题。

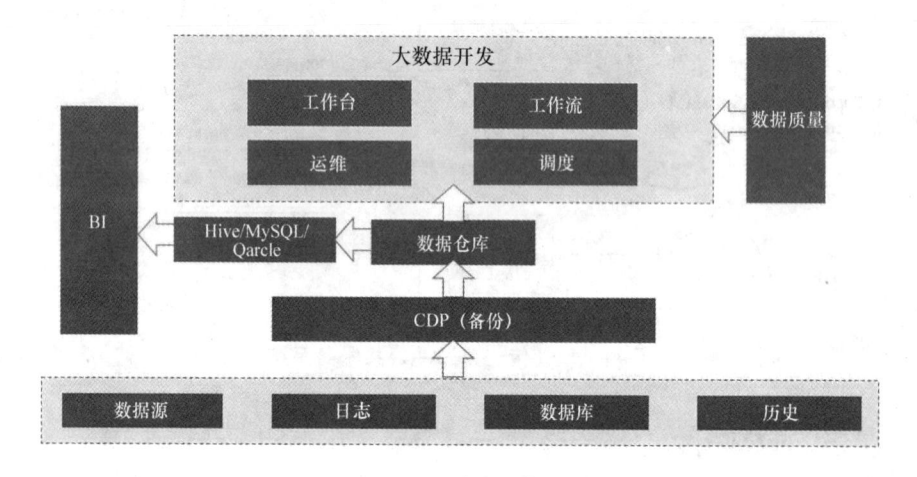

图4-154 传化公路港数据开发系统

(4) 存储和备份系统

按"重要数据优先重点保护,优先配置备份系统资源"的原则制定,重点保护用户信息中心、数据库系统,并优先配置数据备份系统资源。

(5) 计算机安全防护系统

对来自内部和外部的入侵攻击进行防护,对日益泛滥的病毒进行防护,需要建立计算机网络安全防护系统。

①呼叫中心系统

受理信息查询、发布、咨询、投诉等业务;实现物流信息的定时、定向的自动发布;进行内部管理、调度。

②GPS监控调度系统

利用先进的GPS全球卫星定位技术实现对车辆的监控调度、跟踪和监控。

③物流基地保安监控系统

对必须进行监控的场所、部位、通道等进行实时、有效的视频探测、视频监视、视频传输、显示和记录,并具有报警和图像复核功能。

④大屏幕显示及多媒体信息查询系统

显示宣传、介绍口岸物流系统的内容,并发布有关物流信息、电子公告及图文广告等。

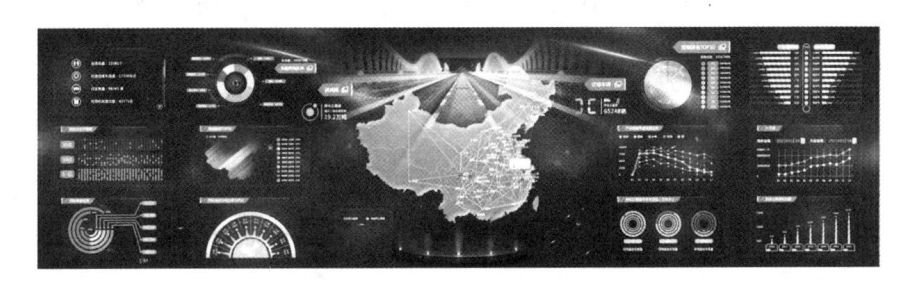

图 4-155 传化公路港屏幕显示系统

4)项目计划、实施效果和示范推广价值

(1)项目计划

项目建设于 2017 年 8 月,截至目前,已完成大数据信息中心基础设施建设,大数据平台搭建工作。2018 年 12 月之前,贵阳大数据信息中心完成前期试运行。

(2)预期效果

通过大数据信息中心,降低物流成本,将配货时间从 2—3 天降到 6—8 小时,满载率提升 50% 以上,降低生产型企业物流成本 40% 以上,改善全链条企业与个体的交易场景、工作场景和生活质量。

(3)示范推广价值

物流供应链数据服务平台服务"长尾市场",提升物流供应链的整体效率。服务于生产端、贯穿整个供应链长链的基础服务平台。其内涵是以数据分析和决策预测支持为核心,依托公路港城市物流中心，融合互联网物流业务与金融业务，为物流企业、城市、城市群以及行业提供大数据平台服务。

大数据信息中心项目的建成将对贵阳市货运、物流企业小、散、乱、现代化水平较低的状况加以改善，将散乱的货运、物流企业、车辆集中化和精简化，通过物流信息交易平台来提供专业规范的、现代化的物流服务，有效地降低物流作业成本，提升物流资源的整合和信息交易的效率，提高服务水平。同时它也可使行业主管部门和政府对物流行业进行有效的管理，规范物流的行业操作，体现传化物流建设信息交易平台的社会责任和公益性。因此，该项目的建设将极大地改善贵阳市的物流环境，提升物流质量和水平，规范贵阳市的物流市场，使贵阳市成为全国现代化物流枢纽城市，对贵州乃至西南城市物流体系建设具有借鉴意义。

案例十五　贵途旅游——贵途旅游资源交易平台

1. 基本情况

"贵州大数据旅游产业股份有限公司"（简称"贵途旅游"）由贵州旅游投资控股（集团）有限责任公司、高鸿股份（上市号000851）、贵阳花溪大数据产业投资有限公司共同出资组建，属于国有股份制企业。

贵途旅游成立以来，抢抓贵州旅游资源，主动寻求与互联网合作构建"旅游+互联网"产业模式，坚持"贵途品牌系列产品开发→智慧旅游产业链业务整合→贵州旅游大数据龙头企业"这一发展路径，以贵途旅游战略品牌为核心，成功运营了"贵途"商标品牌。线上以贵州旅游资源门户网站贵途网为切入点，主营互联网+"贵途"系列品牌产品：贵途网、贵途商城、贵途自驾平台；线下整合贵州省一站式旅行服务全要素资源，如百里杜鹃智慧景区等，快速形成了贵州旅游资源O2O运营服务商业模式，基本构建了贵途旅游"云上贵途·智慧旅游"品牌形象。

2. 贵途旅游资源交易平台项目背景和目标

贵州省旅游资源十分丰富，以往限于交通、经济发展相对滞后等原因，旅游资源的潜力一直没有完全释放出来。近几年来，随着贵州省县县通高速、高铁开通、支线机场增加等交通条件的改善，贵州省旅游产业迎来了快速成长期，来贵州旅游的群体呈现出井喷态势。除了旅游资源和基础设施的完善外，贵阳大数据产业的发展，大数据产业博览会改变了贵州的传统形象，贵阳市、贵州省在国内外的品牌形象、区域吸引力得到大幅改善，大数据、区块链等高科技元素的注入，高科技与区域实体产业的融合不断深化。

在贵州，自由行游客和旅游资源服务商之间存在明显的信息不对称，依靠传统的第三方机构（旅行社）根本无法完成游客的体验需求。随着互联网发展和游客自身旅游经验的增长，旅游消费者得以追求更具备个性化的旅游产品，同时便捷性、小规模化出行、个性化定制成为度假旅游产品的发展趋势。

现在，全国乃至全球创新的旅游经营模式、管理模式不断涌现，政企联动的贵州（贵途）旅游资源交易平台（以下简称"旅交所"）应运而生，在贵阳大数据产业的引领下，旅交所积极挖掘贵州省的旅游资源潜力，打造行业一流的旅游服务平台，一方面提升旅游服务水平和品牌效应，另一方面探索大数据、互联网与实体产业融合的商业模式。旅交所立足贵州，布局整合贵州省旅游资源要素，着力构建贵州在线旅游运营商共生共享的新格局。

随着人们物质和文化生活水平的提升，旅游消费需求正在由观光游向休闲度假游转变，养生、亲子、温泉、户外等主题游形成了新的消费热点，自助游、自驾游、个性游、定制游、主题游等旅游模式占据了大部分旅游市场，互联网、大数据、云计算技术正好与上述需求变化趋势相融合，通过互联网平台、移动终端等有机会将旅游产业链上下游资源有效整合起来，为日趋个性化的旅游需求提供全方位、便捷的服务。建设旅交所，将促使游客更青睐通过旅游官方平台来获得旅游全程的信息服务，这既是旅游垂直行业的旅游产品交易平台，又是贵州省域旅游经济大数据平台。两者相辅相成，前者是基础，后者是目标。

（1）通过数据积累，实现旅游经济数字化，为贵阳各区县旅游经济发展和贵州省旅游经济发展提供真实的数据模型。

（2）优化旅游行业供应链，实现信息对称，减少交易环节，降低交易成本，提升贵州旅游产品竞争力。

（3）帮助了解旅游供应链上下游企业的实际经营状况，结合供应链金融，让更多的金融机构更愿意对旅游产业上下游企业提供金融支持，帮助更多的旅游企业快速发展。

（4）让全国乃至全球的游客来到贵州，打破行政区划，通过旅交所实现旅游资源要素的整合营销，聚合推广，智慧引流，相互导客，更好地促进涉旅企业的发展，促进区县旅游经济的发展以及带动区县涉旅一、二、三次产业的协同发展。

3. 项目大数据应用模式

1）平台功能定位

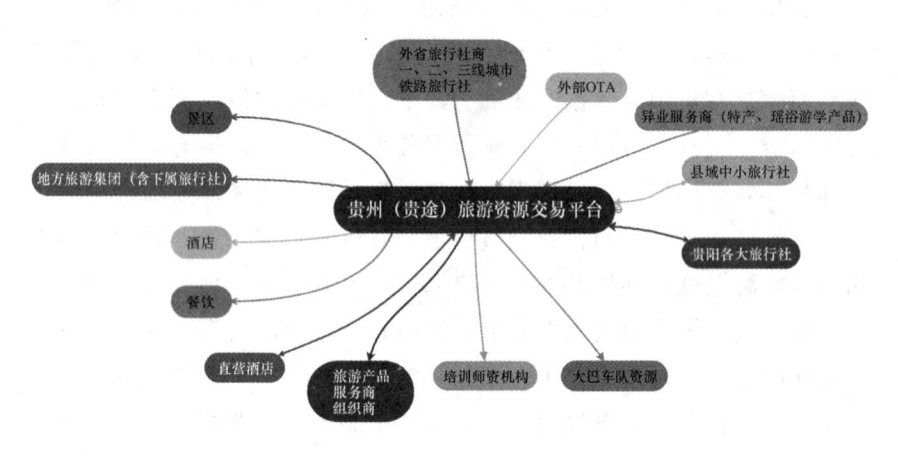

图 4-156　贵途旅游平台功能定位

旅交所作为全域旅游经济大数据平台的重要支撑，是全域旅游经济的数据中心、运营中心、调度中心。功能定位如下：

（1）为各区县建立区域旅游资源交易平台，实现区县旅游资源及涉旅商家的整合。

（2）为区县旅游目的地品牌打造与 IP 导入赋能。

（3）导客、引客到区县，为区县全域旅游经济发展、旅游扶贫及通过旅游带动一、二、三产业发展赋能。

（4）通过平台，提升涉旅企业内部管理效率与服务水平，提升游客满意度、美誉度，促进区县旅游经济健康、持续发展。

2）平台总体架构

贵州（贵途）旅游资源交易平台由两个管理后台——平台总部管理后台、区域分部管理后台，以及两个用户后台——分销商管理后台、供应商管理后台组成。它们面向不同的用户，提供不同的管理后台进行相关的管理操作。

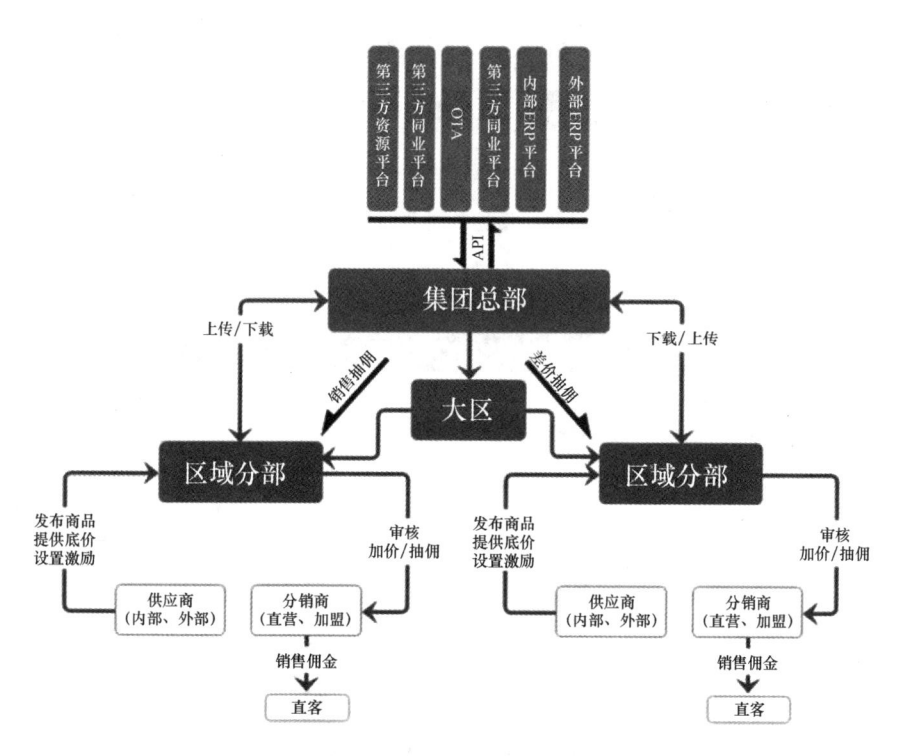

图4-157　贵途旅游平台总体架构

（1）总部管理后台

总部以信息化管理、资源管理、线上线下一体化为核心需求，全面打通从旅游产业供应链资源发布及管理到分销端商品销售及结算，并实现内部资源共享、外部资源渠道互联互通的目标，涉及的业务包括酒店、门票、跟团游、自由行等。

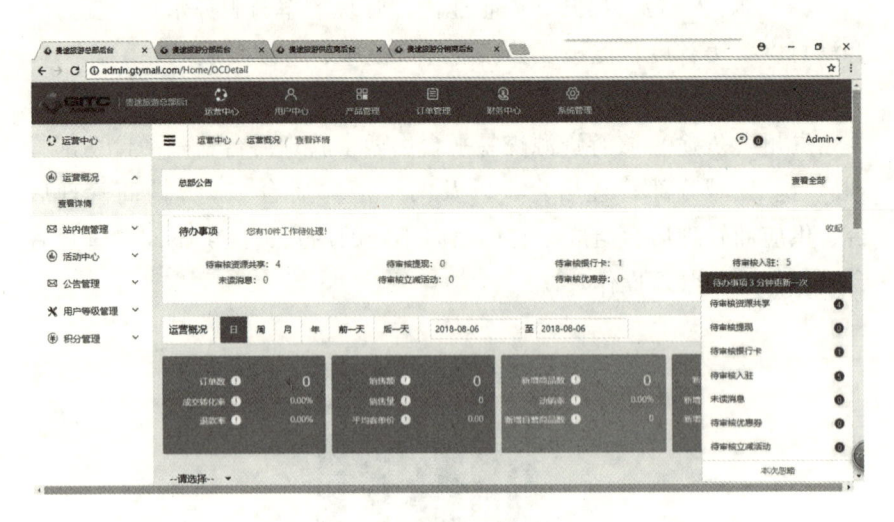

图4-158 贵途旅游管理系统（1）

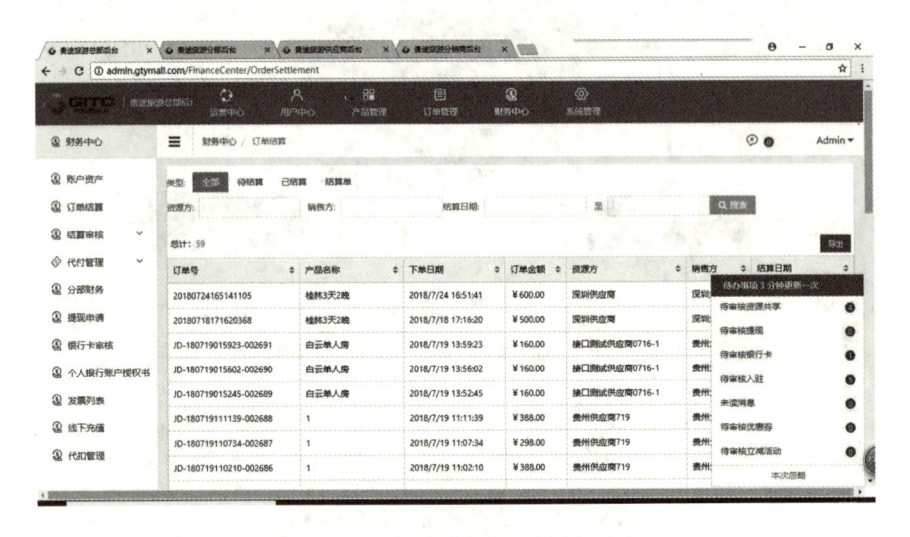

图4-159 贵途旅游管理系统（2）

(2) 区域分部管理后台

分部作为平台的执行层，管理下级平台的各个用户与各项业务，主要负责在区域内发展供应商、分销商及平台运营的工作，分为直营型和加盟型。

图4-160 贵途旅游总部后台

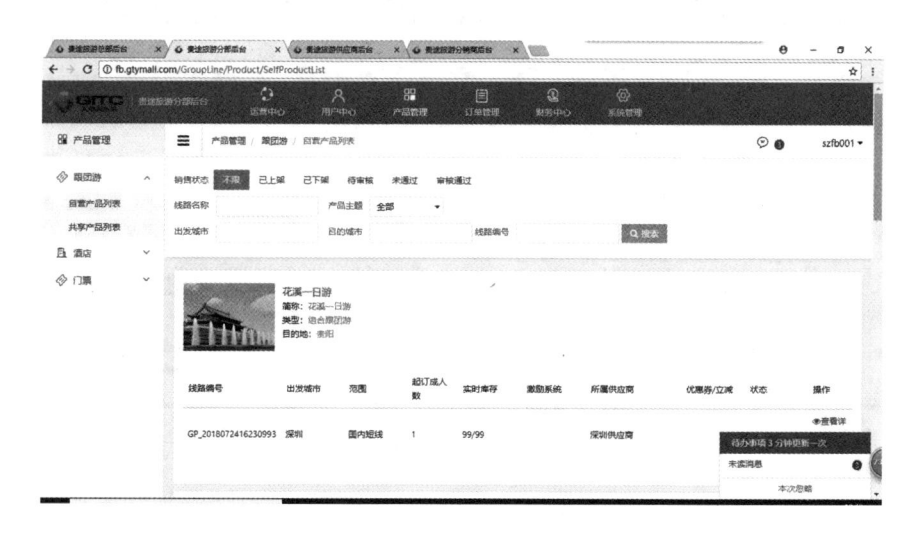

图4-161 贵途旅游资源管理

(3) 供应商管理后台

供应商后台用于供应商发布跟团游线路、酒店、门票等产品资源。

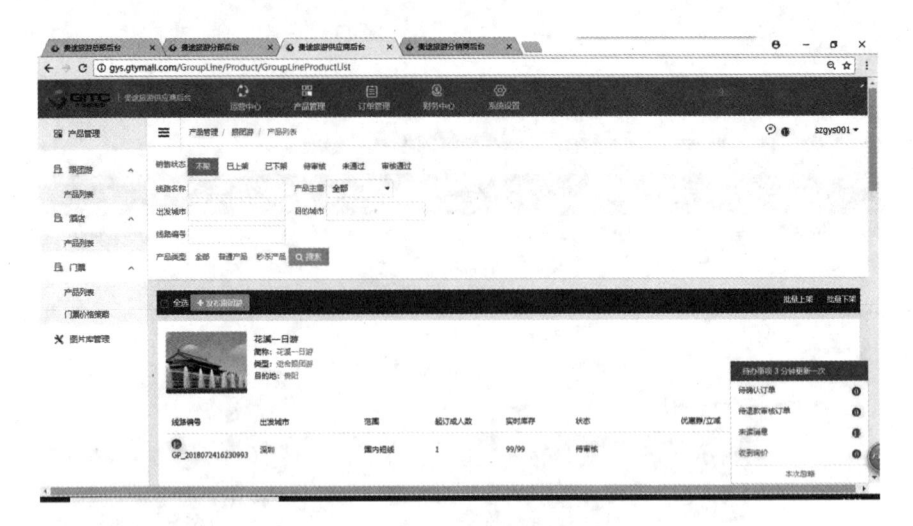

图 4-162 贵途旅游供应商后台（1）

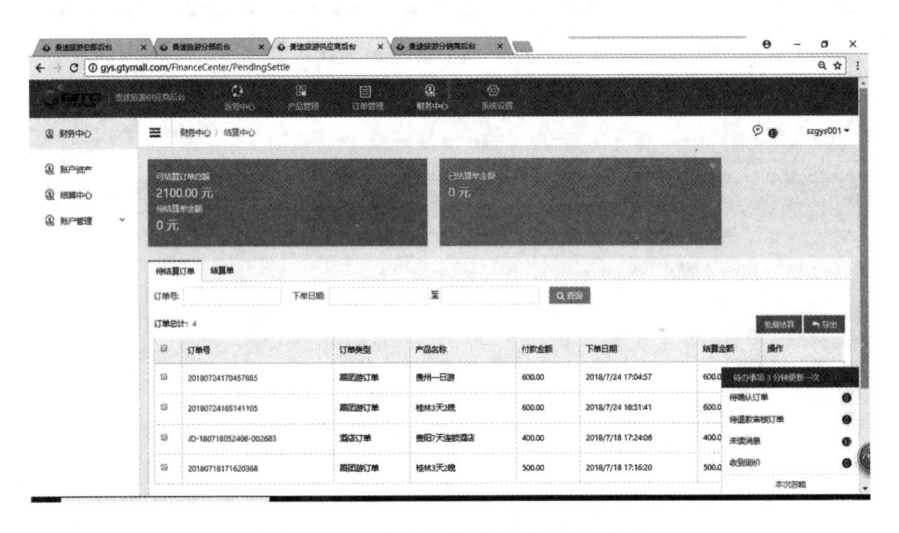

图 4-163 贵途旅游供应商后台（2）

（4）分销商管理后台

分销商管理后台即同行分销商城，分销商可在商城上浏览查看线路、酒店、门票产品，可以在线进行预订下单支付。

第四章　贵阳高新技术产业（大数据类）应用案例研究　285

图4-164　贵途旅游分销商后台（1）

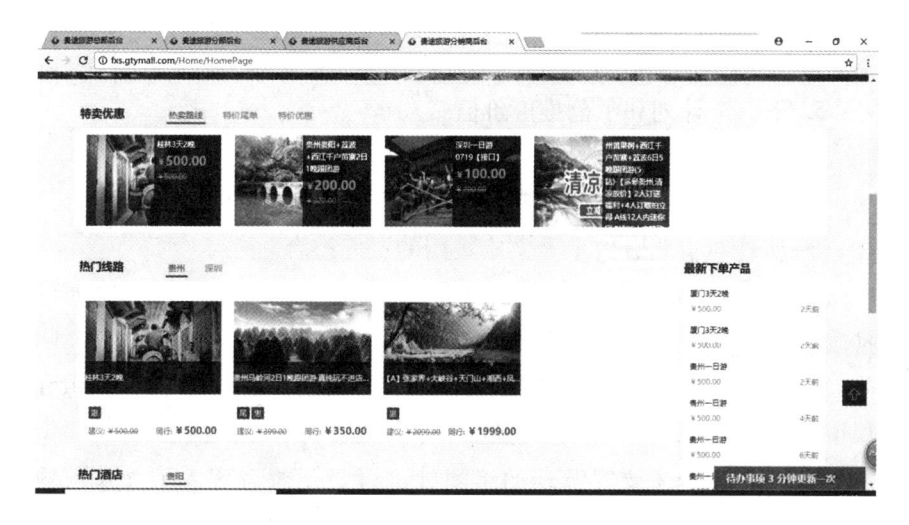

图4-165　贵途旅游分销商后台（2）

4. 项目计划和实施情况

随着旅游电商平台的壮大和发展，旅游行业集中度不断提升，"携程、途牛、同程、去哪儿"等知名在线旅游电商通过资本管道互相参股或控股实现了资本联姻化模式，全国知名在线旅游电商有垄断化趋势。旅交所作为贵州旅游资源交易平台，是贵州省域在线旅游服务商的省级战略合作伙伴，将打破垄断，切实保障合作伙伴和消费者利益作为主要目标，防止强势旅游电商对本区域旅游生态所带来的不良影响，促进贵州省旅游协调健康的发展。旅交所将从景区门票、酒店、线路等资源方面切入，重点整合旅游线路转化方面、线下旅游服务链终端的资源维护、旅游服务链异业联动和服务复杂环境协调方面的优势资源，做实贵州品牌（贵途），形成核心竞争力品牌及产品优势，提升市场竞争力。

贵州省内各县域的旅游电商，多数是以某个景区为目的地，或在吃、住、行、游、购、娱六要素服务链的某个节点上展开周边游，完善周边产品上线，旅交所依托贵州省域在线旅游产品交易资金池沉淀及旅游产业链供应链金融，面向省内小区域旅游电商采取合作、联盟、整合、覆盖等主要运作方式。截至目前，旅交所平台商业模式获得了下游区域旅游电商平台的广泛认可，战略联盟、合作深度、广度不断加强。

5. 下一步计划和示范推广价值

1）下一步计划

在平台运行日益成熟的基础上，接下来重点做好以下工作。

- 实现对贵州省内十大文旅集团的资源整合。
- 实现对贵州省内重点区县旅游资源的整合及旅游目的地的推广。
- 实现对贵州省内地接社、组团社（以周边游为主）的资源和渠道整合。
- 面向全国主要客源地的组团社进行贵州旅游资源推介及政策说明，实现引客入黔。
- 与全国铁路局下属旅行社合作，每年10月拟开10趟专列，让游客走进贵州，每趟专列500—800人，住四晚并游玩三个县的主要景区。
- 与异业会员体系合作，实施引客入黔。
- 建立电商中心，与各大OTA电商平台进行战略合作，拓宽贵州旅游资源的线上销售渠道。
- 与各主要银行与金融机构合作，通过平台开展供应链金融，为旅游行业供应链上下游企业及区县涉旅商家提供金融赋能。

2）示范推广价值

贵州的在线旅游依托旅交所展开布局，借助"互联网+"切入传统旅游产业沉淀数据，并服务于贵州省旅游，整合贵州各市、州文旅集团、各区县涉旅企业的资源，通过旅交所的专业产品设计、宣传推广，整体面向全国旅行社、OTA、电商等渠道进行实时展示、在线分销、在线支付，通过在线实时交易数据，使政府部门对入黔游客的旅游轨迹、消费情况、游客信息等一目了然。

交易平台不仅从产业链的供给角度提供门票、酒店、餐饮、线路等产品，而且注重从游客旅行前的资讯、旅游中的服务、旅游后的分享等全过程体验提升的角度，即从旅游服务产业生态链角度，以互联网思维及技术将吃、住、行、游、购、娱甚至更全面的信息，包括线上、线下服务及旅游实体服务商整合于旅交所之中，真正实现"一点接触，全面一站式服务"。

相比全国性旅游电商平台，旅交所更加注重本地旅游产业的差异化、个性化、精细化发展，保护当地旅游生态，优化整合旅游资源，切实为合作伙伴和消费者服务，有效地规避了资本运作主导型旅游品牌给当地旅游产业发展所带来的负面效应，相关经验、模式对旅游资源发达的其他省份、地区都具有借鉴意义。

案例十六　普洛斯际——城市物流云平台（监控中心）

1. 基本情况

贵州普洛斯际链物联网有限公司（简称"贵州际链"）于2017年在清镇市注册，注册资金1000万元，为上海际链网络科技有限公司的子公司。贵州际链是信息技术系统开发和平台业务管理公司，主要为政府提供城市物流云平台，完善监管、决策、引导、宣传等多项职能。同时，设计城配物流服务产品，提供物流资源链接方案，让分散的物流中心业主、仓储管理服务商、干线和配送服务商、相关增值服务提供商和金融服务等顺畅连接，组成高效的城市物流服务体系。

2. 项目背景和目标

1）项目背景

基于贵阳市人民政府与普洛斯投资管理（中国）有限公司签订战略合作协议，双方将在建设城市物流云平台，完善贵阳市城市配送体系，提升区域物流园区节点，创新互联网金融等方面，致力于形成"物流大数据中心+智能化城市配送体系+数字化园区节点"的智慧物流体系，促使物流降成本、流通提效率，推动贵阳物流业加快升级、创新发展。

其中，贵阳市城市物流云平台（监控中心）作为双方合作的重点项目，将率先在贵阳落地。

2）项目目标

该平台作为标准化城市物流综合信息服务平台，将立足于贵阳城市物流标准化治理和标准化数据服务的建设，并带动整个贵阳城市物流生态标准化水平的提升，促使城市物流更加有序、物流企业降本增效。具体目标包括以下四个方面：

（1）提升贵阳市城市物流的效率和合规性：从多维数据源，采集城市物流车辆、节点等城市物流各环节数据，对时长、次数、里程、温度、流向等方面进行大数据分析和告警，准确、客观地反馈问题，并结合政府治理措施，以及信息管理工具的推广使用，提升城市物流运行的效率和规范性。

（2）实现对贵阳市政府重点工程的物流侧精确监管：对菜篮子工程、农村电商等贵阳市政府重点工程的物流运行情况进行精确监管，将整个流程以自动化、可视化的方式展现出来，实现基于大数据的自动记录、自动连接、自动分析、自动反馈、自动预警等功能，提升重点工程的监管效率和精准性。

（3）促进城市物流的标准化、集约化水平：以数据为基础，结合政策的引导，促进贵阳市物流企业设施设备的标准化升级改造；同时，与政府、企业共同打造和推广共配车辆、共配仓库、共配站点、共用托盘等，有效促进资源集约化水平的提升。

（4）为贵阳市城市物流各项规划政策提供数据支撑：通过持续丰

富的云平台数据库,构建包含城市物流网络各环节、各节点、各车辆、各对象的大数据体系,从而实现对贵阳市城市物流运行模式的综合评估,可作为政府进行物流规划、政策制定、成效评估的重要参考。

3. 平台功能和大数据应用模式

云平台搭建,平台汇集和处理城市物流综合信息,并做相应的分析呈现。

1)城市物流车辆基本数据的统计和分析:城市物流车辆的类型、数量、位置等方面的统计和分析,具体指标或图表包括接入车辆数、车辆类型等。

2)城市物流车辆运行数据的统计和分析:城市物流车辆的位置、速度、时长、里程等方面的统计和分析,具体指标包括单车单日配送时长、配送里程等。

3)物流节点基本数据的统计和呈现:城市物流节点(包括物流园区、配送站点、商场超市、农村电商服务站等)的类型、数量、位置等方面的分析和统计,具体指标包括物流节点数量、类型、进出次数等。

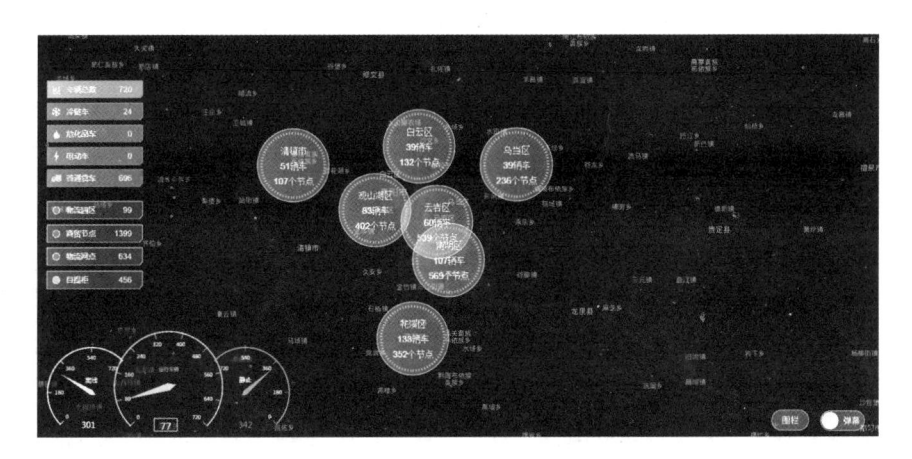

图4-166 城市物流云平台(1)

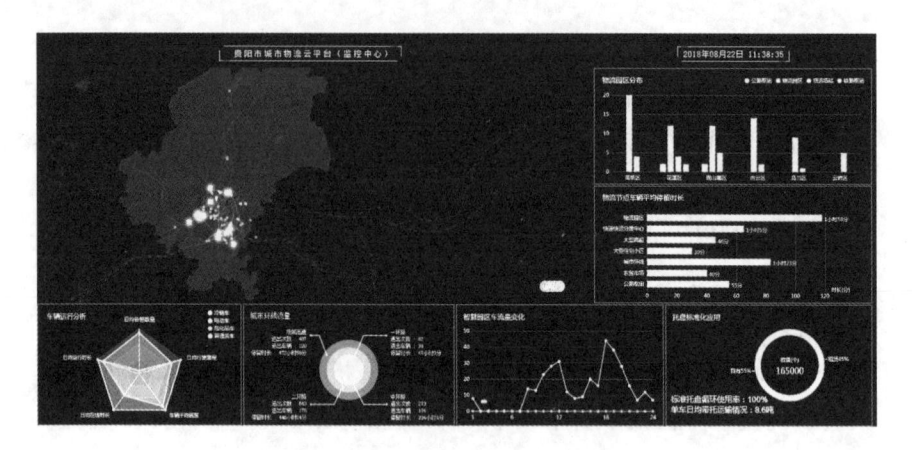

图 4-167　城市物流云平台（2）

4）城市物流的静态/动态规律和特质的数据呈现：城市物流配送热力图。

5）物流园区基本情况的数据统计和呈现："数字化示范园区"的位置、面积、进出车辆数等基本信息统计。

6）城市物流车辆运行规范性的数据统计和呈现：对车辆超速、超温、违规进入市区的监控告警。

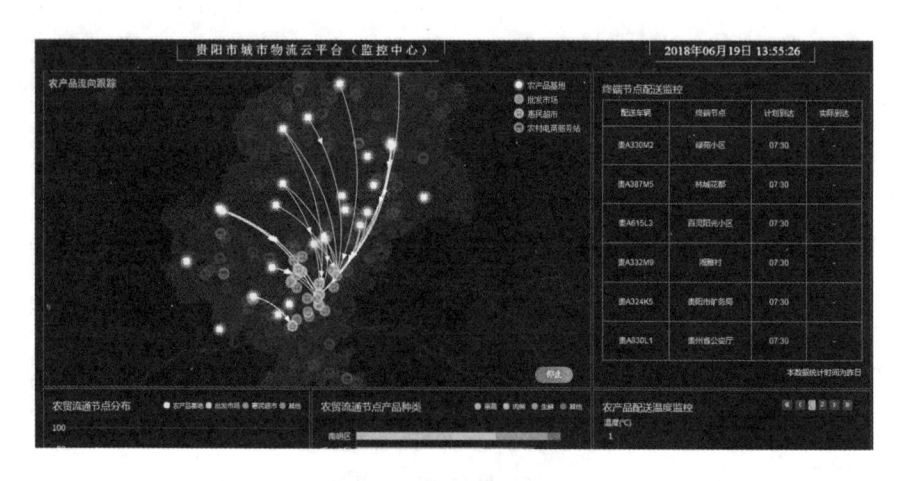

图 4-168　城市物流云平台（3）

7）物流节点流转效率的数据统计和分析：商场超市等单个物流节点的停留时间过长的告警。

8）重点工程基础物流设施建设情况的数据和分析："菜篮子工程"基础物流设施建设情况，包括位置、面积、供应量等；"农村电商服务站"的位置、规模等方面的统计和分析。

9）重点工程的物流特点和问题的数据分析："菜篮子工程"物流节点和物流车辆的综合分布图，"菜篮子"配送车辆到达率；"农村电商"物流车辆的配送效率、配送成本等方面的统计和分析。

10）标准化托盘推广情况的数据显示："标准化托盘公用服务站"的位置、标准化托盘数量等方面的展示。

11）共同配送试点实施情况的数据统计和分析："共配仓库"的位置、规模、货量等方面的统计和分析；"共配车辆"的类型、数量、位置、速度、轨迹、运行时长、运行里程等方面的统计和分析。

12）制定道路限行政策参考依据的数据统计：市区各环线城市物流车辆通行流量的统计。

13）城市物流总体运行情况或对物流企业进行综合考评的数据分析：贵阳市物流网络各环节、各节点、各车辆、各企业的数据指标评价体系，并可基于各部门制定规划、政策的需求，提供所需要的城市物流数据。

14）制作城市物流数据报告：所有的城市物流综合数据除以系统的形式实现和展示外，还以周报、月报、季报、半年报、年报的方式编制数据报告。

4. 项目实施计划和实施效果

1）项目计划和步骤

贵阳市城市物流云平台项目建设周期，分为三个阶段进行：

第一阶段：主要完成基础设施建设，已经完成了场地租赁、装修布置、大屏安装等基础设施建设工作，物流云平台系统搭建、一期建设和运营内容。主要包括物流车辆的效率和合规性分析、物流车辆实时运行情况告警、城市配送路径热力图分析、重要物流节点信息、"菜篮子工程"实施情况分析等。

第二阶段：主要完成实现二期建设和运营内容。主要包括更多物流车辆和物流节点的数据统计及监管，"农村电商"实施情况分析，示范园区进出流量分析等；明确运营服务各项规范，制作贵阳市物流云平台（监控中心）宣传动画等，提升贵阳市物流大数据产业影响力。

第三阶段：持续优化物流云平台（监控中心）的服务内容，增强数据对政府各项规划政策的支撑效用，更好地在城市治理中发挥作用。

2）目前实施效果

实现了对贵阳市城市物流企业运行规范的监管；监管和分析贵阳市城市物流企业运行效率和成本；监管分析贵阳市重点工程的物流侧建设实施情况；掌握贵阳市城市物流资源标准化、集约化水平；为贵阳市城市物流各项规划政策提供数据支撑。

5. 项目效益和示范推广价值

1）社会效益

（1）配合政府主管单位，不断强化城市配送车辆监管力度，到2018年底，纳入平台监管的城市配送车辆达到800辆以上，实时推送告警类型达到4种以上，政策执行更加精准有效，城市配送更加规范有序。

（2）积极引导物流企业使用新能源车辆作为城市配送车辆，城市物流货车尾气排放总量将会明显减少。

2）经济效益

（1）全面导入大数据治理理念和工具，帮助政府主管单位优化城市物流治理方法，提升信息采集效率，提高数据覆盖广度和深度。

（2）积极践行资源集约化利用，以贵阳某配送公司所提供的数据为例，重点商贸流通企业集中配送率达到20%以上，标准化共同配送车辆达到80辆以上，单车使用效率达到80%以上。

（3）持续推动大数据信息平台的普及，帮助重点物流企业提高管理水平和配送效率，降低物流成本。到2018年底，信息平台覆盖企业达到20家以上。

3）项目示范推广价值

贵阳市城市物流云平台（监控中心）汇集和处理城市物流综合信息，对物流标准化的各项数据进行统计并做相应的分析呈现，运用大数据、物联网等手段对城市配送车辆进行监管，全面导入大数据治理理念，帮助政府主管单位优化城市物流治理方法，对于推进城市标准化建设具有重要意义。

无论从现代物流产业发展，还是从智慧城市建设等方面来看，贵阳市城市物流云平台从设计规划到实施应用过程中的理念、经验对其他城市的物流标准化管理具有借鉴意义。

案例十七　智驿信息——智能广告推送系统

1. 基本情况

贵州智驿信息技术有限责任公司（简称"智驿信息"）成立于2015年，是第一批加入贵阳综合保税区的大数据服务企业，是专为酒店提供综合信息化服务的大数据应用高新技术产业公司。智驿信息以大屏电视搭载智能系统为基础，深攫酒店行业客户，为酒店客户提供深度定制的数字电视增值应用与服务解决方案。

智驿信息长期专注于酒店商旅平台的搭建与衍生服务，如酒店的视讯解决方案，智能一体化方案及商业平台的衍生方案。借助酒店视讯集成服务位于客房内这一先天优势条件，智驿信息的视讯平台逐步拓展为文化旅游大数据服务平台，包括区域信息播控、文旅广告、OTA、PMS等酒店业延伸产业。经过2年多的沉淀与积累，目前业务已经覆盖了全国31个省市自治区，落地全国3000余家酒店，超30多万间客房，已从一家初创公司迅速发展成为全国范围内最大的酒店视讯系统集成商。

2. 项目背景和目标

"智能广告推送系统"是建立在智驿信息酒店系统的基础之上。智驿信息酒店系统平台是一款自主研发的全模块的酒店智能管理集成系统，已成为中高端酒店智能管理品牌。该系统为酒店企业提供多样化功能服务，为酒店与其他经济体搭建一个共享平台。如品牌平台搭建、酒店 UI 定制、酒店购物消费平台搭建、酒店客房控制功能，高清影视资源点播功能以及酒店电视智能管理系统与酒店管理软件互动等多种功能。在该系统功能中，酒店服务模块可以帮助酒店实现为酒店客人在入住期间进行多元化消费；其智能管理模块可以帮助酒店管理人员灵活地、系统地、快捷地进行待客服务和大数据管理，并以独有的智驿信息酒店 O2O 业务及后台用户行为分析系统，协助酒店在基本的酒店服务业务之外，将本地优化生活服务融入系统，达到共享平台经济的目的，从而多维度地拓展酒店运营空间，全面提升酒店待客服务品质。

图 4-169　智能广告推送平台（1）

丰富的功能化模块为酒店智慧客房的运作提供了强大的系统支持，全面提升了酒店服务的内容和品质，在深化酒店品牌形象，增强酒店品牌美誉度的同时，牢固客户黏性，构建可持续发展的额外价值增益共享空间，以科技之力构建具有长久生命力的"酒店客房服务生态环境"。

在大数据发展的三大业态中，以智慧酒店、智慧旅游、智能终端为代表的大数据衍生产业与传统产业紧密融合、协同发展，将打造形成一道智能化、数字化服务的风景线。

3. 大数据应用模式

在创新大数据应用模式背景下,"智能广告推送系统"(智驿信息酒店视讯集成系统模块之一)被运用于酒店视讯平台及数字标牌上,智能化地收集客户的具象信息、观看习惯、兴趣偏好等数据,通过大数据及机器学习技术分析后,精准投放相匹配的广告内容。可大幅提高广告效果,节约投放广告的成本,适合发展中企业小成本、大范围的投放要求。

图 4-170 智能广告推送平台(2)

1)视讯大屏——智能广告推送系统

智能广告推送系统实现了根据视频内容智能化地推荐广告的功能。提高视频投放相关性广告的投放效率和准确性,在视频播放中进行截图,再将截图传送到服务器端,运用深度学习的方法对截图进行识别分析,分析出节目名称、演员名字、图片中的场景和关键词,并根据节目、演员、关键词(包括名称、动词等)等维度进行广告投放。

智能广告推送系统主要分为图像采集、图像内容识别、广告投放等模块。图像采集模块可以对列入白名单的应用程序进行截图,并将所截取的图片进行压缩后发送到服务器端进行识别。图像内容识别模块通过深度学习预先训练的数据模型识别出包括节目名称、演员名字、图像场景等文字描述信息。广告投放模块根据识别出的各个维度的文字信息在广告投放规则中进行检索，取得匹配规则的广告后在前端适当的位置显示广告内容。智能广告推送系统根据视频内容智能化地推送相关广告，在不影响用户体验的前提下，消费者可以在酒店中通过看电视，查询到附近的旅游、娱乐、餐饮及其他消费项目，为参与方带来盈利价值，为顾客提供更舒适的一站式服务，目前已在部分试点酒店端开展广告投放。

图 4-171　智能广告推送平台（3）

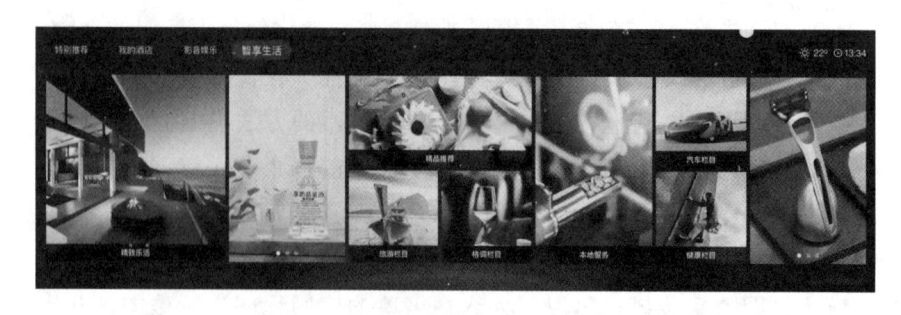

图 4-172　智能广告推送平台（4）

2）数字标牌——智能广告系统

智能广告推送系统实现了从后台定向投放包括文字、图片、音频、视频等多媒体资源内容的混排功能。根据时间、空间等多方面进行衡量，可按照不同区域、不同时间段进行不同内容的投放，从而在更大程度上体现投放内容的商业价值。

在广告投放的同时，智能广告推送系统会通过人脸识别技术，对驻足在电视端的用户进行拍照，并将图像内容回传到服务器端，通过积累，形成用户画像的大数据。通过特定规则的数据清洗，将用户画像与投放内容、商家客户资料进行对比，从而将已有客户及潜在客户筛选出来，形成有价值的商业数据，用于多维度的有针对性的商业推广运作。本系统依托大屏，可提供更加震撼、直观的视觉效果，冲击力强，易于给用户留下印象。

4. 项目计划和实施效果

智能广告推送系统是 2017 年下半年在平台上新推出的商业模块，上线试运行历时 1 年多，现阶段智能广告推送系统在酒店视讯集成系统已经运行得非常成熟。自 2017 年始，智驿信息倡导多元化发展的经营战略，增加新的业务营销模块，在平台运营上正式开展增值系统服务，如精准广告投放、酒店周边商户及旅游推广等。充分利用文化旅游大数据平台，整合酒店客房控制系统数据信息，积累真实的消费者行为与需求数据，实现数据与信息的逆向循环，收益与资源的顺向循环。

在技术创新层面，智能广告推送系统获得了 3 项发明专利，即投放视频广告的方法及装置，投放广告的处理方法、服务器及终端，广告投放方法及装置。同时，智能广告推送系统获得了实用新型专利，专利名称为"酒店管理系统"。

截至 2017 年 12 月，智驿信息的酒店端口遍布全国 31 个省自治区直辖市，合作酒店中三星以上及商务酒店占比 68%，精准影响的中高端出行人群规模约每年 6000 万人，其中以 25—50 岁有消费能力的群体为主要消费人群，根据客户广告投放的需求，智驿信息会对所收集到的数据加以分析匹配后进行精准的投放，投放的形式灵活多样，适应不同客户的需求。相比在各大互联网平台或是主流卫视动辄千万级别的推广费用来说,智能广告推送酒店平台的推广成本更经济,精准度更高,并且能完美地融入消费者酒店生活场景中,使广告信息在消费者日常行为中得以自然传播,并结合场景气氛烘托出品牌感受和情感认知,提升传播效果。

图4-173 智能广告推送平台(5)

图4-174 智能广告推送平台(6)

第四章 贵阳高新技术产业（大数据类）应用案例研究

酒店入住人群以25—50岁、企业高管为主
受众职业以企业高管职业身份居多，占比达28.1%

合作酒店入住人群身份
- 企业家 10.7%
- 私营业主 18.6%
- 企业高管 28.1%
- 财经类人士 12.3%
- 富裕家庭 10.8%
- 文体明星 6.7%
- 海外人士 2.9%
- 自由职业者 9.9%

入住人群：公营业主、企业高管等身份人群
企业高管、私营业主占比达46%

合作酒店人群年龄分布
- 60岁以上 5.10%
- 21岁以下 7.10%
- 21—32岁 15.50%
- 32—45岁 41.4%
- 46—60岁 30.9%

以25—50岁为主占比约为70%

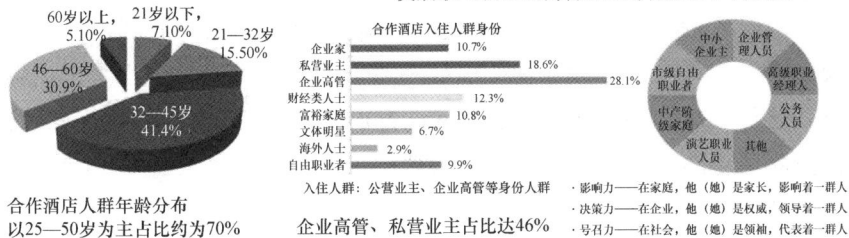

- 影响力——在家庭，他（她）是家长，影响着一群人
- 决策力——在企业，他（她）是权威，领导着一群人
- 号召力——在社会，他（她）是领袖，代表着一群人

图4-175　智能广告推送人群统计

5. 下一步计划和示范推广价值

1）下一步计划

更深入地利用大屏及系统深耕酒店客情，服务于用户在商旅中的消费需求，融合B端合作商创造Style内容，建设本地商户信息发布与转化平台，发展小屏沉淀人群进行聚类运营，快速发展端口覆盖面和强化媒介价值运营。

形式多样，灵活组合，适应不同企业的不同需求

智能广告推送广告形式：
- 开/关机广告
- 专题广告
- 屏保广告
- 影音娱乐板块（焦点图/背景图/冠名/专题前贴片）
- 焦点图
- 角标广告

图4-176　智能广告推送形式

（1）媒介运营

目前媒体广告部分的运营已见成效，光大银行、兴业银行、房车汇、百岁山、北京二锅头等一批优秀的企业都是智驿信息的客户。

（2）内容运营

Lifestyle 精品内容打造，引进权威内容供应，持续用户转化；第三方内容链接转化（商旅服务板块）；影音内容运营。展现形式上呈现出多元化，注重后续互动的引导和运营。选题内容更多地结合生活方式这种"文化"，吸引、发掘有这方面潜在需求的住客，成为这方面文化埋单的人，从中实现商业价值。

（3）商家运营

本地服务商家运营，上架及信息导流与转化。建立智驿"本地"以酒店为圆心的销售管理体系，区域化横向管理机制，通过视频、推送、宣传实现运营，后台实现简化投放和数据统计。

（4）场景运营

营销专题，利用酒店环境及线上展示与线下互通，让营销完美融入消费者酒店生活场景中，促使客户在无压力的环境下产生消费。

2）示范推广价值

智驿信息作为文化旅游大数据公司，随着业务的发展与扩张，文化旅游大数据服务平台已经日渐完善，30 多万间客房从被服务对象转为数据基础，构建了独有的多个维度数据集，实现从商业分布与特性标签、消费水平与消费倾向标签，重点人群 POI 的特性标签，打通传统需求、人工智能、"互联网+"、物联网等多维度用户标签并形成智驿信息独有的空间属性体系、商业属性体系和个人属性体系。

智能广告推送系统的推广价值在于深度挖掘酒店商旅客群的用户价值，利用微店及服务号的运营，大屏小屏共同联动，闭环转化促进营收。带着"开放化、合伙化、共享化"的理念运用"线上+线下"的营销策略带动酒店周边的商业环境，增加就业。

案例十八　鹤庭沃德——物联网智能净水终端及大数据云服务系统开发应用

1. 基本情况

贵州鹤庭沃德环境工程有限公司（简称"鹤庭沃德"）是致力于饮用水净化处理的专业化科技企业。2014 年入驻贵阳市大数据外包服务中心。鹤庭沃德始终倾力于自主研发，在贵阳市拥有占地面积近千平米的净水产品研发中心，并与中国华东设计院、日本（JIS）净水行业协会、贵州大学环境资源学院进行学术交流和研发合作，设立了环境技术研究实验室。鹤庭沃德自主研发了具有国际领先水平的 APO+安全净水技术，以及具有水质安全全周期监测、耗材滤芯的消耗值动态更新显示等功能的"智能云净水技术"。

鹤庭沃德与美国、韩国、日本等净水技术处于世界前列的企业开启合作，强强联手，引进先进的技术，在净水机最重要的元件反渗透膜上采用了美国陶氏膜，净水质量远高于其他厂商采用其他反渗透膜生产的净水机，使得净水质量的恒定标准 TDS 值达到了稳定≤10 这样一个奇迹值。

2. 项目背景

1）项目背景

当前，传统净水行业的生产经营方式正在发生质的变化，引进高新技术，应用信息化管理，以大数据及"互联网+"改造传统的经营方式，是创新净水行业管理运营，实现净水企业再次腾飞的关键。这需要净水设备生产制造企业加快技术革新、创新运营管理模式，为企业找到新的盈利增长点。因此，在原有的生产技术基础上实施以大数据驱动的信息化、智能化、数字化、便民化改造，实现传统净水行业与互联网的深度融合，实现公司在产品制造、经营管理、消费服务等全方位的整体优化提升，获得最佳经济效益。

鹤庭沃德面对国内外复杂的市场环境，主动适应经济新常态，深入学习"中国制造2025""互联网+"等国家战略的内涵，在加大高新技术产品研发力度的同时，充分融入大数据和互联网技术，逐步提升企业的核心竞争实力，在创新发展、绿色发展的理念指导下，积极开展企业的转型升级。针对这一发展思路，鹤庭沃德实施基于大数据驱动的智能云净水系统开发，通过互联网技术来改变传统净水设备企业的服务及盈利模式，打造以饮用水量监测、水质监测、净水设备状况监测为主的大数据共享平台，让广大消费者喝得放心，让企业自身获得可持续发展的动力。

3. 项目大数据应用模式

项目通过信息化手段搭建"大数据智能云净水系统",推动鹤庭沃德向信息化、智能化方向转型,实现对客户的精准、高效、智能服务,成为可持续发展的动力源。

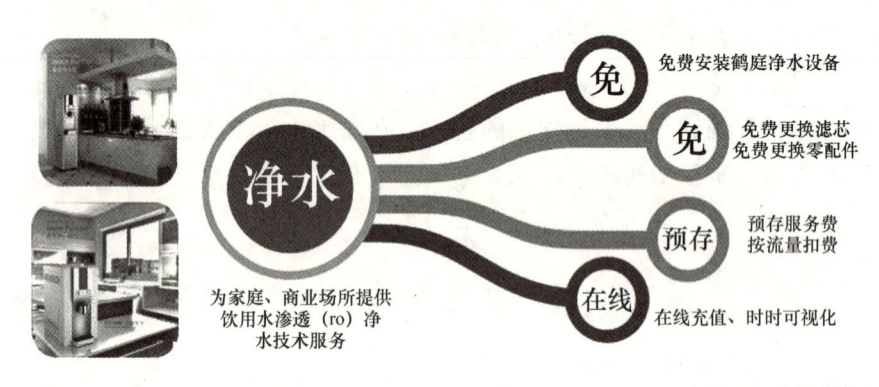

图 4-177 智能云净水系统

该系统由五个子系统构成:设备信息及预警管理系统、用户管理系统、售后服务信息数据系统、数据分析与智能化系统、外部信息数据接入系统。另外,通过进行净水终端生产线建设,改造现有厂房,新增自动化生产设备,构建完整的生产、管理、服务体系。通过该项目的实施,将原来的卖产品转变为卖服务,提高企业的生产能力,促进企业的转型升级,并形成新的经济增长模式。

1) 系统总体结构

(1) 设备信息及预警管理系统。通过对净水器运行、进出水质情况进行实时监测,利用大数据分析,实现每一级达到使用期限的滤芯自动报警。

(2) 用户管理系统。方便净水器用户信息管理,形成可信的信息数据库;同时,实现用户缴费充值功能,并进行流量监控管理。

(3) 售后服务信息数据系统。通过对净水器在使用过程中所出现的问题,以及相关检修人员上门检修状况进行监控和信息反馈,进一

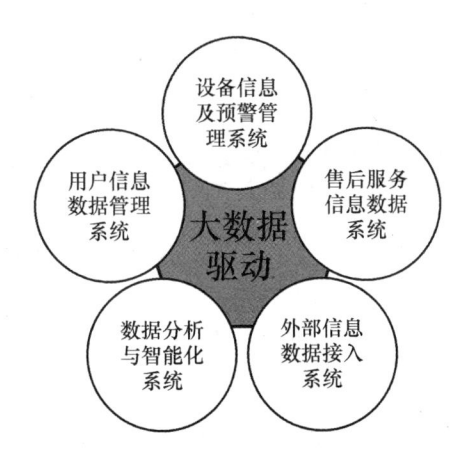

图 4-178　智能云净水大数据驱动系统

步提高售后服务的效率和质量,并提升企业的形象。

(4)数据分析与智能化系统。在大数据引领产业发展及转型升级的驱动下,结合数据分析及智能化功能,不仅能够为企业提供用户需求、潜在客户、产品市场方向的数据分析,帮助企业及时调整产品和服务的方向,还能够为用户提供一系列智能化的使用功能。

(5)外部信息数据接入系统。通过外部数据接入,打通云平台与鹤庭沃德现有物流、财务、OA 办公等系统间的数据通道,实现无障碍数据交流沟通。另外,为政府相关部门提供数据共享接入功能。

2)系统具体功能、应用场景

(1)设备信息及预警管理系统

设备信息及预警管理系统主要针对净水器运行、进出水质情况进行实时监测,并实现每一级达到使用期限的滤芯自动报警。

设备运行状况监测:设备运行状况主要通过实时数据上传,监控其主要元器件工作情况、滤芯使用状况、进出水畅通情况以及设备内部漏水情况等,确保设备正常、安全、有效运行。

滤芯到期预警:滤芯到期预警通过自动筛查所有数据,并向后台管理人员发出预警信息:"哪一位客户、哪一台净水器、哪一个滤芯、还剩多少天到期"。确保对每位客户的服务精准且不重不漏,提高服务的时效性,彻底避免人工判断滤芯到期工作量。通过云端算法结合

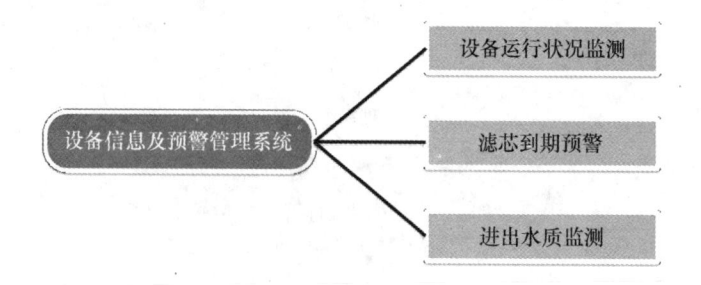

304　贵阳高新技术产业发展研究

图4-179　设备信息及预警管理系统功能

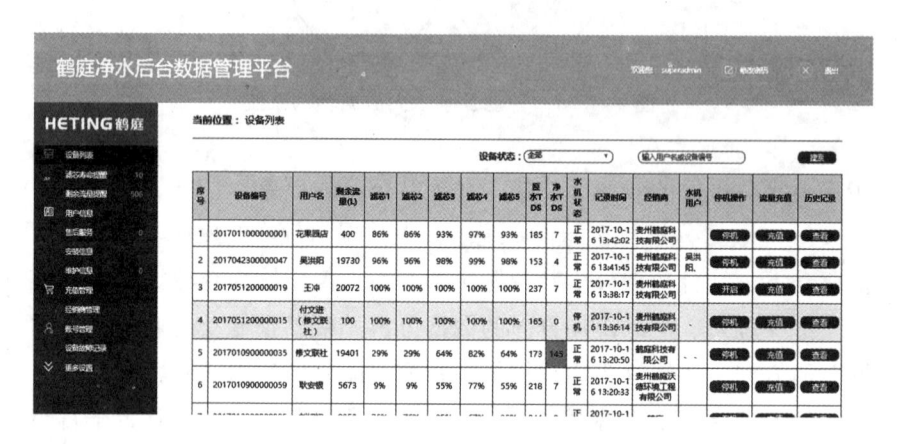

图4-180　智能云净水后台管理平台（1）

图4-181　智能云净水后台管理平台（2）

设备状态，计算每条滤芯的寿命，等到滤芯寿命将尽，设备上报云端或由云端发起工单，由客服联系消费者更换滤芯，大大提高了服务工作效率，降低了公司的人力成本。

进出水质监测：进出水质 TDS 值监测，主要监测进水（原水）TDS 值，出水（净水）TDS 值，并能够在后台及客户 APP 上实时显示。同时，可实现使用流量实时查看，让客户放心消费、清楚消费。

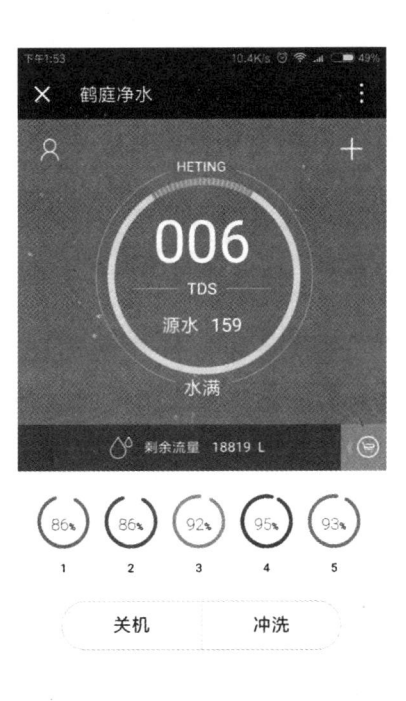

图 4-182　智能云净水监测界面

（2）用户管理系统

用户管理系统是为更好地管理净水器用户信息资料，方便进行信息录入、管理、查询，尤其是针对购置多台净水器的用户、不同位置的用户等。并且，能够实现用户的缴费充值，对用户的充值信息与使用流量信息进行高效、方便的管理。

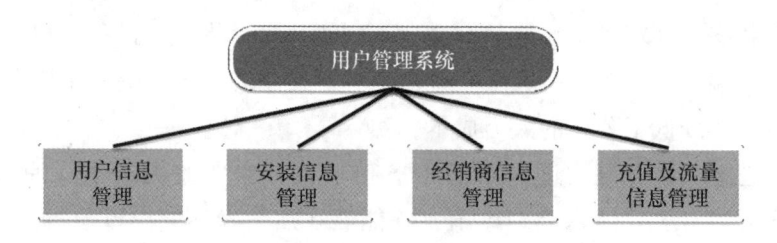

图 4-183　智能云净水用户管理系统的功能

用户信息管理：用户信息主要包括用户姓名、性别、联系方式、联系地址、设备编号等信息。

图 4-184　智能云净水用户信息管理平台（1）

安装信息管理：安装信息主要包括设备编码、设备型号、服务套餐类型、安装状态、安装工程师联系方式、安装时间等信息。

经销商信息管理：对经销商进行系统管理（含财务、用户等）。

充值及流量信息管理：主要是财务人员对净水机进行充值管理，为用户提供各种客户端直接充值功能；同时，可以方便管理和查询各用户的消费情况。

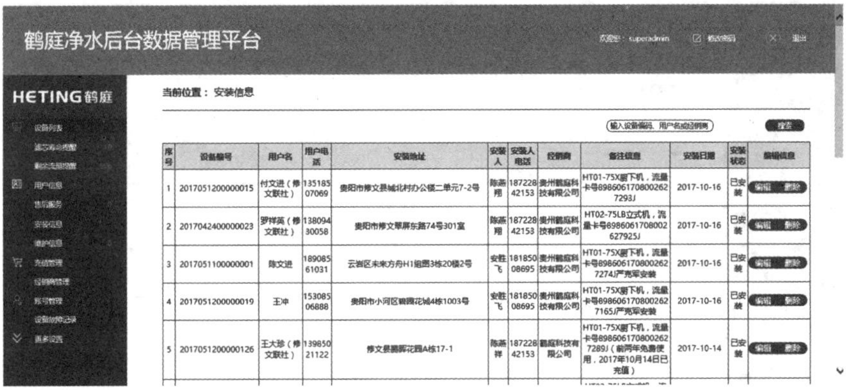

第四章 贵阳高新技术产业(大数据类)应用案例研究 307

图 4-185 智能云净水用户信息管理平台(2)

图 4-186 智能云净水用户信息管理平台(3)

图 4-187 智能云净水用户信息管理平台(4)

图 4-188　智能云净水用户信息管理平台（5）

（3）售后服务信息管理系统

售后服务信息管理系统通过对净水器在使用过程中所出现的问题，以及相关检修人员上门检修状况进行监控和信息反馈，进一步提高售后服务的效率和质量，并提升企业的形象。

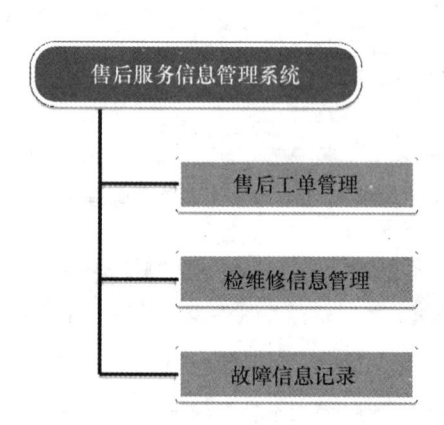

图 4-189　售后服务信息管理系统功能

售后工单管理：主要包括工程师上门安装任务派单、安装状态跟踪、安装质量采集等，通过云端自动进行售后反馈和售后工单分配，使客户享受到更加优质的贴心服务，同时也大大降低了售后维护投入,降低企业成本。

图 4-190　智能云净水用户信息管理平台（6）

检维修信息管理：主要是对所有设备进行定期检修、清理，对每一个操作员每次维护时间、维护保养部件以及每次维修步骤进行详细记录。

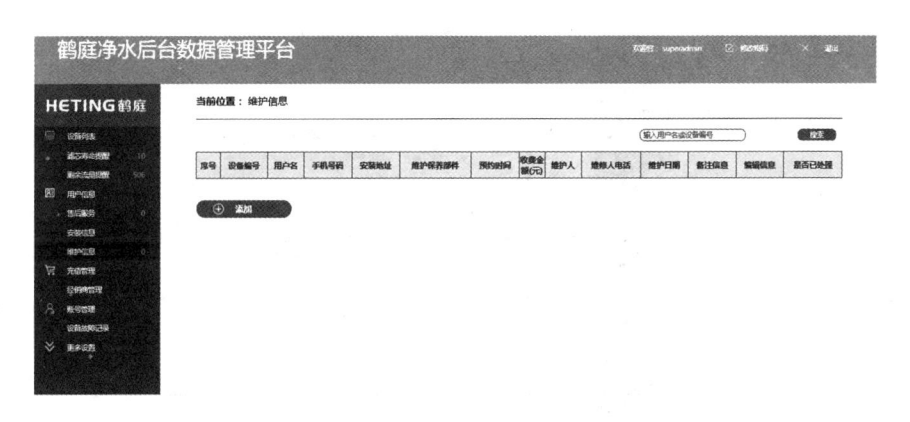

图 4-191　智能云净水用户信息管理平台（7）

故障信息记录：主要对发生故障的净水器自动上报故障代码，形成故障记录，方便售后工程师处理，为产品部门提供产品改进升级数据支持。

图 4-192　智能云净水用户信息管理平台（8）

（4）数据分析与智能化系统

在大数据引领产业发展及转型升级的驱动下，结合数据分析及智能化功能，不仅能够为企业提供用户需求、潜在客户、产品市场方向的数据分析，帮助企业及时调整产品和服务的方向，还能够为用户提供一系列智能化的使用功能。

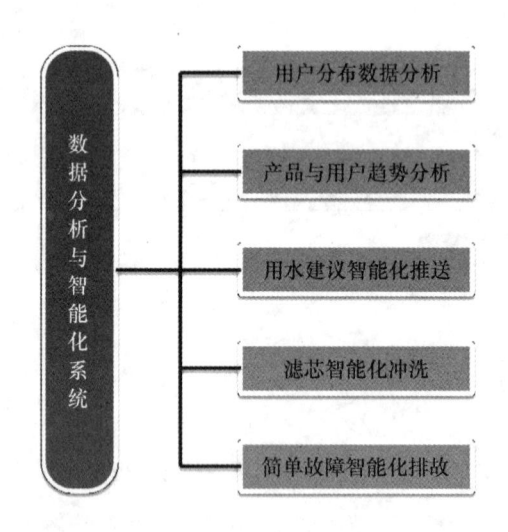

图 4-193　数据分析与智能化系统的功能

用户分布数据分析：通过对用户安装所在地进行大数据分析，形成热分布图，可以清楚了解用户使用分布情况，掌握集中使用区域以及待开发区域，为企业制定新的营销策略提供依据。

产品与用户趋势分析：通过对产品销售型号、价格以及用户性质（企业或个人）、年龄、性别、工作背景等进行大数据分析，形成产品需求和用户使用特征情况分析图，可为企业提供用户对产品喜好以及用户集中使用人群等情况，并且对未来目标市场进行分析预测，为企业决策提供帮助。

用水建议智能化推送：实时记录净水器的水质变化和用水记录，通过分析水质变化可以知道净水比并提供喝水建议，例如是否适合直接饮用等；而用水记录可以提供消费者每日饮水建议，饮水量是否不足等。并且，通过手机APP或微信等形式，定期推送至客户，为客户科学用水、饮水提供参考建议。

滤芯智能化冲洗：基于大数据分析，通过设备上报的进出水水质进行分析，比对理论结果，以判断是否需要进行滤芯冲洗，如果需要，在用户空闲时段对净水器滤芯进行冲洗。

简单故障智能化排故：通过设定简单故障清单及故障代码，并针对每一项简单故障设定排故方案及动作指令，利用大数据分析进行智能诊断，确定其故障代码，然后自动排故。

（5）外部信息数据接入与共享系统

通过外部数据接入，打通云平台与公司现有物流、财务、OA办公等系统间的数据通道，整合数据资源，实现全平台、全服务过程的数字智能化，最大限度地利用和提升基于大数据、互联网平台的主动服务功能，并且搭建手机端操作平台，实现财务、物流、售后、客服、用户、平台无障碍数据交流沟通。另外，鹤庭沃德主动承担社会责任，将收集整理后的原水数据与相关政府部门共享，使政府部门及时了解地区水质情况，并建立预警机制，为保护地方水资源做出贡献。

4. 项目计划和示范推广价值

1）项目计划

改造现有厂房1500平方米，包括改造1000平方米生产车间，改

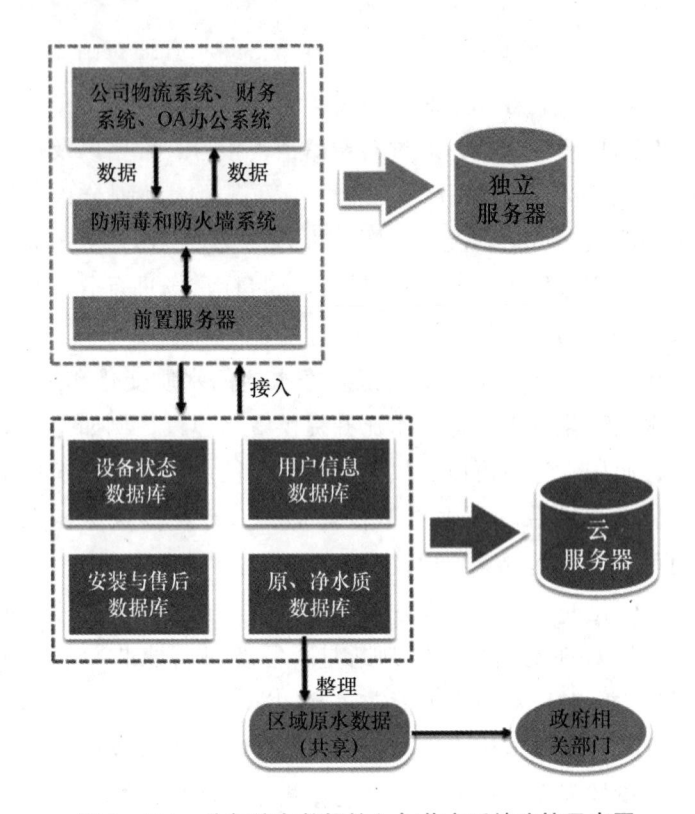

图4-194　外部信息数据接入与共享系统连接示意图

造500平方米成品库房。新增生产设备98台（套）。

2018年，智能化云平台上线运行，盈利及服务方式逐步转变，企业营业收入较2017年增长30%左右，达到5000万元以上。

2022年，智能云系统全面覆盖，盈利模式发生根本转变，并能够提供更多优质的增长服务项目，通过大数据分析与智能化技术，为社会提供高附加值的服务，实现投放市场7万台净水器，预计营业收入达到1.2亿元。

2）示范推广价值

融合大数据、互联网、移动互联网等技术，在政府、民众普遍关注的饮用水安全领域，实现基于互联网、人工智能的全过程闭环管理，依靠高科技手段解决了以往饮用水管控环节的瓶颈和弊端，创新了传统市政水资源管理模式，对于民众服务、社区管理、智慧城市建设都具有可资借鉴的意义。对于与供水系统类似的市政资源投放和管控，该商业模式具备示范推广价值，如社区公共安全管理、社区充电设施投放、社区垃圾管理等领域。

第五章 中关村贵阳科技园产业发展对策研究

一 中关村贵阳科技园产业总体发展情况

2013年9月8日,贵阳市人民政府与中关村科技园区管委会签订了战略合作框架协议,并举行了"中关村贵阳科技园"揭牌仪式,拉开了建设中关村贵阳科技园的序幕。中关村贵阳科技园是推进贵阳经济转型升级,实现贵阳既"赶"又"转"双重任务,在贵州省乃至西南片区经济迅速发展中发挥"火车头""发动机"作用的必然举措。

2013年11月初,贵阳市委市政府明确了中关村贵阳科技园"一城两带六核"的总体布局范围,将贵阳市14个产业园区优化为13个分园,下辖28个有明确"四至"的子园,总规划用地面积501平方千米。截至2016年,实际建成面积107平方千米,入园规模以上工业企业543户,解决就业人员22.5万。经开园、高新园、开阳园区三个园区获批创建国家级新型工业化产业示范基地。除观山湖园区外,其余12个园区被纳入省"100个产业园区成长工程"。2017年,以中央环保督察为契机,中关村贵阳科技园管委会(设在贵阳市工业和信息化委员会)对各园区控制性详细规划、产业规划、环评情况进行了全面清理和完善。

近年来,中关村贵阳科技园作为贵州省"5个100工程"的重要组成部分,作为贵阳市产业发展的核心载体,深入贯彻落实党的十九大、贵州省第十二次党代会和贵阳市委系列全会精神,紧紧围绕建设公平共享创新型中心城市的总体目标，以高一格、快一步、深一层实施大数据战略行动为载体，各项工作深入推进，园区呈现出产业加快聚集，区域创新体系进一步完善，科技创新能力进一步提升的良好态势，全面完成了各年度各项目标任务。在2015—2017年贵州省100个产业园区"增比进位"排名中，中关村贵阳科技园及各分园排名稳居贵州省前列。

（一）园区产业规模高速增长

2015年，园区工业总产值达到2272亿元（500万元口径），占贵州省下达目标2200亿元的103.3%；完成固定资产投资达到830亿元，占贵州省下达目标任务780亿元的106.4%，其中园区基础设施建设投资363亿元，产业项目投资467亿元；上缴税收156亿元，新增就业人员3.6万。

2016年，园区完成规模以上工业总产值（2000万元口径）2376亿元，占贵阳市工业总产值的比重达到83.8%，较上年提高1.1个百分点；完成固定资产投资566亿元，完成基础设施建设投资205亿元，超额完成贵州省下达的目标任务。八大重点产业实现增加值647亿元，占贵阳市规模以上工业增加值总量的82.9%；除烟草制品业、橡胶及塑料制品业外，其余6个产业均实现正增长。

2017年，园区完成2000万元口径工业总产值2447.3亿元，占全市规模以上工业总产值的比重提高到86.4%。共完成投资649.3亿元，园区路网等43个配套基础设施项目共完成投资94.5亿元。八大重点产业支柱作用更加凸显，全年实现增加值659.2亿元，占贵阳市规模以上工业增加值的比重达84.2%。

（二）园区产业结构持续完善

经过多年的积累，园区形成了一批富有地方特色、富有市场竞争力的产业，在航空航天、装备制造、磷煤化工、铝及铝加工、电子信息、特色食品等领域具备了一定的产业规模，从产品到技术、从人才到团队，都具备了进一步壮大发展的基础。

2017年，园区的大数据产业落地生根。通过"大数据"的引领，园区产业结构呈现出以新一代电子信息产业为重点方向的新结构，围绕生物医药、高端装备制造、新材料、新能源与节能环保以及航空航天等战略性新兴产业领域开展了前所未有的大力度产业科技创新投入，大力推进移动互联网、新兴应用电子、电子元器件及信息材料、软件及信息服务、智能家居和智能装备等关联产业的协同发展。

（三）园区产业布局逐步优化

经过这几年的发展，贵阳已经成为大数据产业的引领性城市，围绕大数据产业发展、大数据产业与实体经济对接，各个园区也进行着思考和突破。一是主导产业基本明晰。中关村贵阳科技园高新区分园以大数据为引领的新兴产业项目集聚效应明显，聚集企业3687家，已形成独具优势的大数据及高新技术产业聚集区。经开区分园大数据安全产业示范基地，已入驻数十家大数据安全领域的领先企业，推进国家级大数据安全靶场、院士研究院、人才培养及认证、产业孵化等建设，建立贵阳大数据与网络安全攻防演练核心技术体系，逐步形成大数据安全产业的"联合舰队"。乌当区分园的互联网+中医药、大健康产业特色鲜明，智汇云锦大健康医药产业园入驻微医互联网医院、韩国BioVill养老、贵州云锦海峡产业园管理有限公司等12家企业。观山湖区分园已形成以生命科学、互联网金融、会展为主导的现代服务业产业集群，近十个生命科学产业项目成功牵手，形成贵州生命科学产业集群和产业新高地。二是大数据产业链格局初步形成。"抓两头、促中间"（"两头"指呼叫中心、数据中心，"中间"指交易中心）策略初见成效，拉动效应明显；大数据应用层发展迅速，大数据交易、移动金融等业态不断丰富，云服务产业集群初步形成。大健康产业集群优势、品牌优势初步形成，拥有了一大批品牌化、规模化企业，如威门药业、太和药业、同济堂、圣济堂等。借力"中国制造2025""互联网+""大数据+"，产业创新、转型升级进程不断加快，高端装备制造、航空航天、电子信息、磷煤精深加工、铝及铝加工、特色食品等产业竞争力不断增强。

(四) 园区创新能力与科技产出显著提升

2017年,园区共有国家级重点实验室5家,在贵州省占比达62.5%,省级重点实验室47家(2017年新增2家),在贵州省占比达91%;国家级工程技术研究中心5家,在贵州省占比达100%,省级工程技术研究中心91家(2017年新增6家),在贵州省占比达78%;国家级大学科技园2家,在贵州省占比达100%,省级大学科技园3家,在贵州省占比达42.8%;国家级科技企业孵化器3家,在贵州省占比达75%,省级科技企业孵化器7家(2017年新增1家),在贵州省占比达24%;国家级众创空间16家(2017年新增4家),在贵州省占比达64%,省级众创空间14家(2017年新增3家),在贵州省占比达47%;国家地方联合工程研究中心(工程实验室)17个,在贵州省占比达70.8%,省级工程研究中心(工程实验室)64个,在贵州省占比达84.2%;国家级企业技术中心9个,在贵州省占比达52.9%,省级企业技术中心105个,在贵州省占比达56.7%;2017年新建人工智能开放创新平台、华为软件开发创新中心等8个创新平台。成交技术合同2947项,增长136%,对外输出技术合同金额43.98亿元,增长279%;万人发明专利拥有量11.19件,在西部省会城市中名列前茅,科技进步对经济增长的贡献率达到60%;全社会研发投入预计50亿元,占地区生产总值的1.42%。

2017年,园区专利申请量14118件(其中发明专利4747件,实用新型专利8086件,外观设计专利1285件),占贵州省专利申请量的40.8%;专利授权量5641件(其中发明专利1072件,实用新型专利3776件,外观设计专利793件),占贵州省专利授权量的44.9%。每万人发明专利拥有量达11.19件,为贵州省万人发明专利拥有量2.37件的4.72倍。2017年,贵阳市获中国专利优秀奖4个。

(五) 园区企业与人才明显增多

科技企业培育情况。2017年新增通过备案的科技型企业446家,总数达1686家,增长36%(其中科技型成长企业32家,总数达482

家,增长7.1%);新增市级创新型企业12家,总数达130家,增长10%;新获批国家高新技术企业215家(其中首次认定企业165家,到期重新认定企业50家),总数达到416家,增长43%。

科技人才培育情况。2017年,以大数据为引领抓好科技人才队伍建设,组织开展贵阳市第二批大数据"百人计划"培养对象遴选工作,确定63人为培养对象建议人选;在厦门大学组织举办贵阳市"大众创业、万众创新"专题培训班,贵阳市首批大数据"百人计划"培养对象,科技孵化器、众创空间中科技型企业主要负责人或团队核心成员共计60人参加培训;分"科普服务""大数据""智能制造"3个专题组织实施"创新型科技人才兴筑工程",全年组织举办10期"科技大讲堂"系列活动,累计培训科技人才1440人次。贵阳市高新技术产业促进中心组织了两期高新技术及大数据项目培训班,培训园区骨干及企业负责人200余人次。

(六)园区投资明显增加

近年来,大项目、龙头项目招商引领效应明显,富士康901项目顺利开工建设,华锦铝业建成投产;富士康服务器、存储器项目一期建设完成,京东电商产业园项目一期全面建成。引进吉利整车和发动机项目,填补贵州省乘用车生产制造空白。中铝"退城进园"(华仁新材料电解铝及铝加工)、智慧云锦大健康医药产业园区等11个贵州省重大项目落地开工建设。

2017年,安排专项资金1317万元,用于支持25个大数据及高新技术产业发展项目。对规模以上工业企业研究与试验发展(R&D)经费投入按比例给予补助,带动有研发费用投入的规模以上企业从87家增到126家,规模以上企业研发费用投入从19.67亿元增加到22.98亿元。2017年1—10月,园区共引进到位资金1513.35亿元;新引进投资额3000万元以上项目956个,当年投产项目761个;新引进500强企业6家;新增签约投资总额2213.93亿元,同比增长22.36%。

(七)园区开放合作逐步推进

以大数据为引领深入推进区域创新合作。一是连续5年成功举办京筑创新驱动区域合作年会,"一站一台""一部一院"等合作载体不断发展壮大,已经成为京筑技术交流、人才引进、招商引资的综合平台。截至目前,北京市科技型企业落户贵阳总数达274家,贵阳吸纳北京科技技术1187项,成交额达181.2亿元。二是设立贵阳驻京区域合作工委,通过积极开展对外协调,加强与市直有关单位、驻京工委及其他驻外机构的工作衔接,进一步固化与北京中关村管委会、北京市经信委等部门的交流机制,出色完成"3.1""3.21"等系列推介活动的工作任务,推动吉利、中兴、惠普、国药集团等一批龙头企业落户贵阳。三是"中关村"品牌效应明显,来筑投资企业数量与日俱增,先后引入惠普、北车集团、太极智旅、讯鸟科技、国药集团、北京悦康药业等知名企业,有效推动了园区招商引资进程。

(八)园区大数据引领的创新应用加快推广

开展"千企改造·大数据助力企业转型升级专项行动",推动工业向智能化生产、网络化协同、个性化定制、服务化延伸的融合升级,获批了贵阳海信、航天电器等5家国家级智能制造试点企业,时代沃顿、林泉电机等3家国家级技术创新示范企业,黎阳航空、雅光电子等27家国家级两化融合贯标企业。老干妈公司:作为家族式、作坊式生产的传统企业,积极运用大数据进行转型升级,通过建立大数据运营中心,对原材料和产品进行精准采购和营销,有效拓展了市场,扩大了销量,顺利进入了"一带一路"沿线国家,目前有20个品种的产品销售到72个国家和地区,年产值达45.6亿元,贡献税收7.56亿元。货车帮:贵州唯一的独角兽企业,中国最大的公路物流信息化平台,平台汇聚诚信认证车辆会员超450万辆,货主会员超88万人,2016年通过减少空驶为社会节省燃油615亿元,减少碳排放约3300万吨。12月21日,货车帮与运满满合并组建了新的数字物流企业——满帮集团,为货车帮的大发展搭建了更加完善的平台。贵阳朗玛：旗下"39健康网"拥有全国规模最大的医院、医生、药品及个人医疗资料数据库，日访问量超过1800万人次，月活跃用户超过1.6亿人。贵阳互联网医院（六医）网上视频问诊日流量用户达到了5000名。

（九）园区承载能力明显增强

全面谋划基础设施建设项目，2014年实施园区基础设施攻坚计划274个项目，2015—2017年实施园区基础设施建设再提升工程，推进9大类593个园区基础设施建设项目。统筹推进园区教育、医疗、文化、金融及住房等配套功能，为产业发展提供服务性保障，着力打造配套更加完善的园区硬环境，提升园区综合承载能力。目前，高新区、经开区、综保区、双龙区基本实现"九通一平"，其他园区基本实现"七通一平"。

（十）园区政策体系逐步完善

2012年初，国务院出台的《关于进一步促进贵州经济社会又好又快发展的若干意见》，明确指出要将贵阳建设成为国家创新型城市、西部地区高新技术产业示范区、全国重要的资源深加工基地。2012年底，国务院批复的《贵阳建设全国生态文明示范城市规划》，又明确要把贵阳建设成为全国生态文明示范城市、创新城市发展实验区，在政策、项目、资金、人才等各方面给予前所未有的支持。2013年11月，贵阳市委、市政府围绕中关村贵阳科技园建设，下发了《关于加快发展高新技术产业和现代制造业的意见》《关于支持中关村贵阳科技园建设和发展的意见》《中关村贵阳科技园产业布局规划》《关于进一步加强招商引资工作的意见》等六大主体文件，使贵阳市产业园区建设和发展的政策体系更为完善。

（十一）园区大数据管理模式逐步形成

按照贵阳市政府关于"市区共建，形成合力狠抓示范园区建设"和"着力建设高科技园区、智能化园区、数字化、生态化园区"的工作要求，结合贵阳市园区工作的实际，中关村贵阳科技园管委会积极探索建立集中统一的贵阳市工业园区大数据监测调度平台，对贵阳市"13分园28子园"土地、水、电、气、路等配套设施的规划、建设现状和企业、项目等指标数据进行采集、转换、上图、展示，实现对园区工业用地布局、可投入使用土地总量、企业入驻、产业培育等现状的实时监控和预警，及时发现、处理园区建设发展中所出现的各种苗头性问题，发挥工业园区对工业经济发展的载体和支撑作用。目前除"三县一市"（指修文、开阳、息烽、清镇）外，其他园区的规划上图工作已完成。

二 中关村贵阳科技园问题与分析

（一）存在的问题

产业园区建设是贵阳市实体经济发展的关键所在，从整体来看，目前贵阳市园区建设仍处于优布局、打基础、抓建设的攻坚期，整体发展进度与贵阳市委、市政府所提出的要求相比仍存在较大差距。主要存在以下几个方面的突出问题和困难。

1. 园区产业布局还不清晰，产业深耕缺乏定力

"十二五"期间，在"一城两带六核"空间战略的指引下，各个园区都在核心产业选择、产业布局层面进行探索，但到目前为止，还没有哪个园区产业发展战略达到绝对清晰化，"取舍"原则效应并不明显，产业同质化现象还普遍存在，围绕招商引资，彼此间还存在着恶性竞争。

由于园区领导、区县领导更迭，领导者能力水平视野等问题，再加上级政府考核体系的不合理，园区产业发展策略的稳定性不足，本来正确的产业发展方向不能长期坚持下去，面对经济考核的压力，盲目、随意招商的问题还比较多，破坏了既定的产业规划和布局，得不偿失。

2. 传统产业基础和层次不高，产业链环节处于较低水平

园区产业整体的发展水平还不高，受本地教育资源、人才资源等

条件的限制，园区企业在技术创新、知识管理层面的整体水平还不高。面对全国产业转型、升级的时代浪潮，贵阳市能否迎头赶上，园区企业能否以点带面，形成真正意识上的创新突破还有待观察。在外部人才技术引进、内外资源融合层面，需要政府、企业做出的创新性、突破性工作还很多。

园区产业动力转换步伐不断加快，但过度依赖资源型产业，传统支柱产业结构层次低，高附加值产业少，存在能源消耗大，资源利用效率低，产业效益提升乏力等问题。汽车、航空航天、高端装备等装备制造产业链短、幅窄，缺乏整机拉动型龙头企业。电子信息制造业产品众多但关联度低，制造工艺水平不高，专业化协作配套能力不足。小型数控机床、基础制造装备及加工制造机械装备技术陈旧，产业基础薄弱，与发展智能制造的目标要求差距较大。磷煤化工、铝加工等产业精深加工程度低，高附加值产品较少，新增产能趋同化和过剩倾向严重。

3. 产业集聚、产业辐射和带动作用尚不明显

产业集群、产业链效应是所有园区努力的目标，但限于区位市场劣势、企业规模、企业家视野能力等原因，中关村贵阳科技园的产业集群、产业链效应还不突出，产业带动和辐射效应还没有发挥出来。

在传统优势产业方面，龙头企业、品牌企业在贵阳市园区范围内呈现出散点状分布特征，大部分企业规模、市场辐射力还不具备带动产业集群发展的能力，企业家视野、思维同东部发达地区相比还有距离，诸多原因造成中关村贵阳科技园产业集聚和辐射效应尚不明显。

自2013年以来，贵阳市一直积极引入外部资源，一些大型项目逐步落地，但项目多处于建设期，个别项目刚刚进入运行调试阶段，大项目对上下游产业链的带动效应还需要一段时间才能显示出来。

4. 大数据、互联网与实体经济结合深度不足

贵阳市大数据产业发展走在全国前列，对大数据产业系统架构和格局的认识越来越清楚。但限于在互联网、电子信息等领域缺乏长期积累和资源支持，在大数据应用发展、"大数据+产业"环节还没有形成成熟的模式，利用大数据创造产业价值的很多环节还处于摸索之

中。面对大数据、移动互联网、物联网技术发展所带来的机会，贵阳市及各产业园区需要学习、突破的环节还很多，在传统产业资源挖掘，人才、技术、资本引进层面还有很多工作要做。

5. 产业基础性、系统性配套体系还有待完善

作为传统产业基础相对薄弱的地区，贵阳市及各园区在基础性产业配套层面存在短板和缺失环节，需要结合园区总体产业布局进行系统性梳理。面对互联网时代产业发展的关键要素需求，贵阳市及园区在服务业支撑体系层面也有欠缺，在商务服务和商务环境配套层面，金融体系、资本市场都有待完善发展。此外，随着工业互联网时代、个性化消费时代的到来，工业设计等生产性服务业变得越发重要，受区域教育、科研要素不足的影响，加之企业基础不足，贵阳市及各园区在生产性服务业层面上升的空间还很大。

6. 产城一体化程度不高

就各分园区位选择和功能定位来看，并不要求所有园区都达到比较高的产城一体化水平。除了高新区、经开区外，综保区、双龙航空港、观山湖产业园、乌当产业园、白云产业园等园区都需要在产城一体化层面做出努力，是否达到一定的产城融合、产城一体化水平，既是园区成功建设开发的标志，也是园区长期可持续发展的标志。用这一标准来衡量，中关村贵阳科技园在产城一体化规划、建设层面还有很大的距离，即便是高新区，在产城融合层面需要提升的空间也很大。

7. 创新创业环境，科技创新支撑能力不足

园区创新创业环境打造还处于模仿学习阶段，在硬件平台搭建基本齐备的基础上，在专家人才、知识技术、辅导模式创新和引入层面要突破的空间还很大。在与北京中关村深化合作的过程中，各园区对创新创业服务环境建设越来越重视，贵阳市委相关部门围绕创新创业平台建设、孵化器和加速器建设也做了很多工作，但与国内外成熟园区相比，贵阳园区创新创业服务环境还处于初期阶段，尤其是创投服务、资本市场对接机制还很不健全，既不利于园区企业进行产业并购和整合，也不利于创新型企业尽快成长和发展。

除了创新创业环境本身的问题外，贵阳本地企业家人才不足，面对企业发展所遇到的瓶颈，企业家创新性、开创性不足，这也是贵阳本地缺少全国化、国际化品牌企业的原因。除了既有企业家队伍外，围绕年轻一代创业者培养做得远远不够，在"大众创业、万众创新"的背景下，贵阳市及各园区还有很多工作要做。

贵阳市科技创新能力在贵州省居于领先水平，但与武汉、成都、西安等中西部先进城市相比仍有一定的差距。2017年园区规模以上工业企业有效发明专利数增长率为25.2%，低于全国平均水平；园区规模以上工业企业R&D支出占主营业务收入比例呈逐年下降趋势。基础研究和创新能力薄弱，关键核心技术及零部件对外依赖性较大；企业技术创新主体的作用尚未充分发挥出来，创新意识不强，研发投入不足；科技、人才、金融等创新创业的支撑能力还较薄弱，创新型人才、高技能人才不足，创新机制尚待形成。

产学研用链条有待进一步完善，重大科技成果转化不足，有重大影响力、较强经济带动作用的科技成果落地较少，科技成果转化应用的市场化水平不高。

8. 建设开发模式需要突破，专业人员运营亟须加强

中关村贵阳科技园在园区建设开发模式上需要突破的空间更大，更深层次的体制、机制问题，成为中关村贵阳科技园很多表象问题的根源。下图为中关村贵阳科技园区建设开发模式。

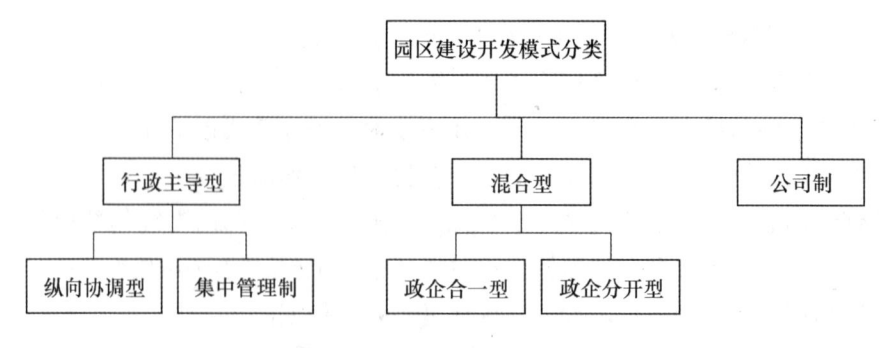

图 5-1 园区建设开发模式

中关村贵阳科技园区建设开发模式总体上属于政府主导型，多年来还没有形成管委会与园区开发公司有效互动的模式，距离政企分开型管理模式相差更远。专业化、聚焦性很强的工作被肢解、分散到传统的行政体系内，很难实现园区建设开发工作的专注化、专业化，结果带来园区建设开发工作的低效率，造成园区建设开发资源利用的低水平。

在政府行政体系分散式开发的前提下，中关村贵阳科技园的统筹引领作用没有发挥出来，甚至没有得到应有的尊重和配合，各分园建设开发自然会出现各自为政，不能横向协同和学习的局面，故步自封式的发展状态还很明显。另外，在园区管委会、园区办组织设置、人员选配上存在明显错位问题，政府职能部门与管委会相融的组织模式造成责权利不对等、管理缺位的现象，这些造成园区建设开发的低效率、官僚化。例如，高新区、经开区都有了专属性很强的管委会组织，但多年下来在政企互动模式上还有很大的创新空间。其他区县园区虽然有管委会或园区办，但涉及园区建设开发的各项活动实际上被分解到了区县政府各个部门，各部门、机关对园区建设开发工作重视不够会在很多层面影响园区建设的开发进程，造成都管又都不管甚至推诿扯皮的现象。以上问题的根本在于园区建设开发模式和体制、机制上出现了问题，造成很多难以化解的矛盾，与园区市场化、高效率开发的目标出现了本质上的不相融。

前面提到了基础设施建设环节粗放型特征明显，这一问题的关键就在于专业化人才缺乏，围绕土地整理、各类基础设施建设工作缺乏专业化的团队，在管理上缺乏规范的项目管理能力，工程项目管理机制也不健全，基础设施建设水平较国内成熟园区距离较大。除了具体项目操作能力不足外，在园区细化分工管理、运营统计分析、资本资产管理等环节的差距也十分明显，园区静态管理、动态管理数字化水平、数据统计精确程度不足都揭示出人才团队和管理体系上的问题。另外，招商和企业服务能力不足，效果不好，园区产业定位和产业发展思路不清晰等都暴露出了同样的问题。大数据等产业发展及其他产业的持续发展支撑人才不足，高端创新型人才匮乏，特别是高水平创新团队和高技能技术人才紧缺，行政人员主导园区产业发展的现象仍然十分普遍。

9. 基础配套设施建设不完善

供电、供水、交通、物流、环保、网络建设等难以满足高新技术企业的要求，造成基础设施建设与招商进程匹配度低。在路网方面，除小孟、麦沙等开发较早的园区外，其余园区的路网大多不完善。在标准厂房建设方面，就算是高新园、经开园、白云园等标准厂房建设情况较好的园区，依然存在不能满足引进项目需求的现象。在污水处理设施方面，有的园区虽建有污水处理设施，但这些污水处理设施因受标高、管网等的影响而运营不良，且大多数都是企业自建自用。在电力、供热、供气、宽带、雨污分流等其他设施方面，也普遍与实际需求存在着差距。即使在基础设施相对完善的高新区，基础配套也滞后于当前形势和任务的需要，宽带出口带宽、电力双回路建设等达不到入驻的大数据互联网企业发展的要求。在生产生活服务设施方面，为企业提供技术、检测、金融、信息、培训、人才等服务的平台不完善，为园区配套的商贸中心、文教卫体、公共交通以及酒店等生活设施不完善。

10. 融资能力不强，建设资金不足

由于长期以来园区建设资金主要依靠政府投入、抵押贷款和土地出让，投融资渠道单一。而工业园区基础设施建设欠账多，投资回报时间长，后续发展资金缺口大。近年来，13个园区每年完成固定资产投资700亿元以上，但财政直接投入不足，园区基础设施建设资金缺口仍达600个亿。比如，白云园区采取多种方式进行融资建设，但在安置房建设、道路建设、标准厂房、园区服务配套设施等方面尚存在很大的资金缺口。与此同时，园区的债务压力逐年增大。2014年底，从政府存量债务清理甄别结果估算来看，市本级和各区县市的债务余额比2013年6月增幅扩大。2015—2017年进入贵阳市偿债高峰期，以当前贵阳市财力状况来看，负荷过重。对此，贵阳市采取与金融机构合作平滑基金、借新还旧、加强土地储备出让、节减财政支出、争取政府置换债券上级支持等措施，最大限度地化解债务，但仍存在一些困难和问题：

一是园区建设滚动发展运营模式尚未形成。目前，区（市、县）园区主要是由政府注资形成的园区投融资平台实施建设，基本上是引来一个项目开发一块土地，缺少整体建设、经营的开发建设公司。这种模式的市场化运作能力弱，未能形成"投资—经营—收益—再投资"的良性循环。二是园区融资手段单一。目前，土地资源仍然是各平台公司向银行直接融资的首要资源，其他如矿权、林权等受政策的限制，难以作为融资的有效优质资源；同时，各平台公司市场化融资功能尚未充分发挥出来，债券、BOT、PPP 等融资模式少。三是未能发挥社会资本的作用。园区基础设施领域向社会资本开放程度不够，缺乏政策支持；建设运营模式单一，社会资本进入风险高、回报低，影响社会资本参与园区基础设施建设的积极性。四是园区经营性用地占比低，收益不足以平衡园区建设。因园区配套基础设施尚不完善，建设量较大，投资金额大，往往存在园区经营性用地出让后收益不足以反补基础设施投入的现象，这给园区建设带来一定的困难。五是融资空间被压缩。按照国家相关文件规定，国务院对地方政府债务实行限额管理，《关于妥善解决地方政府融资平台公司在建项目后续融资问题的意见》规定，新建设项目融资仅能通过 PPP 模式和发行政府债券加以解决，而 PPP 项目的规模受地方财政滚动预算财力的限制，因此，新增融资额度和融资规模受限。由于发行地方政府债券的权限在省级政府，新增融资只能在财政部确定的风险控制线内向省政府申请，加之融资平台公司借新还旧运作模式受限，新预算法的正式实施，新增融资额度极为有限。六是融资成本较高。贵州省金融机构市场化竞争不充分，实际金融供给严重短缺，特别是近年贵州省人均存贷指标处于全国倒数，资金供需矛盾十分突出，造成政府议价能力差，融资成本高，目前银行融资平均成本突破 8%，比全国平均水平高 1%。

11. 管理和服务机制有待完善

一是项目审批服务效率不高。园区项目审批所涉及的种类多、部门多、流程复杂，在规划、土地、建设等方面的审批服务效率有待提高。二是目标考核不够科学合理。在年度考核的过程中，存在着用"一把尺子"对各园区进行考核的现象，由于各园区的客观条件差异较大，考核方式不仅会影响考核结果的客观性，也不利于调动各园区的积极性。三是审批难，主要是行政审批改革不同步，审批手续过多、过繁、过慢。省级部门权限下放不同步，有的已下放到市，有的才启动，部分需要多个部门审批的项目，有时出现省、市部门来回审批现象。同时，项目前期手续办理时限长，落地慢。

12. 土地调规难度大，园区发展用地受限

目前在各区（市、县）产业园区规划范围内建设用地均有部分不符合土地利用总体规划，导致园区建设用地储备不足。例如，高新金阳园区除少数地块可通过"腾笼换鸟"实施再开发外，已无地可用；沙文园区历经8年建设，已初具产业规模雏形，园区可用地面积仅2629亩；沙子哨农场片区协调难度大，短期内难以实施开发建设，现有产业用地已不能满足加快发展的需求。经开园以当前的发展速度，每年两个批次（1000亩）的用地指标，远远满足不了建设需求，而且土地报批的时间太长，程序复杂，致使项目不能及时落地进行开工建设。云岩园规划的三马高新技术产业园占地3300亩，现状为农用地和部分林地，需办理农转建手续和林地征占手续，还有约1800亩，其现状为无植被覆盖的荒山、荒坡，但在规划中属林地，需进行土规、林规、城规调整。乌当云锦洛湾医药食品新型工业园因位于中心城区，58%的规划用地不符合土地利用规划要求，需要调规。清镇"贵州千亿级生态循环铝工业示范基地"规划所涉及的绝大部分项目建设用地是基本农田，当前急需调整土地利用规划的土地面积达6000亩。由于土规、林规、城规"三规"不统一，建设用地差异图斑较多，协调难度大，加之规划建设用地指标不足，园区土地供需矛盾突出，有的项目无法落地。同时，有的片面注重功能分区，生产性、生活性服务配套不足，增加了企业成本，不利于企业发展。

13. 保障供应等因素影响企业生产运转

个别园区受电力保障、铝水供应等因素的影响，企业的施工和生

产受到干扰。高新区麦架—沙文园投产达产项目增多,园区现有供电线路无法满足企业正常施工及生产要求。需协调省、市供电部门加快 220kv 高山变电站建设进程,并加快园区公共线路架设工作。白云园围绕中铝贵州分公司打造基地产业链,铝厂现有电解铝产能,原材料铝液(锭)源头供给满足不了基地内现有企业的需求,铝液需求缺口将进一步增大,铝液供需矛盾日益突出,对园区企业降低生产成本和产能的充分发挥限制较大,如果中铝贵州公司电解铝厂搬迁后,这一矛盾会更加突出。花溪园泰邦生物科技产业受原材料的影响,企业不能实现满负荷生产。

(二)相关问题归因分析

1. 问题溯源归因分析

对上述各类问题进行更深层次溯源、归因思考,可以清晰地总结出制约中关村贵阳科技园建设发展的深层原因,既有外部性不可抗力因素,也有内部原因。

表 5-1　　　　　中关村贵阳科技园发展的内外部原因

外部性原因
(1)地形地貌、生态环境不利于基础设施建设的顺利推进。
(2)经济区位劣势、经济基础薄弱,外部吸引力不足。
(3)本地教育水平、教育资源不足,职业技能人才不足。
(4)本地金融体系不健全,金融环境不成熟制约资金筹措。
(5)外部专业化技术人才、管理人才吸引力不足。
(6)周边省份、地市同质化竞争激烈。
(7)贵州省、市范围市场规模对产业支撑力度不足。
(8)本地企业家、创业人才数量不足。
(9)成功企业领导者的思维、视野存在局限,开创动力不足。
(10)贵州省政府、贵阳市政府产业导向、产业政策延续性、稳定性不足。
(11)政府简政放权空间还很大,行政审批环节繁琐,存在官僚化现象。
(12)政府对政策落地后的监管、考核跟进不足,政策实施实效性不足。
(13)国家土地红线、生态底线制约园区空间扩展。
(14)国家对中西部产业政策倾斜不足,政策落地效果不好。

续表

内部性原因
（1）人才、团队专业化水平、能力视野不足。 （2）人才团队数量、编制不足，局部管理缺位。 （3）个别园区人员冗余，人浮于事。 （4）用人机制、体制不顺，部分人员工作状态不佳，执行力弱。 （5）人员、团队考核评价执行不规范，正能量激发不足。 （6）人才团队培训学习不足，缺乏培训学习机制和模式。 （7）园区规划设计科学性、严谨性不足，缺乏精益求精的精神。 （8）园区对外交流合作的广度、深度不足，知识经验获取受限。 （9）园区对所扶植的创新、创业服务平台监管考核力度不足。 （10）区县政府、园区管委会对园区管理提升、人才培养重视度不足。 （11）区县政府、园区管委会资金统筹调配能力不足，存在违规挪用资金现象。 （12）区县政府、园区管委会建设开发模式创新魄力、勇气不足。 （13）区县领导者、园区一把手就园区重大决策、方向调整存在随意性、人为性，干扰了园区合理化进程。 （14）统筹协调、服务引导平台缺位，上下游对接接口、机制不顺，统筹力度较弱，分园横向纵向整合力度不足。

2. 对标北京中关村的分析

2013年，京筑创新驱动区域合作以来，中关村贵阳科技园进入了快速发展通道。尽管在建设开发、产业发展等环节还存在方方面面的问题，必须承认，中关村贵阳科技园与国内优秀园区的接轨速度正在提升，现代产业园区的创新元素正在园区生根发芽，新兴产业、高新技术、创新商业模式、创客空间等都不再是陌生的领域，高端技术人才、高端管理人才不断增多，园区人员结构层次正在不断提升。

为了更加清晰地了解自身与发达产业园区的差距，明确中关村贵阳科技园进一步努力的方向，尽管在很多层面中关村贵阳科技园与发达园区还不具备可比性，我们选择与其互动最为紧密的园区进行比较分析。

表 5-2　　　　　　北京中关村和中关村贵阳科技园比较

序号	比较维度	北京中关村	中关村贵阳科技园
1	管委会定位	北京市产业园区综合辅导性、引领性、研究型平台，为全市各分园发展提供前沿理论和模式借鉴、发展规划指导、企业或产业发展服务、重大项目支持协调、创新创业环境建设支持等工作，与各分园没有行政隶属关系，重点扮演专家研究支持、问题发现和服务角色，分园具体工作由分园管委会和建设开发公司落实执行	定位为贵阳市产业园区发展引领和统筹平台，对园区建设开发状况进行监督和考察评价。限于平台定位不够明确、人员队伍不足、专业知识经验欠缺、上下游互动机制不完善等原因，平台在规划引导、支持服务、统筹协调、重点管控环节的作用还没有发挥出来，核心价值有待进一步挖掘
2	组织人员设置	管委会平台组织设置健全，人员配置齐整，资深专业化人才较多	组织设置尚不完善，人员编制、团队专业化能力尚有差距
3	管理机制	管委会内部管理机制相对健全，与分园管委会对接顺畅，上下游互动效率较高	在分园考核评价方面形成了规范的制度和流程，围绕服务支持、统筹协调等方面的方法、机制还不健全，上下游紧密互动程度有待提升
4	分园建设开发模式	除个别远郊园区外，大部分分园基本形成了"管委会+开发公司"的建设开发模式，通过开发公司整合市场建设资源、资金资源的能力较强，政府与市场化平台分工明确，互动有效，在基础设施建设、资金筹措方面市场化程度较强	园区建设开发由政府驱动明显，在市场化资源整合、资金筹措方面局限性较大，没有形成真正意义上的独立性较强的市场化开发平台，造成建设开发捉襟见肘，内部机制很难理顺的局面
5	政策支持	作为国家自主创新示范区，有来自国家层面的政策、资金支持，北京市政府对园区建设支持力度也较大	三个国家级园区有相关领域的政策支持，贵州省、贵阳市对分园也有相关支持，但支持规模、手段不可能与北京中关村相比。另外政策不能落地、执行的现象普遍存在
6	人才团队	中关村管委会、分园管委会和专业开发公司都拥有比较优秀的人才，多年的实践经验积累、长期培训学习和区位人才吸引力成就了这一点	市委市政府、区县政府、分园管委会、园区办拥有了一批园区建设开发人才，但他们的专业水平参差不齐，整体专业化水平需要提升
7	资金实力	国家、北京市政府资金支持、社会资本参与带来强大的资金实力	政府财力有限，资金筹措渠道模式单一等导致资金实力不足
8	社会资本联合开发	平台公司与社会资本联合开发园区园中园模式已经比较成熟，园区社会资本吸引力较强	联合社会资本共同开发模式尚在探索中，区位经济潜力、社会资本实力等因素制约着联合开发模式的应用、推广

续表

序号	比较维度	北京中关村	中关村贵阳科技园
9	前沿研究	强大的资金实力和专家人才带来平台前沿研究能力的提升，在自主创新、政策支持、产业发展、模式优化、创新孵化等领域成果丰富	在园区前沿研究层面处于起步期，形成了部分成果，未来在本地化园区发展研究环节还需要多层次投入，用知识引领园区发展
10	企业服务	资金实力、人才实力、北京地区咨询、科技、教育资源等因素造就了园区较强的企业服务能力	围绕政企互动，企业扶植和产业扶植一直在努力进行，限于资金、专业能力和区域大环境因素，企业服务的空间还很大
11	产业发展	经过20多年的发展蜕变，各分园主体产业相对明晰，规模化、品牌化企业较多，产业链、产业集群效应明显，二、三产业协同配套能力较强	各分园产业发展方向还不明晰，传统产业规模层次不高，新兴产业资源支撑力度不足，产业集群、产业链效应尚不明显
12	创新创业服务	政府资本与社会资本对接，加上海内外人才聚集，带来中关村创新创业环境的日益成熟，创新创业服务环境国际化接轨程度越来越高	开始关注创新创业环境的建设，限于资金、专业化人才、创新创业人才不足等原因，多种资源融合互动的创新创业环境建设还需长时间投入
13	协会引领	成熟的产业发展，优秀的企业家队伍，带来各类产业协会、企业家协会的产生，在产业引领、企业辅导层面发挥着重要作用	有相关协会建设，限于人才水平、资金实力等要素，协会的产业抓手和引导效应还没有发挥出来
14	园区软硬件环境	经过20多年的积累和变迁，各园区已经形成了良好的软硬件环境	各分园大部分处于建设开发阶段，园区基础设施、市政配套、综合服务等条件还有很大上升空间
15	产城一体化	除了远郊园区外，北京城市发展的规模和特点决定了大部分园区产城一体化效应明显	大部分园区还没有形成产城互动效应，给招商和园区正常运营造成困难
16	城市资源基础	北京市教育、医疗、治安、国际化等因素是一般城市不能比拟的，为区域产业发展创造了各方面的软硬条件	贵阳市教育、医疗、交通、治安等基础性环境提升的空间仍很大，制约部分园区的产业吸引、人才技术吸引、资本吸引
17	运行监控与分析	园区数字化、信息化管理水平较高，从中关村管委会到各分园，信息互动和交流比较通畅，对园区整体运行状态进行动态跟踪、评价能力较强	市、区县统计专业化程度不足，园区信息化系统建设滞后，政企互动程度不足等决定了园区动态运行监测能力不足

续表

序号	比较维度	北京中关村	中关村贵阳科技园
18	品牌影响力	北京中关村已经成为中国高科技产业发展、自主创新领域的旗帜,国际化影响力也在不断提升	"大数据"产业发展提升了贵阳的全国影响力,但中关村贵阳科技园的影响力仍不明显,面向贵阳市、贵州省及周边省份的辐射力、影响力不足

3. 产业发展 SWOT 分析

(1) 发展优势

一是自然资源优势。贵阳冬无酷寒、夏无酷暑的气候条件和良好的生态环境,远离地震带的地质条件,水火互济的能源优势,具备吸引新一代信息技术企业和人才集聚的优势。二是大数据领先发展的优势。率先建设国家大数据综合试验区,大数据发展的政策红利逐步释放,大数据政用、民用和商用逐步深化,为推进以大数据带动高新技术产业发展奠定了基础,形成了相对其他市的比较优势。三是政策环境优势。国家、贵州省政策支持和资源倾斜,贵阳市出台了一系列扶持政策文件,并且建成"国家火炬计划软件产业基地""国家现代服务业产业化基地""国家新型工业化产业示范基地"等一大批国家级平台,同时积极进行招商引智计划,为高新技术企业营造了良好的发展环境。

(2) 发展劣势

一是产业引领性资源缺乏,产业集群和产业链效应不明显,产业发展失衡,R&D 经费投入不足、融资受阻,城乡发展仍不平衡。二是经济发展滞后。产业基础薄弱,"两化"融合的深度不够。三是技术创新能力不足。高等院校科研机构少,新兴技术学科建设缺乏支撑,复合型中高端信息技术人才紧缺。四是核心竞争力不足。经济发达地区均积极谋篇布局,意图抢占发展制高点,与发达地区相比,贵阳市竞争力偏弱。五是产业基础配套和服务支撑体系不完善。

(3) 发展机遇

一是战略性新兴产业快速发展。全球新兴产业发展进入了一个新的周期，国家产业战略布局和中关村贵阳科技园的建立为贵阳市发展高新技术产业提供了有力抓手，贵阳市面临着找准技术与创新突破口以改变自身地位的关键机遇。二是经济转型升级发展带来了新机遇。"互联网+"、智能制造给产业发展注入更多活力，带来更多空间，为高新技术产业在优化配置资源，增强辐射带动能力，加快构建"高精尖"经济结构注入了全新活力。三是新一代信息技术发展带来了新机遇。新一代信息技术与传统产业加速融合，推动产业变革，衍生了工业互联网、电子商务、互联网金融、大数据交易等新业态、新模式，为高新技术产业转型升级提供了新动力。四是城镇化、城乡一体化促进了产业资源的合理流动和配置，贵阳承接东部发达地区产业转移升级迎来了机遇。

（4）发展挑战

一是产业链的各个环节都处于成长和逐步完善的阶段，市场培育需要较长的周期，在短时间内它所带来的经济效益不会非常明显，贵阳市高新技术产业发展面临较大压力。二是以大数据为代表的新一代信息技术产业是未来经济社会发展的新的制高点，广州、深圳、北京、重庆等地积极谋划，提前布局，竞相发展，给贵阳市新一代信息技术产业发展带来了巨大的竞争压力。三是国内外实体经济下行风险使得贵阳承接产业转移与招商引资困难加大，贵阳资源型产业结构面临转型挑战。四是地方政府财政压力过大，不利于产业投资和政策扶植。五是金融信贷体系存在不稳定性，产业融资环境尚不乐观。六是土地资源红线，绿色环保压力挑战产业创新能力。

4. 分析结论

从园区问题归因分析、对标北京中关村分析及产业发展SWOT分析来看，中关村贵阳科技园利好因素、优势因素远远大于负面影响。在自主创新驱动下的经济结构大调整、产业大转型、改革大深化的时代，不单是中关村贵阳科技园，贵阳市乃至贵州省都迎来了难得的战略机遇期。新经济时代及其关键促成要素，在诸多方面为后发赶超区域获得先发优势，获得产业创新和跨越式发展创造了条件。

新兴领域机会均等。在颠覆性创新和变革时代，新兴产业和市场往往对大家都意味着机会，很多新机会的把握不再依赖传统资源，一个经济区域只要洞悉技术革命变化趋势，在互联网、全球化背景下能够完成资源整合，便有机会脱颖而出。

打破梯次成长惯例。产业梯次发展观点强调后发经济区域很难实现跨越式发展，它必须依靠资源禀赋的逐步丰富，实现产业的阶梯性成长和进步。在互联网时代，在产业结构、产业技术大变革时代，后发区域有可能实现产业资源的全球化、立体化整合，而不是像以往那样要进行线性积累，进而实现产业的跨越。

地域边界和空间边界模糊化。互联网技术、现代交通通信手段、现代金融体系的无限延伸等因素削弱了人才、技术、资本对地域边界和空间的依赖，后发经济区域有机会获得与发达区域一样的产业发展资源，这为后发经济注入赶超动力。

资源流入效应逐渐大于外溢效应。除了互联网、现代交通等带来的无边界效应外，生态环境保护良好的区域越来越受到人们的青睐，加之后发经济区域的快速发展所带来的创业机会，外部人才、技术、资本等资源流入量往往会逐渐超过溢出量，实现区域资源的正向积累，促进区域经济和社会繁荣。

后发赶超无包袱、弯道取直更高效。传统优势区域之所以不能创新，不能实现产业转型升级，其原因往往在于成功所带来的包袱过重，陷入"创新者的窘境"。后发优势区域没有这类包袱，面对新机会往往能轻装上阵，更直接、更有效地把握住机会，实现高效"弯道取直"。

大变革时代、颠覆性时代确实给后发经济区域带来了新兴产业平行发展或先导发展的机会，大数据产业在贵阳的初步成功已经印证了这一点。顺着上述路径，中关村贵阳科技园乃至贵阳市还可以进一步借助这一波潮流，谋求更多新兴产业先导性发展机会。

除了积极捕捉新兴产业发展机会，发挥新兴产业的引领效应外，中关村贵阳科技园大部分产业创新、转型和升级还要借鉴传统产业发展路径，特别是在既有产业基础相对薄弱，产业创新资源不足的前提下，中关村贵阳科技园如何把握时代机遇，明确产业发展路径和指导原则至关重要。否则就可能会出现方向不明确，资源配置错位，甚至失去战略机遇期所带来的难得机遇。

对于后发赶超区域的产业发展来说，在产业基础和能力比较薄弱的前提下，勇于开放、积极借助外力是必要的选择。通过外部先进技术、人才、管理模式等因素的引入，积极学习吸收，培植本地产业资源，逐渐实现从模仿到创新，最终形成自主创新能力，实现自主产业持续发展能力。不同于北上广等发达地区，贵阳市乃至贵州省在产业发展层面还不能完全依靠内生力量，在未来5年里，积极借助国内外先进资源，学习、模仿、整合都是必要选择。

当然，对于处于不同发展阶段的产业来说，在外力借助层面的需求和层次也不同，优势产业可以更早走自主发展道路，薄弱产业则需要虚心吸收外部经验和知识，逐步完成产业积累和突破。总结中关村贵阳科技园产业发展的总体状况，尽管各产业发展阶段、水平存在着一定的差异性，但在产业创新、转型和升级过程中，各有侧重地吸收外部资源还是非常必要的。基于这一考虑，中关村贵阳科技园在内外部产业结构设计和调整层面要进行综合考虑，在外部企业引入、内部企业扶植方面达到理想的平衡点，切实保证每一个核心产业都走在正确的发展道路上，实现内外产业合理的最大化。

三　中关村贵阳科技园发展原则建议

贯彻创新、协调、绿色、开放、共享五大发展理念，守住发展和生态两条底线，坚持加速发展、加快转型、推动跨越的主基调，围绕打造公平共享创新型中心城市的总目标，以提高自主创新能力为核心，以城乡"三变"改革为动力，以技术推广和科技成果转化，促进传统产业升级和区域经济社会可持续发展为重点，促进新一代信息技术、生物医药、高端装备、新材料、新能源与节能环保等高新技术产业的发展壮大，使中关村贵阳科技园成为引领贵州、贵阳可持续发展的核心动力和重要引擎。

(一) 大数据引领原则

经过贵阳市上下的努力,贵阳大数据产业已经初具规模。除了基础性数据中心和呼叫中心建设外,在大数据产业化应用、产业云平台建设、大数据端产品制造、大数据交易等多个领域都取得了实质性突破,初步形成了大数据产业链架构和格局,为进一步深化大数据产业应用,实现"大数据+产业""互联网+产业"奠定了基础。中关村贵阳科技园的发展,应以大数据产业为引领,贯穿打通各个产业,使其成为贵阳产业创新和升级的引擎。

(二) 创新驱动原则

无论是战略性新兴产业发展,还是传统产业的转型和升级,都离不开技术创新的推动,创新发展已经成为时代的主题,创新在五大发展理念中排第一位。中关村贵阳科技园要实现产业创新、产业转型和升级,更需要秉承创新理念,优先发展具备创新潜力的产业,为具备创新能力的企业创造更好的发展环境,持续强化中关村贵阳科技园产业创新能力。要集聚、整合、利用各种创新要素与资源,构建完善的创新生态体系,营造创业氛围,支持企业加大创新投入,积极推动理念创新、管理创新、技术创新、模式创新、业态创新,将创新元素贯穿于企业发展的各个方面,全面提升产业综合竞争力。

(三) 绿色生态原则

绿色生态资源是贵阳竞争优势的来源,秉承绿色发展理念,不断强化生态优势已经形成共识。在发展与生态两条底线的指引下,贵州省又提出了构建生态产业体系的构想,对绿色生态价值潜力的认识进一步加深。中关村贵阳科技园的发展,要坚持项目引进和培育并举,着力引进体量大、质态优、效益好、节能环保的项目,大力培育产业链长的大项目,不断形成新的增长点和增长极。大力推进绿色、生态型新兴产业园区建设,着力发展绿色制造、绿色产品,促进优质生产要素向产业园区集聚,加快建设资源集约型、环境友好型的生态产业。

（四）产业集群、产业链构建原则

产业集群、产业链效应的形成是产业园区成功发展的标志，也是园区竞争力和生命力的来源。虽然中关村贵阳科技园大部分园区还不具备产业集群和产业链优势，但未来仍需要积极朝这个方向努力。中关村贵阳科技园的发展，要放眼长远，坚持有所为、有所不为，突出高技术助推转型升级的带动作用，推动产业链向技术、价值链高端发展，着力提高资源、能源、土地利用效率和劳动生产率，努力提高经济增长质量和效益。坚决杜绝主导产业不清晰，产业选择与布局无头绪的现象。

（五）产业配套、内外结合原则

无论从产业集群、产业链构建角度，还是从完善园区产业体系，补充基础性产业缺失，提升产业短板角度，产业规划除了考虑各园区产业方向外，还需要站在贵阳市园区产业配套、园区间产业协同角度进行全局思考，提升园区产业协同和相互支撑能力，降低产业发展交易成本，提升产业和相关企业的竞争力。在尊重园区既有产业优势的基础上，考虑区域经济发展对产业竞争力的需求，在产业规划方面要积极与国内、国际市场对接，积极引入对贵阳经济发展重要并具备长期效应的产业，实现内部产业与外部产业的良性对接，相互提升，相互促进。要积极推进众创空间、基础研发平台、技术交易中心等创新平台建设，带动黔中地区协同创新发展，以开放倒逼改革、促进发展，通过扩大对内对外开放来拓宽发展视野，寻求发展新机遇。

（六）一、二、三产业衔接原则

除了做大做强主导产业外，产城一体化，上下游产业相互衔接和支撑也是园区建设开发成功和成熟的标志。在园区产业规划和产业布局过程中，要围绕园区功能定位、区位特征进行综合考虑，在做好第二产业规划的同时，要思考与生态农业、文化旅游等产业的对接，思考现代服务业发展机会和发展的必要性，在园区范围内形成良性的产业协同。

（七）做大做强原则

从贵阳市社会经济发展、产业结构和产业基础来看，在坚守发展与生态两条底线的前提下，未来一段时间内"做大做强"仍然是贵阳市产业发展的指导原则。在中关村贵阳科技园产业规划和布局，以及园区招商导向方面，应该优先鼓励有实力、上规模的企业发展，努力新增一批规模化、品牌化的企业，实现产业带动和辐射效应，推动产业链上下游的发展。

（八）客观务实、因地制宜原则

以大数据产业为引领，以创新为手段推动产业创新、转型和升级已经成为产业发展的总基调。在园区产业规划和发展层面，既要积极迎合时代潮流，又要保持清醒的头脑，充分认识到自身的产业基础和资源基础，在追求产业创新、转型和升级的过程中，不盲目跟随或模仿，要本着客观务实、因地制宜的原则，科学规划产业布局，结合自身实际制定合理的产业发展路径和发展步骤，避免因过度超前而不能实现产业落地的做法。

（九）实体经济和共享原则

坚持改革推动，深入推进供给侧结构性改革，探索推进城乡"三变"改革，促进资源要素优化重组、高效配置，推进制造资源共享，助力实体经济发展，促进发展成果与全体企业和全民共享。

四 中关村贵阳科技园发展对策建议

（一）坚持规划引领，优化园区产业布局

紧扣中关村贵阳科技园"一城两带六核"的总体布局和"核心+联动+辐射圈层"的布局模式，遵循"生产空间集约高效、生

活空间宜居适度、生态空间山清水秀"的总体要求，努力实现园区"四至"范围内多规合一，逐步将产业园区总体发展规划与国民经济和社会发展规划、城镇体系规划、城市总体规划、土地利用总体规划、生态环境保护规划、主体功能区规划等多个规划融合起来，提升园区规划水平，实现园区空间规划"一张图、全覆盖"，解决空间规划冲突、资源环境利用和保护等的现实矛盾，提升园区土地资源的利用效率。

一是"北拓"，以高新、综保、白云、观山湖、修文、息烽、开阳等区县为重点，围绕电子信息、装备制造、新材料、磷精细化工等领域，积极引进一批芯片、半导体、集成电路、智能终端等电子信息项目落地，大力培育一批特种轮胎、工程机械、节能环保装备、高端装备组配件等装备制造企业，突破创新一批复合耐磨材料、特殊建筑材料、含磷电子级材料等新材料产品，形成以贵遵高速、同城大道为中轴线，向北拓展贵阳市工业发展空间，加速打造北部高新技术产业带。

二是"南联"，以经开、航空港、云岩、南明、花溪、乌当、白云、观山湖、清镇等区县为重点，围绕装备制造、新能源汽车、铝深加工、医药制造等领域，加快推进吉利整车制造、发动机配套、中铝"退城入园"等重大项目建设，积极引进一批汽车电子、散热器、密封件、装饰件、检测维修等汽车制造配套项目，加快发展以中成药（民族药）为重点的医药制造产业，大力培育一批航天航空特种铝合金型材、工程家装铝合金建材、电子级特种铝箔、铝基医疗器械等铝深加工及铝基新材料企业，做大做强南部高端制造业产业带。

三是分类指导。对高新园、经开园等综合型园区，加强统一管理，鼓励优胜劣汰；对乌当产业园、白云产业园等专业化特色化园区，紧扣定位发展产业，明确细分产业领域，量化入园指标，严格筛选企业。探索市场化的园区产业选择机制，在招商引资过程中，鼓励产业链配套招商、以商招商等方式，促进园区产业向专业、特色领域集聚。鼓励园区开展多层次全方位合作，大力推进"园区共建""飞地经济"等合作建设模式，鼓励各产业园区在"园中园"、特殊功能区、特殊产业开发、管理模式输出等环节进行合作，实现土地、技术、产业资源、管理模式的共享，在责、权、利对等的基础上探索多种合作模式。积极推动"三区两市"同城化发展，支持白云区、修文县"共管区"建设，充分发挥高新开发区发展理念、资金、管理、人才等方面的优势，修文、白云区土地、自然资源等优势，以产业链、价值链、资金链为纽带，共建新兴产业园区。

（二）聚焦六大核心产业，推进全产业链发展

1. 加快发展新一代信息技术产业

（1）加快发展电子元器件与集成电路。发展液晶面板、新型电子元器件、新型电子材料、光电显示器件以及集成电路芯片。发展液晶面板及模组。加强与富士康合作，在贵阳市建设液晶面板及模组生产线，引进TFT-LCD产业上下游配套企业，打造相对完整的TFT-LCD产业链。发展新型电子元器件。支持雅光电子、振华新材料、贵州航天电子科技、贵州航天电器等企业，发展微小型表面贴装元器件、高端印制电路板及覆铜板、触控模组、新型绿色电池电芯以及模组、新型半导体分立器件、新型电力电子器件、高亮度发光二极管、高性能传感器与敏感元件、新型机电组件、光通信器件，形成新兴智能终端的本地配套能力。发展新型电子材料。发展新型半导体材料、有机发光材料、高性能磁性材料、电子功能陶瓷材料、宽带隙半导体材料、光电子材料、纳米材料、绿色电池材料、电子封装材料、硅材料等新一代电子材料。发展光电显示器件。以LED照明为核心，发展封装、外延芯片，发展高亮度LED及相关半导体器件、LED关键芯片、LED亮度节能灯。发展集成电路。培育发展集成电路设计和封装测试产业，建设计算机存储芯片、Wi-Fi通信芯片、物联网核心器件芯片、各类IC卡及电子标签等产品生产线，打造一批拥有核心技术的企业和具有自主知识产权的产品。

（2）加快发展智能端产品制造。发展服务器、智能手机、平板电脑、互联网电视、北斗终端设备、可穿戴设备和智能家居等智能终端产品。发展服务器与存储。支持惠普、黔龙泰达等企业，发展面向大数据处理的 PC 服务器、大数据一体机、数据压缩设备等产品。发展互联网电视、智能手机与平板电脑。支持海信等企业研发和生产新一代互联网电视，积极引进智能手机与平板电脑品牌商，鼓励富华达等企业生产新型智能手机和平板电脑。发展智能楼宇与智能家居产品。面向智能楼宇建设的需求，支持汇通华城等企业，发展安防控制、空调控制、灯光控制、远程抄表等智能楼宇产品。加快生产面向家庭日常生活需求的智能冰箱、智能洗衣机、智能空调、智能插座、智能灯泡、智能路由器、智能音响、智能温控设备、智能窗帘等产品。发展智能可穿戴设备。面向健康医疗、娱乐、安全等个人应用，发展健康可穿戴产品、智能手环、智能眼镜、智能手表等产品。发展行业智能终端。支持奇瑞汽车、博大智能等企业，提升车载移动终端本地化生产能力，生产行车记录仪、GPS 定位、北斗导航以及交通信息采集终端。发展具有智能健康管理和监测功能的智能医疗电子设备。

2. 加快发展生物医药产业

大力实施"巨人计划"，扶持壮大益佰、同济堂、景峰、健兴、威门、新天、汉方、神奇、修正（贵州）、联科中贝等一批重点企业。积极引进战略投资者，以新技术研发、新业态培育、新模式创造为方向，促进医药制造企业延长产业链。发展新型疫苗、抗体、蛋白、基因等产业，适应基因工程、工程检测、智能诊疗等技术融合发展的趋势，发展生命支持、数字化手术、植入电子治疗等治疗设备。加强中药制剂和中药新药技术孵化平台的建设，加速现代技术在传统中药中的融合应用。支持血管支架、人工关节、人工神经修复材料等高端介入植入类产品的产业化。加强先导化合物合成和筛选、药物临床研究、安全性评价等生物研发外包服务。加快建设国家级大健康数据库和大健康数据管理呼叫中心，加强医疗服务、健康养老、健康运动、健康管理等大数据的广泛应用，促进"大数据+健康服务""大数据+健康管理"新业态发展。加强健康大数据收储能力，汇集贵阳市健康信息云、贵州医疗健康云和颐生云等平台数据库。依托贵阳市大数据创新产业（技术）发展中心，培育或引进研发主体，推动基础性大健康数据研究。推进益佰"大数据+肿瘤诊疗服务平台"、朗玛信息"医疗健康云"、康络维医疗"心电云"、勤邦生物"检测云"等大健康云平台项目的建设。

3. 加快发展高端装备产业

（1）加快发展航空航天装备

加快发展航空产业。加快发展航空发动机产业，依托贵州黎阳航空动力、贵阳中航动力精密锻造、贵州红林机械等企业，以"两机"重大专项实施为契机，重点支持中小推力航空发动机的研制，加快发展以高性能涡扇涡喷发动机研发生产为代表的航空发动机和燃气轮机重要零部件、燃油控制系统、军民两用电磁阀、军民两用大容量混合动力发动机等航发产品，将贵阳打造成世界一流的航空发动机设计、制造、试验、修理和服务基地。加快发展航空装备配套产业，依托贵阳航空电机、中航力源液压、万江航空机电等企业，积极参与国家及省重点军用飞机的研究与生产任务，大力发展航空锻铸、航空零部件、标准件、机载设备及附件的专业化产业，重点开展航空电机、二次电源、地面机电设备、航空控制系统、航空标准件、紧固件、液压系统等产品研发与制造企业招商，大力培育贵州金江、高新泰丰、贵阳泰润、蓝德机电、贵阳瑞安文等本地企业，提升对各型军用飞机的机械、机电系统及通信导航和飞机控制系统的配套能力。加快发展航空装备维修产业，结合航空港经济区建设的契机，以贵州凯阳发动机为依托，强大国内外龙头维修企业，将航空维修作为增量着力点。

加快发展航天产业。加快发展航天器制造及零部件产业，依托贵州航天控制技术、贵州航天电器等企业，充分发挥贵阳市在地空导弹武器系统总体、指挥控制、导弹总体、制导控制、发射控制等领域的核心专业优势，提高与高新武器装备相配套的电动舵机、自动陀螺仪、微特电机等产品的研发生产能力；扩大卫星应用系统芯片产品、天线产品的开发应用；推动电源、电连接器、伺服机构、精密齿轮及传动机构等航天产品的快速发展，提升装备出口及技术转让能力；积极参与"载人航天工程""月球探测工程"等国家重点工程，研制其配套产品。加快发展卫星导航及应用服务产业，以林泉科技为依托，积极推进卫星通信系统、导航系统、定位系统等民用空间基础设施建设；支持领军企业做大北斗导航相关产业，围绕北斗卫星导航应用，重点引进导航与位置服务应用企业。

加快发展通航产业。依托贵州双龙临空经济区和经开区，打造集通用飞机制造、维修、服务、运营于一体的通用航空产业链。重点支持无人机、高端公务机整机的研发与制造，力争进入国产大飞机、航空发动机重大专项，扩大为国产大飞机配套的规模。支持高集成度通用航空通信导航监视系统、飞行控制系统等航空电子设备与系统研发及产业化。大力发展通航运营、维修服务产业。

（2）加快发展智能制造装备

发展零部件产业。依托中航力源、枫阳液压等液气密原件等领军企业，重点打造和引进液气密原件、伺服部件及系统、紧密传动装置等产业链环节重点企业，实现智能制造关键零部件产业的补链；以新天光电、贵阳永青仪电科技、贵阳学通仪器仪表等本地企业为依托，重点发展精密仪器、新型传感器及系统等智能测控装置领域，实现上游产业的补链和延链；依托贵阳大数据产业基础，适时引入 ERP-SCM、PLM、MES 及工控系统等软件企业，延伸智能制造上游软件应用产业环节。

发展重大集成智能装备产业。依托贵阳中小型机床与基础制造装备、工程机械装备、加工制造机械装备等已有资源优势，以中航高科等本地龙头企业为依托，重点引进高端数控机床龙头企业，进一步强化数控机床产业链优势；加快推进贵州 3D 打印技术创新中心建设，打造高端装备制造业技术支撑平台，推动新技术的研发和产业化，通过引培结合，实现产业链延伸。

发展智能制造运营服务产业。依托贵州航天云网等工业大数据支撑服务企业，以工业互联网 INDICS 平台为核心，推动工业设计模型、数字化模具、产品和装备维护知识库等制造资源的聚集、开放和共享，更加灵活、更有效率地为贵阳市工业企业提供云制造服务，实现企业内部及企业间设计研发、生产制造的协同共享，促进新资源、生产能力、市场需求的集聚与对接；以贵州机电、詹阳动力等贵阳本地企业建设智能工厂为契机，以应用为牵引，积极发展重大集成智能装备产业。

发展机器人整机制造产业。鼓励贵阳电子信息制造、汽车制造、航空航天、磷煤化工、铝加工、医药等优势行业企业实施以工业机器人、高档数控机床等智能化装备应用为主的自动化、智能化改造,建设一批柔性化生产线。结合贵阳产业特色及现有装备制造业基础,研究装备制造设备故障诊断、特色食品在线检测、灌装加工、中药生产胶囊剔废、镁铝自动化生产等智能制造机器人,以与贵阳本地企业智能化改造和安川机电、新松、哈工大机器人等行业领军企业引入相结合的方式,实现机器人整机制造产业的补链和延链,打造形成智能制造系统、智能识别感知和智能机器人等以智能制造产业集聚为主的示范基地。

(3) 加快发展轨道交通装备

发展轨道交通施工装备。依托相关骨干企业,重点发展城市轨道B型车辆、轨道交通控制系统、自动售检票系统、中央空调系统节能成套技术与装备。

发展整车修造及零配件。围绕轨道交通产业发展需求加快转型升级,依托相关骨干企业,在贵阳市建设整车生产和维修基地。发展交通装备配套用转向架、齿轮箱、轻量化车体内装饰与制动系统等关键零部件及高速重载铁路专用轴承钢、铸钢轮对、高速重载火车闸瓦、铁路专用雷达测速仪及磁电传感器部件等轨道交通装备零配件,提升零部件的本地配套率。

发展轨道交通电力电子装备。引入成熟的海外第三代半导体电力电子芯片技术团队在贵阳市建设生产基地,生产碳化硅基大功率 IG-BT、高压大电流模块等产品,开发生产交流牵引变流器、大功率辅助电源等产品,打造轨道交通核心装备竞争新优势。

发展轨道交通机电系统。围绕发展轨道交通综合管理配套系统,加快定向招商,重点发展牵引供电系统、信号系统、通信系统、信息化系统和综合监控系统等机电系统,延伸轨道交通装备产业链。

发展轨道交通高端服务业。积极发展规划设计、勘察测绘、监测监理、认证评估等直接需求型服务业,培育广告传媒、商贸商务等资源开发型服务业，不断丰富服务业态，打造轨道交通生产、制造、配套及服务产业链。

（4）加快发展新能源装备

加快风电整机成套装备产业基地建设，扩大现有大中型风电锻件、风电叶片等优势产品的生产规模。做大单晶硅、多晶硅光伏发电设备制造产业，推进薄膜太阳能电池产业，积极开展太阳能并网工程。加强核电技术攻关，提高核电站设备关键零部件的配套能力，以第三代主蒸汽安全阀和稳压器安全阀为切入点，重点发展核岛和常规岛各系统、各种类型安全阀和为核电配套的高附加值特种阀门。

4. 加快发展新材料产业

（1）稳步发展先进金属材料

主要发展重大装备关键配套金属结构材料，铝、钛、锰、镁、锌等金属及其高性能合金材料，加快高强度铝合金材料的产业化，加快开展对锰、钒等特色优势金属新材料及其衍生材料重大关键技术、共性技术攻关和新产品开发。加快发展轨道交通用大型铝合金型材、汽车车身用铝合金材料、高纯高压电子铝箔等高端材料。加快陶瓷钢制备技术的产业化应用，加快拓展新型金属材料在航空航天、国防军工和社会生活等各领域的应用，形成高性能合金材料产业链。

（2）加快发展新型无机非金属材料

大力发展超微细功能粉体材料、功能陶瓷材料、高性能非金属矿物材料、防辐射材料、耐火材料、隔热保温材料、高纯非金属材料等，重点推进纳米材料在塑料、橡胶、涂料、合成纤维、合成树脂、陶瓷、日化、电子等产业中的应用，积极开展特色非金属矿物材料高性能化重大关键技术攻关和新产品研发及产业化，发展太阳能光伏电池原辅材料等制备技术。

（3）加快发展新型化工材料

主要发展磷化工、煤化工和植物化工的新材料，重点发展精细磷化工系列产品和精细化学品，高性能纤维、纳米化工材料，以及氟、碘、硅、钙、稀土、钡等精细化工系列产品，大力发展碳氢化合物、聚乙烯醇、高性能氟化物及其改性材料，二氧化碳、工业含硫废气、汽车尾气催化转化用新材料及改性材料。聚合物改性功能助剂及功能母粒，积极发展五倍子、石蒜、废弃烟叶、芭蕉芋等植物化工原料及其深加工材料，积极培育纤维素基可降解材料、生物质复合高分子乳液、生物质基载药纳米微粒等新型生物基功能材料，着力开展稀土永磁、催化、抛光等高性能稀土功能材料和稀土资源高效综合利用，以及高性能膜材料用关键材料的制备及应用等关键共性技术的研发和产业化。

聚合物材料领域。主要发展高性能聚合物复合改性材料，开展工程塑料改性及加工应用技术、聚合物无卤阻燃技术、微孔发泡技术、共混改性技术、共聚改性技术等关键共性技术的研发和产业化。

（4）发展前沿新材料

推进新型电子材料的研发和产业化，加快高性能电子级晶硅材料产业化进程。加强对纳米材料的技术研发，重点突破纳米碳材料及制品制备与应用的关键技术，积极开发纳米粉体、纳米碳管、富勒烯、石墨烯等材料，推进纳米碳材料在新能源、节能减排、环境治理、绿色印刷、功能涂层、电子信息和生物医用等领域的应用。加快石墨烯低成本批量制备及纯化技术和透明电极手机触摸屏研发的产业化，推动石墨烯在航空航天、集成电路、平板显示、复合材料、新型电池等高端领域的应用。积极推进基于电磁波操控技术的超材料制备关键技术的突破，大力推进在航空航天、电子信息、国家安全等领域的应用。加快研发智能材料、仿生材料、超材料、低成本3D打印材料，加快研发新型低温超导和低成本高温超导材料，加大空天、深海、深地等极端环境所需材料的研发力度。

5. 加快发展新能源与节能环保产业

（1）推动新能源产业的发展

开展新能源发电。扩大资源富集地区的风力发电、太阳能光伏发电、煤层气发电规模；大力发展工业园区和边远地区分布式光伏发电；推进实施秸秆等生物质发电和垃圾发电；按照国家产业政策发展核能发电；努力降低化石能源占一次能源消费的比重。

发展能源综合利用。重点推进以小油桐、芭蕉芋等生物能源制备生物柴油、燃料乙醇，进一步推动秸秆汽化的焦油处理和燃气净化。

大力开展页岩气开采和煤层气综合利用，利用提纯、液化、压缩等技术，生产LNG（液化天然气）和CNG（压缩天然气）；持续推进太阳能热水器等太阳能综合利用技术和产品。

发展"互联网+"智慧能源。突破分布式、储能、智能微网、主动配电网等关键技术，积极发展智能电网管理系统及技术，构建智能化电力运行监测、管理技术平台。推动建设智能化能源生产消费基础设施，加强多能协同综合能源网络建设，促进能源产业链上下游信息对接和生产消费智能化。推动集储能设施、物联网、智能用电设施等硬件以及碳交易、互联网金融等衍生服务于一体的绿色能源网络发展，培育和发展分布式能源、储能和电动汽车应用、智慧用能和增值服务、绿色能源灵活交易、能源大数据服务应用等新模式和新业态。

（2）加快发展新能源汽车

发展新能源汽车核心零部件。重点推进锂离子、铝电池材料及动力电池的产业化开发，积极开展动力型磷酸铁锂离子电池的产业化开发；大力推进永磁电机及其控制器、机电耦合装置、减速器、电驱动桥的产业化开发，加快开发能有效提升电机及传动系统效率的动力合成装置及控制系统；着力推进电动助力转向系统、电动空调和可用于能量回馈的电动助力制动系统的开发及产业化，加快发展新型车用电子仪表、车用传感器等关键产品及其基础元器件。

发展新能源和清洁能源汽车。推进纯电动、混合动力、氢燃料电池、天然气大中型客车、甲醇燃料汽车的研发及产业化。

发展新能源工程车。重点推进二甲醚—天然气混燃重型卡车等新能源汽车的研发及生产。

发展新能源专用车。围绕大旅游、大扶贫、大健康，大力发展特种专用车。以各类园区用车为重点，发展观光客车和区内短途交通客车；以市政、警务、卫生防疫、环卫、邮政、电力等特种公用行业为重点，发展纯电动、混合动力轻型特种车和商务专用车。以市县、乡镇物流应用为重点，发展纯电动、混合动力厢式货车和物流车。

积极发展新能源汽车服务业。抓住国家加快新能源汽车推广应用的机遇，积极发展适应新能源汽车市场需求的服务模式，培育和拓展新能源汽车展示、租赁、维修、零售和售后、装潢和改装、二手车交易等新型服务业，大力发展零部件连锁贸易和售后汽配连锁市场，促进新能源汽车产业与科技、信息、金融等的融合发展，逐步健全新能源汽车产业发展和推广应用的服务体系。

（3）加快发展节能环保制造产业

发展高效节能产业。依托贵阳大中型工业企业，重点支持余热余压余能回收和水回收利用技术的应用、燃煤工业锅炉燃料替代改造、电解铝高效节能技术和高压变频调速、永磁涡流柔性传动技术、稀土永磁电机等节能技术应用和产业化发展，持续增强大存量的高效节能技术和装备产业规模，引进具有大市场容量的余热余压余气利用和高效节能锅炉窑炉企业作为增量着力环节。

发展先进环保产业。围绕环保设备制造、环境检测仪器和环境污染处理三个重要环节，依托开磷集团、林泉机电等大型环保工业，推动对水、大气、土壤、重金属等的污染防治，对有毒有害污染物的防控，对垃圾和危险废物的处理处置，对减震降噪设备、环境监测仪器设备的开发和产业化；推进高效膜材料及组件、生物环保控制温室气体排放等技术的研发，提高环保产业整体技术装备水平和成套能力，提升污染防治水平；大力推进环保服务业的发展，促进环境保护设施建设运营的专业化、市场化、社会化，探索新型环保服务模式。

发展资源循环利用产业。以国家循环经济试点城市为依托，重点发展资源回收利用、废弃物资源化、再制造技术，发展生活垃圾无害化处理装备、危险废物和医疗废物无害化利用、处置装备等，加快发展土壤及污泥污染修复技术装备，做大资源循环利用产业。

6. 加快推进传统资源产业的转型升级

（1）推进磷煤化工产业的转型升级

依托开磷集团等龙头企业，以息烽县、开阳县为重点，以提高资源产出效益为中心，有序开发利用磷矿资源，着力提升采选矿技术水平和现有矿山装备能力，全力构建磷煤化工循环经济产业链条，打造形成全国最大的磷化工市场。增加基础磷化工品种，适度控制磷酸、黄磷及磷肥等基础磷化工产品的生产规模，重点推进以节能降耗、清洁生产为重点的技术改造，加快开发专用型、缓释型、水溶型、功能型等磷复肥产品；大力发展磷精细化工，加快电子级三氯氧磷、高纯磷酸、六氟磷酸锂等磷系电子产品和磷系食品（饲料）添加剂、阻燃剂、抗氧化剂等助剂的开发和应用；提升资源利用效率，加快推进对磷矿伴生资源的开发利用和磷化工废弃物的综合利用，创新突破氟、硅、碘等磷伴生资源下游延伸产品的规模化生产技术，配套发展以磷渣、粉煤灰、尾矿、磷石膏等为重点的新型建材产业；积极发展新能源动力材料，重点发展车用锂离子动力电池、风光电储能用锂离子电池、锂离子电池正极材料、锂离子电池膜材料和其他高分子聚合物材料等。

（2）推进铝及铝加工产业的转型升级

依托中铝贵州分公司等龙头企业，以白云区、清镇市为重点，加快引进铝产业链配套企业，着力延伸产业链、拓宽产业幅，快速做大做强铝及铝加工产业规模。大力发展铝精深加工，以中铝退城进园项目为基础及资源支撑，通过强化产品研发与装备升级，积极发展科技含量高、市场紧缺、高附加值的铝精深加工建设项目，重点发展汽车用铝材、建筑施工模板铝材、电子用铝材和包装用铝材等铝精深加工产品；支持企业加大技术改造，通过运用新技术、新工艺，进一步提高铝箔、板带、电线电缆和轮毂等产品的附加值；大力发展非金属制品，利用铝土矿、氧化铝资源，引进发展新型磨料磨具、高级耐火材料、高纯氧化铝等高附加值产品，促进非金属制品产业向高端化方向发展；积极培育高端合金产品，围绕航空航天、新能源汽车、电子信息等战略性新兴产业，积极引进一批铝铜合金、铝镁合金、铝锌镁等合金系列产品领军企业，丰富高端合金产品系列。

（三）紧扣重点发展方向，加快培育园区主导产业

1. 聚集发展大数据产业

一是各园区应围绕贵阳市创建国家级大数据发展集聚区、打造国家级大数据内容中心的目标，结合自身实际和优势发展数据中心、呼叫中心、软件与服务外包、电子商务、端产品制造、大数据金融等产

业。高新园要围绕"1+3"产业布局，按照"一创二推三示范四聚集工程"的实施路径，以建设"一廊四园八平台"为重点，规划建设大数据产业园，打造从大数据研发到大数据收集、挖掘、分析、处理、应用到智能终端产品制造等大数据全产业链。经开园要规划建设1平方千米的大数据制造业基地，积极利用大数据来改造和提升传统产业，推动传统产业向信息化、高端化、智能化发展。全力推进901等重大项目建设，重点布局发展数据中心、云计算、物联网、服务外包、智能终端设备制造等产业。综保区要借助"贵州惠普国际金贸云基地"等重点项目，联手惠普、富士康等业内知名企业，构建"条块结合"数据体系，推动大数据产业与商业、金融、高端制造、医药健康等领域的深度融合和创新运用。二是做优做大健康医药产业。坚持"四轮驱动、四个结合"，大力发展化学药品、中药深加工、生物制药、医学工程，延伸医药产业链、拓展医药产业幅。紧抓"医药工业互联网+"的时代机遇，加速医药产业与大数据产业的融合发展，鼓励具有核心竞争力、创新力的制药企业实施触网行动，推进网络营销体系的构建，鼓励商业模式的创新。重点推进乌当医药食品（健康）产业园、修文扎佐医药园、益佰医药工业园等专业园区建设，促进以益佰、景峰、同济堂、健兴、泰邦等龙头骨干企业为代表的产业集群逐步形成。三是做大做强装备制造业。抢抓"中国制造2025"重大战略机遇，推动装备制造业高端化，引导园区围绕装备制造主导产业的重点环节"建链"、优势环节"强链"、薄弱环节"补链"。结合国家大力发展新能源汽车产业的战略部署，积极谋划和发展乘用车、新能源汽车、物流专用车以及天然气、甲醇等清洁能源汽车。四是精细化发展资源型产业。推动息烽县磷煤化工生态工业基地、开阳磷煤化工基地、清镇铝煤生态工业基地传统产业的转型升级，做精做细资源型产业。紧跟国内外磷、铝资源型产业的发展趋势，以生态文明、低碳发展为方向，以提高资源产出效益为中心，依托息烽、开阳等磷煤化工生态工业示范基地和清镇铝资源深加工基地，以关键电子材料、化学新材料、金属及合金材料等新材料为重点，推进磷、铝资源型产业朝精细化、高端化方向发展。重点抓好中铝、开磷"一体化"项目建设。

2. 推进重点园区和区域特色发展

进一步推进对外开放平台和载体建设，加快高新区、经开区、贵阳综保区、航空港经济区建设，完善"四轮驱动"开放新格局。按照"一区一主业"原则，确定贵阳市各区（市、县）未来发展的主导产业，优化现有产业空间布局，避免区县间无序竞争。

表 5－3 贵阳高新园区产业定位和重点业态

园区	定位	重点业态
高新开发区	高新技术产业聚集地和创新示范区，以高端信息产业和产业链高端环节作为突破口。重点推进终端产品制造、芯片与集成电路等高新技术产业集聚，配套发展科技服务等生产性服务业。作为贵阳市创新发展的核心引擎，着力打造集高科技产业、战略性新兴产业、现代服务业于一体的现代综合功能区、贵阳市高端人才集聚区、创新政策实验区和产业发展引领区	电子信息制造：电子元器件、智能端产品、智能制造等 生物医药：医药制造、健康医疗（互联网医疗、大数据医疗）、健康医疗器械等
经济技术开发区	贵阳市工业创新发展的核心载体，需发挥现有产业基础优势，依靠科技创新，注重产业配套，推进现代制造业集群发展，形成装备制造研发创新基地。重点发展航空航天、汽车整车及零部件、轨道交通、智能制造、新能源汽车、工业机器人、电子制造及生产性服务业等产业。打造贵阳市工业互联网、智能制造创新突破的引擎，构建集装备制造、战略性新兴产业、现代服务业于一体的现代功能区，形成高端装备制造人才集聚地、传统产业创新转型升级示范区	高端装备：汽车整车及零部件、电动；航空航天、轨道交通、智能装备制造、工业机器人等 电子信息制造：电子元器件、智能制造、智能终端 新能源汽车：新能源汽车整车、动力电池、电控、电机等 生物医药：医药制造、健康医疗（大数据医疗）、健康医疗设备等
航空港经济区	贵州省、贵阳市临空产业发展的核心平台、国内国际交流互动的窗口。依托龙洞堡国际机场，全面发挥空港的集聚功能、辐射功能和流通功能，重点发展装备制造、电子信息、新材料等高新技术产业，推进具有临空特点的高新技术产业集群发展，着力打造多元商业、文化元素聚集地，形成跨区融合发展模式的示范区和创新区，努力构建贵州省对外开放典范区、经济转型引领地、连通世界桥头堡和绿色智慧空港城	高端装备：航空航天装备、航空维修、新能源汽车 电子信息制造：芯片、半导体制造、智能终端、传感器、仪器仪表、自动化设备等 生物医药：医药制造、健康医疗（大数据医疗）、健康医疗设备等

续表

园区	定位	重点业态
贵阳综保区	对外开放的平台，拉动发展外向型经济的重要引擎。依托生态资源、区位等优势，充分发挥对外开放平台的作用，重点发展以电子信息、装备制造、软件外包等为主的高附加值研发加工制造，打造贵州省重要的物流中心，成为联系西南、辐射东盟自贸区的交通枢纽与货物集散中心	电子信息制造：芯片、半导体制造、智能终端、可穿戴设备、端产品制造、服务器、存储设备、传感器、仪器仪表、软件外包等 高端装备：节能环保装备、保税加工等
云岩区	是贵阳中心城区之一，依托益佰医药产业园和普天通信信息产业园等产业基础和城市配套环境优势，选择发展以健康医药、电子信息制造、软件与信息服务为代表的高新技术产业，打造集约化开发模式探索区，构建新兴产业发展增长极、技术创新和商业模式创新示范区	电子信息制造：大数据软件与服务、研发设计、可穿戴设备、大数据端产品等 生物医药：中成药、中药材、中药制剂、民族药、生物制剂、医疗器械等
南明区	是贵阳中心城区之一，区位优越，交通便捷。选择发展大数据软件与信息服务业及生物医药产业，构建协同发展模式探索区	电子信息制造：大数据软件与信息服务业等 生物医药：健康医药、健康医疗、健康管理等
观山湖区	是贵阳市重点发展的城市新区，环境优越，配套成熟。以发展新能源汽车产业和以汽车为核心的装备制造业为主导产业。打造贵阳市汽车产业创新发展的核心载体，形成城市新兴产业发展的引擎、汽车产业技术创新、管理创新和服务创新的示范区、新能源汽车全产业链基地	装备制造：汽车整车、汽车零部件、汽车工程技术服务（含汽车设计）等 新能源汽车：新能源整车、智能网联汽车等
乌当区	新天园区是贵阳国家高新技术产业开发区的重要组成部分。以电子信息、高端装备等产业作为主导产业。大力提升智能制造水平，加快提升传统优势产业智能制造技术水平，全面推进电子信息、航空航天、装备制造等传统优势产业的转型升级；强化军民融合创新，积极推动以中国振华、中航力源为代表的先进制造业实施"军转民"计划，鼓励"民参军"。以东风医药工业园、高新路医药工业走廊等产业园为依托形成现代医药制造产业圈，大力发展化学药、中药深加工、医药同源食品加工、生物制药、医学工程等，形成集医药研发、制造、包装、物流、养老健康等于一体的新医药和健康养生产业链	电子信息制造业：电子信息制造（集成电路、电子元器件、汽车电子、车联网终端制造）、航空航天制造（航空航天相关设备制造）、汽车零部件及配件制造、智能制造（智能测控装置制造、关键智能基础零部件制造、重大智能成套装备制造）等 生物医药业：医药、医疗、保健品、健康服务、医药物流、休闲康体养生、滋补健康养生、温泉理疗养生等

续表

园区	定位	重点业态
白云区	毗邻省市级行政中心，交通便捷，资源丰富，具有较好的工业基础。依托铝及铝加工产业基础，选择电子信息、新材料、发动机及核心零部件等产业作为主导产业，特别是培育航空发动机、汽车发动机、合金新材料和电子信息材料等新兴产业，促进产品向高附加值、高端化方向发展，打造贵阳市电子信息产品制造、大数据服务产业战略增长极	电子信息制造：芯片、半导体、传感器、智能终端、可穿戴设备等 高端装备：汽车发动机、航空发动机、汽车零部件（铝基轻量化车身、轮毂等）、航空航天零部件等 新材料：新型金属材料、电子材料、复合材料等铝基材料
花溪区	全国知名的国家级生态示范区，生态环境优美，产业基础扎实，科研实力雄厚。依托贵州大学城智力优势和花溪区生态环境优势，协同贵安新区，选择航空航天、智能制造、健康医药等作为主导产业，打造贵阳市生态化工业发展引领区、产业转移承接创新和军民融合示范区、技术和服务创新发展实验区	装备制造：航空航天装备、工程机械、节能环保装备、配套装备部件、智能制造（重大智能制造成套装备）等 生物医药：健康医药、健康医疗、健康养老、健康休闲旅游等
清镇市	具有丰富的铝土资源。依托铝资源优势和产业基础，一是打造铝及新材料产业集群，重点布局发展以铝精深加工高端新材料产业链为主导的产业集群，着力打造铝谷。二是打造装备制造产业集群。三是积极发展新材料等高新技术产业，利用高新技术来改造提升传统产业。构建贵阳市煤电铝材产业一体化示范区、多种新兴材料集聚区和绿色生态示范区	铝及衍生的新材料产业：重点布局发展以铝精深加工、铝土矿资源延伸发展的高端新材料产品主导的产业集群 装备制造产业：发展以铝合金为主的机械加工装备制造及零部件加工等 节能环保产业：重点培育高效节能产业、资源循环利用产业和先进环保建材产业
修文县	"三区两县"同城化发展的主战场，是贵阳遵义间节点城市，有贵阳市最大的工业发展空间，工业总量全市第三，物流条件优越。依托区位、空间、资源和物流优势，重点发展以高端装备制造为代表的现代制造业，力争发展新能源汽车配套产业，构建北部高新技术产业拓展区、现代装备制造基地，打造产城景融合型生态工业城	装备制造：航空航天装备、工程机械、节能环保装备、高端装备组件、电力装备、特种轮胎、智能制造等 新能源汽车：充（换）电站（桩）、电池、电机、电控、电脑、配件、新能源汽车融资租赁等

续表

园区	定位	重点业态
开阳县	依托矿产资源优势，重点发展精细磷煤化工及伴生资源的开发利用，大力开发资源综合利用技术，促进磷煤化工耦合、循环利用和协调发展；配套发展节能环保、新材料等产业。打造新型工业化示范基地、循环经济示范区。依托磷资源，发展锂离子电池，打造动力之都。依托本地农业资源，重点发展特色食品加工业	磷煤化工：精细磷煤化工、废弃物综合利用、磷矿伴生资源利用等 新材料：磷系信息材料、磷系医药材料、锂电池相关材料、功能性膜材料、磷系功能材料和助剂材料、高性能氟材料、电子信息材料、复合耐磨材料、环保建材等含磷新材料等
息烽县	地处贵阳北郊，有较好的工业基础，息烽磷煤化工生态工业基地是贵阳十大重点建设园区之一。依托产业基础和周边资源优势，重点发展精细磷煤化工产业及伴生资源的开发利用，加快促进煤磷化工耦合发展，针对磷煤化工废弃物进行资源化利用，拉长产业链，配套发展节能环保、新材料等产业。依托本地农业资源，重点发展肉制品、调味品、茶酒饮品特色食品加工业	磷煤化工：磷煤精细化工、氟氯硅精细化工、节能环保与资源综合利用、磷矿伴生资源利用、"三废"综合利用等 新材料：电子信息材料、复合耐磨材料、环保建材等含磷新材料

（四）坚持规模化差异化发展，促进园区扩容提质

一是围绕产业优势新建一批园中园。在不突破园区"四至"范围的基础上，结合园区优势产业及重大项目的开展，新建一批园中园，以拓宽产业幅，延长产业链，提高附加值。围绕吉利汽车落地，规划建设观山湖汽车产业园，积极谋划和发展乘用车、新能源汽车、物流专用车以及天然气、甲醇等清洁能源汽车；积极引进汽车零部件配套及发动机生产企业，做大做强汽车电子、密封胶条、铝制散热器等基础零部件产业。围绕打造新医药产业集群发展，规划建设乌当智慧云锦产业园，为新医药大健康产业提供优良孵化条件，建设生产孵化器、创新孵化器、品牌孵化器、检验检测中心、科研成果转化孵化中心、产品技术展示中心、综合服务中心、科研中心等，全力打造黔中新医药大健康聚合谷，广度谋划"智汇云锦"的智慧未来。

二是培育园区，帮助其做强做大。按照"突出重点、分类指导"的工作思路，把壮大园区产值总量放在首要位置，坚持产业规模和质量效益一起抓，使园区产值不断跃上新台阶。经开园围绕打造贵阳市经济发展升级版的"主引擎",贵州省现代制造业和大数据产业发展"领跑者"的定位,加快向全省首个千亿级产业园区迈进。重点扶持发展起步早、产值规模上百亿的高新园及白云、乌当、清镇、修文、息烽、开阳产业园区实现传统的资源型产业优化升级,大力发展大数据、新医药大健康、高端装备制造等产业。新规划建设的贵阳综保区、双龙航空港经济区、观山湖园、云岩园、花溪产业园区要加快基础设施建设,改善各项硬软件,加大招商引资力度,培养核心产业,保持高位增长,扩大产值规模。

三是促进园区特色化发展。促进综保区对外开放型产业园区发展,坚持"以科技创新为引领、金融创新为支撑、政策创新为抓手、制度创新为突破"的发展思路,奋力打造内陆开放的新高地。抓好"临机场、临高铁"产业园区建设,高新区金阳园抓住贵阳进入高铁时代的机遇,依托金阳园与高铁火车站零距离的区位优势,新开工一批写字楼,收储一批写字楼,大力发展楼宇经济、总部经济、创新创业经济等。双龙航空港经济区依托龙洞堡机场的区位优势,按照产城互动的要求加快推进基础设施和生态环境修复建设,完成贵州省双龙科技创新园和贵州省建筑科技产业园最终设计方案,力争年内开工建设。高标准谋划新型特色化产业园区的发展,加快息烽医疗器械产业园和开阳县新型建筑材料产业园规划建设工作,积极吸引企业入驻。推进高新区、息烽产业园省级首批清洁生产试点示范园区创建工作,引领产业园区绿色、循环、低碳发展。

(五)强化统筹调度和大数据监测

建立园区建设调度工作机制。在省级层面,对重点产业、重点园区、重点项目,统筹好省、市、区(县)三级对接机制,特别是对引领性园区和产业项目,要举全省之力重点打造。比如,贵阳市当前正在推进大数据项目产业建设,贵州省应在资金筹措、要素配置、市场推广、优惠政策等方面给予更大支持,加快项目建设。统筹好园区与金融机构对接机制,争取在黔各类金融机构的支持下,设立园区产业发展基金,获取更多的信贷资金。统筹好简政放权,目前省级行政审批事项已从1296项减少到338项，可以说动作大，效果好，关键是要强化省直部门之间的配合，步调一致地将审批权限下放、承接、简化，甚至取消，确保各项措施落到实处。同时贵州省在贵阳高新区开展组建行政审批局试点，要明确专门机构，统筹协调园区手续办理。建立"一站式全程代办"工作制度，按照"统一受理、一次告知、联审联办、限时办结"的工作机制加快审批办理程序，为入园企业和项目开通"绿色通道"。在市级层面，应建立中关村贵阳科技园建设发展联席会议制度，联席会议主要职责是按照一事一议、具体问题具体分析的原则，统筹解决中关村贵阳科技园建设发展中所遇到的重大事项和难点问题。市直相关单位和各园区应及时跟踪重点项目及重大工程建设，掌握园区建设情况，协调解决园区重点项目、重大工程建设中的困难和问题。中关村贵阳科技园管委会应结合实际分解下达园区建设发展目标，督促各园区严格按照贵阳市的工作安排，认真对照年度计划，制定细化方案，着力推进工作，对进度相对滞后的园区要建立倒逼机制，以月保季、以季保年，确保目标的完成。

加大产业项目统筹建设力度。以贵阳市"八个一批"项目建设为重点，紧盯全市园区200个产业项目，进一步狠抓重点产业项目建设落地工作。建立园区重点项目干部包保责任制，实行"一个项目一名领导、一套班子、一个方案、一抓到底"的推进机制，落实重大项目推进督查倒逼、目标任务倒逼等措施。

推进园区大数据监测。实现工业园区数据的动态收集、整理、存储和实时更新，不断深化工业园区数据挖掘、可视化分析能力，及时发现园区建设发展中的各类问题，发挥数据集聚和驱动效应，有效推动贵阳市园区的数字化管理水平，切实推进精细化管理、精准化调度，提升工业园区动态监测和风险防范能力。

（六）提高园区建设服务水平

加快中关村贵阳科技园产业云平台建设，按照"政府引导、企业为主、市场化运作"的原则，以满足中关村贵阳科技园业务工作智能化需求为切入点，率先实现政府职能部门与社会服务机构涉企数据有效关联和聚集，通过契约方式对涉企数据进行开放管理，引入各类大数据应用企业或专业团队挖掘涉企数据，为区域产业经济运行预警决策提供借鉴，面向企业和个人提供基于数据信息资源的专业化社会服务，使其成为中关村贵阳科技园管委会提升统筹服务能力的重要工具。

完善园区考核评价机制，以构建良性竞争、具有活力的梯次发展格局为目标，以找问题、补短板为导向，完善园区考核指标体系，简化考核事项，减少基础设施考核权重，加大投资强度、产出强度、税收贡献等指标权重，充分发挥考核的导向作用。完善园区全生命周期绩效评价管理机制，针对园区建设开发的不同阶段，提供具有全局性和针对性的管理理念和方法，为园区健康良性发展保驾护航。

探索多元化的开发区运营模式，推动由"建设园区"向"经营园区"理念的转变。一是支持以各种所有制企业为主体，按照国家有关规定投资建设、运营工业园区。鼓励以政府和社会资本合作（PPP）模式进行工业园区公共服务、基础设施类项目建设，鼓励社会资本在现有的开发区中投资建设、运营特色产业园，积极探索合作办园区的发展模式，支持符合条件的工业园区发行债券融资。二是积极推进园区转变建设模式、管理方式、运营机制，用好市级平台公司，鼓励支持有条件的区（市、县）、开发区，探索以土地为载体、以股权为纽带，按照"大平台＋小管委"的模式发展飞地经济，形成园区共建、共管、共享合作机制。三是以"三变"理念探索推进园区建设，支持有意愿的村集体入股，参与标准厂房、生活配套设施建设，鼓励农民在园区开展生活配套服务，促进农户与园区平台公司"联产联业""联股联心"，共享园区建设发展的"红利"。

积极盘活园区土地存量资源，有序引导"僵尸企业"退出，处置、淘汰落后产能，实现"腾笼换鸟"，建立"僵尸企业"数据库。逐步构建对"僵尸企业"的处置机制，推动国有关停企业全部出清，通过兼并重组、资本运营、创新发展等模式支持引导特困企业尽快脱贫，鼓励通过市场化运作来推动非国有"僵尸企业"出清。按照市场化的思路，把建设园区变为经营园区，充分运用市场的力量，调动金融机构和各类投资者参与产业园区开发建设的积极性。鼓励园区积极探索"政府+开发公司"的建设模式，以开发公司为平台，通过合作经营、合资经营、资产证券化等模式，形成"建设—开发—经营—收益"良性循环的园区经营体系。

（七）提升基础设施建设，优化产业承载能力

一是实施基础设施建设再提升工程。2016年开始贵阳市园区重点建设9类181项基础设施项目，完成一批道路、标准厂房、供水、供电、供气、环保和景观环境等重点设施建设，确保高新园、经开园、综保园、航空港园全面实现"九通一平"，其余9个园区在其规划区域内实现"七通一平"。

二是产城一体化推进园区建设。推动产城互动发展，将城镇的基础设施建设与产业园区的发展衔接起来，同步推动工业化、城镇化发展，加速构建完善的交通、供水、供气、供电、通信、排污等基础设施网络，并统筹推进公交、教育、医疗、文化、体育、娱乐、办公、商务、金融、酒店以及住房等配套功能，为产业发展提供服务性保障，实现产城一体、配套发展，加快提升园区生活设施配套能力。

三是抓好园区环保基础设施建设。在充分分析园区产业结构、排污总量的基础上，结合园区环境影响报告，合理规划各园区污水处理厂建设，纳入园区"十三五"基础建设序列。对园区污水处理实施专项调度，关注其每月的建设进度，解决建设中所存在的问题，加强对项目的协调服务，确保按时建成。将园区污水处理设施建设作为园区基础设施建设的重中之重，给予政策、资金等方面的优惠扶持，促进园区环保设施又好又快地建设。强力推进龙洞堡污水处理厂、麦架污水处理厂、小寨坝生活污水处理厂、金华污水处理厂、燕楼污水处理厂建设，力争龙洞堡污水处理厂、麦架污水处理厂、小寨坝生活污水处理厂、金华污水处理厂按时竣工。

（八）围绕产业链招商，推动引资入园

在贵州省大健康医药产业博览会举办时经过精心谋划，贵阳市园区签约了一批示范性、引领性强的好项目，58个签约项目总签约金额达到561.1亿元，为贵阳市园区医药产业发展增强了后劲。贵阳数博会取得圆满成功，成为全球首个以大数据为主题的国际化、专业化交流共享平台。

按照"产业链招商、以商招商"的原则，结合各园区的产业发展规划布局，重点抓好大数据、医药、电商、物流项目的招商引资工作。贵阳市园区2018年前三季度签约项目156个，签约金额670亿元。航空港园、经开园、开阳园分别达到181.1亿元、179.5亿元、112.9亿元；到位资金分别达到102.7亿元、85.3亿元、70.1亿元。双龙航空港园成功引进贵州省紫东藏品交易管理中心数据交流平台项目、贵州远大尚禹工程有限公司、贵州蓝图新材料有限公司、国药集团等大型企业入驻园区。修文园围绕主导产业、优势产业的空间布局进行项目谋划和策划，成功引进米兰诺陶瓷、养心食品、佳宇华昌、康珠药业等实体产业项目入园建设，同时，全力开展"大众创业、万众创新"相关产业的招商引资活动，成功引进浙江颐高大数据创业小镇、西南大众交易中心、轩颐呼叫中心等大数据"双创"项目。清镇园深入广州、上海、江苏、重庆等铝产业区域进行定点招商，相继接待了湖北星海、泰宁装饰、万恒科技、南方科技、松川集团等40余家企业来园区考察、选址，重点跟进平果鉴峰、中铝铝业、中兴科技等7个项目，邀请了浙江省温州市万龙湾阀门行业协会约50家企业到园区参观考察。

（九）狠抓工业项目落地建设，增强产业发展后劲

为工业项目在征地拆迁、手续办理、要素配置等方面提供全方位服务，全面推进工业项目建设。贵阳市园区2018年前三季度开工产业项目90个，投产37个，达产20个。高新园、经开园、修文园分别达到22个、16个、14个。高新园、修文园、经开园新投产项目分别达到10个、8个、7个。经开园3月17日园区集中开工项目13个，其中产业项目包含沃尔沃、同为物流等7个涉及汽车零部件、现代物流、高端准备制造、新型包装等战略新兴产业项目。高新园乾鸣

国际信息产业园、济南大学科技园、省出版传媒数字化产业基地、振华新材料二期、西牛王印务、德轩堂制药、安迪医疗等一批产业项目开工建设；规划建设的高新·白云发动机产业园（军民融合创新示范基地）正在紧锣密鼓地推进，产业带动效应初显。

（十）创新融资手段，助推园区建设

一是认真贯彻落实《省政府办公厅关于推广政府和社会资本合作模式的实施意见》文件精神，组织研究信托、融资租赁、中期票据、短期融资券等现代市场化融资方式，立足园区现状和产业特点，科学编制园区融资规划，明晰社会资本进入园区基础设施领域的"责、权、利"，重点开放园区水、电、气、热、通信、标准厂房等基础设施经营权，全力推广PPP模式，撬动社会资本投资园区建设。二是设立贵阳市工业和信息化产业发展引导基金、信贷风险补偿资金、转贷应急资金、担保风险补偿资金，严格按照市场经济发展的客观规律，以现有市级投融资平台公司为主体，主动对接专业投资公司或团队开展合作，吸引社会资本，放大基金总量规模，构建支撑园区企业发展和项目建设的"借—贷—还"一体的良性发展体系。三是重点对园区已建成、有稳定现金流的资产进行打包，探索开展园区资产证券化融资。

二是在市级层面加强统筹，推动各园区与金融机构对接，协助完善融资规划，争取获得更多的信贷支持。继续探索金融创新模式、拓宽融资渠道，争取在筑各类金融机构的支持。鼓励园区创新融资方式，整合各类市场资源，借助市场力量，实现政府资源与市场资源的互补互动效应。通过PPP等模式吸引社会资本参与园区土地开发、标准厂房和污水处理厂等设施建设，鼓励市级平台公司开展园区土地开发与土地使用权经营、基础设施及配套服务设施开发与经营、重大项目股权投资等业务。

创新融资思路，确立投融资平台＋基础设施建设、投融资平台＋产业发展、投融资平台＋精准扶持三位一体的"1＋3"投融资体系，以有效解决融资难题。贵阳市园区2018年前三季度融资456.7亿元。

其中，航空港园融资 344 亿元，高新园融资 40.2 亿元，经开园融资 29.5 亿元，为融资较大的前三位园区。乌当园同中国水电基础局有限公司签订《关于洛湾云锦医药食品工业园基础设施投（融）资协议》，整体融资 40 亿元实施园区基础设施建设，已通过竞争性谈判方式完成了乌当洛湾云锦工业园基础设施政府与社会资本合作（PPP）项目招标代理机构的选择和委托。开阳园依托平台公司认真谋划、包装贷款项目，2016 年启动融资项目 18 个，与贵阳银行等金融机构进行深度对接，共同设立 8 亿元扶贫基金，同时力争将园区基础设施项目纳入 PPP 城发基金项目库。

三是抓招商引资，打造核心产业。按照"大项目—产业链—产业群—产业基地"的路径，以大数据、高端装备制造、大健康新医药为主攻方向，推动产业提质转型。阿里巴巴、惠普、富士康、京东、神州数码、吉利汽车等已落地，贵阳大数据产业发展实现了七个率先（率先创建国家级大数据产业发展集聚区、率先举办全球首个大数据主题博览会和峰会、率先成立大数据交易所、率先建设全域公共免费 WiFi 城市、率先提出块数据理念并探索建设块上集聚的大数据公共平台、率先举办大数据商业模式大赛、率先成立大数据战略重点实验室）。贵阳福中达电子商务产业园、西南大宗商品电子交易中心等 45 个项目已建成投产。云上企业已超过 2900 家，上线产品达 1.4 万个。国药集团、博奥生物、悦康医药、修正药业等 36 个新医药产业项目落户贵阳。惠普集团等一批大健康医药产业项目落户贵阳。

推进投融资机制创新。支持符合条件的高新技术企业上市融资、发行债券、并购、重组。支持非高新技术企业通过换股、定向增发等方式吸收并购高新技术企业，推动贵阳市优质高新技术企业重组上市。推动贵阳市规模以上高新技术企业实施规范化公司制改制，积极对接并充分利用多层次资本市场。建立"资源变资产、资金变股金、市（农）民变股东"的制度体系，构建多层次的改革风险防控机制，构建全域公平、全域发展、全域共享的大格局。严格依法落实国家关于企业创新发展、转型升级有关税收优惠政策，包含高新技术企业所得税减免、企业研发费用加计扣除、固定资产加速折旧、重大技术装备进口关键原材料和零部件免征进口关税和进口环节增值税、部分劳动密集型和高技术含量高附加值产品出口退税、小微企业税收优惠等政策。

（十一）强化开放合作，提升产业招商引智水平

推动优势产业国际合作。加快国际化步伐，支持在筑科研机构参与全球重大科学计划，与国际领先机构共同开展基础性、战略性、前瞻性科技合作研究。积极引进全球高端科技资源，加强与国外高等学校、国际知名研究机构、跨国公司研发中心和产业组织合作。支持企业参与国际技术创新合作，鼓励企业在海外布局研发中心，通过海外并购、资本入股等多种方式整合利用国外人才、技术、品牌等国际高端创新资源开展研发工作。鼓励企业通过对外直接投资、技术转让与许可等方式实施外向型、反向技术转移，完善企业技术转移的政策体系。加强与"一带一路"沿线国家国际产能和装备制造等领域的合作，带动技术、标准、品牌和服务的输出。

加强重点经济区域合作。依托贵阳位于西南连接华南、华中的区位优势，以建设长江经济带、珠江—西江经济带为契机，加强与长三角、珠三角、京津冀等重点经济区域高新技术产业的合作，在电子元器件与集成电路、智能终端、生物医药、高端装备、新材料、新能源、航空航天等领域扩大合作发展空间，推动区域产业优势互补、分工协作，促进产业转型升级。与北京市合作组建了首都科技平台贵阳合作站、北京技术市场贵阳服务平台、中国技术交易所贵阳工作站、中国科学院软件研究所贵阳分部、北京贵阳大数据研究院等科技创新平台，与北京12家产业技术创新战略联盟企业签订了战略合作协议。目前，中科院高能物理研究所国家网络安全实验室、中国农科院植物保护研究所等机构的一批技术成果相继在贵阳落地转化。建成北京贵阳大数据应用展示中心，现已有70家参展企业和机构进驻，全方位展示贵州、贵阳大数据产业的发展成效。

（十二）关于地方债务防范及化解

当然，作为欠发达地区，由于自身财力有限，为加快发展，适度举债是必要的，关键要把债务控制在合理区间，不能盲目举债。建议：一是科学制定举债规划。按照科学论证举债项目、适度举债、规模控制、强化债务管理的原则，制定政府举债的中长期规划并组织偿债资金的筹集，严格控制债务高风险新开工项目。二是建立债务考核机制。将债务考核与政绩考核双管齐下，纳入各级干部考核目标中。将消赤减债情况与干部提拔重用相挂钩，秉承"谁借谁还"原则，强化偿债责任，避免"寅吃卯粮、透支建设"的投资冲动。三是建立政府性债务预警机制。各级政府要严格对照省级财政部门要求测算债务率、新增债务率、偿债率、逾期债务率等指标和风险预警值，被列入预警范围的高风险地区要制定专门化解方案，严格举债投资项目审批，加大偿债力度；债务风险相对较低的地区要合理控制债务余额规模和增长速度。四是建立债务风险应急处置机制。制定债务风险应急处置预案，建立偿债准备金制度，当市、区（县）政府难以偿还债务时，及时启动应急处置预案和责任追究机制，积极化解债务风险，严肃追究相关人员的责任。

（十三）加强自主创新，提升高科技创新能力

提升企业自主创新能力。一是建立完善以企业为主体、产学研结合、军民融合的产业技术创新体系和产业联盟；二是强化企业在研发投入、创新活动、成果转化中的主导作用，大力支持创建和做强以企业为平台的创新中心，打造国家级制造业创新中心和面向市场的新型研发机构；三是加大对科技企业特别是中小企业的政策扶持，出台鼓励企业增强自主创新能力的系列配套政策措施；四是推动贵阳市高新技术产业高端突破。

建设科技创新服务平台。与国内外高校、科研机构建立协作共建机制，加快建立开放、流动、协作的科技研发体系。全力支持以中科院贵州科技创新园、国家大数据战略重点实验室、块数据技术国家工

程实验室为核心的科技研发平台建设；加强与中科院软件研究所、贵州大学贵阳创新驱动发展战略研究院等科研机构的合作；扶持建设一批院士工作站、重点实验室、工程技术研究中心等科研平台；充分发挥"一站一台""一部一院"、中国海外高端人才创新创业（贵阳）基地等平台作用，引导建设一批产业核心技术和共性技术研发服务平台、工业设计中心，建立全方位科技成果推广应用服务体系；发挥在筑高校、科研机构的创新资源优势，围绕贵阳市特色优势产业共同开展前沿技术、关键技术、共性技术的研究及应用基础研究。

提高科技成果转化能力。围绕产业链部署项目链，围绕项目链开展创新链，围绕创新链配置资金链。在重点产业集聚区建设一批具有较强技术推广能力、项目孵化能力的成果孵化平台和产业创新战略联盟。建立完善科技成果信息发布和共享平台，健全以技术交易市场为核心的技术转移和产业化服务体系，健全科技成果科学评估和市场定价机制；完善科技成果转化协同推进机制，引导政、产、学、研、用加强合作，鼓励企业和社会资本建立一批从事技术集成、熟化和工程化的中试基地或工程技术研究院；推进军民技术双向转移转化、军民协同创新、军民科技基础要素融合；加快创新成果转化，鼓励和支持企业技术中心、工程实验室等创新载体的改造提升，支持企业与相关研究开发机构、高等院校通过成果转让、许可或作价投资等方式，实现科技成果转化。

（十四）推进创业孵化，营造高科技创业投资氛围

大力发展众创空间。积极发展众创、众包、众扶、众筹等新模式。抓紧制定和出台支持众创空间建设，促进大众创新创业的政策措施；设立创新创业扶持资金，对符合条件的项目给予启动资金支持，鼓励国内外科技人员、高校院所、企业员工等创业人才创办科技创业企业；发展众创空间，建立一批低成本、便利化、开放式众创空间和虚拟创新社区，建设多种形式的孵化机构，构建"孵化＋创投"的创业模式；鼓励社会机构开展非营利性质的创业路演、创业大赛、创业论坛等各类创业活动；鼓励科技服务机构向创新创业企业及创业者提供公共技术服务。

加快集聚创新型人才。加强创新人才队伍建设。坚持"高、精、尖、缺"导向，加快建设科技创新领军人才和高技能人才队伍，实施扩大人才总量与优化人才结构相结合，抓高层次人才与抓实用人才相结合，集聚省内外、国内外高校和研究单位的智力资源，形成服务新兴产业创新的开放型智库（专家库）；改革人才培养模式，充分发挥贵州省高校和科研院所的人才支撑作用，积极引导职业院校、培训机构新增和调整相关专业，定向培养卓越工程师、中高级技工和熟练工人，支持和鼓励大学生、大企业高管、科技人员、留学归国人员、蓝领创业者等各类创业主力军大胆创业创新。设立"匠人"专项经费，专门用于高技能人才队伍"蓄水池"建设，建立从高级工、技师、高级技师，到首席技师的梯次培养体系；制定有利于集聚人才、发挥人才作用的分配机制，强化对有突出贡献的科技人才的政策鼓励，实施股权和分红激励，采取股权出售、股权奖励、股权期权等股权激励方式，或项目收益分红、岗位分红等激励方式；深入推进"教授博士进企业""高层次人才进企业活动"，加快将贵州建设成"中国人才创业首选地"。引进各类社会资本投资。完善创投体系建设，充分发挥政府创投引导基金的带动作用，引导社会资本通过设立天使投资基金、风险投资基金、创业投资基金、产业投资基金等股权投资基金，为高新技术企业提供股权投资服务，构建多层次投资体系。鼓励、支持符合条件的高新技术企业依法进入多层次资本市场进行融资。对高新技术企业在企业债券发行、引导基金扶持、政府项目对接、市场化退出等方面给予必要的政策支持。做好高新技术企业的项目推介工作，鼓励金融机构根据贵阳市高新技术企业融资需求，创新金融产品和服务，积极开展知识产权质押、股权质押、订单质押等贷款业务。加强财政资金对高新技术企业融资的扶持，在贷款贴息等方面给予倾斜。鼓励开展农村承包土地经营权抵押融资业务。积极探索推行 PPP 模式，与社会资本建立利益共享、风险分担及长期合作关系，缓解短期现金流压力，并充分利用合作对象的专业化能力，提升项目建设和营运效率。

参考资料：

《贵阳市产业布局规划（2013——2010 年)》，贵阳，2013 年。
《贵阳市国民经济和社会发展"十二五"规划纲要》，贵阳，2010 年。
《中关村贵阳科技园空间布局规划》，贵阳，2013 年。
《贵州统计年鉴》，贵阳，2017 年。
《贵阳年鉴》，贵阳，2017 年。
《中关村贵阳科技园分园评价指标体系》，贵阳，2016 年。
《贵阳市高新技术产业创新能力研究》，贵阳，2017 年。
全国干部培训教材编写指导委员会办公室：《科学发展案例选编》，人民出版社、党建读物 2013 年版。
胡鞍钢：《中国创新绿色发展》，中国人民大学出版社 2012 年版。
贵阳市哲学社科规划办：《贵阳发展研究》，沈阳出版集团 2016 年版。
张敦富主编：《区域经济学原理》，中国轻工业出版社 1999 年版。
陈旭升、岳文俊：《产业组织对装备制造业产业创新能力的影响》，《技术经济》2013 年第 3 期。
吕君、向秋兰：《产业组织视角下生态脆弱区经济发展模式探讨》，《商业时代》2012 年第 21 期。
邱凤林：《深入实施西部大开发战略背景下重点产业的选择——以贵阳为例》，《贵阳市委党校学报》2011 年第 1 期。
石庆波、周明：《贵阳市"四轮驱动"战略促进实现创新型中心城市的重要作用研究》，贵阳发展研究，2016 年。

（主要作者：周明、石庆波、李国东、梁大彰、罗爽）

本文系贵州省科技计划项目（软科学）阶段研究成果，
合同编号：黔科合基础〔2016〕1510-1 号。